KB037287

한국 근·현대 사회와 가톨릭

Study on the Catholic History of Modern Period in Korea

韓國史學研究叢書 7

韓國 近·現代 社會와 가톨릭

盧鏞弼 著

韓國史學

일러두기

1. 이 책에 실려 있는 글의 출처는 아래와 같다.

제1부 교육 편

제1장: 「예수성심신학교의 사제 양성 교육」, 『인간학연구』 5호, 가톨릭대학교 인간학연구소, 2003; 근 · 현대 한국가톨릭연구단, 『한국 근 · 현대 100년 속의 가톨릭교회』(상), 가톨릭출판사, 2003.

제2장: 「성신대학의 사제 양성 교육」, 『인간학연구』 7호, 가톨릭대학교 인간학연구소, 2004; 근 · 현대 한국가톨릭연구단, 『한국 근 · 현대 100년 속의 가톨릭교회』(중), 가톨릭출판사, 2004.

제3장: 「가톨릭대학교의 사제 양성 교육」, 근 · 현대 한국가톨릭연구단, 『한국 근 · 현대 100년 속의 가톨릭교회』(하), 가톨릭출판사, 2005.

제2부 인식 편

제4장: 「조선인 洪大容과 서양인 천주교신부의 상호 인식─'劉鮑問答'을 중심으로」, 『韓國思想史學』 27집, 韓國思想史學會, 2006.

제5장: 「'儒學經緯'에 나타난 申箕善의 天主教 인식과 이에 대한 天主教의 대응」, 『한국사회와 천주교』, 흐름, 2007.

제3부 자연 영성 편

제6장: 「성 프란치스코의 자연 영성과 한국 프란치스칸의 수도생활」, 『인간학연구』 11호, 가톨릭대학교 인간학연구소, 2006; 『종교 · 생태 · 영성』. 생명의 씨앗, 2007.

제7장: 「金弘燮의 자연 영성과 실천적 삶」, 『敎會史研究』 29집, 한국교회사연구소, 2007.

재4부 지평 확대 편

제8장: 「한국사에서의 '근대' 설정과 천주교」, 미발표.

제9장: 「천주교의 신앙 자유 획득과 선교 자유 확립」, 『敎會史研究』 30집, 한국교회사연구소, 2008.

제10장: 「조선천주교 순교자현양회의 창립과 발전」, 『敎會史研究』 27집, 한국교회사연구소, 2006.

2. 본문에서 사용한 약호는 다음과 같다.

· 단행본: 『 』
· 논문, 비명, 편명: 「 」
· 인용, 대화: " "
· 짧은 인용, 강조: ' '

책머리에

저자著者는 1988년 무렵 한국천주교회사韓國天主敎會史에 대한 공부를 나름대로 시작하였다. 하지만 능력이 전혀 뒷받침이 되지 않는데다가 특별한 계기조차 주어지지 않아 관련 논문을 혼자서 하나하나 읽어가는 정도의 관심을 가질 뿐 별다른 진척이 없었다. 그러다가 1989년 여름 이기백李基白 선생님의 뜻을 받들어 『한국사신론韓國史新論』(이하 약칭 신론新論) 신수판新修版의 교정校正 작업을 거들게 되는 과정에서 다음과 같은 대목을 접하여 읽고 또 읽고 그리고 많은 생각을 하면서 천주교회사를 본격적으로 깊이 있게 공부해야겠다는 다짐을 확고히 하기에 이르렀다.

이들이 천주교에 이끌린 것은 우선 모든 인간은 한결같이 천주天主의 자녀라는 평등사상平等思想에 공명하였음이 분명하다. 중인中人이나 상민常民들이 천주의 자녀로서 양반들과 동등한 자격으로 천주를 예배할 수 있었다는 것은 감격적인 일이었을 것이다. 이것은 부녀자들에 있어서도 마찬가지였다고 생각된다. 또 현실에 낙망한 그들에게 천국에 대한 설교는 그대로 복된 소식이었을 것이다. 내세신앙來世信仰은 그들이 천주교에 귀의한 또 하나의 중요한 이유였을 것으로 믿어진다. 천주교의 양반사회에 대한 비판이 더욱 심각해져가는 경향을 엿보게 된다(p.338).

초기 천주교 신자들이 '모든 인간은 한결같이 천주의 자녀라는 평등사상에 공명共鳴'하여 천주교에 이끌렸음을 설파說破하고 있음에 매료되었던 것이다. 우리 역사에서도 평등사상을 찾을 수 있구나 싶었다. 더욱이 '분명하다'는 어휘를 구사하면서 역사적 사실을 단정적으로 서술한 것은, 『신론(新論)』 전체에서 여기에서의 이것이 유일한 게 아닐까 싶었다. 게다가 신분을 초월하여 중인이나 상민들이 양반과 그야말로 '동등同等'한 자격으로 '천주를 예배할 수 있다는 것은 감격적인 일'이라고 쓰고 있음에 절로 흥이 났다. 『신론』 모두를 통틀어, 1945년 8 · 15 해방에 대해 민족의 '환희'라고 한 것 외에 이렇게 '감격적인 일'이라는 표현을 드러낸 곳은 어디에도 없다는 것을 깨쳤다. 그래서 이때부터 저자著者는 『신론』의 이러한 서술이 학문적으로 어떻게 이루어지게 되었는지를 알아내기 위해서 천주교회사를 본격적으로 공부해보기로 결심하였던 것이다.

이후 한국의 천주교회사를 제대로 연구하기 위한 실마리를 찾고자 중국의 천주교회사를 공부하기 시작하면서, 1996년부터는 관련 논문을 하나둘씩 틈틈이 발표할 기회를 가질 수 있었다. 그러던 차에 2002년부터 3년 동안 가톨릭대학교 인간학연구소의 '근 · 현대 한국가톨릭연구단'에 소속되어 한국학술진흥재단韓國學術振興財團(이하 약칭 학진學振)의 지원을 받는 '한국 근 · 현대 100년 속의 가톨릭교회'라는 연구 과제를 수행하게 되었고, 그리하여 그 일환으로써 한국 가톨릭의 사제司祭 양성 교육에 관한 논문들을 작성하여 발표하였다. 그것을 이 책의 제1부 〈교육 편〉에 수록하였다.

그러면서 동시에 2005년에는 한국사상사학회韓國思想史學會의 일원으로서 학회의 활성화에 기여하고자 '조선 후기의 주체와 타자 인식'라는 학진學振 지원의 협동 연구에 동참하기에 이르렀고, 비로소 주체로서의 실학자實學者 홍대용洪大容과 타자로서의 서양인 천주교신부들의 상호 인식에 대해 본격적으로 연구할 기회를 가지게 되었다. 이를 계기로 이 책의 제2부 〈인식 편〉의 토대를 구축할 수가 있었던 것이다.

더욱이 2005년부터 2년에 걸쳐서 천주교회사 연구자로서 개신교 및 불교 연구자들과 함께 '한국 3대종교(가톨릭·개신교·불교)의 자연영성(불성)과 생태문화 연구팀'을 구성하여 학진의 지원을 받게 됨으로써 가톨릭대학교 인간학연구소에 더 머물게 되었다. 그래서 자연 영성과 생태 문화에 대해 공부해볼 기회를 가질 수가 있었는데, 이때에는 생태 문화보다는 자연 영성에 관해 집중적으로 적지 않은 공부를 하여 관련 논문을 발표하였다. 그것이 이 책의 제3부 〈자연 영성 편〉을 이루고 있는 것이다.

이러한 과정에서 한국천주교회사의 여러 주제에 관해 공부해볼 기회를 갖게 되었지만, 워낙 저자著者로서는 감히 접근하기 어려운 신학神學 그 자체와 밀접할 뿐만 아니라 —그래서 일부에서는 교회사教會史는 신학이지 사학史學이 아니라고 강변하는 듯하지만— 여러 연구자들이 이미 많은 연구를 집적해 놓았으므로, 이런 연구 성과들과는 가능한 한 일정한 거리를 두면서 남들이 잘 관심을 쏟지 않거나 혹은 새로운 이해가 요망되는 것에 대해서만 손대어 왔다. 그 결과로 얻은 것들을 틈틈이 발표하였는데, 이것이 이 책의 제4부 〈지평 확대 편〉의 골격을 이루게 되었다.

그러다가 2007년 늦가을부터는 학진의 지원을 받는 전북대학교 인문한국(HK) '쌀·삶·문명 연구단'에 부임하게 되었으며, 더욱 많은 시간을 오로지 연구에만 몰두하여 심혈을 쏟아 부을 수 있게 되었다. 그러자 이제는 산적해 있는 다른 연구를 신명나게 하기 위해서, 이 분야의 연구에 작은 매듭이라도 짓고 싶다는 바람을 지니게 되었다. 그래서 이후 관련 논문 3편을 새로이 완성하여 그 사이에 공백으로 남겨두었던 이 책의 제2부 〈인식 편〉과 제4부 〈지평 확대 편〉의 나머지 부분들을 확장하기에 이르렀던 것이다.

이러한 노정路程을 밟아오면서 작성하여 이 책에 수록하게 된 논문들이 예외가 없이 한국 근·현대 100년 속의 가톨릭교회에 관련된 역사를 다루고 있다. 그러므로 이 책의 제목을 굳이 '한국 근·현대 사회와 가톨릭'이라 정하기로 한 것이다. 물론 애초부터 큰 틀을 염두에 두고 기획하여 논문 하나하나를 이에 따라 써서 퍼즐을 맞추듯이 한 게 아니므로 체계적이지 못한 면도 없지 않다. 다만 저자가 이 책과 함께 출간을 기획하여 거의 동시에 세상에 내밀게 되는 또 다른 한 권의 책 『한국천주교회사의 연구』와 짝하면 서로 동전의 앞뒷면과 같이 나름대로 한국천주교회사 나아가 한국 근·현대사 연구 자체에 조금이나마 보탬이 되는 게 아닐까 스스로 위안을 삼고자 할 따름이다.

이기백 선생님의 생신을 맞아 유택幽宅에 다녀와서
2008년 10월 21일 저녁에
전북대 연구실에서
저자 씀

책머리에

제1부 교육 편

제1부 교육 편

제1장
예수성심신학교의 사제 양성 교육

제1절 머리말

　1923년 르 장드르(Le Gendre,최창근崔昌根) 신부가 저술한 『회장직분會長職分』이란 책 내용에는 회장들을 위시한 모든 교인들의 신앙생활에 관한 요긴한 사항들이 정리되어 있어, 대부분의 천주교인들은 이를 읽고 반드시 지켜야 하는 것으로 여기고 있었던 것 같다. 뮈텔(Mutel,민덕효閔德孝) 주교의 「서문」을 보면,"이 책에 정한 규정은 우리 마음대로 정한 것이 아니라 거의 모두가 전 세계 교우들이 지켜야 하는 교황의 법령과 교회법에서 간추린 것이므로 전 세계 모든 교우들은 다 지켜야 할 법이며, 교우나 사제나 주교도 절대로 달리 정할 수 없는 법칙이다. 그리고 그 가운데 어떤 것은 우리 조상과 무릇 성교회에서 대대로 전하여 내려오는 규칙들이다."[1]라 하였던 것이다. 따라서 『회장직분』에 규정된 내용들은 그 책의 출간 이후는 물론이고 그 이전부터도 신자들 누구나 반드시 지켜야 했고 또 거의 어김없이 지켜온 것

---

[1] 뮈텔 주교, 「서문」; 르 장드르 신부, 뮈텔 주교 감수, 『회장직분』,1923; 이영춘 신부 역주, 가톨릭출판사, 1999, p.16.

이었다고 하겠다.[2]

이러한 『회장직분』의 내용 중에는 신자 및 신학생의 교육과 관련된 부분이 적지 아니 들어 있는데, 특히 학교學校 교육과 관련 지워서는 그 가운데에서도 다음과 같은 대목이 주목된다.

(1)서당이나 학교가 있는 공소에서는 선생이 부모의 책임을 맡았으므로 자기 제자들에게 단지 세속 학문을 가르치는 직분만 있는 것이 아니라 먼저 영신 학문과 심성 교육을 베풀어주어야 하는 본분이 있다. …(중략)…
사제나 혹 교우가 세운 사립 학교가 있으면 교우 자녀를 다른 학교에 보내지 말고 반드시 그 학교에 보내도록 할 것이며, 다른 큰 이유도 없고 또 사제의 관면이 없으면 어린아이들을 외인이 세운 사립 학교에 보내지 못한다.[3]

이를 보면, 선생은 단지 세속 학문만 가르치는 게 아니라 영신 학문과 심성 교육도 베풀어야 함을 강조하고 있음을 알 수가 있다. 아울러 사제나 교우가 세운 학교가 있으면 교우들은 반드시 자녀를 그곳에 보내야만 함을 강조하고 있었던 것이다. 그렇기 때문에 천주교인들은 이에 따라, 교육을 통해 영신 학문과 심성 교육을 받을 수 있는 사제나 교우가 세운 학교에 자녀들을 보내는 것을 의무처럼 여기게 되었던 듯하다.

그런 가운데서도 특히 뛰어난 능력을 가진 자녀를 기꺼이 사제

---

2) 『회장직분』은 물론, 1864년에 북쪽지방 교우들에게 보낸 베르뇌 주교 (Berneux, 張敬一) 「張主敎輪示諸友書」 외에 연대 미상의 『會長規條』, 블랑(Blanc, 白圭三) 주교 때인 1887년의 『韓國敎會指導書』 등에서 이미 회장의 직분 등에 관해 쓰고 있는데, 내용이 비단 회장들에게만 국한된 게 아니라 모든 신자들도 지켜야 할 내용들을 담고 있었다. 이는 뮈텔 주교가 『회장직분』의 「서문」에서도 강조하며 당부하고 있는 바였다.
3) 르 장드르 신부, 「학교」, 앞의 책, 1923; 이영춘 신부 역주, 1999, pp.88-89.

司祭로 길러 내려는 분위기는 일찍부터 무르익어 있었다고 여겨지는데, 가정교육에서부터 이는 실천에 옮겨져 가정이 이른바 예비 신학교로서의 기능까지 맡기에 이르렀다. 이러한 교회 내의 분위기는 아래의 증언에서 충분히 묻어나고 있다.

  (2)신학생은 대개 모두 어머니 품안에 안겨 있을 때부터 부모나 혹은 이웃이나 혹은 본당 신부로부터 신부될 수 있는 어린이라는 지목을 받게 된다. 말 배울 때부터 "너는 신부될 놈이니 말이나 행동을 다른 아이들처럼 하면 안 된다"며 지도하고 책망도 하며 칭찬도 해 준다. 명칭은 붙지 않았지만 가정 신학교 격이다. 네 살, 다섯 살 때 벌써 십 이 단을 외우고 부모님 조·만과를 바칠 때 아는 경문을 따라 외우는 데 그러다 보면 조·만과는 저절로 외우게 된다. 어린이가 십 여살 되면, '장래 신부'라는 이름이 또 붙는다. 그 때부터는 주문과 경고가 따른다. 교우들로부터 "너는 이러이러한 신부가 되어야 한다"혹은 "너는 신부되거든 교우들 보고 야단치지 말아라"등등 사제가 된 후에 취해야 할 것과 버려야 할 것을 일일이 지적해 준다. 이것이 예비 신학교격이다.[4]

  이는 어머니의 품안에 안겨 있을 때부터 신부神父가 될 만한 어린이로 지목을 받아 성장 과정에 얼마나 철저히 준비를 해서 사제司祭가 되는가를 극명하게 보여주는 것이라 하겠다. 그리고 그만큼 초기 교회에서 모두 힘을 모아 한국인 사제司祭를 양성해 내기 위한 노력이 얼마나 크게 기울여 지고 있었는가를 여실히 알려주는 것이라고도 할 수 있을 것이다.
  이 논문에서는, 이러한 교회 내의 분위기 속에서 사제司祭 양성 교육이 어떻게 이루어져 왔는가를 살펴보려고 하는데, 시기를 한

---

4) 장금구 신부, 「한국의 신학교육을 위한 나의 제언」, 『사목 반세기』, 1989, pp.80-81.

정하여 우선 초기부터 1942년까지 특히 예수성심신학교의 사제
양성 교육에 대해 중점적으로 다루려고 한다. 이를 위한 자료로
서는, 기왕의 연구에서 이용하지 못했던 자료들을 적극 찾아내어
반영하려고 힘 기울였는데, 더욱이 예수성심신학교 출신 사제司祭
들의「학적부學籍簿」는 물론이고 그들의 회고록回顧錄 등을 주되
게 활용하게 될 것임을 우선 밝혀 두고자 한다.

제2절 최초의 근대학교 배론 성요셉신학교의 창설(1855)

파리외방전교회 소속으로서는 최초로 부임한 모방(Maubant,나백다록羅伯多祿) 신부는 1836년 초에 조선에 입국하자마자 한국인 성직자 양성에 착수하여, 같은 해 말 김대건金大建 · 최양업崔良業 · 최방제崔方濟 3명의 학생을 처음으로 국외인 마카오로 유학을 보냈다. 그 이후 조선교구 제2대 교구장인 앵베르(Imbert,범세형范世亨) 주교 역시 1838년에 국내에서 속성으로 성직자를 양성하려 하여 정하상丁夏祥 등 4명에게 매일 2시간씩 강의를 하여 라틴어를 가르쳤고, 아울러 중국 선교사 아멜(Hamel)의 한역신학서漢譯神學書를 가지고 신학神學을 가르쳤다.[5]

그러다가 기해박해(1839년)를 겪은 이후 국내에서 다시 국내

---

5)「앵베르 주교가 신학교 지도자들에게 보낸 1838년 11월 30일자 서한」; 샤를르 달레, 安應烈 · 崔奭祐 역주, 『韓國天主教會史』 中, 한국교회사연구소, 1980, pp.382-384.

성직자 양성 사업이 시작되었다. 1850년에 선교사들이 5명의 학생에게 라틴어와 한문 초보를 가르쳤고[6], 1855년에는 학생들을 보호하기가 힘들어 6명밖에는 받아 교육시키지 못하였다.[7] 이렇듯이 국내에서의 신학교 교육이 어려운 상황을 겪게 되자, 1852년부터 국외인 말레이반도의 페낭으로 신학생을 파견하기 시작하였다.[8]

그 후 드디어 1855년 처음으로 제천提川 지방의 배론舟論에 신학교가 설립되었는데, 이것이 성요셉신학교였다. 이는 메스트로 (Maistre, 李)신부가 창설한 것으로[9], 1844년부터 이 곳에 정착해

---

6) 이와 관련하여서는 다음과 같은 기록이 있어 참조된다. "主教는 또 神學生이라고는 이 布敎地의 비용으로 양성하는 어린 학생 5명뿐인데, 이들은 서양인 신부가 여행할 때 따라 다니며, 그의 지도로 라틴어와 漢文의 초보를 배우고 있다는 것을 布敎聖省에 보고하였다" 「페레올 주교가 1850년 11월 5일에 布敎聖省 長官에게 보낸 편지」, 샤를르 달레, 앞의 책 下, 1980, p.176.

7) 「매스트로 신부가 외방전교회 신학교장 바랑 신부에게 보낸 편지」, 샤를르 달레, 앞의 책 下, 1980, p.212에 보면, 다음의 기록이 있다. "우리 신학교는 여느 때처럼 잘 되어 갑니다. 학생들을 숨겨 두기가 어려워서 6명밖에는 받지 못합니다. 다블뤼(Daveluy) 신부가 다른 곳에 학교를 하나 세워 제게 구원의 손길을 뻗쳤습니다. 그 학교에도 같은 수효의 학생을 받을 수 있을 것입니다."

8) 이와 관련하여서는, 「1884년의 보고서」, 『서울敎區年報』 I, 명동천주교회, 1984, pp.37-38에 보이는 다음의 기록이 참조된다. "우리 동료 신부들이 완성한 작업과 그들을 통해 얻어진 결실을 알리는 이 간략한 보고서에 방인 성직자 양성에 관하여 몇 마디 첨가하고자 한다. 몇몇 조선 젊은이들이 페낭 신학교에서 후일 조국으로 돌아와 활동할 목적으로 준비중에 있다. 이들은 조선말로 교육받을 수 없는 외방선교회 신학교에서 공부하고 있는데, 장상들의 헌신적인 가르침에 매우 잘 순종하고 있다는 기쁜 소식을 덧붙인다. 조선과 일본에 있는 교회 인쇄소들은 아주 중요하고 긴요한 일에 사용되고 있다."

9) 「매스트로 신부가 1855년 2월 4일에 외방전교회 신학교장 바랑 신부에게 보낸 편지」; 샤를르 달레, 앞의 책 下, 1980, p.212의, "우리 신학교는 여느 때처럼 잘 되어 나갑니다. 학생들을 숨겨 두기가 어려워서 6명밖에는

살던 장주기張周基(일명 낙소樂詔) 요셉의 도움이 컸다.[10] 처음에는 메이스트로 신부가 3명의 학생을 혼자서 양성하다가, 1856년 뿌르티에(Pourthie,신옥안申妖安) 신부가 1856년 3월에 조선에 입국하여 곧 신학교 교장으로 부임하여 학생들을 지도하였다.[11] 1861년에 이르러 쁘띠니꼴라(Petitnicolas,박朴) 신부가 부임하였고, 이에 따라 상급반 학생들은 뿌르티에 신부가, 하급반은 쁘띠니꼴라 신부가 각각 나누어 담당하였다. 이들은 1866년 병인박해로 신학교가 폐쇄되기까지 신학생들을 지도하였다.[12]

이러한 배론의 성요셉신학교가 우리나라 최초의 신학교였음은, 이미 1935년 당시의 대표적인 일간지 『조선일보朝鮮日報』에 보도된 다음의 기사를 통해서도 알 수 있다. 1935년이 우리나라에 천주교가 들어온 지 150주년이 되는 것을 기념하기 위해 각 일간

받지 못하였습니다."라고 한 데서, '우리 신학교'는 바로 배론 성요셉신학교를 가르켜서 한 말이다. 崔奭祐,「한국 교회와 한국인 성직자 양성─예수성심신학교를 중심으로─」, 『가톨릭대학 論文集』 11, 1985; 『韓國 敎會史의 探究』 II, 한국교회사연구소, 1991, p.372.

10) 배은하 엮음,「교육의 땅─성요셉신학교」, 『역사의 땅, 배움의 땅 배론』, 성바오로출판사, 1992, p.117에서는, "그는 1843년에 가족들을 데리고 배론에 정착하였는데, 이곳에 온 지 12년 되는 해인 1855년에 메스트로 신부가 신학교를 세우려고 하자 기꺼이 자기 집을 신학교로 제공하였다. 그리고 처음의 신학생 3명을 맡아 돌보면서 한문을 가르쳤다." 고 하였다. 이러한 장주기(일명 낙소) 요셉의 역할에 대해서는, 오기선, 「순교성지순례 ⑤ (1)배론신학교 (2)부흥골신학교」, 『경향잡지』 1972년 1월; 『순교자들의 얼을 찾아서』, 한국천주교성지연구원, 1988, p.332에서는, "… 재무에는 복자 장요셉 주기씨를, 한문 선생에는 이배난시오씨로 진용을 짰다. 그 때 형편상 그 신학교 주인을 (집과 대지) 복자 장요셉 주기씨로 하여 남의 이목을 쫓지 않으려 하였다." 고 하였음이 참조된다.

11) 「다블뤼(Daveluy) 주교의 1857년 11월 21의 서한」; 샤를르 달레, 安應烈·崔奭祐 역주, 앞의 책 下, 1980, p.269에서 "우리 신학교가 지금 뿌르띠에 신부의 지휘 아래 있는 조선의 동부지방에서도 십자가가 역시 열매를 맺습니다." 고 하였음이 이를 알려준다.

12) 崔奭祐, 앞의 논문, 1985; 앞의 책, 1991, pp.372-373.

지 등에서 이를 특기하고 있었는데, 그 가운데의 하나이다.

(3)천주교 조선전래 1세기반 축하식은 이상과 같은 호화로운 절차로 진행되거니와 그 중에서도 가장 주목을 끌며 역사적 가치가 풍부한 것은 가톨릭 사료전람회(史料展覽會)일 것으로 전람회장은 도서참고관(圖書參考舘)과 순교관(殉敎舘)의 두 곳으로 나누어 …(중략)… 2백여점의 귀중한 문헌(文獻)과 <u>조선 최초의 신학교인 충청도(忠淸道) 배론신학교(舟論神學校) 설립 당시(1856년)의 개교 사진을 위시하여</u> 3백년 전 서반아(西班牙) 사람이 어부들과 사절들의 이야기만 듣고 그렸다는 진귀한 조선지도(朝鮮地圖) 등 이백여 점이 반드시 발걸음을 멈추게 할 것이다.13)

이 기사 중에서도 특히 (밑줄 그은) '조선 최초의 신학교인 충청도忠淸道 배론신학교舟論神學校 설립 당시(1856년)의 개교 사진을 위시하여'라고 한 대목이 주목된다. 이를 통해서 천주교 교인들뿐만 아니라 당시의 일반인들도 배론의 성요셉신학교가 우리나라 최초의 신학교였음을 널리 인지하고 있었다고 보아 좋을 것이다. 더욱이 이 무렵 직전까지 실제 배론 소재의 이 성요셉신학교의 교사校舍로 쓰이던 건물이 그대로 보존되고 있었다고 하는 증언이 있음을 보아서도 그러하다고 하겠다.14)

---

13) 「五千信徒會合裡에 歷史的 豪華版開幕 天主敎朝鮮傳來百五十週年間 初有一大會合」, 『朝鮮日報 1935년 10월 4일(金)자, 제5159호;『가톨릭硏究』 1935년 11월호, p.47.

14) 오기선, 「순교성지 순례 ⑤ (1)배론신학교 (2)부흥골신학교」, 『경향잡지』 1972년 1월호, p.66;『순교자들의 얼을 찾아서』, 한국천주교성지연구원, 1988, p.332에 보면, "1932년경까지 배론 신학교 그 집이 그대로 고스란이 보존되었건만 필자가 1967년 11월 7일에 박 이시도르 신부님과 구 발도로메오 신부님하고 현지 답사한 결과 집은 구름과 같이 사라져 버렸고 토박한 집터만이 아쉬운 심정으로 기념사진 찍는 우리들의 발판이 되었다."고 하였음에서 이 사실을 알 수 있다.

이렇듯이 일반인들도 1935년 당시에 이미, 배론 성요셉신학교가 1855년에 설립된 우리나라 최초의 신학교라는 사실을 알고 있었을 정도였는데, 당시 천주교 교회 내에는 교사校舍의 사진과 그 터 외에도 이 사실을 보고 듣고 전하는 여러 인물들이 실존했던 것 같다. 아래의 기록에서 이를 엿볼 수 있다.

(4)조선의 최초 신학교 배론학당(舟論學堂)
1856년에 조선에 들어오신 장 시메온 주교께서 역시 조선인성 직자 양성을 급선무로 알아 충청도 제천 배론에(現在 堤川郡 鳳陽面 九鶴里) 신학교를 설하고 부감목 안또니오 신 신부를 원장으로 그 5년 후에는 미가엘 박 신부를 교수로 하여 10인 내외의 신학생을 열심히 교수하던 중 1866년(丙寅) 박해로 말미암아 원장과 선생 신부는 체포되어 경성 새남터에서 순교하고 학당 주인이던 장 요셉(樂韶)씨도 체포되어 충청도 보령군 고마수영(現在 忠南 寶寧郡)에서 안주교와 민신부와 오신부 황루가로 더불어 순교하고 신학생들은 자연 해산되어 <u>그 중의 5·6인은 이제로부터 수십 년 전까지 생존하였더라.</u> 이것이 조선 신학교의 최초 유래이다.15)

이를 보면 배론 성요셉신학교의 유래를 매우 구체적으로 기록하고 있음을 알 수 있다. (밑줄 그은 부분과 같이) 당시의 신학생들 중 5·6인이 당시로부터 수십 년 전까지 생존하였음을 써놓고 있음으로 미루어, 당시의 사실을 전해 듣고 이를 증언해주는 인물들이 당시까지 적지 아니 실존했음이 입증된다고 하겠다. 물론 1866년 병인박해를 거치면서, (위 기록에도 드러나 있듯이) 신부 및 신도 선생들은 순교하였고 신학생들은 이에 따라 자연 해산되었다고 하는데, 그 가운데서 일부는 순교하였지만 일부는 이후에도 생존하였었다. 다음의 기록들에서 이를 가늠해볼 수가 있다.

---

15)「朝鮮의 神學校 由來」, 『가톨릭硏究』 1935년 9·10 합병호, p.109.

(5) (가)94.유 안드레아

이 위에 있는 유 바울로의 아들이라. 11세 때부터 6년 동안 신품(神品) 공부하다가 무진년에 잡혀 옥에서 교(絞)하여 치명하니, 나이는 19세러라.[16]

(나)270.권동(權童) 요한

본래 수원(水原) 생골 사는 권양수의 아들로서 배론(舟論) 학당에 가 공부하여 사품(四品)까지 받았더니, 병인 풍파에 수원 '거니'로 가 '훈학(訓學)'하다가 신미 2월에 경포에게 잡혀가 치명하니, 나이는 30여 세러라.[17]

(다)박 비리버의 경우

①다블뤼(Daveluy)주교는 宋 니꼴라오 會長 집에 머무르고 있었다. …(중략)… 배론 神學校의 神學科 학생 朴 필립보가 그들 앞장을 서고 있었는데, 신자들이 즉시 그를 알아보았다. 郡衙에서 고문을 당하고 옥에 갇히고 한 것이 며칠 안 되는 그 불행한 젊은이가 과연 유다스의 역할을 하던 것인가. 다블뤼(Daveluy) 주교를 위시하여 모든 사람이 그 때에는 그렇게 믿었다. 2, 3개월 후 朴 필립보는 포졸들이 거더리로 가는 길을 모르기 때문에 그를 억지로 옥에서 끌어내어 강제로 말에 태워 길잡이를 시켰다고 주장하였다.[18]

②이때 敎人 하나가 그 자리에 앉아서 사람들의 눈을 피하여 라틴語로 다음과 같은 글을 써 보였다. "나는 비리버라는 朝鮮敎人인데 2명의 뱃사람과 합의하여 어젯밤 자정 전에 우리들의 목적지인 이 곳에 도착하여 밤새도록 바라보고 있었습니다. 오늘 저녁 어두울 무렵에 小船을 보내어 우리들을 데려다 준다면 千萬 고맙겠습니다. 우리들은 그 때에 이곳에서 기다리겠습니다."[19]

---

16) 뮈텔 主敎 지음, 『치명일기致命日記』, 성황석두루가서원, 1986, p.41.

17) 뮈텔 主敎 지음, 앞의 책, 1986, pp.86-87.

18) 샤를르 달레, 安應烈 · 崔奭祐 역주, 앞의 책 下, 1980, p.426.

19) E. Oppert, *A Forbiddon land, Voyage to the Corea*, chap.Ⅷ,

유 안드레아(가)·권 동 요한(나)·박 비리버(다) 3인이 이 기록들에서 배론 학당學堂(나) 혹은 신학교神學校(다)에서 신품神品 공부(가)를 하였다고 하였으므로 당시 신학생으로 확인할 수 있는 인물들인데, 이들에 관한 위의 기록들로 해서 유 안드레아와 권동 요한은 1866년 병인박해 당시에 순교하였지만, 박 비리버는 이후에도 생존하고 있음이 분명하다. 특히 박 비리버는 이후에도 자신이 천주교 교인임을 드러내고 있음을 그를 직접 만났던 독일 상인獨逸商人 오페르트Ernst Oppert가 남긴 기록[(다)의 ②]에서 찾을 수 있음으로 보아서 더욱 그러하다.

이러한 기록들에서 눈여겨보아야 할 점은, 다음과 같은 3 가지라고 생각한다. 첫째, (가)의 유 안드레아의 경우, 6년 동안이나 신품神品 공부를 하였다고 한 점, 둘째, (나)의 권 동 요한은 4품品까지 받았는데, 수원에서 '훈학訓學'을 했다는 점, 그리고 셋째, (다)의 박비리버는 라틴어를 써서 독일인과 의사소통을 하고 있다는 점 등이 그것이다.

이 가운데 첫째, 유 안드레아가 무려 6년 동안이나 신품 공부를 하였다고 했으므로, 그는 언어 뿐더러 일반교양 영역은 물론이고 철학을 거쳐 신학을 본격적으로 공부하고 있었다고 해야 옳을 것이다. 예를 들면 당시에,

(6)페낭의 우리 포교지신학교布敎地神學校에서 지금 신학을 공부하고 있는 3명의 학생 말고도 포교지 내에서 어떤 선교사의 지도 아래 라틴어를 공부하는 다른 신학생이 7명 있습니다. 더 나이 어린 학생들은 평신도 교사들에게 맡긴 두 군데 학교에서 한문漢文 공부를 하고 있습니다.[20]

---

　　p.223; 柳洪烈, 『高宗治下 西學受難의 硏究』, 乙酉文化社, 1962, p.161.
[20] 「베르뇌 주교가 1859년 11월 7일 布敎聖省長官 樞機卿에게 보낸 편지」 ; 샤를르 달레, 安應烈·崔奭祐 譯註, 앞의 책 下, 1980, pp.295-296.

라고 해서, 페낭 신학교에 유학 중인 신학생들이 신학을 공부하고 있었으며, 또한 신학생들의 경우 나이 어린 학생들은 한문 그리고 다른 학생들은 라틴어를 공부하고 있음을 알 수 있다. 따라서 당시 배론 성 요셉 신학교에서 6년간이나 공부했다는 유 안드레아의 경우도 이와 엇비슷하게 한문·라틴어 등 언어 영역은 이미 마치고 나서, 일반교양 영역과 철학 단계를 거쳐 신학을 공부하고 있다고 해서 틀림이 없을 것 같다.

둘째, (나)의 권 동 요한의 경우 주목할 것은 4품까지 받았었고, 수원에서 '훈학訓學'을 했다는 점인데, 여기에서 4품이라고 하면, 7품인 사제품司祭品·6품인 부제품副祭品·5품인 차부제품次副祭品의 바로 밑 단계인 시종품侍從品을 말하는 것일 듯하다.21) 그런 그가 했다는 '훈학訓學'에는 물론 천주교天主教 교리教理에 대한 훈도訓導가 우선 포함되어 있었을 것이고, 그밖에 성요셉신학교에서 배운 한문漢文 등의 어학 영역 외에도 역사歷史·지리地理 등 서양인 신부 선생들에게 배운 근대적인 지식들이 말할 것도 없이 내포되어 있었을 법하다.

그리고 셋째, (다)의 박비리버는 라틴어를 써서 독일인과 의사소통을 하고 있다는 점인데, 여기에서 주목해 볼 점은, 단순히 간단한 인사 정도를 건넨 것이 아니라 정확히 문장을 써서 의사 표현을 하였다는 사실이다. 따라서 라틴어를 단어의 나열이 아닌 문장으로 완성하여 의미를 전달하는 수사학修辭學을 배워 실용적으로 구사하고 있었다고 보아야 할 것이다. 요컨대 그는 라틴어를 수사학修辭學과 더불어 공부하여 문장을 써서 서양인과 의사소통이 가능한 수준까지 실력을 갖추고 있었다고 하겠는데, 이는 두말할 나위 없이 배론 신학교神學校에서 익힌 것이었다. 더욱이

---

21) 윤형중 신부, 유고집 『진실의 빛 속을』, 가톨릭출판사, 1989, pp.59-60 을 보면, 7품의 단계와 그 의미에 대한 상세한 설명이 있어 참조된다.

그가 위의 기록에 '신학과神學科'라고 명기되어 있는 것으로 보아, 신학神學도 수준 높게 공부하였음이 분명하다.

당시 배론 성요셉신학교에서 교육한 내용을 살핌에 있어, 이상과 같은 신학생들 자신에 관한 기록 외에 또 살펴볼 것은 선생 신부들 즉, 뿌르띠에 신부와 쁘띠나꼴라 신부의 면면이다. 교육자로서 이들이 지닌 능력과 함께 이들 자신의 관심 분야는 곧 신학생들에게 크게 영향을 끼쳤을 것임을 믿어 의심할 바가 없기 때문이다. 이들의 관심 분야에 관해서는 다음의 기록을 살핌이 요긴하다.

> (7)(가)뿌르띠에 신부는 조선포교지의 副主教로 그의 전교생활의 10년을 神學校에서 보냈다. …(중략)… 그는 自然科學을 좋아하여 쉬는 시간을 거기에 바쳤다. 그는 조선의 植物學과 地質學과 動物學에 관하여 참으로 科學에 기여하였을 노우트들을 수집하였었다. 이 모든 연구가 없어졌다. 그러나 아까운 손실은 그의 『朝鮮語硏究』를 잃은 것이었으니, 아주 광범한 文法書와 羅韓漢辭典을 10년간 계속 연구하고 공부한 끝에 탈고한 것이었던 것이다. …(중략)… (나)쁘띠니꼴라 신부는 …(중략)… 약간의 醫學 지식을 가지고 있어서, 그에게 치료를 받은 신자가 그가 준 약으로 목숨을 건졌다.[22]

이에 의하면, 뿌르디에 신부는 자연과학自然科學을 좋아하여 우리나라의 동식물학動植物學과 지질학地質學에 관해 수집하였다고 했으며 아울러 우리말을 연구하여 『조선어연구朝鮮語硏究』를 저술하고 『나한한사전羅韓漢辭典』을 편찬하였다고 하는데, 그는 라틴어 교육 외에도 동식물학과 지질학에 관한 지식을 신학생들에게 심어주었을 것이다. 그리고 쁘띠나꼴라 신부는 약간의 의학醫學 지식을 지니고 있었다고 하므로, 이 지식 역시 학생들에게 전

---

22) 샤를르 달레, 安應烈 · 崔奭祐 공역, 앞의 책, 1980, pp.416-417.

파되었을 듯하다. 그렇지만 이들이 교육 내용에 포함되었던 동식물학 · 지질학 · 의학 등의 지식은 어디까지나 일반교양으로서 였지, 그것 자체를 전공으로 교육한 것은 아니었다고 보여진다.

그러므로 이상의 검토로써, 당시 성요셉신학교에서 행해진 교육의 내용은 크게 분류하여 대체로 언어言語 · 교양敎養 · 종교宗敎 영역領域이었다고 분석된다. 구체적으로는 한문漢文 · 라틴어 · 수사학修辭學 등의 언어言語 영역領域, 역사歷史 · 지리地理는 물론이고 동식물학動植物學과 의학醫學 분야 등의 상식을 다룬 일반교양一般敎養 영역 그리고 천주교天主敎 교리敎理를 포함한 철학哲學 및 신학神學 그리고 미사 때의 성가를 배우기 위한 음악音樂 등에 대한 지식을 익히는 종교宗敎 영역 등으로 구분되는 것으로 정리할 수 있다고 본다.23)

---

23) 이러한 배론 신학교의 교육 내용과 관련하여서 지금까지의 연구에서는 다음과 같이 각각 파악하고 있음이 참조된다고 하겠다.
　(1)盧明信,「韓國天主敎 神學敎育의 敎育史的 意義 試考」, 한국교회사연구소 제18차 월례발표회 요지,『교회와 역사』 34, 한국교회사연구소, 1978년 6월호, p.3에서는, "천주교 신학교 교육은 박해시대(1784)에 이루어진 관계로 그 규모는 비록 작은 학당의 모습이었으나 최초로 서양학문을 시작하였다는데 큰 의의를 갖고 있는 것이다. 학생들은 라틴어를 비롯해서 漢文 · 修辭學 · 天文學 · 音樂 · 地理 · 歷史 · 自然科學에 이르기까지 일반교양과목을 배울 수가 있었으며 더 나아가 스콜라(Scholar)철학을 비롯한 신학의 전문학술을 터득하였던 것이다. 이 외에도 서양 신부들과 함께 생활하면서 勉學하는 동안 정규과목은 아니지만 그들의 서양 문화를 섭취할 수 있었다."라고 서술하였다.
　(2)李元淳,「韓國天主敎 敎育事業의 敎育史的 意義」,『司牧』 64, 한국천주교중앙협의회, 1979년 7월호, p.18에서는, "학생들은 먼저 哲學課程에 들어가기 전의 기초과정―교리, 한문, 라틴어, 일방상식, 수사학 등―을 학습했다. …(중략)… 두 분의 프랑스인 교수신부로부터 학문과 문물에 관한 새 지식을 배울 수 있었다. 조선어와 조선의 자연에 관하여 남다른 관심을 가져『韓語文典』,『韓語辭典』을 편찬할 만큼 한글과 한국어에 해박한 학식을 가졌고 우리 나라의 동식물과 鑛物 등에 관해 자연과학적 지식을 체득했던 校長 쁘르띠 신부와 醫學에 능통한 쁘띠니꼴

이러한 내용을, 서양의 근대 학문을 체득한 서양인 신부가 직접 가르치고 있으므로 이 배론의 성요셉신학교는 근대 학교로서의 면모를 충분히 갖추고 있었다고 하겠고, 따라서 이 성요셉신학교는 (앞서 살폈듯이) 1935년 당시에 일반인들도 널리 인지하고 있었던 바대로 우리 나라 최초의 신학교임은 물론, 최초의 근대 학교로 파악함이 옳다는 것은 두 말할 나위가 없을 것이다.24)

라 신부로부터 여러 가지를 배울 수 있었다.”라고 하였다.

(3) 李忠浩, 「舊韓末 天主敎會의 敎育活動」, 『歷史敎育論集』 4, 1981, p.61에서는, “교육과정은 기초학문으로 漢文(張樂韶)·敎理·一般常識·라틴어·修辭學 등이었다.”라고 하였다.

(4) 崔奭祐, 「한국 교회와 한국인 성직자 양성」, 1985; 앞의 책, 1991, p.372에서는, “푸르티에 신부는 … 자신은 한글을 배우면서 학생들에게는 라틴어를 가르쳤다. … 1861년에 그는 상급 학생들에게 수사학을 가르쳤고, 1863년에 푸르티에 신부는 철학을 강의하였고, 1864년 말에 처음으로 서품식을 거행한 것 같다.”고 하였다.

24) 기왕의 연구 가운데 성요셉신학교를 최초의 근대 학교로 보는 경우로는 아래와 같음이 참조된다.

(1) 李元淳, 「韓國天主敎 敎育事業의 敎育史的 意義」, 『司牧』 64, 한국천주교중앙협의회, 1979년 7월호, p.19에서, “한국천주교회가 사목활동에 불가결의 지도자인 성직자를 양성하기 위하여 설립 운영하던 예수聖心神學校는 특수한 목적을 지닌 교육기관이기는 하나 그것은 우리 나라 最初의 近代的 교육기관이었음을 인식하여야 한다.”고 언급하였다.

(2) 李忠浩, 「舊韓末 天主敎會의 敎育活動」, 『歷史敎育論集』 4, 1981, p.61에서는, “이 배론신학교는 한국에서 천주교계 학교로서 嚆矢일 뿐 아니라 국내 신학교의 출발이었다. 그 규모는 작고 초라하기 그지없었으나, 敎科나 敎師의 資質面에서 볼 때 최초의 서구식 교육을 한 곳이었다. … 당시 학생 수는 불과 10명 내외였으나, 처음으로 서양식 근대교육을 실시하였다.”고 지적하였다.

(3) 文炳滿, 「韓國의 近代學校 發達과 배론 聖요셉 神學堂」, 『神學展望』 68, 대건신학대학 전망편집부, 1985년 봄호, pp.42-43에서, “비록 가톨릭神父 양성을 위한 主目的으로 한 敎育機關이긴 하지만 西歐式 學校로서 최초로 세워진 1855년의 배론 聖요셉 神學堂을 近代學校 發達史에서 除外할 수는 없다. … 이 학당은 단순히 신학생의 양성을 위한 교육만 이루어진 것이 아니었으며, 간접적으로는 민중의 교화에 공헌한, 당

시 우리 나라에서는 유일하게 초·중고를 겸한 학교이다. … 배론 聖요셉 神學堂은 1855년 神學敎育을 위하여 창설된 이래 1866년 폐쇄되기까지 神學의 정규 과정으로서도 충실한 것이었지만 당시 신학생은 春夏秋冬에 는 宣敎生活을 하였으며, 농사와 가축관리의 지도까지도 겸했고, 일반 세 속생활에 필요한 일반교양까지도 배우고 연구해야 했기 때문에 초 · 중 · 고등교육과 社會敎育의 기능을 갖추었으며, 近代化 運動의 요람인 近代 學校이었다."고 서술하였다.

제3절 부흥골 예수성심신학교의 설립(1885)과 용산 이전(1887)

박해로 더 이상 국내에서의 신학생 교육이 이루어질 수가 없게 되자, 1882년부터 1884년까지 3차례에 걸쳐 21명의 신학생이 페낭신학교로 보내져 그곳에서 신학 교육을 받게 되었다. 하지만 이들이 그곳의 기후와 풍토를 이겨내지 못하는 등 어려움을 겪게 있었으므로 소환이 불가피해지기에 이른다.[25]

그런데다가 국내에서의 종교 자유 기운에 고무된 당시의 블랑 (Blanc,백규삼白圭三) 주교는 1885년 소신학교의 개교를 준비하여[26] 드디어 1885년 10월 28일에 부흥골(현재의 경기도 여주군

---

25) 崔奭祐, 앞의 논문, 1985; 앞의 책, 1991, pp.374-375.

26) 「1885년의 보고서」, 『서울 敎區年報』 I, 명동천주교회, 1984, p.44에 보면 아래와 같은 구절이 있는데, 이것이 이러한 점을 입증해준다. "가을에는, 즉 한 달 후에 소신학교를 설립할 계획입니다. 우리가 당면해 있는 불안한 상태와 부족한 인원 때문에 현재까지 망설여 왔습니다. 그러나 하느님의 섭리는 페낭 신학교에 가 있던 우리 신학생들은 되돌려 보내면서

강천면 부평리)에 예수성심신학교가 개교하기에 이른다.[27] 당시
교수는 마라발(J.Maraval,서약슬徐若瑟) 신부 혼자에 불과했고, 학
생이라고는 페낭에서 유학 중 귀국한 4명을 합쳐 전부 합해야 7
명에 불과하였다. 이 사실은 당시 우리나라에 와서 활동 중이던
프랑스 외교관 지. 코크르당(G. Cogordan)이 본국 정부에 보고
한 문서 가운데 다음과 같은 대목에서도 증명된다.

(8)1876년에 두 명의 선교사들이 서울에 잠입하였고, 점차 복음
전교 활동이 재개되었습니다. 오늘날 조선교회는 다음과 같습니
다. 즉
　　대리 감목 주교인 불랑 주교.
　　부주교인 코스트 신부.
　　경리를 담당하는 푸와넬 신부.
　　일곱 명의 선교사. 이들은 모두 프랑스 인들이며, 파리에
본부를 두고 있는 외방전교회 소속 회원들입니다.
지방에 분산 배치된 일곱 명의 선교사들은 다음과 같습니다.
(가)1.마라발 신부는 1885년에 건립되어 수도에서 30리 정도 떨
어진 곳에 위치한 신학교의 운영을 담당하고 있는데, 현재 이
곳에는 7명의 신학생들이 있습니다. 그 외에 17명의 조선인 청
년들이 페낭에 있는 외방전교회 소신학교에서 교육을 받고 있습
니다. …(중략)…
수도권 지역에는 신자들이 3,000명에 달하며, 전교회의 경리책임
을 맡고 있는 푸와넬신부가 관리하고 있습니다. …(중략)…

그 동안 우리의 부족했던 믿음을 책망하는 것 같습니다. 우리에게 좀 더
자유가 허락된다면 이 소신학교도 서울에 있는 한한(韓漢)학교 처럼 쉽사
리 확장될 것입니다. 우리는 항상 실현되지 않은 희망 속에 살아가고 있습
니다."
27) 개교일이 1885년 10월 28일이었음은 崔奭祐가 필사본 「용산신학교 학생
명부」에서 찾아낸 사실이다 (앞의 논문, 1985; 앞의 책, 1991, pp.375-376
의 특히 주20) 참조. 다만 이 예수성심신학교가 건립된 지명을 崔奭祐는
'부엉골'로 파악하고 있는데, 곧 뒤에서 제시할 여러 기록들에 보이는
바대로 '부흥골'이 옳다고 생각한다.

(나)서울에는 대리 감목 주교와 부주교가 영구적으로 거주하고 있습니다. 작년에 그들은 40명의 학생들을 데리고 소신학교를 세웠으며, 70명의 아이들을 수용하는 고아원과 노인들을 위해 30명 내지 40명의 재원자들이 거주하는 양로원을 세웠습니다.[28]

이 문서, 특히 (밑줄 그은) (가)부분을 통해서 1885년 당시에 "수도에서 30리 정도 떨어진 곳"이는 분명 부흥골을 지목하는 것인데, 여기에서 신학교가 마라발 신부의 담당 아래 운영되고 있었고, 7명의 신학생들이 교육받고 있었음이 명확하다고 하겠다. 그런데 이와 더불어 한 가지 주목해야 할 사실은 그 다음 (나) 부분에 보면, 이와는 별도로 서울에 소신학교가 세워져 40명에 달하는 신학생들이 교육을 받고 있었다는 점이다. 그러므로 이 문서의 기록을 통해, 1885년에 세워진 부흥골의 신학교는 대신학교로서 7명이 교육받고 있었던 것이고, 역시 같은 해에 이와는 별도로 세워진 서울의 신학교는 소신학교로서 40명이 교육을 받고 있었던 것으로 보아야 옳을 것이다.

하지만 부흥골의 대신학교는 학교 운영의 여건이 여의치 못해 곧 학교를 옮겨야 할 것으로 이미 1886년부터 판단을 하고 있었다.[29] 그러다가 1886년에 마침내 한불조약韓佛條約이 체결되어 종교의 자유를 얻게 되자, 신학교를 옮길 준비를 하기 시작하여 결국 1887년 3월에는 용산龍山 함벽정函碧亭(현재의 용산구 원료 4가 1번지)으로 옮겼다. 이를 용산신학교라 부르기도 하는데, 이

---

28) 지.코크르당의 조선 내의 가톨릭교회 상황에 대한 보고 「중국주재 프랑스 공사관 조선주재 특사 제4호 선교사문제」,1886년 6월 5일 서울; 『프랑스외무부문서』 1 1854~1899, 국사편찬위원회, 2002, pp.87-88.

29) 「1886년의 보고서」,위의 책, 1984, pp.51-52에 다음과 같이 기록되어 있다. "마라발(J. Maraval, 서약슬徐若瑟) 신부에게 위임한 소신학교는 조건이 좋지 못해서 별로 발전하지 못했습니다. 총 학생수는 아직 10명을 넘지 못하고 있습니다. 이 소신학교를 다른 곳으로 이전할 계획으로 있습니다. 한문 선생과 학생 1명이 콜레라로 사망했습니다."

때에는 대신학교와 소신학교를 겸하고 되었던 것이다. 말하자면 1885년에 서울과 부흥골에 각각 세워졌던 소신학교와 대신학교를 통합하여 하나의 신학교로 운영하기에 이르렀던 것이라 하겠다. 이러한 예수성심신학교의 부흥골 개교와 용산으로의 이전에 대한 기록으로서는 아래의 것들이 주목된다.

> (9)(가)조선 제2 신학교 원주부흥골학당(現驪州郡 康川面 釜坪里)
> 우에 말한 바와 같이 조선유학생이 빈낭학당에서 돌아오게 된 것을 기회로 하여 1885년에 원주 부흥골에다 초가 몇 간을 매수하여 임시 신학교를 설치하고 요셉 서신부가 교수하게 되어 빈낭에서 돌아온 학생 4인과 조선서 입학한 3인의 학생 합 7인이었다. 거기서 3년 동안 수학하다가 현 용산신학교로 옮겼더라.[30]
> (나)「셋째 번 신학교(용산 函碧亭 1887)」
> 위의 건물은, 군난 때 첫 번은 배론, 두 번째는 부흥골, 세 번째 신앙자유 후 1887년에 龍山에 세워진 학교인데, 성당으로 사용하다가 1891년에 정식으로 신학교를 건축한 후, 세수 방으로 사용하였다.[31]

이 기록들을 통해서, 1885년에 부흥골에 세워진 신학교가 3년 동안 운영되다가 용산신학교로 옮겨졌고([(가)의 기록], 1887년에 세워진 이 용산신학교가 배론 신학교·부흥골 신학교의 뒤를 이어 세워진 것인데 1891년에 이르러서야 건물을 새로이 건축하여 확장하였음[(나)의 기록]을 알 수 있겠다.

하지만 1887년 개교 당시에는 리우빌(Liouville,유달영柳達永) 신부가 초대 교장이었고, 마라발 신부와 한문 교사 1명이 있을

---

30) 「朝鮮의 神學校 由來」,앞의 책 1935년 9·10 합병호, p.110.
31) 林忠信 신부, 『老司祭가 만화로 남기는 신학교 이야기들』, 가톨릭출판사, 1998, p.34.

뿐이었다.[32] 1890년 당시에는 학교 시설이 부족하여 한 때 학교를 서울의 주교관 구내로 옮길 방안도 고려하다가[33], 1891년에 비로소 더 많은 학생을 수용하기 위해 새남터가 바라다 보이는 함벽정凾碧亭에 터를 잡아 (앞의 기록에서 엿볼 수 있었듯이) 신식 학교 건물을 신축하는 공사를 시작하였던 것이다. 그 후 1892년 6월 25일 예수 성심 주보 축일에 비로소 2층 양옥 연와 교사를 준공하였다.

이에 따라 신입생을 원활히 받아들임으로써 학생 수도 1887년 14명, 1888년 20명, 1892년 35명, 1899년 40명으로 꾸준히 증가하였다. 그리고 페낭에 유학 중이었던 신학생들도 1892년에 이르러 모두 귀국하여 용산신학교에 편입하였다.[34] 이러한 용산 예수 성심신학교의 발전 과정과 페낭 유학 출신 신학생들의 동향에 관해서는 다음의 기록에서 그 일단을 찾아볼 수 있다.

　　(10)용산 예수성심신학원

---

32) 「1887년의 보고서」, 앞의 책, 1984, p.63에 보면, 이에 대해서 다음과 같이 기록하고 있음이 참조된다.
　　"서울에서 10리 떨어진 곳에 완전히 자리잡은 소신학교는 이제 본격적인 신학교의 면모를 갖추기 시작했습니다. 신학생 수는 14명인데 리우빌(Liouville, 유달영柳達永)신부가 교장으로 있고, 마라발 신부가 그를 보조하고 있습니다. 그 외에 한문 선생이 1명 있습니다. 우리의 가장 큰 희망인 이 학교를 완성하고 향상시키기 위해 우리는 최선을 다할 각오입니다."
33) 당시의 상황에 관해서는, 「1890년의 보고서」, 앞의 책, 1984, pp.101-102에 쓰여 있는 아래의 기록에서 헤아려 볼 수 있다.
　　"서울의 주교관 구내로 옮길 생각을 하고 있는 신학교는 아직 서울에서 10리 거리에 있는 용산에 있습니다. 강의는 현재 상황이 허락하는 한도 내에서 정확히 진행되고 있습니다. 교장 리우빌(Liouville)신부는 마라발(Maraval)신부의 도움을 받아 20명 학생들에게 어버이다운 마음으로 모든 돌봄을 베풉니다. 어떤 세밀한 사정도 그의 배려에서 벗어나지 않아, 예전,그레고리안 성가,성당 장식 따위 모두가 정해진 자리를 차지하고 있습니다."
34) 崔奭祐, 앞의 논문, 1985; 앞의 책, 1991, p.377.

피비린내에 넘치는 박해의 구름도 반도의 하늘에서 걷히고 1882
년부터 신교 자유의 휘황한 햇빛이 비춰자 1887년 봄부터 용
산 함벽정(龍山涵碧亭 現 龍山元町 四丁目)에 광대한 조선가옥
을 매수하여 조선신학교의 영구한 토대를 세웠다. 1891년에는
화려 광대한 연와제 2층 교사를 신축하고 1910년부터 대신학
원까지 증축하였다.
용산신학원의 최초 원장 신부는 루치아노 유 신부이고, 학당의
형식상 주인은 최 시몬이었더라. 설치 당시 신학생들은 빈낭에
서 귀국한 그 학생들인 바 21인 중에서 최 루가는(이전 최도마
신부의 조카) 40여 세에 극히 둔총한 원인으로 중지되고 3인은
자퇴하고 7인은 병사하였다. 그 중 10인은 사제품에 올라 다년
간 전교에 노력하다가 앞서거니 뒤서거니 4인은 벌써 고인(故
人)이 되었고 현재 경성교구에 3인, 대구교구에 2인, 평양교구
에 1인이 아직 생존하고 있다.[35]

1887년 봄부터 용산 함벽정에 조선 가옥을 매수하여 신학교를 옮
겨오고 나서는, 1891년에는 연와煉瓦로 된 2층 교사를 신축했을 뿐만
아니라 1910년부터는 대신학교까지 증축하였다고 한다. 그리고 페낭
유학 출신 신학생들의 동향에 대해서도 구체적으로 기록하고 있음이
주목된다. 그리고 그 가운데, 21명 중 10명만이 사제서품을 받았었고,
1935년 당시에 6명이 생존하고 있다고 하였다.

그런데 이 기록에서 한 가지 다른 기록에서는 볼 수 없는 점 하나
는, "용산신학원의 최초 원장 신부는 루치아노 유 신부이고, 학당의
형식상 주인은 최 시몬이었더라."고 해서, 학당의 형식상의 주인이
최 시몬이라고 밝히고 있는 점이라 하겠다. 이 점은 배론 신학교 시
절의 학당 주인을 장주기張周基(낙소樂韶,요셉) 회장으로 하여 감시의
눈을 피하려 했던 것과 비견될 수 있으며, 이후 일제에게 용산 신학
교의 인가를 정식으로 받기를 회피했던 것과도 상통하는 바가 있는

---

35) 「朝鮮의 神學校 由來」, 앞의 책 1935년 9·10 합병호, pp. 110-111.

것이라 보여진다. 이 점은 바로, 당시에 종교의 자유가 주어졌다고는 하지만, 천주교회가 드러내놓고 신학교를 운영하기가 어려웠던 실정을 극명하게 보여주는 것이라 생각한다.

제4절 「학적부」 자료 등을 통하여 본 용산 예수
성심신학교 사제 양성 교육의 실제

예수성심신학교의 후신인, 현재의 가톨릭대학교 성신교정 교학
처에는, 이전 용산 예수성심신학교 시절 서품을 받은 사제들의
「학적부學籍簿」가 보관되어 있다. 이 자료가 당시 사제양성교육
의 실제 면모를 살피는 데에 요긴할 것으로 여겨 이를 조사하고
분석할 기회를 갖기를 원하였는데, 학교 측의 허락을 취득하여
이를 직접 읽고 살펴볼 수가 있었다.

여기에서는 이를 중심하고 당시 신학생들의 증언을 토대로 하
여 예수성심신학교 사제양성교육의 실제 면모에 대해 살펴보려고
한다. 이에 앞서 먼저 이 자료의 성격에 대해 약간 소개해 두어
야 할 듯하다. 이 자료는 아쉽게도 문자 그대로 신학생들의 「학
적부」는 아니다.

당시의 기록들이 소실된 이후 1955년에 이르러 당시의 學長이
주관하여 이미 서품을 받은 사제들에게 작성하도록 하여 남겨둔

기록일 뿐이다.36) 그것도 42명의 것으로 한정되어 있다. 하지만 본인 스스로의 친필로 작성하고 싸인을 하거나 인장을 찍어 제출하게 하였을 뿐만 아니라 영세증명서와 견진증명서 등을 작성하게 하고 증명해줄 수 있는 증명자證明者까지 기입하게 하였을 정도 치밀하게 정리된 자료이므로, 사료적 가치는 매우 크다고 본다.

특히 국민학교부터 이후 예수성심신학교 수학과정에서의 진급 연도 등을 자세히 적어두는 칸이 단계별로 마련되어 있어, 당시의 실제 면모를 파악하는 데에 무척 의미가 있는 자료라고 믿어 의심치 않는다. 다만 자료의 성격상 개개인의 기록을 낱낱이 공개하지는 않기로 한다.

(1)부모의 직업

부모들의 직업을 묻는 항목에 대해서 42명 중 농업이라 답한 경우가 21명(50%)으로 가장 많다. 다음으로 기재하지 않은 경우가 11명이었는데, 당시 우리나라의 산업 구조로 미루어 이 경우에도 아마 농업이었을 가능성이 가장 큰 것이 아닐까 생각한다. 이외에 '무無'라고 기재한 경우가 2명, 그리고 '─'라고 표시해서 이와 같았을 것으로 파악되는 경우까지 합치면 3명이 되며, 상업이라고 밝힌 경우가 3명이 되었다. 그밖에 공업·한의·약종상이 각각 1명이었으며, 영국공사 비서라고 기재한 경우도 1명이었다. 그러므로 농민의 후예들이 신학생이 되고 사제로 서품을 받은 경우가 많았다고 하겠다.

(2)입학생의 연령과 학력 정도

---

36) 이 사실을 무엇보다 정확히 알게 된 것은, 朴性春 레오 신부의 「學籍簿」前面의 備考에 "記入年月日 1955(4288)年 4月 29日 聖神大學長의 要請에 依하여 記入報告함"이라 기록되어 있는 것을 보고 나서였다.

입학 당시의 연령을 일일이 계산하여 제시하거나 개인의 입학 이전의 학력을 밝히지는 않기로 한다. 그보다는 오히려 당시의 상황을 증언한 다음의 기록들에서 그 추세를 충분히 헤아릴 수가 있다고 보기 때문이다.

> (11)(가)내가 신학교에 입학한 것은 1917년 9월 15일, 내 나이 열다섯 살 때였다. 입학생은 68명인데 나이 제일 많은 아이는 열아홉 살, 나이 제일 적은 아이는 열한 살. 공부는 고등 보통 학교 다니다 들어온 아이가 둘, 기타는 보통 학교 졸업하고 들어온 아이들, 학교 다니다가 들어온 아이들, 학교도 못 다니고 머리꼬리를 단 채 들어온 아이들, 이렇게 뒤죽박죽이었다. 1차 세계 대전 관계로 6년 만에 모집하였기 때문이다.[37]
>
> (나)내가 성심 신학교에 입학한 것은 1926년 9월이었다. 입학 시험도 없이 본당신부 추천서만 가지고 와 보니 너무나 학력과 나이의 차이가 컸다. 학력으로는 학교는 구경도 못한 사람부터 중학교 2학년까지이고, 나이로는 11세부터 18세까지이니까 라틴말은 모두 하나같이 배울 수 있으나, 일반학과는 누구를 표준하고 가르쳐야 할지 막연하다. 그렇다고 몇 학급으로 나눌 수도 없으니 할 수 없이 소신학교 1년부터 시작한다. 게다가 교사 한 분이 몇 과목을 혼자 가르치시고, 그 교사의 학력이 신학교 4학년 중퇴 밖에 안되니 큰 사람들은 배울 것이 아무 것도 없었다.[38]

1917년에 신학교에 입학했던 윤형중 신부의 경우[(가)의 기록], 15세였는데 같은 반에 학우들의 경우 19세부터 11세까지 다양한 연령의 분포를 보였다고 밝히고 있을뿐더러 입학생의 학력 정도도 그야말로 '뒤죽박죽'이라고 표현하고 있을 정도이다. 이런

---

37) 윤형중 신부, 「신학교」, 유고집 『진실의 빛 속을』, 가톨릭출판사, 1989, p.52.
38) 장금구 신부, 「제1차 개혁」, 『사목 반세기』, 1989, p.70.

경향은, 1926년에 신학교에 입학했던 장금구 신부의 경우 역시 거의 변함이 없는 상황이었음을 증언하고 있는 데에서 역시 지속되고 있음을 읽을 수가 있다. 연령은 11세부터 18세까지 분포되었을 뿐만 아니라 학력 정도도 "학교를 구경도 못한 사람부터 중학교 2학년까지"였다고 쓰고 있는 것이다.

그만큼 연령은 물론 학력 역시 천차만별이었다고 할 수 있는데, 이런 이유에서 그런지는 명확치 않으나 소위 「학적부」에도 학력을 기재하지 않은 경우도 적지 아니 볼 수 있었다. 그럼에도 불구하고 [위의 기록 (나)에서 보듯이] 몇 학급으로 나눌 수가 없어 한 학급에서 모두 소신학교 1년부터 시작할 수밖에 없었다고 한다.

(3)학제와 교사진

당시의 학제와 교사진의 구성에 관해서는 구체적인 자료가 오늘날의 가톨릭대학교 성신교정에는 남아 있지를 않다. 다만 당시의 상황을 적은 놓은 회고록에 다음과 같이 정리되어 있음이 긴요하다.

(12)학제(1887-1926)[39)]
소신학교 하급반 Minores 3년간   대신학교 철학반 2년
          Maiores 3년간   신학반 4년
교사 편제
소신학교 라틴어 교사 신부 2,3명   대신학교 철학과 교사 신부 1명
교리 교사 부제 1,2명   신학과 교사 신부 2명
세속학과 교사 일반인 1명   성서학, 전례학, 교회사, 불어(자유)

이외에 당시의 신학교 교사진에 대해 알 수 있는 기록으로는

---

39) 장금구 신부, 「예수 성심 신학교 용산으로 이전」, 앞의 책, 1989, pp. 64-65.

다음을 또 들 수가 있는데, 이는 1917년 당시의 것이라 한다.

(13)내가 신학교에 입학할 당시, 세계 정세[40]

　　　…(중략)…

본회 감목	閔德孝 Gustavus Mutel
부감목	朴道行 Victor Poisnel
으뜸신부	陳普安 Petrus Guinand
선생신부	表光東 Vedastus Poyaud
〃 〃	金聖學 Alexius Kim
漢文先生	李判事 영감
日語先生	曺元換
사무원	趙방지거

(4)소신학교로서 동성상업학교 을조乙組의 입학·졸업 그리고 학제

동성상업학교의 을조乙組에서 대신하고 있던 소신학교의 입학과 졸업에 관해서는 자세한 기록이 남아 있지를 않다. 그 서류들이 6·25동란 때 인민군에 의해 1번, 또 미군의 폭격에 의해 또 1번, 2회에 걸쳐 화재가 발생하여 타다가 남은 서류 극히 일부분만이 남아서 전했다고 하기 때문이다.[41] 그렇기 때문에 이 학교에 처음으로 입학하여 졸업한 장금구 신부의 다음과 같은 회고담이 당시의 상황을 아는 데에 가장 유익하다.

(14)여름 휴가가 끝나서 9월 15일 경 귀교하여 보니 우리 반은 혜화동에 가서 공부하라고 했다. 명령에 따라 와보니 모든 준비가 다되어 있었다. 분도수도원 본원 자리에 교실, 침실, 성당이 완비되어 있었고, 동성상업하교 2학년에 편입시켜 학교 과

---

40) 林忠信 신부, 앞의 책, 1998, p.14.
41) 東星高等學校의 校監 吳洋 先生의 2003년 3월 29일 談.

정을 배우도록 했으며, 신학생들을 을조로 만들어 당당한 중학생이 되었다. 다만 방과 후에는 라틴어를 배웠다.

이것이 제1차 학제 변경이라고 할 수 있는데, 그 이듬해부터는 동성상업학교와 같이 매년 입학시험을 치루고 신학생을 받기 시작했으며, 다음 해인 1929년에는 대구교구의 신학생까지 선출하여 연합 신학교를 운영하게 되었다. 그 결과 1933년에 첫 졸업생이 배출되었는데, 나도 그 중의 하나였다. …(중략)…

원 주교님은 주교로 승품되시기 1년 전 우리 학급의 라틴어를 담당하시고 계셨기 때문에, 당시 신학교 현실을 잘 파악하여 대·소신학교를 계획하고 계셨던 듯싶다. 그에 앞서 함경도의 전교 사업을 맡게 된 분도수도회는 1919년에 수도원과 신학교를 건설하였고, 1920년부터는 혜화동에서 따로 신학생을 뽑아 교육을 시켰다. 그리고 건축의 진전에 따라 수도원이 먼저, 맨 마지막으로 신학교가 이사를 갔으니, 이때가 1928년 여름휴가 직전이었다. 한편 교구에서 운영하는 남대문상업학교를 혜화동으로 옮긴 것이 1928년 1학기라고 기억되는데, 이 두 가지가 소신학교를 대신학교와 분리하기에는 적기였던 것 같다.[42]

1929년부터 이 학교의 을조乙組를 소신학교 과정으로 개설하였으며, 1933년에 첫 졸업생이 배출되어 대신학교에 입학했다고 했는데, 이때의 졸업생은 14명인 것으로 기록되어 있다.[43] 그리고 1936년에는 22명의 졸업생이 대신학교로 진급하였다.[44] 이후 1934년 3월에는 입학생이 45명(경성교구 18명·대구교구 19명·평양교구 8명)이었고, 1936년 3월에는 44명(경성교구 26명·평양교구 11명·대구교구 9명)이었으며, 1937년 3월에는 48명(경성교구 25명·대구교구 18명·평양교구 5명)이었다고 한다.[45]

---

42) 장금구 신부, 앞의 글, 1988, pp.4-5.
43) 『경향잡지』 1933년 3월호(제753호), 영인본 33권, p.107에 보면, "신품학생 14인은 용산대신학원으로 가서 철학과를 시작하였더라"고 되어 있다.
44) 『경향잡지』 1936년 3월호(제825호), 영인본 30권, p.157.
45) 『경향잡지』 1934년 3월호(제778호), 영인본 28권, p.147 및 1936년 3

한편 동성상업학교 을조의 학제에 대해서는 다음의 정리가 크
게 참조된다.

(15)(1935년) 東星商業學校의 當時 校長은 朴準鎬 先生. 小神學
校인 乙組에는 J. Ragard(羅) 校長神父, 尹乙洙 · 申麟均 · J.
Combert(孔) 神父 等이 있어 라틴語·敎理·聖歌·經理 等을 맡고
있었다. 勿論 約 200名에 가까운 1-5 學年 生徒들과 宿食을 같
이하며 靈的 指導 · 祈禱生活 · 聖事 · 典禮執典 等으로 小神學生
으로 將來 神父로 修練을 시키고 있었다.
學校의 큰 行事(入學式 · 卒業式 · 講演會 · 運動會 · 軍事訓練 · 報
國隊 等)은 全體 生徒가 參席했고, 敎會關係 行事(校長神父 靈
名祝日, 明洞聖堂 主敎 大禮미사, 聖體擧動 等)은 神學生들만
참석했다.
當時 學制는 5年制였고 韓國先生이 日人先生보다 많았다. 一學
生부터 一般 中學科目과 英語 外에 每日 한 時間씩 尹神父에게
라틴語를 배웠고 2學年부터는 商業課目과 校長神父에게 佛語를
工夫했다. 漢文과 우리말(朝鮮語)을 배웠고 日人 先生에게 日本
語를, 그리고 授業은 日語로 하였다.[46]

이 기록을 통해 1935년 당시 을조에는 교장신부가 따로 있었
으며, 5년제의 학제로 기숙사 생활을 하였다는 것[47] 그리고 한국

월호(제825호), 영인본 30권, p.188 그리고 1937년 3월호(제850호), 영
인본 31권, p.180.
46) 安達遠 신부, 『回歸線』,1981, pp.37-38.
47) 당시의 기숙사 생활에 관한 보다 구체적인 증언은, 성모영보수녀회 엮
음, 선종완 신부 유교집 『말씀으로 산 사제』, 성바오로출판사, 1984,
pp.14-17에 다음과 같은 대목이 있어 당시의 상황을 파악하는 데에 크
게 도움이 된다.
"을조반의 소신학생들 전원은 학교 3층에 있는 기숙사에서 생활하며 사
감신부의 엄격한 지도를 받도록 되어 있었다. 이 사감신부가 이를테면
소신학교 교장격이었다. 라우렌시오는 갑조반에 입학하였다. 그해에 신
학교 지원생 수가 적어 따로 을조반을 편성할 수 없었기 때문이다. …

인 선생이 일본인 선생보다도 수적으로 많았으며, 우리말도 배우고 있었음을 알 수가 있다. 학교의 행사에 있어서도 갑조의 일반 학생들과 차이가 있어서, 교회 관계 행사에는 신학생들만 참석했다고 한다.

(5)매일 일과 시간표

신학교 생활에서 매일 매일의 규칙적인 하루 일과는 다음과 같은 시간표에 의해 진행되고 있었다고 한다. 오전5시에 기상하여 오후 8시에 취침하기까지의 시간대별의 일정을 잘 엿볼 수가 있는 것이다.

(16)시간표[48]

오전			오후		
5		기침	1 1/2		공부
5	3/4	미사	2 1/2		공부
7		조반	3 3/4		교수시간
8		공부	5 1/4		성체조배
9		漢文	5 1/2		공부
10	1/4	일어	6 3/4		강론
11	1/2	묵주신공	7		저녁
12		점심	8		취침

(중략)… 그가 1학년 때는 신학생이 아니었으므로 지(池, Chizalet) 베드로 교장 신부의 고용원집에 기숙을 하였다. 그 때 신학생들은 명동 성당에 있던 성가 기숙사에서 통학하다가 동성상업학교 안에 기숙사가 마련되자 전원이 자리를 옮겨왔다. 라우렌시오는 동성상업학교 1학년을 갑조반에서 공부한 후 2학년 때 비로소 숙원이었던 소신학교(을조반)에 입학할 수 있었다."

48) 林忠信 신부, 앞의 책, 가톨릭출판사, 1998, p.20.

그런데 이러한 시간표 기록 외에도 일정 사이사이의 세부적인 일상생활의 실제 면모에 대해서는 아래의 증언이 더욱 사실 그대로를 잘 드러내고 있다고 보인다. 말하자면 앞의 것은 단지 시간표 자체였다면, 다음의 기록은 그 속에 함께 하는 신학생들의 살아 숨 쉬는 현장을 들여다보듯이 훤히 알려준다고 하겠다.

(17)신학교에서의 하루 일과

오전 5시에 기상한다. 요새 같은 겨울철에 5시면 밤중처럼 캄캄하다. 곧 세면소에 달려가 세수를 하고는, 5시 15분에는 기도실에 모여 조과를 합송한다. 그리고는 묵상 기도로 들어간다. …(중략)…

6시 종이 울리면 성당에 들어가 미사 참례하고, 그 다음에는 교실에 들어가 조용히 성서를 읽는다. 7시에는 식당에 들어가 간단한 기도문을 합송하고는 자리에 앉는다. (가)이때만 서로 말을 할 수 있다. 식사를 끝낸 다음 각기 맡은 일을 한다. 물 뿌리기, 마당 쓸기, 교실 소제, 침실 소제 등등. 나도 신부 되기 한 주일 전까지도, 주번에 의해서지만, 변소를 내 손으로 쳐냈다.

오전 공부는 세 시간을 한다. 공부 시작할 때나 끝날 때는 간단한 기도문을 합송한다. 12시 15분전에는 기도실에 모인다. 담임 신부는 복음 성경 한 장을 읽고는 양심 성찰(省察)을 지도한다. …(중략)… 12시 종이 울리면 식당으로 간다. 간단한 기도문을 합송하고 자리에 앉으면, 주번에 의하여 학생이 낭독대에 올라가 구약 성경을 약 3,4 분 동안 읽어 나간다. 독서가 끝나면 일제히 "데오 그라씨아스(천주께 감사합니다)"하고는 식사를 시작한다. 식사가 다 끝나면 교장 신부는 벨을 누른다. …(중략)…

저녁 먹기 전에 네 시간 공부한다. 그 전후에 매번 간단한 기도문을 합송한다. 5시 15분이면 모두 성당에 모여 성체 조배(聖體朝拜) 기도를 15분 동안 드린다. 7시 15분전이면 기도실에 모인다. 담임 신부가 나와서 무슨 일에 대하여 주의도 시키

고, 훈계도 하고 이번 주간에는 이러저러한 일이 있으리라고
일러주기도 한다.

7시 종이 울리면 식당에 모인다. 기도문을 합송하고 자리에 앉
으면 아까 그 학생이 낭독대에 올라가 신약 성경을 얼마 동안
읽는다. 식사가 끝나면 「준주성범 ― 그리스도를 본받음」을
읽고, 기도문을 합송하고는 마당으로 나간다. 8시 종이 울리면
기도실에 모여 만과 기도를 합송하고, 다음날 묵상 제목을 듣
고는 침실로 들어간다. (나)이제부터는 절대 침묵이다. 서로 이
야기할 수 없다. 잠이 안 온다고 책을 읽거나 일어나 서성거리
지도 못한다.[49)]

　아침 식사시간에야 비로소 서로 말을 할 수 있었을 뿐 아니라
그 후에는 각자 분담에 따라 맡은 바 공동체 생활에 필요 불가결
한 여러 일들을 나누어 했다는 사실은 물론, 특히 사제 서품을
받기 1주일 전까지도 화장실 청소를 당번을 맡아 직접 해야 했다
는 사실[밑줄 그은 (가) 부분]은 당시 사제 양성 교육의 실제 면
모 여과 없이 있었던 그대로 보여주는 것으로 기억할 수 있겠다.
게다가 취침 이후에는 대침묵으로 일관되어 잠이 안 온다고 해서
책을 읽거나 서성거릴 수도 없었던 점[(나) 부분]도 역시 그러하
겠다.

(6)주간 일정과 외출
　1주간에 목요일 하루는 동작동에 있는 신학교의 별장으로 나가
는 것이 규칙적으로 이루어지고 있었다. 이에 기록은 아래와 같다.

(18)동작동 신학교 별장(Villa)
지금 국군묘지가 있는 동작동에, 용산 신학교 별장이 있었다.
전에는 동작리(銅雀里)라 불렀고, 속칭 말할 때에는 "동지기"

---

49) 윤형중 신부, 「인생문제」, 앞의 책, 가톨릭출판사, 1989, pp.60-62.

라 불렀다. …(중략)… 신학교 규칙에 매 木요일은 "동지기"가
는 날로 정하였는데 신학교 생활 13년에 매 木요일 "동지기"
로 갔으니 "동지기"를 잊을 수 없다.[50]

이처럼 13년 동안의 신학교 생활 동안 줄곧 이루어진 것으로,
이는 규칙적이었다고 해서 결코 과언이 아닐 것이다. 그런데 이
날은 잠깐 동안만 다녀오는 것이 아니라 하루 종일 수업을 쉬고
외출 차원으로 이곳에서 시간을 보냈던 것이라 하는데, 이와 관
련하여서는 다음의 구체적인 증언이 실제 면모를 파악하는 데에
요긴하다.

(19)외출하는 날은 1.매 木요일이니, 약 20리 되는 신학교 별장
(villa)이 동작동에 있어, 하루 종일 놀고 온다. 2.주일 오후 2
시경에 정한 곳이 없이 산책하다가 5시경에 귀교한다. 3.명동성
당이니 큰 축일 주교 대미사가 있을 때에 가서 미사참례도 하
고, 미사 때 성가도 부른다.[51]

기숙사 생활의 고된 과정 중에서, 동작동의 신학교 별장으로
가는 매주 목요일의 규칙적인 외출 외에도 매주 주일날 오후 2시
경부터 5시경까지 신학교 밖으로의 자유로운 외출이 가능하였던
것이다. 뿐더러 대축일에는 명동성당에 가서 미사에 참례하는 것
도 신학교 밖으로 나갈 수 있는 기회 중의 하나였다고 했다.

(7)시험과 퇴학
한 학기가 끝날 때마다 신학교에서 시험을 통해 진급과 퇴학
여부를 결정하였는데, 이 역시 여느 학교에서 학생들이 겪는 것

---

50) 林忠信 신부, 앞의 책, 가톨릭출판사, 1998, p.82.
51) 林忠信 신부, 같은 책, 가톨릭출판사, 1998, p.47.

이상의 고통을 수반했던 것으로 보인다. 왜냐하면 곧 다음의 기록들에서 드러나듯이 시험 성적의 좋고 나쁨에 따라 퇴학 여부가 그 다음날로 결정이 날 뿐만 아니라 그 시험 방식이 구술시험이기 때문이었다.

> (20)(가)1912년 2월 19일 월요일 용산에서의 시험 결과 우리 교구의 학생 2명이 퇴학당했다. 한 명은 벌써 개학 때 퇴학당했다. 현재 서울 신학교의 우리 교구 신학생은 18명이다.[52]
> (나)1916년 6월 14일 용산에서 학년말 시험이 있었는데, 수험생이 15명뿐이어서 12시전에 모두 끝날 것이다.[53]
> (다)1917년 6월 12일 학년말 구술 시험 때문에 하루 종일 용산에 가 있었다.[54]

대구교구장이었던 드망즈 주교와 서울교구장이었던 뮈텔 주교가 남긴 이상의 기록을 종합하여 볼 때, 학기말 시험인 2월의 경우나 학년말 시험인 6월의 경우를 막론하고 성적이 나쁘면 퇴학처분이 결정되었었고, 이 시험에는 주교가 직접 동석하여 이를 주재하였음을 알 수 있다. 이러한 시험을 치루었던 학생 당사자의 다음의 증언을 통해 생생한 현장 상황을 살펴보자.

> (21)大시험
> 정초 임시하여 보는 시험을 "大시험"이라 하는데 주교님이 오셔서 가운데 앉으시고 교장신부님과 선생 신부님은 양옆에 앉으신다. 우리는 가슴이 두근거리고 걱정이 태산 같으니, 왜냐하면 신학교에 남아 있느냐? 보따리를 싸 가지고 집으로 가느냐? 의 문제가 이 大시험에 달렸기 때문이다.

52) 『드망즈 주교 일기』 1911-1937, 한국교회사연구소 역주, 가톨릭신문사, 1987, p.49.
53) 『뮈텔일기』 III 1901-1905, 한국교회사연구소, 1993, p.47.
54) 『뮈텔일기』 III 1901-1905, 앞의 책, 1993, p.129.

주교님은 시험받을 학생의 이름만 부르시니, "임마디아"하시면 "Adsum - 네"하고 앞으로 나가 선다. 시험 문제는 교장 신부하고만 묻고 대답한다. 점수는 세 분이 다 각각 기록하였다가 나중에 세 분의 점수를 평균화하여 매긴다.

시험 다음 날 퇴학

시험 다음날 여러 학생들이 퇴학을 당하였다. 그러나 저들은 돈이 한푼도 없으므로 신학교 사무원으로 있는 趙방지거가 용산 정거장으로 데리고 가서 각각 자기 집으로 갈 차표를 사주었다.[55]

주교가 직접 동석하여 정초에 치루는 이러한 시험을 '대시험'이라 해서, 학생들은 집으로 가는 보따리를 싸야 할지도 모른다는 불안감을 드러내곤 했음을 가늠해볼 수 있는데, 주교와 선생 신부는 평가자로서만 구실을 할 뿐 교장 신부가 주도적으로 이를 주관하고 있었다고 한다. 다만 성적은 평균을 내어 평가하였는데, 이에 따라 퇴학 처분이 내려지기도 했고, 결국 퇴학 처분된 신학생들의 경우 차비가 없으므로 학교 측에서 마련해준 기차를 타고 고향으로 돌아가야 했던 것이다.

(8)방학과 개학

방학과 개학은 1년에 두 차례 여름 방학과 겨울 방학이 있었는데, 여름 방학은 기간이 3개월가량인데 비해 겨울 방학은 약 1주일 남짓하였다. 겨울 방학이 이토록 짧았기 때문에 신학생들은 결국 기숙사를 벗어나기 어려웠던 듯한데, 이 점은 다음과 같은 임충신林忠信 신부의 회고담에서 읽어진다.

(22)겨울 방학

---

55) 林忠信 신부, 앞의 책, 가톨릭출판사, 1998, pp.78-79.

겨울 방학은 일주일이므로 학생들이 집에도 못 가게 되니, 교장 신부께서 여러 가지 재미있는 놀이를 마련해 주신다. 한 번은 마당에 동이를 높이 매달고 몇 십 보 멀리서 문을 가리우고 동이를 때리라 한다. …(중략)… 겨울 방학은 일주일 밖에 안되니까 학생들이 집에도 못 가고, 또 음력 정초 설 때가 되니까, 학생들의 마음에 심난해 하고 섭섭해 할 것을 위로해주기 위하여 교장 신부님이 '동지기'로 가서 과자, 사탕, 곶감, 귤, 땅콩, 밤, 대추 등 … 여러 가지를 싼 뭉치들을 혹은 나무 가지에 혹은 숲 속에 감추어 놓고 말씀하시기를 "너희들 산에 올라가서 보배들을 찾아오너라" 하신다.[56]

당시 고작 1주일 동안의 겨울 방학에 불과하고, 더욱이 음력 정초에 고향에 가지 못하였다.[57] 그래서 신학생들을 위해 교장 신부가 '동지기' 즉 동작동에 있던 신학교 별장 뜰에서 신학생들을 위한 놀이를 열어주기도 했던 것이다.

한편 여름 방학과 개학의 시기는 시기마다 약간의 차이는 있었지만, 대체로 6월 중순부터 하순에 걸쳐 방학에 들어가고, 9월 초순부터 늦게는 그 말일이 다되어서야 개학을 하는 경우도 있었다. 1911년에는 6월 26일에 방학하여 9월 30일에 개학하였고[58], 1913년에는 개학이 9월 22일이었는데, 이때에는 피정이 13일부터 16일까지 있었다.[59] 반면에 1916년에는 6월 15일에 방학하여 9월 19일에 개학하여 그 다음날에 하였다.[60]

---

56) 林忠信 신부, 앞의 책, 가톨릭출판사, 1998, p.80 및 83.
57) 1917년 9월에 신학교에 입학한 윤형중 신부의 기록에 보면 다음과 같이 대목이 있는데, 이와 관련하여 참고가 된다. "또한 이 신학교에는 동기 방학도 없고 춘기 방학도 없었다. 9월 15일에 들어가면 이듬해 6월 15일까지 배겨내야 한다." 윤형중 신부, 「신학교」, 유고집 『진실의 빛 속을』, 가톨릭출판사, 1989, p.52.
58) 『경향잡지』 1911년 6월호(제233호), 영인본 18권, p.294.
59) 『경향잡지』 1913년 10월호(제287호); 영인본 18권, p.434.
60) 『뮈텔주교일기』 6, 앞의 책, 2001, p.47.

그러다가 대·소신학교가 1929년에 분리된 이후 소신학교는 중학교 학제에 따라 9월 1일에 개학을 하게 되었지만, 대신학교는 여전히 6월 중순에 방학에 들어가 9월 중순에 개학하는 게 관례였던 듯하다. 이 점은 1932년 대신학교가 6월 14일에 방학에 들어가 9월 15일에 개학했음과 달리 소신학교는 9월 1일에 개학했다는 기록에 의하여 알 수가 있는 것이다.[61] 이후 1933년과 1935년에 각각 6월 23일과 6월 29일에 방학했고, 1934년·1937년에는 역시 9월 15일에, 1935년에는 9월 24일에 개학하였다고 한다.[62]

이같이 여름 방학이 3개월씩이나 되게 장기간이었던 이유는 무엇일까. 이 점은 다음과 같은 윤형중 신부의 증언을 통해 헤아릴 수가 있다.

(23)여름 방학
여름 방학은 석 달 동안이다. 신학교에서는 마지못해 규칙에 끌려 다니는 수가 많았으리니, 이제 완전한 자유를 준다. 너희가 너희 자신을 견제하는 습성을 길러 보라는 뜻이다.[63]

이에 따르면 하기 방학이 3개월씩이나 된 것은, 그간 신학교의 규칙적인 생활에 끌려 다니던 데에서 벗어나 스스로가 스스로를 견제하는 습성을 기르도록 하라는 배려에서였음을 알 수 있다. 결국 독신으로 사제의 길을 가야 하는 여정에서 스스로를 이겨내는 것을 몸에 익히도록 했던 것이다.

---

61) 『경향잡지』 1932년 6월호(제736호), 영인본 23권,p.271 및 동 8월호(제 740호), 영인본, p.368.
62) 『경향잡지』 1933년 6월호(제760호), 영인본, p.276 및 1934년 8월호(제788호), 영인본, p.466. 1935년 9월호(제813호), 영인본, p.537. 그리고 1937년 8월호(제859호), 영인본, p.430.
63) 윤형중 신부,「수도 생활」, 앞의 책, 1989, p.63.

(9)서품 연령

사제 서품 연령의 전체 평균은 26.8세였는데, 1930년 이전 서품자 11명의 평균 연령은 28.72세이고, 1930년 이후 서품자 31명의 평균 연령은 26.12세였다. 따라서 1930년 이전 서품자의 평균 연령이, 그 이후 서품자의 그것보다 약 2.6세가 적은 것으로 계산되었다.

이를 좀 더 세부적으로 나누어 살펴보니, 1920년대 서품자 11명의 평균 연령:1930년대 서품자 17명의 평균 연령:1940년대 서품자 14명의 평균 연령=28.72:26.52:25.64였다. 결과적으로 1920년대 서품자 11명의 평균 연령이 1930년대 서품자 17명의 평균 연령 보다는 약 2.2세가 높았고, 또 1930년대 서품자 17명의 평균 연령이 1940년대 서품자 14명의 평균 연령 보다는 약 0.88세가 많았다. 이는 거꾸로 1920년대 서품자에 비해 1930년대의 서품자의 연령이 약 2.2세가 낮아지는 추세였으며, 아울러 1940년대 서품자가 1930년대 서품자에 비해 또 0.88세가 낮아지는 경향을 보인 것이다.

한편 1930년을 기준으로 잡아 그 이전과 그 이후 대신학교 입학생들의 서품자 평균 연령을 계산해 보았다. 이는 1929년에 신학교의 분리가 이루어지면서 소신학교 과정을 정규적인 중등학교에서 마치게 됨으로 이를 계기로 어떤 변화를 나타내는 것이 아닐까 싶어 조사해 본 것이다. 그랬더니 1930년 이전 대신학교 입학생 가운데 서품자 24명의 평균 연령은 27.64세이고, 1930년 이후 대신학교 입학생 가운데 서품자 18명의 평균 연령은 25.72세로 셈되었다. 이는 결국 그 이전 보다 그 이후 대신학교 입학생 가운데 서품자의 평균 연령이 약 1.9세가 낮아지는 것임을 알려준다.

이 수치는 요컨대, 소신학교와 대신학교가 분리되고 소신학교 과정을 동성상업학교 을조에서 정규적인 과정으로 이수하게 됨에

따라 예전과는 달리 입학생의 연령이 일정해지는 경향과 짝하는
것으로 파악된다. 즉 정규 과정을 마쳐야만 대신학교를 진학할
수 있으므로, 예전에 간혹 그러하였듯이 고령의 학생이 입학하는
경우가 대폭 감소되는 데에 따른 것이라 보인다. 그만큼 소신학
교는 물론 대신학교 교육도 공교육으로서의 일정한 틀을 잡아가
고 있었음을 의미한다고 풀이된다.

제5절 용산 예수성심신학교의 사제 양성 교육의 시기별 추이와 그 특징

(1)초기(1887~1900);페낭 신학교 출신자의 사제 서품 시기

용산 예수성심신학교는 초대 교장 리우빌 신부가 1893년 4월에 사망함으로써 빌렘(Wilhelm,홍석구洪錫九) 신부가 제2대 교장이 맡았다.[64] 그 후 같은 해 8월부터 1897년 5월까지는 로(Rault,노盧) 신부가 제3대 교장을, 그 뒤를 이어 1900년 9월까지는 샤르즈뵈프(Chargeboeuf,송덕망宋德望) 신부가 제4대 교장을 맡았다. 이 시기에는 신입생을 2년마다 받았고, 뿐만 아니라 페낭 신학교에서 수학 중이던 신학생들을 모두 귀국시켜 함께 교육시켰다. 이 사실은 아래의 기록에 잘 드러나 있다.

(24)용산에 있는 우리 신학교는 로오(Rault)신부와 베르모렐(Vermorel)신부가 맡아보고 있습니다. 올해는 임시로 샤르즈뵈

---

64) 「1893년의 보고서」, 『서울 敎區年報』 I, 명동천주교회, 1984, p.141.

프(Chargeboeuf)신부를 그들에게 보내야 했습니다. 학생수가 늘어서 보다는 강의 과목이 늘어난 탓이기도 하였습니다. 사순절에 삭발 허원자 4명과 소품자 7명의 서품식이 있었으며 성신강림 축일에는 3명이 차부제품을 받았는데, 셋이 다 페낭(Pinang) 출신 학생입니다. 우리들은 이들이 모두 내년에 사제품에 오르기를 바라고 있습니다.[65]

이 가운데서 교사 신부가 증원된 것에 대해, '학생 수가 늘어서 보다는 강의 과목이 늘어난 탓'이라고 하였음에서, 교육의 내용이 그 이전보다 충실해졌음을 읽을 수가 있다. 이는 아마도 이 당시에 페낭신학교에서 공부하던 신학생들이 모두 귀국하여 교육받게 되었던 것과 무관하지 않을 것 같다. 페낭 신학교 못지 않게 교육의 질을 높이기 위한 조치였다고 보인다.

그리고 당시에 차부제품次副祭品을 받은 신학생들이 모두 페낭 출신으로, 다음 해에 이들이 사제품司祭品을 받게 될 것임을 밝히고 있음이 눈에 띈다. 실제로 사제 서품식이 처음으로 행해진 것은 1896년 4월 26일의 성요셉 보천하 대주보축일로 강성삼姜聖參 · 강도영姜道永 · 정규삼鄭圭夏 3명의 새 사제가 비로소 배출된 것이었다. 이후 1897년 12월, 1899년 10월, 1900년 9월 3번에 걸쳐 각각 3명씩의 새로운 사제를 배출함으로써 5년 사이에 한국인 사제가 12명으로 증가하였는데, 이들은 모두 이미 페낭 신학교에서 공부를 하고 돌아와 교육 기간이 단축될 수 있었던 경우였다. 이들의 사제 서품으로 페낭 유학생의 세대는 끝나게 된다.[66] 그러므로 이 시기 예수성심신학교 교육의 특징으로서는 페낭 신학교 출신자들이 국내로 돌아와 편입하여 졸업한 후 사제 서품을 받은 것을 꼽아 마땅할 것이다.

---

65) 「1895년의 보고서」,앞의 책, 1984, p.181.
66) 崔奭祐, 앞의 논문, 1985; 앞의 책, 1991, p.378.

(2)중기(1900-1928);신학생의 증가와 권위주의적 교육 시기

이 시기의 신학교 교육의 특징은, 첫째 신학생의 수가 근본적으로는 증가하고 있었지만 기폭이 심했다는 점을 꼽을 수 있다. 1901년에 19명에 불과하던 신학생의 수가, 1911년에는 96명으로까지 증가하였다가 그 이후 계속 감소하였다. 그러다가 1917년에는 103명으로 대폭 증가하고, 1924년에는 112명에 이르기까지 하였지만, 중간 과정에 감소와 증가를 거듭하였던 것이다. 그 이유로는 우선 1914년에 대구교구에 성유스티노 신학교가 개교하여 대구교구의 신학생들이 더 이상 입학하지 않았기 때문이었고, 또한 기숙사 시설 등의 부족으로 신입생을 해마다 받지 못하고[67] 3년에 1번씩밖에 받지 못한 해도 여럿이었기 때문이었다.

이 시기 신학교 교육의 특징 둘째로는, 건물의 규모는 신학생의 증가에 따라 신학교 성당과 교사가 자연히 증축되었지만, 교육의 질은 오히려 퇴보하는 경향을 보였다는 점을 들 수 있다. 1914년부터 1918년까지의 제1차 세계대전의 영향으로 외국인 교수 신부의 동원되고 보충은 이루어지지 않아 어려움을 겪었기 때문이기도 하였지만, 한국인 신부로서 교수직을 맡는 경우가 극히 제한적이었기 때문이었기 때문이기도 하였다. 그만큼 프랑스 외방전교회 소속 신부들의 폐쇄적이고 권위주의적인 학교 운영의 결과이기도 하였던 것이다.

이 점은 또한 이 시기 신학교 교육의 셋째 특징과 연결되어 있음을 간파할 수가 있는데, 이러한 프랑스 교수 신부들의 권위주의적인 교육 방법에 대해 신학생들이 때로는, 뮈텔 주교의 표현에

---

67) 일례로『드망즈 주교 일기』1911-1937, 앞의 책, 1987, p.26에 보면, "9월 2일 토요일 나는 여러 동료 신부들에게 그들이 추천했던 학생들은 자리가 없기 때문에 용산신학교에 입학할 수 없었음을 알려야 했다."고 기술하고 있음을 들 수가 있다.

따르면 '반란'을 일으키곤 할 정도였다.[68] 이 사건들에 관한 직접적인 기록으로는 다음과 같은 『뮈텔일기』와 『드망즈일기』의 것이 있다.

(25)(가)(1901년) 2월 25일 용산에서 드망즈 신부가 급히 달려와서 내게 학생들의 행동을 보고했다. 학생들 중 21명이 학교 당국에 반란을 일으켰는데, …(중략)… 신부들과 합의한 후, 나는 반란을 일으킨 학생 21명을 하나씩 불러, 가장 어린 학생들부터 조사를 시작했다. 조사는 7시 45분이 되어서야 끝났다. 그것은 상당히 하찮은 구실로 나쁜 정신에서 폭발된 것이다. …(중략)…

2월 27일 결정된 대로 나는 21명의 학생들을 퇴학시키는 마음 아픈 일을 이행시키기 위해 용산으로 갔다. 자습실로 가서 그들에게 조처를 통고하고, 신학교를 떠나는 데 1시간의 여유를 주었다. 그들은 우리와 모든 신부들에게 작별 인사를 하러 왔고 정해진 시간 안에 떠났다.[69]

(나)①(1915년) 6월 23일 …(중략)… 오후는 기낭 신부와 오랫동안 이야기를 주고받았는데, 그는 한국인 신부들의 피정 동안, 또 이어서 서울신학교에서 일어난 심각한 반항 운동에 관해 자세한 설명을 해주었다.[70]

②10월 1일 오늘 아침 뮈텔 주교가 용산신학교의 나쁜 정신에 관해 기낭 신부로부터 들은 정보를 보충해 주었다. 만약 제지하지 못한다면 미래는 암담할 것이다.[71]

이를 보면, 1901년 2월에 신학생들이 학교 당국에 '반란'을 일으켜 결국에는 21명이 퇴학당하는 사건이 발생하였었고, 그 후 1915년 6월에도 '반항'하였었고, 같은 해 10월에도 유사한 사건

---

68) 이상은 주로 崔奭祐, 앞의 논문, 1985; 앞의 책, 1991, pp.378-382 참조.
69) 『뮈텔일기』 III 1901-1905, 한국교회사연구소, 1993, pp.36-38.
70) 『드망즈 주교 일기』 1911-1937, 앞의 책, 1987, p.141.
71) 『드망즈 주교 일기』 1911-1937, 앞의 책, 1987, p.150.

이 발생하였던 듯하다. 드망즈 주교의 일기에는 분명 '나쁜 정신' [(나)의 ②]이라고 쓰고 있음으로 보아, 이는 역시 '반란' 혹은 '반항'을 일으키려는 조짐이 있었던 것을 이름이라 여겨진다.

한 가지 1915년의 이 사건과 관련하여 특이한 것은, 드망즈 주교는 대구교구 담당인데도 이 사건들에 대해서 기록해 놓고 있는 반면에, 서울교구의 뮈텔 주교는 서울교구 담당이면서도 일체 이에 대한 언급을 하고 있지 않다는 점이다. 아마도 이런 사건이 자신의 권한 내에 있는 신학교에서 일어난다는 것조차도 인정하고 싶지 않은 심정의 표현인지도 모르겠다.

그만큼 권위주의적 태도를, 1901년의 신학생 21명 집단 퇴학 사건 이후에도 줄곧 변함없이 견지하고 있었음을 반증하는 게 아닌가 싶다.[72] 그리고 그 이유는 그들이 소속된 프랑스 외방전교

---

72) 이러한 학교 측 처사에 대해 학생들은 이후에도 때로는 문제를 제기했다. 아래의 윤형중 신부, 「수도 생활」, 앞의 책, 가톨릭출판사, 1989, pp.113-119에 있는 회고담에서 분명 이러한 사실을 읽어볼 수가 있다.
  "그때 우리 신학교는 '윗집', '아랫집'으로 구분되어 있었다. '아랫집'에서 6년 동안이나 라틴말을 배우고 '윗집'에 올라가서는 철학 2년, 신학4년을 전공하게 마련이었다. 아랫집, 윗집 사이에는 서로의 접촉도 금지되어 있고, 서로의 왕래도 금지되어 있었다. …(중략)… 그때 '세속 학문'은 아랫집에서 다 끝내도록 되어 있었다. 이런 세속 학문을 가르치는 선생을 '세속 선생'이라고 불렀다. …(중략)… 라틴과 학생들도 이 무식한 '세속 선생'을 갈아 달라는 것을 요구의 초점으로 삼았다가, 성공치 못하고 동맹 휴학으로 들어갔던 것이다. 그때의 교장 신부! 얼마나 완고하고 한국 실정에 무식한 사람이더냐.
  내가 철학을 배울 때였다. 우리에게 주어진 책은 파리 외방 전교회 마르탱(Martin) 신부의 저서인데 이름부터가 『철학입문』이라는 보잘 것 없는 책이었다. 동양인 신학생들 얕보고 지은 책이다. 신학부에 올라간 상급생들 중 파르주와 바르베데트(Farges and Barbedetts)의 공저 『스콜라철학』이란 책을 가지고 있는 학생이 있었다. 그 책을 빌어 읽어보니, 내용이 풍부하고 논리가 정확하고 모든 문제가 재미있게 자세히 설명되어 있었다. 나는 그것을 '큰 철학책'이라고 불렀다. …(중략)… 방학 때 용돈을 절약하고 절약하여 '큰 철학책'을 살 수 있을 만큼 준비하였다.

회의 정신이 학식보다는 사제직을 이행하는데 필요한 성덕에 주
력하는 데에 있었을 뿐만 아니라 또한 기도와 희생으로 자기를
극복해 나가는 데 있었기 때문이었다는 지적[73]은 충분히 설득력
이 있어 보인다.

　(3)후기(1928-1942);대 · 소신학교의 분리와 교육의 내실화 시기
　서울교구에서는 1922년 2월에 3년제 을종상업학교인 소의상업
학교昭義商業學校를 인수하고, 4월 1일자로 5년제 을종상업학교로
인가를 받는 동시에 교명도 남대문상업학교南大門商業學校로 개칭
하였는데, 이 당시에 서울교구에서 이를 인수한 목적은 우선 인
재양성을 통한 교회의 성장을 도모하려는 데 있었고, 다음으로
신자학생들의 올바른 교육과 선교목적을 위해서였다.[74]　이후
1928년 말에 대 · 소신학교의 분리를 단행함과 아울러 남대문상업
학교南大門商業學校를 갑조와 을조로 나누어 갑조는 일반 학생, 을
조는 신학생에 속하게 하여 이 을조를 소신학교로 운영하였는데,
대신학교는 그대로 용산에 두었다.[75]
　이런 이 학교 성격의 하나의 특징은, 조선 전체의 연합 신학교
적인 성격을 띠고 있었다는 점이라 할 수 있다. 대구교구의 대신

　　개학이 되었다. 나는 그 돈을 교장 신부 앞에 내놓으며 그'큰 철학책'
　　을 주문해 주기를 청하였다. 교장 신부는 "지금 배우는 것도 넉넉해"하
　　고는 단번에 거절하였다. 이 무슨 처사냐? 일반적으로 학생들은 딱딱하고
　　어려운 철학 공부를 싫어했다. 거기에 재미를 붙이고 더 파 보겠다고 책
　　값까지 내놓으며 청하는 것을 단번에 거절하다니!
　　　후에 알게 된 사실이지만, 당시 교장 신부는 프랑스 말을 비밀리 자습
　　하는 학생들을 요주의 인물로 적어 두었다."
73) 장금구 신부, 「한국 신학 교육의 회고 —일제시대~해방 후—」, 『교회와
　　역사』 제156호, 1988년 5월, p.4
74) 「1929년도 보고서」, 『서울敎區年報』 II, 천주교 명동교회, 1987, pp.
　　191-192.
75) 「1929년도 보고서」, 앞의 책, 천주교 명동교회, 1987, pp.242-243.

학교大神學校인 성 유스티노신학교는 이미 1914년에 따로이 설립되어 있었지만 소신학교小神學校는 없었으므로, 그 교구 소속의 신학생들도 소신학교 과정은 여기에서 공부해야 했던 것이다.[76] 당시의 이 학교의 운영과 관련한 사실을 아는 데에는 아래의 기록이 쓰임새가 있다.

(26)(가)1929년에는 조선문화의 향상과 시대와 대중의 요구에 응하여 성직자에게도 완전한 중등정도의 지식을 가르친 다음에 철학 신학의 전문 지식을 가르치자는 목적으로 경성부 혜화동에다 소신학교를 따로이 설립하기로 하고 용산신학원은 대신학과만 두기로 되었다.[77]

(나)동성신학교
조선의 문화 정도가 해를 다투어 향상됨에 따라 조선 가톨릭에서도 성직자들에게도 시대에 적응한 교육을 베풀기 위하여 동성상업학교에서 5년간 중등교육을 받고 동시에 라틴어를 전문할 소신학교를 설립하여 경성·대구·평양 3교구의 신학생들이 수업하게 되었다.[78]

이를 보면, 1929년에 혜화동의 동성상업학교에서 5년간 중등교육을 받고 동시에 라틴어를 전문할 소신학교를 따로 두어 경성·대구·평양 3교구의 신학생들이 공동으로 수업을 받게 되었음을 알 수 있다. 이렇게 소신학교를 설치하여 운영한 것은, "조선문화의 향상과 시대와 대중의 요구에 응하여[(가)]" 그리고 "조선의 문화 정도가 해를 다투어 향상됨에 따라 성직자들에게도 시대에

---

76) 이러한 소신학교의 연합 신학교로서의 운영에 관한 당시 대구교구장 드 망즈 주교의 여러 가지 면에서의 분석은,『서울敎區年報』II, 앞의 책, 1987, pp.190-192 등에서 찾아볼 수 있다. 崔奭祐, 앞의 논문, 1985; 앞의 책, 1991, p.383.
77)「朝鮮의 神學校 由來」, 앞의 책 1935년 9·10 합병호, p.111.
78)「朝鮮의 神學校 由來」, 앞의 책 1935년 9·10 합병호, p.114.

적응한 교육을 베풀기 위하여[(나)]"였음도 알게 된다.

이 학교를 1931년 4월 1일부터 이름을, 원형근元亨根 (Larribeau) 주교의 사목 지침에 나오는 '동방의 별'을 따서 '동성東星'으로 바꾸면서[79], 천주교회의 유일한 중등교육기관으로 성장하였다.[80] 이후 1933년에 이르러 (앞서 살펴본 바대로) 처음으로 14명의 학생이 이 소신학교를 졸업하고, 용산신학교에 입학하였는데 그럼으로써 대신학교大神學校에도 새로운 분위기가 조성되기에 이르렀다. 이전과는 전혀 달리 소신학교小神學校에서 정규 중등 교육 과정을 이수하면서 라틴어를 교육받은 신학생들이 대신학교大神學校에 입학하게 되자, 변화가 나타났던 것이다. 그래서 신학과神學科에서 2년간 철학哲學을, 4년간 신학神學을 공부해야 하였고, 두 과정이 완전히 분리되었다.

그만큼 교육 내용도 내실을 기하게 되었던 것이다. 예전에는 2년간 1명의 교수가 교의신학敎義神學과 윤리신학倫理神學을 도맡아 교습하였으나, 철학 · 교의신학 · 윤리신학 각 1명과 기타 교회법 등의 교습 담당의 교수 1명 도합 4명의 교수를 두어 전문적인 교육이 제대로 이루어지기 시작하였던 것이다.[81] 하지만 대신학교는 여전히 법적으로는 미인가未認可 상태였으므로, 이 과정을 마친다는 것이 사제 서품의 길이 아닌 이상 사회적으로 별다른 의미를 전혀 지니지 못한다는 데에 한계가 있었다.

---

79) 성모영보수녀회 엮음, 선종완 신부 유고집 『말씀으로 산 사제』 , 성바오로출판사, 1984, p.15.
80) 차기진, 「천주교」 , 『한국사』 51 민족문화의 수호와 발전, 국사편찬위원회, 2001, pp.262-264.
81) *Compte Rendu*, 1936, p.25 및 崔奭祐, 앞의 논문, 1985; 앞의 책, 1991, p.384.

제6절 한국인 최초의 주교 노기남의 서품(1942) 과 일제의 예수성심신학교의 폐교 조치

적어도 법적으로는 미인가(未認可) 학교 상태인 대신학교가 1942 년 2월 총독부로부터 폐교 통지를 받게 되었다. 당시를 겪은 인 사들의 증언에 따르면, 천주교회가 조선 총독부의 시책에 순응하 지 않는다는 이유로 내려진 조치였다. 특히 한국인으로서는 처음 으로 노기남(盧基南) 신부(神父)가 주교(主敎)로서 바로 그 전 달 즉 1 월에 서품을 받게 되자 이에 대한 견제와 압박을 가하기 위해 내 려진 것이었다. 이 점은 아래와 같은 노기남(盧基南) 주교(主敎)의 당 시 상황에 대한 회고록(回顧錄)에 잘 나타나 있다.

(27)내가 서울 교구장으로 착좌 후 평양 춘천 양 교구장 취임 식과 서울 교구의 인사 배치를 끝내고 세 교구의 관리 실무를 다루게 되자 여러 가지 난관은 꼬리를 물고 계속됐다. 산외산 부진(山外山不盡)이라는 말과 같이, 난관의 높은 산 하나를 넘

으면 또 다른 난관의 산이 계속되었다.

첫 번 째로 당한 제일 큰 난관은 신학교 문제였다. 그 때 서울에는 구용산에 대신학교가 있었고, 혜화동에 동성상업 학교 을조(乙組)로 되어 있는 소신 학교가 있었다.

1942년 2월 16일 조선 총독부 학무국으로부터 나에게 통고문한 장이 전달되었는데, 내용인즉, 한국의 모든 무허가 학교는 폐쇄하며, 따라서 구용산에 있는 성심 신학교는 아무런 허가도 없는 학교이므로 즉각 폐교시킨다는 청천벽력의 통고문이었다. 단시일내에 용산 신학교를 폐쇄하라는 명령이었다. 나는 즉각 교구 평의회를 소집하여 대책을 논의하였으나, 별다른 묘안이 나오지 않았다. 그러나 일은 당한 일이니 어떤 방안을 결정해야 되겠으므로, 우선 대소신학교를 혜화동 소신학교로 통합하기로 하고 학무국에 보고했으나, 학무국이 이런 방안을 승인할 리 만무했다. 이유인즉, 동성 학교 학생이 아닌 대신학생을 어떻게 거기에 수용하며, 무슨 학과를 교육시킬 수 있느냐는 것이었다. 그리고는 대신학생을 곧 해산시키라고 독촉을 더해 왔다.

총독부의 계획은, 대신학생을 해산시킴과 동시에 대신학교 건물을 군대용으로 징발하려는 것이 분명했다. 교구장인 나로서는 두 가지 일에 다 응할 수 없었다. 즉 대시학생을 해산시킬 수도 없을 뿐 아니라, 대신학교 건물을 일본 군대에 바칠 수도 없는 일이었다. 다시 교구 평의회를 열어 장시간 토의한 끝에, 대신학생은 원산 대신학교로 전학시키고, 대신학교 건물에는 성모 병원 분원을 개원하기로 결정하고 학무국에 이런 경정을 통치하였다.

당시 원산 대신학교는 정식으로 총독부의 허가를 받은 전문학교였으므로 폐쇄 대상이 아니었다. 정식 허가가 있는 전문학교로 학생들을 전학시키고 또 대신학교 건물에 교회 의료 기관인 성모 병원 분원을 개설하겠다는 결정에 대해 학무국으로서도 막을 수 없었다.[82]

---

82) 盧基南,「日本의 어리석은 野望」,『나의 回想錄—병인 교난에 꽃피는 비화—』, 가톨릭출판사, 1969, pp.261-262.

이렇듯이 일제의 폐교 조치로 용산신학교가 문을 닫을 때, 대구의 성 유스티노신학교 역시 폐교 조치를 당하고 말았다. 이에 쫓아 서울교구의 신학생들은 일부는 귀가하기도 하였고, 일부는 여전히 기숙사에 머물면서 교구의 결정을 기다리고 있었다. 결국 교구에서는 이들을 덕원신학교德源神學校로 편입시키기로 조치하였는데, 이 신학교는 1927년 개교 이래 이미 정식인가를 받은 학교였다. 그리하여 용산 대신학교의 신학생들은, 1월 노기남盧基南 주교主敎의 서품 이후 일제에 의해 강압적으로 폐교 조치가 내려진 2월, 그 다음 달인 3월부터 덕원신학교에 입학하여 공부를 계속할 수가 있었다.[83)]

그러면 왜 교회는 신학교를 미인가未認可 상태로 두었던 것인가? 이를 제대로 이해하기 위해서는 다음의 기록을 검토해 봄이 매우 유익하다고 본다.

---

83) 1942년에 연이어 있었던 盧基南 주교의 착좌와 이에 따른 일제의 신학교 폐쇄 조치의 강구 그리고 신학생들의 덕원신학교로의 전학 사실 등과 관련하여서는 장금구 신부의 「신학교 폐쇄」, 앞의 책, 1989, pp.74-75에 적혀져 있는 아래와 같은 증언이 있다.
"총독부에서는 청천벽력이다. 일본 정부에 무엇이라고 변명을 할지 몰라 야단이 났었다. 구수회의를 하고 연구해 낸 것이 신학교 폐쇄다. 주교에는 실패했지만 교회의 제일 타격을 줄 수 있는 것은 신부를 길러내는 신학교이다. 신학교가 없으면 신부가 없고, 목자가 없으면 교우들은 흩어지게 마련인데, 요행히도 신학교는 인가 없는 학교이니 폐쇄시키기 이유가 충분하다는 계산이 선 것이다. 노 주교님이 성성식을 가지신지 한 달도 못되어서 일어난 사건이니 보복을 위한 처사임이 분명하였다. 교회에서는 어쩔 수 없이 1942년 2월 16일에 일단 학생을 귀가시켜 놓고 덕원으로 교섭을 시작했다. 서울과 대수 신학생을 받아서 교육해 달라고 했다. 다행히도 덕원 신학교만은 폐쇄명령이 내리지 않았다. 그것은 인가된 학교라 그랬는지 독일과 일본이 동맹국이어서인지 모르지만 천만 다행이었다. 덕원 신학교에서 허락이 되어 3월말에 합동 신학교에 강의가 시작되었다."

(29)일본제정은 서울 구용산에 예수성심신학교가 학교 인가도 받지 않고 신자 청소년들을 모아 교육하고 있음을 모르지 않았으나 아무런 문제도 일으키지 않고 짐짓 모르는 체 하여 묵인하여 왔고 신학교 당국에서도 정식으로 학교인가를 받고 보면 여러 가지 까다로운 제한을 받게 되어 신학교로서의 자유로운 교육을 시키기 어렵다하여 짐짓 인가를 신청하지도 않고 그대로 내려왔고 혜화동 신학교 역시 창립 당초부터 동성상업학교 을조(乙組)로 하여 동교 기숙사를 겸한 것처럼 외면으로 행세하면서 내면으로 신학교 교육을 베풀고 있었으니 이 역시 그때 시국형편에는 여러 가지로 순편하고 유리한 방책이었으며 이 역시 그 때 학무국에서 모르지는 않았으나 짐짓 눈감아 두었던 것이다.

그러다가 전쟁이 점점 가열하여지고 시국은 더욱 긴박하여져 모든 단체와 집회에 대한 단속을 더욱 엄중히 하던 4,5년 전부터는 학무국에서 드디어 문제를 일으켜 정식으로 신학교인가를 받고서 교육을 시키든지 그러치 않으면 신학생을 해산시키라는 요구를 하였던 것이다.[84]

해방 직후 일제시대에 있었던 교회 내의 여러 문제들의 실상을 밝히려는 목적으로 작성한 것으로 판단되는 『경향잡지』 게재의 시리즈의 하나인 위의 글 내용으로, 적어도 신학교를 미인가 상태로 두었던 근본적인 이유를 헤아릴 수 있을 것 같다. (밑줄 그은 부분에서 드러나듯이) "신학교 당국에서도 정식으로 학교인가를 받고 보면 여러 가지 까다로운 제한을 받게 되어 신학교로서의 자유로운 교육을 시키기 어렵다하여 짐짓 인가를 신청하지도 않고 그대로 내려왔고 혜화동 신학교 역시 창립 당초부터 동성상업학교東星商業學校 을조乙組로 하여 동교 기숙사를 겸한 것처럼 외면으로 행세하면서 내면으로 신학교 교육을 베풀고 있었으니

---

84) 「그 동안에 … (5…완) ○신학교」, 『京鄉雜誌』 1946년 12월호, p.65.

이 역시 그때 시국형편에는 여러 가지로 순편하고 유리한 방책"
이었기 때문이었던 것이다.

　정리하자면, 첫째, 일제의 간섭을 배제하면서 신학교로서의 자유로운 교육을 하기 위함이었고, 둘째, 현실적으로 소신학교의 운영에서 '순편하고 유리'함을 취하기 위함이었던 것이라 하겠다.[85] 따라서 교회가 신학교의 인가를 얻지 않은 것은 자유로운 교육을 지향하기 위해서였으며, 1942년 2월 용산 성신신학교의 폐교는 1월의 노기남 주교의 서품에 따른 일제의 교회에 대한 간섭 정책에서 말미암은 것이라 하겠다.

---

85) 최근 신학교의 폐쇄에 대해 차기진, 「천주교」, 『한국사』 51 민족문화의
　　수호와 발전, 국사편찬위원회, 2001, p.266 에서, "게다가 서울·대구의
　　신학교는 총독부의 인가를 받지 않은 탓에 일제 말기에 이르러 폐교되는
　　상황을 맞이하게 되었다. 이러한 사실들은 비록 일제치하의 교회교육활
　　동이 민족교육운동에 일정한 기여를 하게 되었다는 평가를 받고는 있을
　　지라도, 제도교회 차원에서의 교육정책이 미흡하였다는 점을 단적으로
　　설명해 주고 있다."고 하는 지적이 있다. 하지만 신학교의 폐교는 교회
　　의 교육정책이 미흡하였기 때문이라기보다는 오히려, 앞에서 살펴본 대
　　로 盧基南 主敎의 着座에 따른 일제의 교회에 대한 간섭 정책에서 말미
　　암은 것이라 함이 보다 적합할 것이라고 생각한다. 그리고 교회가 신학
　　교의 인가를 얻지 않은 것은 자유로운 교육을 지향하기 위함이었다고 해
　　야 옳을 줄 안다.

제7절 맺는 말

  지금까지 살핀 바에 따르면, 우리나라 최초의 신학교이자 근대
학교는 1855년에 창설된 배론舟論 성요셉신학교였다. 이는 메스
트로 신부가 창설한 것으로, 1844년부터 이곳에 정착해 살던 장
주기張周基(일명 낙소樂詔) 요셉의 도움이 컸다. 처음에는 메이스
트로 신부가 혼자서 신학생들을 양성하다가, 1856년 3월에 뿌르
티에 신부가 입국하여 곧 신학교 교장으로 부임하여 학생들을 지
도하였다. 1861년에 이르러 쁘띠니꼴라 신부가 부임하였고, 이에
따라 상급반 학생들은 뿌르티에 신부가, 하급반은 쁘띠니꼴라 신
부가 각각 나누어 담당하였다. 이들은 1866년 병인박해로 신학교
가 폐쇄되기까지 신학생들을 지도하였는데, 이러한 배론의 성요
셉신학교가 우리 나라 최초의 신학교였음은, 이미 1935년에 『조
선일보朝鮮日報』에 보도된 기사를 통해서도 확인이 되었다.
  그리고 당시 배론 성요셉신학교에서 행해진 교육의 내용은 크
게 분류하면, 대체로 언어·교양·종교 영역이었다고 분석된다.

구체적으로는 한문·라틴어·수사학修辭學 등의 언어 영역, 역사·
지리는 물론이고 동식물학과 의학 분야 등의 상식을 다룬 일반교
양 영역 그리고 천주교 교리를 포함한 철학 및 신학 그리고 미사
때의 성가를 배우기 위한 음악 등에 대한 지식을 익히는 종교 영
역 등으로 구분된다고 하겠다. 이러한 내용을, 서양의 근대 학문
을 체득한 서양인 신부가 직접 가르치고 있으므로 배론의 성요셉
신학교는 근대 학교로서의 면모를 충분히 갖추고 있었다. 따라서
이 성요셉신학교는 아울러 최초의 근대 학교로 파악되었다.

이후 종교의 자유 분위기가 조성되자 소신학교의 개교를 준비
하여 1885년 10월 28일에 부흥골 예수성심신학교가 개교하기에
이른다. 이 사실은 당시 우리나라에 와서 활동 중이던 프랑스 외
교관 지. 코크르당(G. Cogordan)이 본국 정부에 보고한 문서 가
운데에서도 증명되었다. 그러다가 1886년에 마침내 한불조약韓佛
條約이 체결되자, 신학교를 옮길 준비를 하기 시작하여 결국
1887년 3월에는 용산龍山 함벽정函碧亭으로 옮겼다. 이것이 용산
예수성심신학교인데, 이때에는 대신학교와 소신학교를 겸하고 되
었던 것이다. 이후 페낭신학교에서 수학 중이던 신학생들을 모두
귀국시켜 함께 교육시켰다.

용산 예수성심신학교의 사제 양성 교육의 초기는 1887년부터
1900년까지로, 그 때는 페낭 신학교 출신자의 사제 서품 시기라고
할 수 있다. 즉 페낭에서 신학교를 다니던 신학생들이 돌아와 계
속 공부를 마치고, 사제 서품식이 처음으로 행해진 것은 1896년이
었는데, 3명의 새 사제가 비로소 배출된 것이었다. 이후 1897년
12월, 1899년 10월, 1900년 9월 3번에 걸쳐 각각 3명씩의 새로운
사제를 배출함으로써 5년 사이에 한국인 사제가 12명으로 증가하
였는데, 이들은 모두 이미 페낭신학교에서 공부를 하고 돌아와
교육 기간이 단축될 수 있었던 경우였다.

중기로 구분한 1900년부터 1928년까지는 신학생의 증가와 권

위주의적 교육 시기로, 첫째 특징은 신학생의 수가 근본적으로는 증가하고 있었지만 기폭이 심했다는 점을 들었다. 둘째로는, 건물의 규모는 신학생의 증가에 따라 신학교 성당과 교사가 자연히 증축되었지만, 교육의 질은 오히려 퇴보하는 경향을 보였다는 점을 들었고, 셋째 특징으로서는 당시에 프랑스 외방전교회 소속 신부들의 폐쇄적이고 권위주의적인 학교 운영을 들었다.

후기로 구분되는 1928년부터 1942년 폐교를 일제에게 당할 때까지는 대·소신학교의 분리와 교육의 내실화 시기로 정리되었다. 1928년에 대신학교大神學校와 소신학교小神學校가 분리되어 대신학교는 그대로 용산龍山에 남았고, 소신학교는 남대문상업학교南大門商業學校(후일 동성상업학교東星商業學校로 개명)에서 중등 교육 과정을 이수하게 되었다. 당시 이 학교는 갑조甲組·을조乙組를 편성하여, 갑조에는 일반 학생이, 을조에는 신학생에 속해졌다. 1933년에 이르러 처음으로 14명의 학생이 이 소신학교를 졸업하고, 용산신학교에 입학하였는데 그럼으로써 대신학교에도 새로운 분위기가 조성되기에 이르렀다. 그만큼 교육 내용도 내실을 기하게 되었던 것이다. 하지만 대신학교는 여전히 법적으로는 미인가未認可 상태였는데, 이는 교회가 신학교의 자유로운 교육을 지향하기 위해서였었다.

적어도 법적으로는 미인가未認可 학교 상태였던 대신학교가 1942년 2월 총독부로부터 폐교 통지를 받고 결국 폐교를 하고 말았는데, 한국인으로서는 최초로 노기남盧基南 신부神父가 주교품主敎品에 오르게 결정되자, 이에 따른 일제의 교회에 대한 간섭 정책에서 말미암은 것이었다. 그리하여 용산 대신학교의 신학생들은, 폐교 조치가 내려진 다음 달인 3월부터 덕원신학교에 입학하여 공부를 계속할 수가 있었다.

제2장
성신대學의 사제 양성 교육

제1절 머리말

1855년에 배론舟論에 창설되었던 우리나라 최초의 신학교이자 근대 학교였던 성요셉신학교를 이어서 1885년에는 경기도 여주 부흥골에 예수성심신학교가 개교되었다가, 1887년에 용산 함벽정으로 옮김으로써 이후로는 이 용산 예수성심학교가 사제 양성을 위한 교육을 맡게 되었었다. 그리고 1928년 이후로는 대신학교과 소신학교가 분리되어 대신학교는 그대로 용산에 남았고, 소신학교는 남대문상업학교(후일의 동성상업학교)에서 담당하게 되었다. 하지만 1942년 2월에 총독부로부터 폐교 통지를 받아 결국 예수성심신학교는 폐교를 당하고 말았는데, 한국인으로서는 최초로 노기남 신부가 주교품에 오르게 되자, 이에 따른 일제의 교회에 대한 간섭 정책에서 말미암은 것이었다.[1]

---

1) 노용필, 「예수성심신학교의 사제 양성 교육」, 『인간연구』 제5호, 가톨릭대학교 인간학연구소, 2003; 근현대 한국가톨릭연구단 지음, 『한국 근·현대 100년 속의 가톨릭교회』 (상), 가톨릭출판사, 2003, pp.98-100; 이 책의 제1장.

이후에는 서울에 대신학교가 없어진 상태에서, 신학생들은 덕원신학교에서 수업을 계속하게 되었다. 이러한 당시 신학교의 실상에 대한 회고록으로는 다음의 것이 있다.

(1) 「아름다운 금강산」
내가 덕원신학교에 다니던 시절, 대구의 성 유스티노 신학교와 서울의 예수성심신학교가 일제에 의해 강제로 폐쇄되는 바람에 대구와 서울에서 공부하던 신학생들이 덕원신학교에 모여 함께 공부하던 때가 있었다.[2]

이처럼 서울의 예수성심신학교뿐만 아니라 대구의 성 유스티노 신학교도 일제에 의해 강제로 폐쇄되었기 때문에, 전국의 신학생 모두가 덕원신학교에서 공부할 수밖에 없었던 것이다. 극도로 열악한 이런 상황 속에서도 신학교 교육에 대한 열망은, 사제들에게는 물론 일반 교우들의 경우에도 상당한 위기감까지 지니고 있었던 듯하다. 이러한 일면은, 해방 이후 신학교 재건과 발전에 대한 아래의 글에서 잘 드러나고 있는 것 같다.

(2) 「신학교를 생각하는 교형자매들!」
어느 지방의 기초는 언제나 그 지방 본토인 성직자들이니 이들이 아니면 그 지방에 교회를 견고하게, 항구하게 세울 수 없는 연고이다. …(중략)… 이처럼 어느 지방교회의 기초가 되는, 가장 필요한 본방인 성직자를 양성하여 내놓는 기관이 곧 신학교이다. 이만큼만 생각하면 신학교가 얼마나 중요한 기관인지 명백히 들어나는 것이다. 근년에 우리 조선에는 해마다 평균 五, 六인의 신부들이 세상을 떠났다. 그 세상을 떠난 신부들의 뒤를 이어 해마다 새신부를 그만큼 제공하여 준 것이 곧 신학교이다. 만일 이렇게 새신부를 제공하지 못하고 지금까지 나려왔

---

2) 장대익 신부, 회고록 『남은 것은 당신뿐입니다』, 기쁜소식, 2001, p.45.

다면 몇해 안되는 그 동안에라도 벌서 수십처의 본당이 목자업
는 빈집으로 서잇슬 것이오 또 이대로 단十년, 二十년만 더 지
낸다면 조선 가톨릭은 백년전 암흑시대로 다시 도라갈 수 밧게
업다. 이만큼만 생각하면 신학교가 얼마나 우리에게 고마웁고
요긴한 기관인지 명백히 들어나는 것이다.[3]

　지방 본토인 성직자들 즉 이른바 본방인本邦人 사제들만이 그
지방 교회를 견고하고 항구하게 세울 수 있다고 지적하고, 이를
양성하는 것이 곧 신학교인 만큼 신학교 교육이 매우 중요하다고
강조하고 있는 것이다. 더욱이 매년 세상을 떠나고 있는 사제들
이 적지 않음을 제시하면서 10년 내지 20년 이대로 가면 사제가
없었던 100년 전의 암흑시대로 되돌아갈 위험성마저 제기하는 정
도였다. 이럴 정도로 당시에는 본방인 사제의 배출에 많은 정성
을 기울이던 때였다고 하겠다.
　이 논문에서는, 이러한 교회 내의 분위기 속에서 사제 양성 교
육이 어떻게 이루어져 왔는가를, 경성천주교공교 신학교의 인가
를 획득하게 되는 1945년부터 이후 설치된 성신대학을 중심으로
하여 그 이름이 가톨릭대학으로 전환될뿐더러 곧 이어 대학원 인
가를 받아 본격적으로 석사박사 학위 수여자까지 배출하기 시작
해서 교육의 질적 수준이 더 높아지게 되는 1950년대 후반까지
로 시기를 한정하여 다루어 보려고 한다. 지금까지 이 시기의 신
학교 역사에 대해서는 구체적으로 정리된 바가 전혀 없으므로,
이를 정리하기 위한 초석으로서 이 논문을 작성하고자 하는데,
이를 위한 자료로서는 교회 내의 『경향잡지』 등은 물론이고, 직
접 신학교 생활을 하였던 신학생 출신 사제들의 회고록 및 교내
잡지에 기고된 글 등을 주로 활용하게 될 것이다. 이는 근래에
이르러 역사학 분야에서, '주체가 처한 상황은, 무엇보다도 개별

---

3) 『경향잡지』 1946년 12월호, 제40권 제981호, p.70.

적인 사례들과 한 눈에 들어오는 공간들 그리고 선명한 사건들에 바탕해서만 상세하게 해명될 수 있음'을 표방하는 미시사微時史가 강조되고 있는 터이므로4), 이러한 역사학의 신조류에 발맞추어 이 분야의 연구를 해나가기 위함이기도 하다.

---

4) 리햐르트 반 뒬멘 지음, 최용찬 옮김, 「미시사」, 『역사인류학이란 무엇인가』, 푸른역사, 2001, pp. 78-79. 다만 그렇다고 해서 거시사, 즉 당시 사회의 전반적인 흐름 자체와의 연결 고리를 간과해서는 안될 것은 재론의 여지가 없다. 즉, "거시사 없는 미시사는 인식능력을 상실할 것이고 반대로 미시사의 결과를 고려하지 않는 거시사는 실제에의 근접성과 폭넓은 인식을 포기하는 것이나 다름없기 때문이다." 리햐르트 반 뒬멘, 「미시사와 거시사」, 같은 책, p.146 참조.

제2절 경성천주공교신학교의 인가 획득(1945 년)과 그 사제 양성 교육의 내용

용산 예수성심신학교가 폐교된 이후 서울 교구의 대신학교 신학생들은 어쩔 수 없이 덕원신학교에 옮겨가서 학업을 계속하고 있는 한편, 동성상업학교에서 맡고 있었던 소신학교는 그대로 서울에 남아 있었는데, 그것도 애초에는 어찌될지 모른 상황이었던 듯하다. 다음의 『경향잡지』 보도 내용에서 이를 엿볼 수 있다.

(3) 「동성상업존속」
국가의 비상시국의 요청에 의하야 국내 학교를 정비하게 됨에 따라 동성상업학교의 압길은 엇지 될가하는 문제가 일반의 주목을 끌고오던중 거 二월하순 학무국으로부터 동성상업학교는 그대로 존속하라는 통첩이 나렷다는데 이는 동교의 내용이 충실하고 교육방침이 철저하고 이미 취직전선에 나가잇는 동교졸업생의 성적이 양호하므로 동교의 가치가 인정된 것이라하야

일반의 평판이 자못 높다한다.[5)]

이를 보면, 동성상업학교조차도 당시의 일제가 비상시국이라
하여 학교를 정비하려는 방침에 따라 처음에는 어찌 될지 모르는
상황이었다고 하는데, 1944년 2월 하순에 그대로 존속하라는 통
첩이 나왔음을 알 수가 있다. 그 이유를 여기에서는 동성상업학
교의 교육의 내용이 충실하고 졸업생들의 성적이 양호하고 더욱
이 일반의 평판이 자못 높았기 때문이라고 적고 있는데, 이는 당
시의 동성상업학교는 과정이 상업학교 과정인 갑조甲粗과 소신학
교 과정인 을조乙粗로 나누어져 있던 시절이었기에[6)] 엄밀히 말하
자면 을조에는 해당되지 않고 다만 갑조에만 해당되는 것이었다
고 해야 옳을 것이다.

이 기사에서도 풍기듯이 당시 동성상업학교의 졸업생들이 실력
이 좋다고 평판이 높고 또한 취직률이 높아서 그에 따라 전국에
서 뛰어난 인재들이 동성상업학교로 많이 진학해오는 상황이었으
므로[7)], 일제도 이를 폐교시킬 수는 없는 노릇이었던 것이다. 따
라서 소신학교 과정인 을조도 역시 존속될 수 있어서, 동성상업
학교는 사제 양성을 위한 소신학교로서의 기능도 다해낼 수가 있
었던 것이다.

그렇지만 여전히 대신학교는 폐쇄되어 있는 상태여서, 이를 회
복하여 서울교구의 신학생들을 양성해야 하겠다는 교회의 의지는
현실화하기 어려운 실정에 처해 있었다. 이를 타개하여, 기왕의
폐교를 당한 용산의 대신학교 보다는 시설 사정이 양호한 혜화동

---

5) 『경향잡지』 1944년 3월호, 제38권 제968호, p.31.
6) 최석우,「한국 교회와 한국인 성직자 양성」,『가톨릭대학 논문집』11,
   1985;『韓國敎會史의 探求』 II, 한국교회사연구소, 1991, pp.382-383.
7) 『東星八十年史』, 동성 중 · 고등학교, 1987, pp.263-267 및 『東星九十
   年史』, 같은 학교, 1987, pp.144-146 참조.

신학교를 대신학교로 지정받아 대신학교의 교육을 재개하려는 노력이 거듭 시도되기도 하였다. 하지만 번번이 수포로 돌아가는 어려움의 연속이었는데, 이러한 당시의 분위기는 다음의 글에서 역력히 잘 우러나오고 있다.

(4) 「그 동안에 … (五, 완) ○신학교」
혜화동신학교는 그 설비가 용산대신학교보다 인가를 엇기에 훨신 더 완비되엇슬 뿐아니라 당시에는 여러 교구 연합경영문제도 업스므로 서울교구신학생만으로써는 대신학교까지 겸하여도 넉넉하엿다. …(중략)… 교구당국에서는 여러 방면으로 숙고한 결과 드디어 용산대신학생들을 이미 허가잇는 덕원신학교로 보내어 수학케 하는 동시 혜화동신학교의 인가를 신청하엿다. …(중략)… 처음에는 인가를 청하면 용이하게 내어줄듯한 당국의 태도는 차차로 달려져 이모저모로 트집을 잡어 인가신청서를 각하하여 나가더니 나중에는 더욱 악화되어 인가를 엇지 못하는 동안에는 일반 사업학교에 관한 제정을 꼭 지킬 것이오 따러서 종교적 학과를 교수함과 더구나 종교 예식 행사 등을 일체로 중지할 것을 강요하엿스므로 얼마동안은 신학생들이 백동교회 성당에 나려가 미사참예를 하기도하고 학교내 그윽한 방에서 맛치 군난 때처럼 비밀히 미사를 지내기도 하도록 궁경에 이르럿다. 그 때는 각학교 학생직원 중에도 경찰의 「스파이」가 잇서 선생들도 언행을 극히 삼가던 살어름판이오 신학교경내에도 종종 수상한 청년이 드나들고 잇스므로 만일 조금이라도 트집잡혀 해산명령이 떠러진다면 해산할 수 밧게 다른 도리가 잇슬 수 업섯다. …(중략)… 그러턴 것이 1945년 2월에 전문학교영에 의한 천주교신학교의인가가 나렷던 것이다[8]

이 기록을 통해서, 당시에 학교의 설비가 용산 신학교 보다는 혜화동 신학교가 더 완비되어 있으므로, 대신학교의 신학생들을

---

8) 『경향잡지』 1946년 12월호, 40권 제981호, pp.66-67.

덕원신학교로 보내고는 혜화동 신학교의 인가를 신청하였음을 알수가 있는데, 일제가 이런저런 트집을 잡아 인가 신청서를 각하하였을 뿐더러, 나중에는 오히려 더욱 악화되어 혜화동의 동성상업학교에서 일반 사업학교에 관한 제정을 꼭 지킬 것은 물론 을조에서마저도 '종교적 학과를 교수함과 더구나 종교 예식 행사 등을 일체로 중지할 것을 강요'하였다는 것이다. 심지어 경찰의 스파이가 학교의 학생과 직원 사이에도 투입되어 감시 대상이 되었고, 따라서 조금이라도 트집잡혀 해산 명령이 떨어지면 해산할 수밖에 도리가 없는 지경이 이르렀다고 하였다.

그러다가 1945년 2월에 전문학교령에 의하여 신학교 인가가나기에 이르렀는데, 이리하여 드디어 교회 내에 대신학교가 다시문을 열게 되었다. 인가와 개교식에 관한 기록으로는 다음의 것들이 무엇보다도 참조될 것이다.

(5-1) 「경성교구신학교인가」
오래 전부터 모든 이가 갈망중이던 경성교구신학교는 거二월二十三일부로 사립학교영에 의하야 조선총독부로부터 인가되어 「경성천주공교신학교」 라는 명칭으로 새로운 발족을 하게 되엇스므로 해교구는 물론이오 전선천주교회에서 경하함을 마지 안는다.

(5-2) 「신학교개교식」
경성교구신학교가 인가된 것은 기보와 갓거니와 동교에서는 모든 준비를 갓춘 후 금五월一일 성대한 개교식을 거행하엿는데 오전八시반 「오까모도」 주교께서 동교 성당에서 장엄한 대례미사를 지내시고 동十시에는 동교 강당에서 시내 열위신부와 유지교유들이 참집한 중 동교 직원생도일동이 역사적 개교식을 거행하엿고 동오후七시에는 주교께서 학무국장을 비롯하야 그 이하 요로관인들을 주교택으로 초청하샤 만찬을 갓치하셧다.[9]

---

9) 이상의 기록은 모두 『경향잡지』 1945년 3월호, 제39권 제976호, p.83.

이 기록들에 따르면, 1945년 2월 23일자로 사립학교령에 의하여 경성교구의 신학교로서 경성천주공교신학교라는 명칭으로 인가가 나왔으며, 5월 1일에는 개교식을 거행하였다고 한다. 다만 이를 보아서는 당시에 학제가 어떠하였는지 대구나 덕원의 신학교와의 위상 설정은 어찌 되었는지 등에 대해서는 전혀 알 길이 없는데, 다행히도 아래와 같은 기록으로서 이런 점들을 알 수가 있다.

(6) 「가톨릭大學來歷 ―한국신학교의 발자취―」
1945년 2월 23일 총독부의 전문학교령에 의거하여 인가를 받아 京城 天主教 神學校라 개칭하고 이 해 大邱의 聖 「유스띠노」 신학교는 발전적 해체로 서울 대신학교에 통합되고 수업년한은 예과 4년, 고등과 2년, 연구과 2년, 본과 4년의 도합 12년으로 하고, 대·소신학교를 합하여 재출발하게 되었다.
1946년 5월에 덕원신학교에 위탁 중이던 대신학생도 다시 병합됨.[10]

이에 의거하면, 경성천주공교신학교는 대구의 성 유스띠노신학교가 해체됨으로써 함께 통합되어 운영되었다고 하는데, 수업 연한은 예과 4년, 고등과 2년, 연구과 2년 그리고 본과 4년으로 도합 12년 과정이었으며, 대·소신학교를 통합하였다고 한다. 게다가 다음 해 즉 1946년 5월부터는 덕원신학교에 위탁 중이던 대신학생들이 다시 돌아와 생활하게 됨으로써 명실상부한 대신학교로서의 구실을 하기에 되었다는 것이다.

이러한 기록에 더하여 경성천주공교신학교의 보다 상세한 운영 실태에 관해서는 다음의 기록에 대한 분석이 요긴하다고 생각된다. 정확한 재학생의 숫자 및 입학생의 수준 등에 대해서까지 조사해 상세히 밝혀두었기 때문이다.

---

10) *Alma Mater* 제9호, 1966년, p.204.

(7) 「신학교의 내용」

우기경성천주공교신학교의 내용을 보면 국민학교를 졸업한 자
가 입학할 자격이 잇는데 예과四년 고등과二년, 본과四년, 연구
과二년하야 수업연한 十二개년이오 현금재학생은 예과一년에
三十명, 고등과一년에 二十명, 二년에 二十一명, 본과一년에 二
十一명, 二년에 二十명으로서 전부 一백十四명이며 기중에는 대
구신학생도 포함되어 잇다. 이 신학교를 유지하여 나감에는 전
보다 헐신 더 만흔 경비가 필요하므로 경성교구에서는 매교우
가 매년一원식을 부담하여주기를 요청하야 교우들의 분발을 바
라고 잇는데 그 부담 방식은 각기 지방에 일임하기로 되는 모
양이다.11)

이 기록을 통해서 사제 양성 교육과 관련하여 앞서 살핀 수업
연한 외에, 적어도 네 가지 점을 헤아려 볼 수 있는 듯하다. 입
학생의 자격, 재학생의 숫자, 대구신학생의 동참 여부 그리고 재
정 상태에 관한 것 등이 그것이다. 보다 구체적으로 살피면 다음
과 같다.

첫째로, 입학생의 자격에 관한 것이다. 이와 관련하여서 이 기
록에서는 국민학교를 졸업한 자가 입학할 자격이 있다고 했는데,
이는 용산 예수성심신학교의 경우와는 다른 것이었다. 1917년과
1926년에 각각 용산 예수성심신학교에 입학하였던 윤형중 신부와
장금구 신부가 각자의 회고록에서 밝혔듯이12), 11세부터 입학하
여 그야말로 학력이 천차만별이던 것과는 판이한 것이었다고 보
인다.13) 적어도 이때부터는 국민학교는 졸업했어야 신학교에 들
어갈 수 있었던 셈인데, 이 역시 소신학교 과정이 통합되어 운영
되고 있었기에 가능했던 것이라 하겠다.

---

11) 『경향잡지』 1945년 3월호, 제39권 제976호, p.83
12) 윤형중 신부, 「신학교」, 유고집 『진실의 빛 속을』, 가톨릭출판사, 1989
   및 장금구 신부, 「제1차 개혁」, 『사목 반세기』, 1989 참조.
13) 노용필, 앞의 책, 2003, p.88; 이 책의 제1장.

둘째로, 재학생의 숫자에 관한 것이다. 예과 1년에 30명, 고등과 1년에 20명, 2년에 21명 그리고 본과 1년에 21명, 2년에 20명이라 명기하였는데, 이 경우 예과는 소신학교의 중학교 과정, 고등과는 고등학교 과정으로 그리고 본과는 대신학교의 과정으로 보인다. 특히 예과, 고등과, 본과에 각각 1년생으로서 각기 30명·20명·21명이 재학하고 있음을 명시한 것은 이들이 처음으로 경성 천주공교 학교 개교 후 처음으로 입학한 신입생임을 나타내 준다고 보이며, 고등과 2년의 21명은 동성상업학교 을조에 재학 중이던 소신학생이 옮겨진 것을 그리고 본과 2년 20명은 덕원신학교에서 옮겨온 대신학생의 숫자를 의미한다고 헤아려진다. 이는 결국 셋째 이 기록을 통해서 알 수 있는 바, 즉 대구 출신의 대신학생들도 여기에 포함되어 재학 중이었음을 아울러 알려주는 것이라 하겠다.

그리고 넷째로 신학교의 재정 상태에 관해 알려주는 점도 여기에는 기록되어 있는데, 신학교를 유지해 나가는 데에 더 많은 경비가 들기 때문에 교우 1인당 매년 1원씩의 부담을 지우고 있음을 알 수 있고, 또한 게다가 이를 각 지방 별로 나누어 책정하고 있음을 읽을 수가 있다. 당시 교회의 재정적 상태를 엿볼 수 있을 뿐만 아니라, 나아가 신학교 교육에 열띤 관심을 기울이고 있던 당시의 일반 교우들에게 동참의 기회를 열어주는 측면도 있었음을 알려주는 게 아닐까 싶다.

한편 당시 신학교의 교육 내용에 대해서는 별반 자료가 많지 않다. 다만 1946년 9월 당시에 재학하였던 안달원 신부(베드로, 1947.4.12 서품, 1920.7.1-)의 회고록에 다음과 같은 대목이 있음으로 하여 이를 통해서 당시 교육 내용에 대해 살필 수가 있겠다.

(8) 「신학과의 교육 내용」
1946년 9월 神學科 開講時 敎授陣은 다음과 같았다.

學長　莊金口(그리소스토모)　　　　靈性指導
　　教授　崔汶順(요한)　　　教義神學
　　　〃　宣鍾完(라우렌시오)　聖書學
　　　〃　李在現(요셉)　　　倫理神學
　　經理　申聖雨(마르꼬)

　　京城天主公敎神學校는 1945년 5월 開校하였고 1946년 5월 聖
神大學으로 昇格되었다. 神學 4年인 副祭班의 講義는 聖書學
外는 大部分 重複이었고 固有의 司牧神學과 特殊倫理學만 受講
했으나 11월 21일 敍品式(同期 서울敎區 神父들의 司祭品과 同
時 우리는 副祭品 受品) 後는 聖務 實習次 서울 大神學校를 떠
나 大邱 主敎舘으로 나와 全州敎區 副祭가 왔다. 大邱 主敎座
主任 徐正吉 神父로부터 敎會指針書(Directorium C.)를 中心으
로 牧會神學을 實習했다.[14]

　　이를 보면, 학장인 장금구 신부(크리소스토모, 1939.6.24 서품,
1911.3.6－1997.7.11)가 영성지도를 담당하였고, 최민순 신부(사
도요한, 1935.6.15 서품, 1912.10.3－1975.8.19)가 교의신학을, 선
종완 신부(라우렌시오, 1942.2.14 서품, 1915,8.8－1976.7.11)가
성서학을, 이재현 신부(요셉, 1936.6.6 서품, 1909.6.26－1950.9.17
납북)가 윤리신학을 교수하였으며, 신성우 신부(1920.9.18 서품,
1893.4.25－1978.10.5)가 경리를 담당하였다고 한다.[15] 여기에서
드러난 바대로 당시 신학교에서는 교수 신부의 숫자가 극히 한정
되어 있음은 말할 것도 없거니와, 전공 자체도 세분되어 있지 않

---

14) 安達遠,『回歸線』, 1981, p.80. 다만 이 기록에서 1946년 5월 성신대
　　학으로 승격되었다고 적고 있음은, (곧 뒤에 밝혀지듯이) 실제는 1947년
　　4월이었으므로 착오가 아닌가 여겨진다.
15) 담당 교수 신부들의 서품 일자 등은 이기명 엮음,『한국인 가톨릭 사제
　　서품자』(II), 가톨릭대학교 사목연구소, 1999 참조. 이 논문의 앞과 뒤
　　에서 적어 놓은 사제들의 서품 일자, 생몰연월일 등도 모두 이에서 참조
　　한 것이다.

앉음은 물론이었던 것이다. 당시의 교회 사정상 본당 중심으로 사제를 파견하여야 하는 어쩔 수 없는 상황이었다고는 하지만, 신학교 교육에 더 많은 인적 자원이 투입되지 못했던 점은 한계로 지적되어야 할 것 같다.

더욱이 이 회고록에서 주목되는 바는, 첫째 "신학神學 4년年인 부제반副祭班의 강의講義는 성서학聖書學 외外는 대부분大部分 중복重複이었고 고유固有의 사목신학司牧神學과 특수윤리학特殊倫理學만 수강受講했다"고 했다는 점, 둘째, 부제서품 후에야 비로소 "교회지도서教會指針書(Directorium C.)를 중심中心으로 목회신학牧會神學을 실습實習했다"고 적은 점이다. 이런 점들은 당시 신학교 교육의 실상을 파악하는 데에 실마리를 던져주고 있다고 보이므로, 이를 거론하고자 하는 것이다.

첫째, 부제반의 강의가 성서학 이외에는 대부분 중복이 되었다고 한 점은 그만큼 당시 신학교의 사제 양성 교육이 체계적으로 정립되어 있지를 못했음을 알려준다고 하겠다. 이전의 것을 수준을 높여서 중복해서 수강하는 것이 훨씬 그 해당 과목 자체의 학업 성취도를 높일 수 있는 장점도 있었겠지만, 새로운 분야에 대한 학업 성취도를 높이는 데에는 오히려 장애 요소가 되었을 가능성이 대단히 농후해 보인다고 하겠다.

둘째, 부제품 이전에 충분히 습득해야 온당했을 것으로 생각되는 목회신학을 부제품 이후에야 공부하게 되었다는 점은 분명 문제점이었다고 하겠다. 부제품을 받으면 본당에서도 신자들과 직접 생활하면서 이미 사목자로서의 일정한 소임을 하게 되는 터에, 그 이전에 충실히 교습되어야 했을 이 내용들을, 그것도 교회지침서를 중심으로 해서 부제품 이후에야 일선에서 이미 사목을 담당하고 있던 사제에게 이를 교습 받는다는 것이 새 사제가 되기 위한 부제들에게는 더 말할 나위 없이 부담이 되었을 것이다.[16]

16) 말하자면 예나 지금이나 좀 더 일찍부터, 신학생들이 적어도 부제반 이
전부터도 신자들 신앙생활의 여러 행태 등에 접하고 이를 영적으로 지도
할 준비를 충분히 교육하도록 신학교에서 해야 하는 것이 아닌가 싶을
것이다. 프로테스탄의 경우, 목사 안수 이전에 전도사로서나 혹은 부목사
로서 오랫동안 봉직하게 함으로써 충분한 예비 수련을 거쳐 사목적 미숙
련에서 오는 오류를 막을 수 있는 점도 있음이 이와 관련하여서는 참조
될 수 있다고 본다.

제3절 성신대학으로 승격(1947년)과 사제 양성 교육의 질적 향상

경성천주공교신학교는 1947년에 이르러 드디어 정식 대학으로 승격됨으로써, 사제 양성 교육의 질적 향상을 꾀할 수 있는 계기를 맞이하게 되었다. 먼저 성신대학 승격과 관련된 여러 가지 사실들을 찾아보고 난 뒤에, 사제 양성 교육의 질적 향상에 대해 살펴보기로 한다.

(가) 「성신대학 승격」

성신대학으로 승격이 된 것은 1947년의 일이었는데, 정부로부터 인가를 정식으로 얻은 것은 5월 2일의 일이었고, 동월 26일에는 개교식이 노기남 주교 등의 참석 하에 행해졌다고 한다.17) 이러한 성신대학

---

17) 『경향잡지』 1947년 6월호, 제41권 제987호, p.93에 보면, 다음과 같은 기사가 실려 있는데 이를 통해 인가일과 개교일 등을 알 수 있다.

의 인가 및 승격에 대한 교회 내의 평가는 당시 『가톨릭청년』에 실린 아래와 같은 글에서 잘 읽어 볼 수 있다.

(9) 「聖神大學昇格! 神學校機構는 이로써 完成」

敎會의 中心은 祭壇에 있다. 信徒의 新生도 再生도 이 祭壇에 서다 여기서 飢渴을 풀 수 있고 여기서만이 生命의 延長과 增大와 完成과 繁殖이 期待되고 이루어진다. 敎會의 七聖事가 이 祭壇中心으로 이루어지는 때문이다. 이 祭壇에 奉仕할 司祭의 必要性은 敎會와 마찬가지로 重大하다. 司祭없는 會堂은 集會所에 지나지 않고 祭壇없는 敎會는 慈善이나 敎化團體에 지나지 않는 때문이다. 敎會宣道는 司祭養成機關인 神學校 開設과 倂行한다. 이번에 神學校가 完璧을 期하여 「聖神大學」으로 昇格됨에 따라 앞날의 敎會發展이 期待된다.

1. 聖神大學昇格까지의 沿革 …

(四) 完成期

一九四七年 四月三十日 聖神大學으로 昇格, 同大學 豫科, 哲學科, 神學科는 서울 惠化洞에 있고, 聖神大學附屬中學校는 元曉路四街一 前聖心神學校에 있다.18)

교회의 중심은 제단祭壇에 있음을 지적하며, 이 제단에 봉사할 사제司祭의 필요성은 교회와 마찬가지로 중대함을 강조하였던 것인데, 이번에 신학교가 성신대학으로 승격됨에 따라 앞날의 교회 발전이 기대된다는 평가를 하고 있었던 것이다. 아울러 당시까지의 신학교의 연혁을 상세히 소개하고는, 당시의 실상에 대해 보

「성신대학 인가」
서울 혜화동 신학교는 그 동안 내용과 시설을 충실히 하야 성신대학으로 인가를 신청하였던 바 거五월二일 정식으로 인가를 받고 동二十六일 오후 四시 노주교, 원주교 양위각하를 비롯하야 학무당국 요로인물들과 교내교외 많은 내빈이 내참한 중 개교식을 성대하게 거행하였다 한다.

18) 『가톨릭靑年』 제45호, 1947년 5월, p.122.

도하고 있음이 눈에 띈다.

이 기록에서 비록 인가 날짜가 4월 30일이라 하여 5월 2일이라는 기록과는 약간 다른 기록이 보이지만[19], 성신대학으로 승격됨과 동시에 대신학교와 소신학교가 자연히 분리되었음을 구체적으로 기술해 주고 있는 것이다. 즉 대신학교의 예과 및 철학과·신학과는 혜화동으로, 성신대학 부속중학교는 원효로의 옛 성신신학교 자리에 그대로 남아 있게끔 되었음을 알게 해준다.

당시 성신대학의 승격과 관련된 여러 가지 사정에 대해서는, 누구보다도 천주공교신학교의 교장이었다가 승격과 함께 초대 학장으로 이를 담당하였던 장금구 신부의 회고록이 중요한 사실을 많이 담고 있었다고 보아 틀림이 없는데, 여기에 대해서는 다음과 같은 구절이 있다.

(10) 1년 후에야 총독부로부터 갑종전문학교 정도인 천주공교학교(天主公敎學校)로 인가가 나오고 동시에 내가 교장으로 임명되었다. 그 후 5개월만에 해방을 맞이하니 그 해에 여러 대학이 우후죽순처럼 나타나기 시작했다. 생각해보니 사회가 앞으로는 대학 교육을 받지 않고서는 지도자가 되기 어려울 거라고 생각하여 대신학교를 정식 대학으로 인가를 제출하여 만 2년만에 문교부로부터 성신대학(聖神大學)으로 인가가 나왔다. 그러나 외국 주교님들로부터는 많은 반대를 받았던 것이다. 그러나 오늘에 와서는 반대는 없어지고 오히려 다행한 일로 인증을 받게 되었다고 본다. 나는 자동적으로 성신대학 초대학장으로 인가는 났으나 해방 직후에 대학운영은 너무나 어려운 일이 많았다.

---

19) 여기에서는 1947년 4월 30일에 성신대학으로 승격되었다고 하였는데, 인가가 정식으로 나온 것이 (앞서 거론한 『경향잡지』의 기사에서는) 5월 2일이었다고 하므로, 두 기록 사이에 차이가 난다. 4월 30일은 서류상으로 절차를 받아 정식으로 통보받기 이전에 사전 통고된 날이고, 5월 2일은 서류상으로 공식적으로 통보된 날을 가리키는 게 아닐까 한다.

…(중략)… 그보다도 우선 급한 것이 식생활문제였다.[20]

이 부분의 회고록에서는 2가지 점이, 교회사 정리의 측면에서 기억될 수 있다고 본다. 첫째는, 해방 이후에 여러 대학이 우후죽 순같이 나타나기 시작하자, 당시 교장이었던 장금구 신부가 "생 각해보니 사회가 앞으로는 대학 교육을 받지 않고서는 지도자가 되기 어려울 거라고 생각하여 대신학교를 정식 대학으로 인가를 제출"하였다고 한 점이다. 이로써 성신대학으로의 승격 인가 신 청이, 결국 사회적 변화에 부응하기 위해 내린 결정이었음을 알 수 있는데, 이러한 데에 대한 교회 내부적으로도 반대 여론이 있 기도 하였던 모양이다. "외국 주교님들로부터는 많은 반대를 받 았던 것이다"라고 밝히고 있는 데에서 읽을 수 있다.[21]

또 하나는 대학 운영이 너무나 어려운 실정이었음을 토로하고 있는 대목이라고 여겨진다. 특히 "그보다도 우선 급한 것이 식생 활문제였다"고 하였음이 여실히 입증해준다고 하겠다. 기숙사 생활을 해야 하는 신학교의 사정상 어느 것보다도 식생활 문제가 원활히 해결이 못되고 있었던 당시의 사정을 있었던 그대로 적나 라하게 보여주는 대목이라 하지 않을 수가 없겠는데, 이러한 실 정이 성신대학의 승격 이후에도 연속되고 있었음은 교육의 질적 향상 못지않게 당시로서는 최우선적으로 해결해야만 될 문제점이 었던 것이다.

(나)사제 양성 교육의 질적 향상

---

20) 莊金龜, 「農岩村 '聖召村'의 後裔」, 韓國敎會史硏究所 編, 『黃海道天主 敎會史』, 刊行事業會, 1984, p.824.
21) 정확한 기록이 전해지지 않지만 외국 주교들의 이러한 반대는 신학교 교 육이 세속적으로 공개됨을 꺼려한 것은 물론 신학교 교육에 행정적으로라 도 정부의 개입이 있을까 우려함에서 비롯한 것이 아니었나 생각된다.

(방금 보았듯이) 성신대학의 식생활 문제가 원활히 해결되지 못하고 있을 정도로 신학교의 현실적인 여건이 썩 잘 갖추어지지는 못한 상태였지만은, 그 교과 과정의 운영만은 원칙적으로 전혀, 오히려 너무나 융통성이 없을 정도로 정확히 준수되고 있었음이 분명하였다. 이러한 면면은 아래의 글에서도 역력히 잘 배어나오고 있다.

(11) 「사제(司祭)로 서품(敍品)받다」
교법(敎法) 1365번에 보면 소신학교에서 고등과를 졸업하고 대신학교에 들어가 철학을 적어도 2년 동안 전공하고, 신학을 또한 4년 동안 전공해야만 신품(神品)의 주체(主體)가 된다고 못 박았다. 내가 교법 1365번에 못 박은 모든 과정을 이수한 것은 1950년이었다.
교회법 976호에 따라 신학공부를 시작하면서 삭발례(削髮禮:Tonsura)를 받은 나는 1950년 4월 15일 신학교를 졸업한 후 명동성당에서 노기남(盧基南)대주교의 집례로 사제로 서품되었다.[22]

교법과 교회법에 따라 모든 규정이 정확히 지켜졌음이 이 회고록의 기록들을 통해 확인이 되는 것이다. 일일이 교법 1365번의 규정에 따라 연한을 지켜서 모든 교과 과정을 이수했음을 적시하고 있을뿐더러 교회법 976호에 따라 삭발례를 받았다고 하였음이 이런 점을 대변해준다고 하겠다.
이러한 신학교의 교육 과정 중에서 학생들의 자치를 통한 의견 수렴과 개선 방안 유도는 1948년 3월 1일에 제2대 학장으로 부임하였던 윤을수 신부(라우렌시오, 1932.12.17 서품, 1907.10.2~

---

22) 林應承 신부, 『주님의 뜻대로』, 天主敎노량진교회出版委員會, 1983, p.93.

1971.5.1) 시절의 신학교에서도 여전히 이루어지고 있었는데23), 이러한 점은 다음의 회고록에서 찾아진다.

(12) 「총학생회장」
나는 덕원신학교가 폐쇄되기 직전 서울로 내려와 혜화동 대신학교에서 학업을 계속했다. 이곳에서 나는 부제가 되기 전 일년 동안 신학교의 총급장을 했다. 지금으로 말하자면 총학생회장인 셈이다. 내 선임자는 김수환추기경이었다.
당시 총급장은 선거를 통해 뽑았고, 교장 신부의 인준을 받아야 했다. 교장 선생님은 윤을수 신부였는데, 개방적이고 활달했던 윤 신부와 나는 손발이 잘 맞았다. 그 시절 총급장이 하는 일은 주로 학생들의 불편한 점을 교장 신부에게 전달하는 일이었다. 학생들의 요구는 대부분 외출이 자유로웠으면 좋겠다. 빨래를 좀 잘해 달라, 아니면 미사 시간을 늦춰 달라, 휴가를 달라 등등 … 늘 이런 것이었다.
나는 신학생들이 불편이나 어려움을 호소할 때마다 서슴없이 교장 신부에게 전달했고, 윤 신부는 웬만한 사항은 잘 들어주셨다.24)

당시 총급장 즉 오늘날의 총학생회장에 해당되는 직책을 맡았던 장대익 신부(루도비코, 1950.11.21 서품, 1923.1.10-)의 회

---

23) 이런 점은 성신대학 신학생들의 잡지로 발행되던 *Alma Mater* 2호, 1948년에 게재된 「머릿말」에서 학장이었던 윤을수 신부가 다음과 같이 한 표현에서 읽을 수가 있다고 본다.
"…한 마디 특별히 하고 싶은 것은 성신대학 제1대 학장으로 계시던 금구 장신부님의 남겨놓고 가신 넓고 높은 깊고 거룩한 교육정신을 계속하여 뜻하신 성직을 기르는데 계속하여 힘쓰기를 약속하며 일반교수 또는 학생을 대표하여 감사의 뜻을 표하고 창립하고 후원하신 「알마 마뗄」을 잘 진행할 결심을 아뢰고 싶다.…" 『尹乙洙神父遺稿集』 4판, 隣保聖體修道會, 1997, p.323 참조.
24) 장대익 신부, 『남은 것은 당신뿐입니다』, 기쁜소식, 2001, p.47.

고에 따르면, 총급장은 학생들의 의견을 수렴하여 학장 신부에게 이를 전달하여 학교 운영에 반영되도록 하는 것이 그 소임이었다는 것이다. 당시의 학교 운영에 학생들의 의견을 일정 부분 반영하여 불만을 해소시키고 원만한 학사 행정을 위한 방편이었다고 여겨지는데, 특히 당시에는 학장 신부가 장대익 신부의 회고를 그대로 인용하면 '개방적이고 활달했던' 윤을수 신부여서 더욱이 '웬만한 사항은 잘 들어주셨다' 는 것이다.

이렇듯이 신학교 운영에 특히 신학생들의 의견을 반영하려 윤을수 신부가 노력하였던 것은 그 자신이 외국 유학을 다녀온 경험이 있었기에 그런 것이 아닌가 싶다. 그는 프랑스 유학을 통해 학위를 수여받고 로마에 가서 교회법도 연구했으며, 미국에 가서 교회 사업을 하면서 그곳 한인 교민들과도 두터운 교류 관계를 맺었었고[25], 심지어 기독교도인 이승만의 독립 운동을 실질적으로 뒷받침해준 적이 있음을 해방 이후에 이승만이 직접 교황사절과 노기남 주교 등 앞에서 공개적으로 언급할 정도로[26] 적극적

---

25) 윤을수 신부의 귀국과 성신대 학장 발령 등의 사실은 다음과 같은 『경향잡지』 1948년 8월호, 제42권 제997호, p.60.기사를 통해서 확인이 된다.
　"「윤을수 신부 귀국」
　노렌조 윤을수 신부는 一九三八년에 불란서에 유학하여 「소르본」 대학에서 문학박사의 학위를 받고, 다음에 「로마」에 가서 교회법을 연구한 다음 一九四一년에 미국에로 건너가 교회사업에 종사하면서 고국의 교회를 위하여 많이 활동하더니 거二월二十六일 무사히 귀국하였다. 동二十九일 오후六시에는 시내 「수도그릴」에서 성직자 유지교우등 약90이 모여 금의환향한 동신부의 성대한 환영회가 있었다.
　동 신부는 그 후 주교 비서처장(秘書處長) 성신대학장을 겸임하게 되었다. 서울 주교관에로 보내는 우편물 중 윤신부에게 보내는 것에는 성명까지 기록함이 필요하다. 상기 노렌조 尹乙洙신부, 출판부에 尹亭重신부, 종현보좌 바오로 尹炳熙신부, 세 분이 있는 연고이다."
26) 『경향잡지』 1948년 8·9월호, 제42권 제1001호,p.124에 보면, 「독립축원미사성제」 라는 제목 아래에 다음과 같이 적혀 있음에서 이런 사실을 분명히 알 수가 있다.

인 활동을 서슴지 않았었기 때문에, 귀국하여 신학교 학장이 되어서도 이러한 개방적이고 적극적인 활동을 펼쳤던 것으로 판단된다.

윤을수 신부의 경우가 이러하듯이 외국 유학 출신 사제들이 신학교에서 교수직을 맡게 됨으로써 신학교의 교육 내용에도 날로 변화가 생겨났을 뿐만 아니라, 그 영향으로 차츰 신학생들 중에서 외국 유학의 길을 떠나는 경우도 늘어나는 추세였던 것으로 보인다. 윤을수 신부 외에도 당시의 신학교에는 이미 그보다 먼저 부임하여 외국 유학생 출신으로서 교수직을 담당하고 있던 선종완 신부 역시 이러한 분위기를 이끌어가고 있었다. 이러한 당시 사정은 아래의 글에서 충분히 느낄 수가 있다.

(13)「유학가는 신학생들」
10여 년 전부터 일찍이 원주교께서 본방인 성직자 양성에 특별히 유의하사 신학생들의 외국유학을 시작하였으나 참담한 세계대전으로 말미암아 길이 막혀 정지상태로 나려오다가 이제 교통이 열리기 시작되고 외국 형편로 나어지므로 성신대학에서는 신학생들의 외국유학을 시작하여 거九월 상순 다음과 같이 선발대

"서울에서는 거6월20일 주일 조선인 신부 피정이 끝나는 날 노주교께서는 국회의원들과 과도정부 부,차장들을 초대하사 오전 10시에는 독립촉성을 기원하는 대레미사성제를 드리시고 동 12시에는 대강당에서 환영다과회를 개초하여 노주교와 교황사절 방주교의 의미심장한 환영사가 있었던 바 당시 국회의원 의장(현금 대통령)이승만 박사는 다음과 같은 요지의 답사를 하여 화기 넘치는 동회를 빛냈다. '… 내가 미국에 있을 때 다른 교파들은 일인이 무서워 우리 독립 운동을 도웁기를 주저하고 있었으나, 천주교회만은 확호한 태도로 우리 독립운동을 도와주었습니다. 여기있는 윤을수 신부와 메리놀전교회 안신부도 나와 같이 독립운동을 한 분들입니다. …'"
따라서 일제시대 천주교의 독립운동 참여와 관련하여서는 이 점이 간과되어서는 아니 되리라 보는데, 지금까지 이 사실은 전혀 거론조차 된 적이 없는 듯하다.

가 연구차로 로마에 가는 동 대학 교수 선신부의 인솔 하에 출발하였다 한다. 박바오로(養雲)二품자 춘천교구 원주, 柳디오니시오(榮道)삭발자 서울교구 인천, 白디오니시오(南翼) 대전교구 서산, 이상 三인 「로마」 울바르노대학에. ─ 黃베드루(旼性)二품자 서울교구 수원, 朴방지거(成鍾) 서울교구 개성, 이상二인 불란서 파리 성술삐쓰대학에.27)

본방인 사제 양성에 힘 기울여오던 터에 세계 대전이 끝나는 등 외국 사정이 또한 나아져서 유학을 가는 신학생들의 숫자가 이즈음에 증가하는 추세를 보이고 있음을 알려 주는데, 동시에 로마로 3명, 프랑스로 2명이 출발하고 있음이 이를 여실히 드러내준다. 특히 이 기록에서 주목되는 바는, 이때에, 선종완 신부가 이들을 인솔하고 같이 출발하였다는 점이라 하겠다. 이럴 정도로 당시 신학생들의 외국 유학 분위기가 고양되고 있었고, 이는 당시 신학교에서 교수를 담당하고 있었던 선종완 신부와 같은 외국 유학 출신 신부들의 영향이 크게 끼치고 있었음을 알려준다고 할 수 있을 듯하다.

또한 당시 성신대학에서는 새로운 저서들이 간행되어 신학생들의 교육에 질적 향상을 가져올 수 있도록 터전이 닦여지고 있었던 것으로 지적할 수 있겠다. 당시 신간 서적의 간행과 관련하여서는 다음의 『경향잡지』 게재의 광고가 참조가 된다.

(14) 「새로 나온 책들」
「신약성서 상편」 四사성경과 종도행전을 합부한 것이다. 전보다 더 주해를 자세히 달았고, 연구하기에 편리하도록 편,관,항으로 구분하였다. …(중략)… 편찬자 성신대학 성서부 페이지 六〇〇, 값 六백五十원 송료 二十원.28)

---

27) 『경향잡지』 1948년 10월호, 제42권 제1003호, pp.155-156.
28) 『경향잡지』 1949년 2월호, 제43권 제1007호, p.24.

이 『신약성서 상편』의 편찬자가 성신대학 성서부라 되어 있지만, 실은 당시 성신대학의 성서부장을 맡고 있었던 선종완 신부가 전적으로 자세한 주해를 달고 편, 관, 항으로 나누어 편찬한 것이었는데[29], 이로써 당시 우리말 맞춤법에 맞는 신약성서를 비로소 쉽게 구해 읽을 수 있는 길을 열어줌으로써, 신학생은 물론이고 일반 교우들까지도 그 혜택을 입을 수가 있게 되었던 것이다. 신앙생활에 있어 가장 기본이 되는 것이 두말할 나위도 없이 성서이므로, (앞서 인용한) 광고 문구 그 자체대로 "전보다 주해를 자세히 달았고, 연구하기에 편리하도록 편·관·항으로 구분"한 이 『신약성서』의 간행이야말로, 신학생들의 성서 공부에도 크게 도움이 되었을 것임이 분명하다고 하겠다.

---

29) 1948년판 『복음성서』의 서언에 "우리 한국어로 번역된 사사성경과 종도행전이 절판된 지 오래되므로 … 한글의 새 철자법과 국어의 표준어를 따르기로 힘썼으나 번역 원문은 그대로 존중하였다. 연구의 편의를 돕기 위하여 자세한 주해와 편찬을, 성신대학 성서부장 노렌죠 선종완 신부에게 청하였던 바 …"라 되어 있음에서 이런 사실을 알 수 있다. 이성우, 「한국 천주교회의 우리말 성서번역사와 우리말 성서번역의 의미」, 『인간연구』 제5호, 가톨릭대학교 인간학연구소, 2003; 근·현대 한국가톨릭연구단 지음, 『한국 근·현대 100년 속의 가톨릭교회』 (상), 가톨릭출판사, 2003, pp.108-109 참조.

제4절 6·25 동란기 및 그 이후의 성신대학의 사제 양성 교육

터전을 닦아 자리 잡아 가던 성신대학의 사제 양성 교육 역시, 민족적인 비극 6·25동란을 맞아 커다란 수난을 겪을 수밖에 도리가 없었다. 당시 신학생들이 맞닥뜨렸던 상황은, 이를 고스란히 견뎌내야만 했던 장대익 신부의 회고록 가운데 아래와 같은 대목에 그대로 묘사되어 있다.

(15) 「피난 생활」
1950년 6월 25일 서울 혜화동 대신학교 성당에서 주일 미사를 봉헌하고 있는데 갑자기 용산 신학교로 피난하라는 전갈을 받았다. 북한의 인민군이 38선을 넘어왔다는 내용이었다.
우리 민족의 비극인 한국전쟁이 시작된 것이다. 용산 신학교에서 하룻밤을 자고 나니 한강다리가 파괴됐다는 소식이 들렸다.…

나는 일단 동료들과 짐을 꾸려 피난길을 떠났다. 한강 다리는 처참하게 파괴돼 있었다. 어쩔 수 없이 한강 철로를 걸어서 무작정 남으로 남으로 향했다. 거리는 봇따리를 짊어진 피난민으로 인산인해를 이뤘다. …

그러던 중 나는 서울의 대신학교로부터 연락을 받았다. 부제반은 모두 대구로 모이라는 전갈이었다.

나는 대구 남산동에 있던 대구 유스티노 신학교에서 사제가 될 준비를 했다. 대구 유스티노 신학교 옆에는 성모당이 있었는데, 외롭고 힘들 때마다 나는 그 곳을 자주 찾았다.[30]

널리 알려져 있듯이 1950년 6월 25일은 주일이었으므로, 대신학교 성당에서 미사를 봉헌하던 중 인민군의 남침 소식에 용산 신학교로 피난하라는 전갈을 받았다고 한다. 혜화동이 인민군이 서울로 들어오는 진격로인 미아리고개 방면과는 가까운 곳이었으므로, 그보다는 안전하다싶은 용산 신학교로 피난하도록 했던 모양인데, 하룻밤 지나고 나서는 그곳도 안전한 곳이 못되므로, 신학생들은 남녘을 향해 하염없이 보따리를 들고 걸어서 가야만 했다는 것이다. 그러다가 자신은 부제였기에, 부제들이 집합한 대구 유스티노 신학교에서 사제 교육을 계속할 수가 있었다고 하였다.

그러면 이외에 다른 신학생들은 어떻게 사제 교육을 받고 있었던 것일까. 다음과 같은 기록을 통해서 대략은 살필 수가 있다.

(16) 「가톨릭大學來歷 ―한국신학교의 발자취―」
1951년 1월 20일부터 제주도 서귀포에서 피난학교 시작
1951년 부산 영도에 가교사 건축코 교육 실시
1951년 12월 31일부로 실시된 교육법에 따라 개편인가(文高 제1194호), 부속 중학교는 폐지되고 성신중고등학교로 독립함. 연구과 폐지

---

30) 장대익 신부, 앞의 책, 2001, pp.48-50.

1953년 9월 15일 피난학교는 서울 혜화동 본교로 복귀[31]

1966년에 발행한 학생들의 교내 잡지*Alma Mater*에 게재된 이 기록에 따르면, 신학생들은 1951년 초에 제주도 서귀포를 거쳐 부산 영도에 가교사를 건축하고 교육을 받다가, 1953년 9월에 혜화동 본교로 복귀했다고 한다. 아마도 신학생 혹은 사제 누군가의 증언을 듣고 당시의 학생들이 정리한 것이 아닐까 싶은 이 기록과는 약간 다른 기록도 보인다. 다음의 것이 그러하다.

(17) 「성신대학 서울에」
전란 중 부산 영도에 있는 공소강당을 빌어 모든 곤난을 극복해가면서 수업 중이던 성신대학은, 서울 본교사를 사용하던 미군들이 이를 반환하였으므로 十월一일부터는 서울 본교사로 돌아와 새로운 기분으로 수업을 시작하게 되었다 한다.[32]

이 『경향잡지』의 기록은 1953년의 것이므로 오히려 더 정확한 것이 아닐까 여겨지는데, 이에 의하면 전쟁 통에 부산 영도에서는 공소 강당을 빌어 수업을 했다고 했고, 서울의 본교사를 사용하던 미군들이 반환하여 10월 1일부터 본교사로 돌아와 수업을 시작하였다고 한다. 약간의 차이가 서로 있지만, 아마도 훗날의 교내 잡지에 신학생들이 정리한 전자의 것보다는 교회 내의 공식적인 의견을 대변하던 『경향잡지』의 후자의 것이 정확하다고 보는 게 순리일 듯하다.

대부분의 신학생들이 이렇듯이 부산 영도의 공소 강당을 빌어 공부를 계속하고 있었던 데에 비해, 부제반 신학생들은 [앞의 기록 (15)에서 보았듯이] 대구 성 유스티노신학교에서 학업을 계속

---

31) *Alma Mater* 제9호, 1966년, p.204.
32) 『경향잡지』 1953년 9월호, 제45권 제1026호, p.56.

하였고, 드디어는 사제 서품을 받기에 이르렀는데, 이들에 대한 서품식은 전란 동안 잠시 서울이 수복된 사이에 명동성당에서 거행되었다고 한다. 이 얘기는 아래의 기록에 적혀 있다.

> (18)「내 모든 것을 주님께 봉헌합니다」
> 1950년 9월 28일 한국군과 유엔군이 서울 탈환에 성공했다는 소식이 전해졌다. 소속 교구인 평양교구에는 갈 수 없었지만 나는 서울로 올라와서 사제 서품을 위한 마지막 준비에 들어갔다. 드디어 11월 21일 나는 서울교구 명동성당 제대 앞에 엎드렸다. 성인 호칭기도가 울려 퍼지는 가운데 가장 낮은 자의 자세로 제대 앞에 엎드린 나는 내 모든 것을 온전히 하느님께 봉헌했다. …
> 그 날 나와 함께 서품을 받은 동기는 모두 9명이었다. 김창석 신부를 비롯해 최명화, 김창문, 최익철, 이대권, 이종흥, 백응복, 김덕명 신부가 내 사제 서품 동기들이다.[33]

1950년 가을 소위 9·28 수복 때 서울을 국군과 유엔군이 되찾자, 11월 21일에 명동성당에서 사제 서품식 거행되었는데, 9명의 사제가 이때 탄생했다고 하였다. 비록 전쟁의 와중에 있기는 하였지만, 신품성사는 제대로 이루어졌음을 이를 통해 알 수가 있는 것이다.

한편 대신학교가 이상과 같이 6·25남북전쟁 이후 제주도를 거쳐 부산 영도에서 자리를 잡고 신학생들을 교육하다가 혜화동 교사로 돌아온 것과 달리, 소신학교는 경상남도 밀양 본당 신부의 초치로 밀양에 교사를 마련하고 학생들을 가르치고 있었는데, 당시의 실정은 최근 당시에 매일같이 썼던 일기를 묶어 책으로 출간한 김병일 신부(요셉, 1962.12.21 서품, 1935.3.28-)의 『고

---

33) 장대익 신부, 앞의 책, 2001, pp.52-53.

희를 맞는 노사제의 회상 일기』(가톨릭출판사, 2004년 3월)에 소상히 적혀 있음으로 해서 잘 알 수가 있다.

하지만 앞서의 기록 (16)「가톨릭대학내력大學來歷」에는 "1951년 12월 31일부로 실시된 교육법에 따라 개편인가(문고文高 제1194호), 부속 중학교는 폐지되고 성신중고등학교로 독립함. 연구과 폐지"라고 해서, 성신 중·고등학교로 소신학교가 이름이 바뀌었음과, 성신대학의 연구과가 이때에 폐지되었음을 명기해주고 있어 주목되지만, 김병일 신부의 이 일기 기록에는 학교 명칭의 변경일이 1952년 3월 22일 토요일로 되어 있어[34] 차이가 난다. 학교 명칭의 변경을 학교 측에서 신청한 것은 김병일 신부의 일기 기록에 보이는 3월의 그 날이고, 정부에서 인가해 준 것은 그해 12월의 일이 아닌가 싶은데, 여기에서 일기 기록 가운데 특히 주목하고자 하는 하나는, 당시 소신학교와 대신학교 교육 모두와 관련된다고 여겨지는 아래와 같은 대목이다.

(19)「서울소신학교 생활」

1953년 12월 4일 맑음 … 형민씨의 말에 의하면, 대학 입시고사에 대한 우리들의 실력은 다 알고 있다는 것이다. 즉 입학 불능 쪽으로 많이 기울어진다는 뜻이다. 이런 소리를 들었다고 해서 새삼 더 충격을 받은 것은 아니지만, 뇌의 분산함을 정리하지 못한 채 그저 무의미하게 세월만 보낸다는 것은 나의 큰 잘못이라는 생각이 들었다. …

---

34) 김병일 신부, 『고회를 맞은 노사제의 회상일기』, 가톨릭출판사, 2004, p.99에 아래와 같이 적혀 있다.

"1952년 3월 22일 토요일 흐림, 비

오늘 오전은 매우 온화한 날씨라 모든 식물이 잘 자랄 것만 같다.

조회 시에는 교장 신부님께서 학교 명칭에 대한 기쁜 소식(당시의 명칭은 성신대학 부속 중학교였는데 아마 성신소신학교로 명칭이 바뀐다는 소식일 듯)을 들려주셨다. 봄방학 소식도 물론 있었다.…"

1953년 12월 28일 월요일 맑음 …고3의 국가고시도 시작되었
다. 형편없다고들 한다. 그러나 대부분은 쾌활한 표정이다. 아
무쪼록 다 붙을 수 있으면 좋겠다.[35]

이 기록을 보면, 당시는 대학 입학을 위한 국가 자격 고사가
있어 고3 학생들은 이를 통과해야만 대학에 진학을 할 수 있는
제도가 시행되던 때임을 알 수 있고, 따라서 소신학교 학생들도
반드시 이 국가고시에 합격해야 대신학교에 진학할 수 있었는데,
그 합격률이 과히 높지는 못했던 모양이다. 소신학교 출신들이
대신학교에 진학할 기회가 그만큼 줄어들 수밖에 없는 상황이었
을 것이다. 따라서 이를 뒤집어 말하면 대신학교의 신학생 중에
차지하는 소신학교 이외 출신자들의 비중이 커졌던 것을 알려준
다고 하겠다. 말하자면 대신학교가 정식 대학으로서 승격되어 정
부에서 시행하는 국가고시에 합격해야 진학할 수 있게 됨으로써,
예전과는 달리 소신학교 출신이면 전부 진학하던 것과는 판이하
게 달라졌던 것이라 하겠다.
　자연히 성신대학의 입학생들도 여느 대학의 경우와 마찬가지로
적어도 국가고시에 합격해야지만 진학할 기회를 갖게 되었던 것
인데, 1955년부터는 편제가 달라져 6년제로 전환하기에 이른다.
다음의 기록들에서 이를 살필 여지가 있다.

(20-가)「가톨릭大學來歷 ―한국신학교의 발자취―」
1955년 2월 26일 인문계에서 한국 최초의 신학부 예과 제도의
인가를 얻다(文高 제146호) 편제는 신학과 4년, 예과2년 재학
생은 인가 즉시로 예과본과의 해당 학년에 편입됨[36]
(20-나)「본교 연혁」
1955년 神學部 編制를 6년제로 개편(文高 제146호) 豫科 2년,

---

35) 김병일 신부, 앞의 책, 2004, p.204 및 p.220.
36) *Alma Mater* 제9호, 1966년, p.204.

本科 4년 定員 300명[37]

　이 기록들을 종합적으로 정리하면, 성신대학이 1955년 2월 26
일에 한국에서는 최초로 신학부 예과 제도의 인가를 얻었는데,
예과 2년, 신학과 4년으로 편제를 전환하였으며 재학생들부터 적
용되어 해당 학년으로 편입되었으며, 정원은 300명이었다는 것이
다. 이렇게 학제를 변경함으로써, 효율적인 학사 운영을 위해 체
계화를 꾀했다고 평가할 수 있을 것이다.
　이러한 변화가 추구되던 1955년 당시는, 그 전 해 10월에 취
임한 한공렬 신부(베드로, 1939.6.24 서품, 1913.2.3~1973.3.7, 훗
날 대주교로 성성, 광주교구장)가 제4대 학장으로 재임 중이었는
데[38], 이때에 이런 개혁적인 조치를 취함과 아울러 교내의 미비
한 자료들도 이때에 와서 갖추려고 힘을 기울였던 것으로 보인
다. 특별히 이미 서품을 받은 사제들의 학적부를, 6·25남북전쟁
와중의 화재 등으로 인해 소실된 것을 메우기 위해서 본인들이
친필로 작성하여 제출토록 하여 이를 비치하려고 강구하였음이
바로 그것이다.
　현재 가톨릭대학교 성신교정 교학과에 1955년 이전에 용산 예
수성심신학교 출신의 서품 사제 42명의 학적부學籍簿가 보관되어
있는데, 박성춘 신부(레오, 1942.2.14 서품, 1915.6.25- ?)의 그
것 전면의 비고란에 보면, "기입연월일記入年月日 1955(4288)년年
4월月 29일日 성신대학장聖神大學長의 요청要請에 의依하여 기입보
고記入報告함"이라 기록되어 있음으로 하여 구체적으로 알 수가
있다.[39] 거의 고정된 위치의 신학교 교정을 배경으로 같은 크기

---

37) *Alma Mater* 제11호, 1968년, p.223.
38) 「가톨릭大學來歷」, *Alma Mater* 제9호, 1966년,p.204에 보면, 1954년
　　10월 말경에 부학장 한공렬 신부가 제4대 학장 취임하였다는 기록이 있다.
39) 노용필, 「예수성심신학교의 사제 양성 교육」, 앞의 책, 2003, p.87; 이

의 동일한 판형의 사진도 일일이 부착한 것으로 미루어서도 당시에 일률적으로 서류를 갖추기 위해 정리 작업을 하였던 것으로 판단된다. 그만큼 학교 행정을 체계적으로 하기 위한 기초 작업을 완비하는 방침을 정하고 실행에 옮겨 신학교가 대학으로 걸맞게 체계가 꾸려져 발전을 거듭하기에 이르렀음이 분명하다고 생각한다.[40]

당시의 이러한 고무적인 성신대학의 분위기 속에서 교수 신부들의 연구 활동도 활발히 전개되어 획을 그을 수 있는 뛰어난 연구 업적을 내기도 하였다. 가장 대표적인 경우로, 선종완 신부의 구약성서 번역을 들어 마땅하다고 본다.[41] 그 자신이 직접 쓴 글

책의 제1장.

40) 『경향잡지』 1957년 7월호, 제49권 제1072호, pp.260-261에 따르면, 다음과 같이 1957년에 성신대학 개교 10주년을 맞이하여 대대적인 행사를 진행하였다고 전한다.

"「성신대학 소식」

거六월八일 오전九시 서울 노주교께서는 대성당에서 성신대학생들에게 서품식을 거행하셨는데 삭발례 三八명, 一二품 二〇명, 三·四품 九명, 합 六七명이나 되어 한국 가톨릭 유사이래 처음보는 장관을 이루었으며

동十일 오후 二시에는 동대학내에서 성신대학개교 十주년식을 거행하였는데 내외귀빈 다수 참석한중 노주교께서는 역대학장 장금구신부, 윤을수신부, 정규만신부, 현학장 한공렬신부에게 기념품을 주시고 十년근속교수 최민순 신부를 표창하셨으며 기념식 다음에는 「카텔파티」가 있었고 …(하략)…"

이를 보면, 당시에 그야말로 '한국 가톨릭 유사 이래 처음 보는 장관을 이루'는 거대한 서품식을 거행할 수 있었던 것 자체가 이러한 학교 발전의 결실이라 해 옳을 것이다.

41) 성모영보수녀회 엮음, 선종완 신부 유고집 『말씀으로 산 사제』, 성바오로출판사, 1984, pp.34-38의 아래와 같은 부분에서 이러한 평가를 구체적으로 잘 살필 수가 있을 것이다.

"「성서학 교수의 애환」

선종완 신부는 1942년 신품성사를 받고 1976년 선종할 때까지 34년간의 사제생활 중 10년은 해외 유학생활을, 나머지 24년은 가톨릭대학 신학부 교수로서 성서학을 강의했다. …(중략)… 선종완 신부는 1952년 이

가운데서는 다음과 같은 구절이 무엇보다도 눈에 띈다.

> (22)천주의 말씀인 성서를 모두 그 원문에서 우리말로 옮기려
> 고 오랜 세월을 두고 준비하여왔으나, 마기 이를 이루려고 보
> 니, 아직도 어려운 점이 많은 중 우리말에 대한 지식 결핍이
> 가장 큰 것이었다. 이에 한글학회 회원이신 서창제 선생님께
> 사사하는 한편, 표준말과 맞춤법에 특별히 유의하면서 글을 읽
> 고 쓰기를 힘쓴 지 수삼년, 이제 겨우 구약성서의 첫째권인 창
> 세기(創世記)를 출판하기에 이르렀다.[42]

창세기를 우리말로 옮기려고 오랜 세월을 두고 준비해 왔다는
점도 대단히 높이 평가되어 할 터이지만, 가장 놀라운 것은 '우
리말에 대한 지식 결핍이 가장 큰 것이었'음을 깨닫고, 한글학
회 회원에게 사사를 받았을 정도로 노력하여 표준말과 맞춤법에
특별히 유의하려는 학자적 태도를 견지하였다는 점이라 하겠다.
시대를 뛰어넘어 어느 시기에도 귀감이 될 만한 이러한 학자적
태도를 견지한 성서학자 선종완 신부의 활약은 당시 성신대학 소
속 교수 신부의 전범典範이었다고 해서 결코 지나치지 않다고 본
다. 따라서 당시 성신대학의 사제 양성 교육의 질적 수준 역시
이러한 교수 신부들의 활약에 의해 날로 고양되고 있었다고 해

스라엘에서 귀국하여 그해 9월 성신대학 성서학 교수로 복직하였다. 당
시는 6·25전쟁으로 말미암아 대신학교는 부산 영도(影島)에, 소신학교는
경남 밀양(密陽)에 소재해 있을 때이다. …(중략)… 1953년 휴전이 되자
학교가 혜화동 본교사로 옮겨진 다음에도 선 신부는 부산에서부터 시작
했던 구약성서 번역을 계속하여 마침내 1958년 6월 30일자로 그 첫째
권인 창세기가 한국천주교중앙협의회에 의해 발간되었으니 우리나라 자
국어 구약성서가 최초로 번역된 획기적인 일이었다."
이성우,「한국 천주교회의 우리말 성서번역사와 우리말 성서번역의 의
미」, 앞의 책, 2003, pp.109-110 참조.
42)「머리말」『구약성서 제1편 창세기』,한국천주교중앙협의회, 1958, p.5.

좋을 듯하다.

제5절 맺는 말

1942년 2월 일제의 천주교회에 대한 간섭 정책으로 용산 예수성심신학교가 폐교를 당하고 말았고, 그 이후 대신학교 학생들은 덕원 신학교로 옮겨가서 학업을 계속할 수밖에 없었다. 곧이어 기왕 폐교를 당한 용산의 대신학교 보다는 시설 사정이 양호한 혜화동 신학교를 대신학교로 지정받아 대신학교의 사제 양성 교육을 재개하려고 교회는 노력하였지만, 그 노력은 쉽사리 열매를 거두지 못하였다

그러다가 1945년 2월 신학교 인가가 나와 드디어 대신학교의 문을 다시 열게 되었는데, 경성교구의 신학교로서 경성천주공교신학교라는 명칭으로 5월 1일에 개교식을 거행하였다. 이때에는 대구의 성 유스티노신학교가 해체됨 상태였으므로 함께 통합되어 운영되었으며, 대·소신학교를 겸하여 12년의 학제로 운영되었던 것이다. 그리고 1946년 5월부터는 덕원신학교에 위탁되었던 대신학생들도 다시 돌아옴으로써 명실상부한 대신학교로서의 구실을

하기에 이르렀다.

예전의 용산 예수성심신학교와는 달리, 소신학교 과정일지라도 국민학교는 졸업해야 신학교에 들어갈 수 있었으므로 신학생들의 학력 수준은 전반적으로 향상되었지만, 재정 상태는 여전히 열악하여 교우들에게 신학교 유지비를 지방 별로 나누어 책정해서 운영할 정도였다. 그리고 영성지도는 물론, 교의신학·윤리신학이 중심이 되고 성서학 등을 정규 과정에서 공부하고 서품 후에는 목회신학을 따로 배우도록 당시의 교과 과정이 운영되었다. 하지만 그것마저도 강의가 대부분 중복되는 과정이 개설되어 있어서 사제 양성 교육이 결코 체계적이지 못했음 드러내었으며, 또한 목회신학을 기껏 부제 서품한 이후에야 공부하게 되어있었던 점은 분명, 당시 사제 양성 교육의 문제점의 하나로서 지적된다고 하겠다.

그 후 정규 대학인 성신대학으로 승격된 것은 1947년의 일이었는데, 인가를 정식으로 얻은 것은 5월 2일, 그리고 개교식은 같은 달 26일에 거행되었다. 대학으로 승격되었기 때문에 동시에 자연히 대신학교와 소신학교가 분리되었고, 따라서 대신학교의 예과 및 철학과·신학과는 혜화동으로, 성신대학 부속중학교는 원효로의 옛 성신신학교 자리에 그대로 남아 있게끔 되었다. 이와 같이 성신대학으로의 승격을 추진하여 인가를 받은 것은, 해방 이후 사회에서 점차로 정규 대학이 늘어남에 따라 사제들도 대학 교육을 받아야만 제대로 사목을 할 수 있을 것이라는 교회의 판단에 따른 것이었는데, 당시의 경제적 여건 역시 어렵기 그지없어 가장 급한 식생활 문제마저 걱정하는 실정이었던 것이다.

이런 현실 속에서도 교과 과정의 운영만은 원칙적으로 운영하여 내실을 기하게 되었으며, 신학생들의 의견을 수렴하여 학교 운영에 반영하는 전통이 그대로 이어지고 있었다. 더욱이 외국 유학 출신 사제들이 신학교에서 교수직을 맡게 됨으로써 신학교 교육의 내용이 더욱 충실해졌을 뿐더러, 그들의 영향으로 신학생들 가운데서도 외국 유학의 길을 떠나는 경우가 차츰 늘어나는 추세를 보이기도 하였다. 이후 6·25남북전쟁 때에는 제주도와 부산을 전전하며 교육이 계속되었고, 1953년 10월 혜화동 본교사로 돌아와 수업을 재개하였는데, 그 와중에도 1950년 11월에는 서울 명동성당에서 서품식이 거행되기도 했었다.

당시에는 정규 대학에 진학하려면 국가고시를 거쳐야만 했던 때였으므로, 대신학교에 입학하는 신학생들의 학력 수준도 향상되어 있었고, 그러다보니 예전과 달리 소신학교 출신이면 전부 진학할 수는 없어서, 소신학교 출신 이외의 신학생들의 비중이 커졌다. 더욱이 1955년부터는 한국에서는 최초로 신학부 예과 제도의 인가를 얻음으로써 예과 2년 신학과 4년으로 운영되었으며, 학교 행정을 체계적으로 하기 위한 작업을 완비함과 아울러 신학교가 정규 대학으로서 발전을 거듭하기에 이르렀던 것이다. 그리고 당시 성신대학의 사제 교육의 질적 수준은 선종완 신부의 『신약성서 상편』과 『구약성서 제1편 창세기』 등 교수 신부들의 저서 출간을 통한 학문적 활약에 의해 날로 고양되고 있기도 하였다.

이러한 성신대학의 사제 양성 교육에 있어, 그 초대 학장으로서의 소임을 다하였던 장금구 신부의 다음과 같은 고백은, 당시 신학교 교육의 일면을 있었던 그대로 보여줌과 동시에 교수 신부로서의 고충이 무엇이었나를 여실히 드러내 보여준다고 생각한다.

(22)나는 신학생 때 교장신부님이 어떤 신부의 탈선을 이야기 하실 때 눈물을 흘리시는 것을 여러 번 보고 변덕스럽다고 생각한 때도 있지만 내가 직접 당하고 보니 변덕이 아니었음을 깨닫게 되었다. 또 어려운 일은 학생들에게 성덕을 강조하다 보면 학문과 건강에 결함이 생기고, 공부를 강조하다 보면 성

덕이나 건강이 소홀해지고, 건강을 강조하면 성덕이나 학문에
결함이 생기니 균형이 잡힌 신부로 양성하기란 극히 어려운 일
임을 절실히 느꼈다. 나중에는 공포심까지 생기기 시작했다.[43]

한마디로 공부 · 건강 · 성덕을 다 갖춘, 그야말로 '균형이 잡힌'
신부 양성이 얼마나 어려운 일인가를 솔직히 밝히고 있는 것인데,
심지어 '나중에는 공포심까지 생기기 시작했다' 고 적어놓은 것이다.
이런 고충의 토로는, 일제 말기로부터 해방공간을 거쳐 6 · 25동란
에 이르는 파란만장한 한국 현대사의 역사 현장에서, 더더군다나
제대로 끼니조차 때로는 신학생들에게 마련해줄 수 없었던 상황
속에서 교수 신부로서의 생생한 체험을 우려낸 것으로서, 이 자
체가 바로 당시 경성천주공교신학교와 성신대학의 사제 양성 교
육사의 한 장면을 굴절 없이, 또한 여과도 없이 있었던 그대로
드러내 보여주는 것임에 틀림이 없다고 하겠다.

43) 莊金龜, 「農岩村 '聖召村'의 後裔」, 韓國敎會史硏究所 編 『黃海道天主敎會史』, 刊行
事業會, 1984, p.825.

제3장
가톨릭대학의 사제 양성 교육

제1절 머리말

사제司祭를 양성하는 정규 대학 과정의 신학교神學校로서 성신
대학聖神大學이 인가를 정식으로 얻은 것은 1947년 5월 2일이었
고, 이에 따라 개교식을 거행한 것은 같은 달 26일이었다. 그러
면서 신학교가 이제는 명실상부한 대학으로 승격되었기 때문에
동시에 자연히 소신학교小神學校와 분리되어 대신학교大神學校의
예과豫科 및 철학과哲學科ㆍ신학과神學科는 혜화동惠化洞의 교정에
서 운영되었다. 이와 같이 대학으로의 승격을 추진하여 인가를
받은 것은, 해방 이후 사회에서 점차로 정규 대학이 늘어남에 따
라 사제들도 대학 교육을 받아야만 제대로 사목을 할 수 있을 것
이라는 교회의 판단에 따른 것이었다. 그러다가 1955년부터는 한
국에서는 최초로 신학부神學部 예과 제도의 인가를 얻음으로써 예
과 2년 신학과 4년의 6년제로 운영되었으며, 학교 행정을 체계적
으로 하기 위한 작업을 완비함과 아울러 신학교가 정규 대학으로

서 발전을 거듭하기에 이르렀던 것이다.[1]

이후 그 이름이 가톨릭대학으로 전환될뿐더러 곧 이어 대학원 인가를 받아 본격적으로 석사·박사 학위 수여자까지 배출하기 시작해서 교육의 질적 수준이 더 높아지게 되는 1950년대 후반부터, 다시 성심여자대학聖心女子大學과 합병合倂하여 종합대학교綜合大學校로 발전하면서 가톨릭대학교로 교명이 바뀌는 1992년 4월까지의 시기로 한정하여 가톨릭대학의 사제 양성 교육에 대해, 본 논문에서는 다루어 보려고 한다. 지금까지 이 시기의 신학교 역사에 대해서는 구체적으로 정리된 바가 전혀 없으므로, 이를 정리하기 위한 초석으로서 이 논문을 작성하고자 하는데, 이를 위한 자료로서는 『경향잡지』를 위시하여, 교내 잡지 및 신문에 기고된 글 그리고 무엇보다도 지금까지 공개된 바가 전혀 없었던 가톨릭대학교의 교학처에 보관된 당시의 문서류를 주로 활용하게 될 것이다.

---

1) 노용필,「성신대학의 사제 양성 교육」,『인간학연구』 7호, 가톨릭대학교 인간학연구소, 2004;『한국 근·현대 100년 속의 가톨릭교회』(중), 가톨릭출판사, 2004; 이 책의 제2장.

제2절 가톨릭대학으로 교명 변경(1959년)과 대학원 인가(1960) 이후의 사제 양성 교육

1947년에 대학 설립 인가를 취득한 바 있던 성신대학이 가톨릭대학으로 교명을 바꾼 것이 1959년 2월 12일이었으며, 곧이어 1960년 4월 2일에는 처음으로 신학과 석사과정이 개설되었다. 이에 관한 기록은 다음과 같이 정리되어 있다.

(1) 「가톨릭 大學來歷─한국신학교의 발자취─」
1959년 2월 12일에 文高 제339호에 의거 舊名 「聖神大學」을 「가톨릭大學」으로 교명 변경 인가됨. …(중략)…
1960년 4월 2일 文高 제765호로 大學院인가됨 : 碩士學位課程 : 神學科 10명 醫學科 10명[2]

이러한 기록 정리에 토대가 되었다고 판단되는 문서들이 현재

---

2) *Alma Mater* 제9호, 1966년, p.205.

의 가톨릭대학교 교학처에 일부 보관되어 있었는데, 그 가운데의 하나가 『성신대학설립인가신청서철聖神大學設立認可申請書綴』이다. 이에 보면 부제에 '단기사천팔공이강檀紀四二八〇以降'이라 명시되어 있어 서기西紀로는 1947년 이후의 기록들을 묶어놓은 것임을 알 수 있지만, 실제로 살펴본 결과 1947년 3월 30일 성신대학 설립인가 신청에 관한 문서 외에도 1960년 4월 2일 가톨릭대학 대학원개설 인가에 관한 문서 등 몇 가지 문서가 수록되어 있어, 위의 기록과의 대조를 통해 사실 확인이 가능하였다. 하지만 여기에는 교과 과정 자체에 관한 문서는 전혀 들어 있지가 않다.

다행히 당시 이루어진 교과 과정에 관한 기록들은 다른 문서철 『수업시간표철授業時間表綴』에서 일부 찾을 수가 있었는데, 여기에는 제목과 같이 주로 1956년 이후의 수업시간표들이 연도별로 정리되어 있다. 이러한 수업시간표 외에도 특기할 만한 사실은, 맨 앞 장에 「신학부교과과정표神學部敎科課程表」가 들어 있어, 당시의 교과 과정이 어떻게 구성되어 있었는지를 살필 수가 있게 되었다는 것이다. 이 문서의 내용을 그대로 베껴 뒤의 〈참고자료 1〉에 제시해두었으며, 내용을 정리하여 제시하면 다음과 같다.

예과의 이수 과목이 주로 교양 및 입문 과목으로, 본과의 이수 과목이 주로 사제 양성을 위한 전공과목으로 구성되어 있음을 엿볼 수 있는데, 예과의 학점이 98학점인데 반해 본과의 그것이 196인 것은, 신학부의 예과는 2년, 본과는 4년이 수업 연한이었던 데에서 비롯된 것이었다. 이러한 교과 과정에서 주목되는 바는 3가지쯤이 되지 않나 싶다.

첫째는 예과와 본과에서 모두 체육을 4학점씩이나 이수했어야 했다는 점이다. 하지만 이는 가톨릭대학 자체적으로 결정한 것이 아니라, 이 문서에 하단에 부기되어 있는 '체육體育; 4학점 내지 8학점을 이수(1학점, 2시간 이상을 1학점으로, 문화文化 2247호 (4292.5.20)'라 한 데에 1959년에 하달된 문교부의 지침에 따른 것임이 밝혀져 있어, 왜 그래야만 했는지 궁금함이 풀어진다. 둘째는, 예과의 필수 과목들을 살피면 국어·문화사·자연과학개론 등 다양한 분야의 교과목들이 포함되어 있었는데, 이는 대학의 예과로서의 기능을 충실히 다하기 위한 것이었음이 다름없다는 점이다. 더욱이 국어를 8학점, 영어를 4학점 그리고 나어羅語 즉 라틴어를 8학점이나 이수토록 한 것은, 외국어 수학 능력을 갖춤으로써 장차 이루어진 전공 교육에 대비하기 위한 교과 구성이었던 것이라 하겠다.

그리고 이 같은 교과 과정표에서 주목되는 바로서 셋째는, 본과 과목 가운데 성서학 40학점, 교리 신학 및 윤리 철학 각 30학점을 비롯해 교회법 24학점 등을 이수하게 되어 있어, 사제로서 갖추어야 할 지식과 영성을 충실히 교육하고 있었지만, 교리 강의학은 2학점, 설교학은 4학점만을 취득하게 교과 과정을 구성함으로써 현장 사목에 절대적으로 필요한 설교를 통해 교리를 가르치는 데에 실질적으로 도움이 되는 바는 소홀하게 다룬 것이 아닌가 한다.

이러한 예과 2년, 본과 4년의 6년제는 1960년에 들어서면서부터는 신학과 4년, 철학과 2년으로 전환되어 시행되었으며, 이렇듯이 6년제로 시행되어도 그렇지 않아도 부족할 사제 양성 교육이, 1961년에 들어가서는 문교부의 대학정비 지침에 따라 4년제로 변경되게 되어,3) 신학과 4년만이 정규과정으로 인정받고 철학과 2년은 훗날의 연구과로 그 명칭이 바뀔 때까지 정규 대학원 과정을 밟는 신학생도 일부 있었지만 나머지 신학생들은 사제가 되기 위한 수련 기간으로 여기고 이를 수행하여만 했다.

이후 1968년에는 가톨릭대학이 서울 관구 지역 대신학교로 교

---

3) *Alma Mater* 제11호, 1968년, p.223에 보면, 「본교 연혁」란에 '1961년 11월 18일 대학정비에 의하여 神學科 6년제를 4년제로 변경'이라 있음에서 이를 알 수가 있다.

황청으로부터 승인을 받았고,[4] 그 이듬해인 1969년 2학기에는 드디어 교직 과정 설치인가를 취득하게 되었다.[5] 그럼으로써 이제는 사제가 되어 교사직을 담당할 수도 있게 되었을 뿐만 아니라 설령 사제의 길을 걷지는 못하더라도 졸업생들이 사회에 나가 교사로서 활동할 수 있는 여지가 마련되기에 이르렀던 것이었다. 종전과는 달리 그만큼 사제로서도 이제는 다양한 경험을 할 수 있는 길이 열리게 되었던 것이라 하겠다.

한편 당시 신학생들의 하루 일과 시간은, 아침 6시에 기상하면서 시작되었다고 한다. 즉 세수 후 성당에 가서 아침기도와 묵상, 미사를 하고 나서야 아침 식사를 하고, 첫 수업이 8시부터 시작되어 오전에 4시간의 수업이 있었다. 12시 10분 전에 성당에 들어가 오전 생활의 성찰 시간을 갖고 기도, 12시부터 식사, 오후에는 중요 과목들의 수업은 거의 없고 어학, 교양과목들의 수업이 있었으며, 그밖에는 거의 자습 및 개인의 연구 시간이었다. 혹은 휴식이나 운동, 청소, 공동 작업 등을 하며, 성당에서 개인 기도도 할 수 있었는데, 특히 오후에는 약 30분간의 영적 독서 시

---

4) 『경향잡지』 1968년 12월호, 제60권 제1209호, p.848에 보면, 「서울 성신대학 서울 관구 지역 대신학교로 승격」 이라는 제목으로 해서 다음과 같은 기사가 보인다.

"[로마서울 관구 교구장들의 청원에 따라 인류 복음화 성성에서는 1968년 9월 30일자 교령으로 서울 성신대학을 서울 관구 지역 대신학교로 승격시켰다. 파리 외방 전교회에서 사제 양성을 위하여 1887년 이 신학교를 설립하여 성신께 봉헌하였으며, 그 당시에는 전국의 신학생을 도맡아 교육했다. 그러나 그 여러 교구의 증설과 더불어 성신대학은 서울 대교구 신학교로 남아 있었던 것이다."

여기에서 성신대학이라는 교명은 앞에서 줄곧 보았듯이 이미 그 이전에 가톨릭대학으로 변경되었지만, 신자들 사이에서는 관행적으로 그대로 사용되고 있었는데 이 기사에도 이런 측면이 반영되어 사용되었던 듯하다.

5) 「오늘의 신학교」,개교 90주년기념특별연재④, 『가톨릭大學報』 1978년 3월 31일 제3면.

간에 규정되어 있었다.

오후 6시가 되면 저녁 식사를 함께 하고 산책이나 휴식 후에 삼삼오오 마당을 거닐거나 앞뒤 산책로를 돌며 묵주기도를 공동으로 바쳤고, 그 후에 성당에 들어가 만과(저녁)의 기도를 공동으로 바쳤다. 만과가 끝나면 성당에서 개인 기도를 하거나 영적 서적을 독서하거나 묵상을 하기도 하고 자기 공부방으로 돌아가 공부하기도 했는데, 10시가 되면 취침해야 했는데, 묵주기도 후 그 이튿날 아침 식사 때까지는 침묵을 지켜야 했다고 한다.6)

당시 이러한 일과 가운데 가톨릭대학에서 이루어진 사제 양성 교육의 여러 면모는, 당시 학생들의 자치활동을 통해 발행되던 잡지 *Alma Mater*의 「교내생활일지校內生活日誌」 이란 기록에 잘 드러나 있다. 매번 발행할 때 이를 싣지는 않았지만, 3번에 걸쳐 게재된 내용을 정리해보면 당시 사제 양성 교육을 여러 면모를 드러낼 수 있을 것으로 믿어 이를 시기별로 정리하여 표로 작성하여 제시하면 아래의 〈표 1〉과 같다.

〈표 1〉 1963년 · 1965년 · 1966년의 신학교 「교내생활일지」 비교표

1963년 1학기 및 2학기7)			1965년 2학기 및 1966년 1학기8)		
			1월	31일	입학시험
			2월	2일	합격자 발표
2월	14일	제대반 등교			
2월	24일	신입생 등교	2월	24일	신입생 등교
2월	25일	재학생 등교	2월	25일	개학
2월	26일	3일간 피정			
3월	2일	개강			
3월	3일	영적지도신부 및 고해신부 선정			
			3월	6일	신입생 환영식
3월	19일	교황사절 환영식 및 삼일휴강 특전			
3월	21일	임화길 신부님 은경축			

6) 정의채, 「사제 양성(서울 대신학교) 시기」, 정의채 신부 사제 수품 50주년 기념 문집 『현재와 과거, 미래, 영원을 넘나드는 삶』 1, 가톨릭출판사, 2003, pp.106-107.

월	일	내용	월	일	내용
3월	25일	성모영보 축일			
3월	20일	소품 서품식	3월	26일	소품 서품식
4월	3일	은인 기구일			
			4월	8일	부제반, 성주간 예전 준비 본당 파견
4월	11일	-13 성주간			
4월	15일	예수 부활 축일			
4월	16일	학장신부, 학생대표 군인 신학생방문			
			4월	24일	성소주일 특별행사
5월	15일	봄 소풍			
5월	22일	춘계 운동회	5월	10일	춘계 운동회
			5월	16일	-18일 졸업반 수학여행
			5월	23일	부제 3명 원광대 주최 종교제 참석
			5월	28일	의학부와 체육대회
			5월	30일	광주 대건신학교에 운동선수 출정
6월	2일	성신강림, 본교 주보 축일			
6월	9일	순교자 특경일			
			6월	11일	삭발례
			6월	15일	박고안신부 은경축
			6월	24일	-28일 학기말 시험
6월	29일	여름 방학	6월	28일	하기 방학
			7월	12일	전방근무 신학생 방문
			8월	31일	등교
			9월	1일	개학
			9월	2일	개강
			9월	6일	부학장 이취임식
			9월	8일	황민성주교 환영식
			9월	14일	제대반 등교
9월	20일	추계 告明			
9월	26일	복자 첨례			
			9월	29일	총급장 선거
			10월	2일	각급 급장 및 부서장 선출
10월	3일	예수 영해 데레사 전교회 대주보 축일			
			10월	5일	유학생 출발
			10월	7일	추계운동회
10월	12일	가을소풍			
			10월	23일	교내 음악회 개최
			10월	24일	학장배 쟁탈 운동대회
10월	27일	그리스도왕 축일			
11월	2일	追思已亡	11월	1일	성직자 묘지 참배
			11월	21일	우리말 미사 시작
			12월	2일	신학과 학년말 시험
12월	12일	대품식 피정			
			12월	14일	신품자 서품 축하식
			12월	15일	삭발례 및 차부제 서품식
12월	20일	서품식	12월	16일	사제품 및 부제품 서품식
			12월	17일	새사제의 첫 미사

이를 살피면서 우선적으로 궁금한 것은, 입학생 가운데 일반 고등학교 출신이 얼마나 비중을 차지하고 있었을까 하는 점이다. 말하자면 이는 당시에는 중고교과정의 소신학교가 있었기에, 이들의 대신학교 진학 비중이 과연 얼마나 되었을까 하는 것과 표리를 이루는 것이라 하겠는데, 다음과 같은 기록이 이를 헤아리는 데에 주목되었다.

(2)2월 2일 합격자 발표 53명이 합격, 27명은 小神學校 卒業者 며 26명은 他學校 졸업자이다.[9]

이는 1966년의 기록으로, 당시 가톨릭대학 입학생 53명 가운데 소신학교 졸업생이 27명, 타학교 출신이 26명으로 거의 비슷하였음을 알려준다. 이러한 입학생의 출신 분포는 가톨릭대학의 사제 양성 교육에서 상당히 커다란 문제로 제기되지 않을 수 없는 상황이었던 것으로 보인다. 소신학교에서부터 라틴어 등 사제 양성 교육에 있어 반드시 필요한 외국어 실력 등이 갖추어야만 한다고 여기고 있었던 당시 교회 지도자들의 눈에 비친 신입생들의 이런 준비 부족은 간과될 게 아니었다. 그랬기 때문에 고등학교를 마치고 가톨릭대학에 입학하면 1년 동안은 기숙사 생활을 익히며 성무일도를 따라 하면서 무조건 라틴어만을 공부하도록 하였고, 그래서 이 1년간은 말하자면 '라틴어학당'이었던 셈이라고 한다.[10]
또한 위의 〈표 1〉 신학교 「교내생활일지校內生活日誌」 비교표를 살피면, 중간고사 및 기말고사와 같은 일상적인 학사 일정, 그리

---

7) *Alma Mater* 제7호, 1963년, pp.182-185.
8) *Alma Mater* 제9호, 1966년, pp.205-208.
9) *Alma Mater* 제9호, 1966년, p.207.
10) 소신학교 출신으로서 1969년에 가톨릭대학에 입학해서 이후 사제 양성 교육을 받은 조군호 신부(압구정동본당 주임신부)의 回顧談. 2005년 3월 21일의 청취.

고 신학교이니만치 의례적으로 이루어졌던 서품식 등과는 완연히 다른 점이 2가지가 눈에 띈다. 하나는 1963년 2월 및 1966년 9월 의 '제대반 등교'라는 대목이고, 또 다른 하나는 1966년 9월과 10월에 있었던 '총급장 선거와 각급 급장 및 부서장 선출'이라는 대목이다. 먼저 '제대반 등교' 대목과 관련해서는, 다음의 기록들이 참조가 된다.

(3)2월 25일 開學, 新學期 總員 368명, 그 중에 在學生이 269 명, 在軍學生이 99명이다.
(4-가)2월 14일 除隊班 登校
우리 생활과는 너무나 동떨어진 軍生活에서 갖은 어려움을 속 속들이 겪고 그들은 돌아왔다. 그들은 세상을 도피할 자들이 아니라 오히려 그 속에서 빛이 되고 소금이 될 자들이었기에 그 속에서 썩지 않고 끝내는, 세상에 별 사람도 다 있다는 감 탄을 받기에 足하지 않았던가.[11]
(4-나)9월 14일 本校에서 軍에 團體로 第4回째 入隊했던 45명 의 神學生이 學補惠澤을 받지 못하고 1년 뒤늦게 除隊하여 歸 校했다. 哲學科도 神學科도 아닌 「除隊班」이라 불렀고 外國語 등 特別受業을 했다.[12]

이 기록들에 따르면, 99명에 달할 정도로 많은 군제대자들[기 록 (3)]이 입학생들과는 달리 따로 일시에 등교하여 교내 생활을 재개하게 되는 상황[기록 (4-가)]이었는데, 학교에서는 이들을 철 학과도 신학과도 아닌 '제대반'이라 불렀고, 외국어 등 특별 수 업을 했다고 한다. 실제로 현재 가톨릭대학교 교학처에 보관 중 인 (뒤에 〈참고자료〉로 제시해놓은) 문서철 『수업시간표(56~86 년)』를 보면, 그 가운데 「1965년도 제대군인수업시간표(1965. 9.

---

11) *Alma Mater* 제7호, 1963년, p.182.
12) *Alma Mater* 제9호, 1966년, p.206.

13)」에서, 영어와 독어 그리고 불어를 시간표를 짜서 교육하고 있었음을 알 수 있는데, '나어羅語는 별도別途'라고 적어놓았음으로 미루어, 이외에도 나어 즉 라틴어는 별도로 공부시키고 있었음을 알 수 있다. 그리고 앞의 표에서 1966년 9월과 10월에 있었던 '총급장 선거와 각급 급장 및 부서장 선출'이라는 대목을 이해하는 데에는 다음의 기록이 요긴하다.

(5)9월 29일 總級長 選擧. 구석 구석에 出馬 포스타가 아닌, 推薦 포스타가 붙은 가운데 選擧, 元鍾德 君이 選出됨.
10월 2일 各班 級長 및 各部署의 部長 선출, 8個班의 級長과 12部署의 部長을 選出하여 校內 自治生活의 새로운 기틀을 마련했다.13)

이를 통해 보면, 총급장 즉 지금의 학생회장과 각급 반장 및 부서의 부서장을 선거를 통해 선출하였음은 물론, 이를 통해 교내 자치생활이 이루어졌음을 알겠다. 이러한 자치 생활은 신학교 교육에 있어서 그 이전과 이후 그리고 현재도 역시 줄곧 이루어지는 바로, 기숙사 생활을 하는 신학교 교육의 하나의 전통으로 자리매김하고 있는 것이다.

아울러 앞의 〈표 1〉에서 특별히 1960년대 가톨릭대학의 사제 양성 교육에 있어 기록할 만한 또 하나의 사실은 1965년 11월 21일부터 우리말 미사가 시작되었다고 한 점14)일 듯하다. 이전에는 라틴어로 된 미사경본을 그대로 지니고 미사를 드렸었던 데에서 탈피해서, 제2차 바티칸 공의회의 결정에 따라 드디어 우리말로 미사를 드리는 감격을 한껏 누렸기 때문이다. 이외에도 신학생들의 기숙사 생활 속에서의 외출이 1960년대 후반부터 차츰 허용

---

13) *Alma Mater* 제9호, 1966년, p.206.
14) *Alma Mater* 제9호, 1966년, p.207.

되기 시작했던 점이 특기할 만하다. 즉 1960년대 전반에는 사적인 외출이 거의 허락되지 않았지만, 60년대 후반부터 조금씩 외출이 자유로워져서 때로는 단체이기는 하지만 야간에 연극 관람을 허락된 적이 몇 번 있었다고 훗날 술회되고 있는 것이다.[15]

<hr>

15) 「오늘의 신학교」,개교 90주년기념특별연재④, 『가톨릭大學報』 1978년 3월 31일 제3면.

제3절 1970년대 가톨릭대학의 대학원 교육 강화와 신학부/관구 신학원의 분리 및 신학 교육의 개방

1970년대에 들어서면서 바로 가톨릭대학은 크게 보아 3가지 방향에서 변화를 가져오게 된다. 첫째는 대학원 교육이 대폭 강화된다는 점이고, 둘째는 신학부와 관구 신학원이 분리됨으로써 신학대학의 교수신부와 신학원의 지도신부를 분리하여 효율적인 사제 양성 교육에 힘쓰게 된다는 점이다. 그리고 셋째는 신학 교육을 완전히 개방하여 남성 평신도는 물론 여학생들도 입학하여 신학을 공부할 수 있도록 허용하였다는 점이다.

이 가운데 첫째 즉 대학원 교육이 대폭 강화된다는 점과 관련하여서는 우선 간과할 수 없는 하나의 사실은 1970년 2월에 대학원에 신학부 박사과정이 처음으로 개설되기에 이른다는 것이

다.16) 비록 4명의 입학 정원에 불과했지만, 그럼으로써 이제는
명실공이 신학박사를 자체적으로 양성할 수 있게끔 마련됨으로써
외부에서 공부한 사제들이 교육을 전담하는 데에서 벗어나 이제
는 자체적으로도 교수 신부를 양성할 수 있는 길이 열리게 되었
던 셈이다. 그러므로 자연히 사제 양성 교육 자체에도 커다란 변
화 혹은 질적 향상을 가져올 수 있는 단초가 열렸다는 점을 지적
할 수 있겠다.

이 밖에 또 하나의 사실은, 아울러 외부의 대학원에 진학하여
다양한 분야에 관한 공부할 수 있도록 허용되기에 이르러, 미래
사목에 대한 준비를 하게 되었다. 물론 당시 가톨릭대학에는 [앞
의 기록 (1)에서 보았듯이] 신학과 석사 과정만 개설되어 있을 뿐
그 외에는 없었으므로, 다양한 분야에 대한 공부를 수준 높게 할
수가 없었는데, 이를 개선하기 위해 외부에 학생들이 외출하여
수강할 수 있도록 허용되었던 것이다. 이러한 사실은 다음과 같
은 회고담에서 엿볼 수가 있다.

(6)또 한 가지 중요한 변화는 신학교 성적이 80점 이상인 학생
은 야간 대학원에서 적합한 학위(석사 등)를 받게 한 것이다.
이것은 서울 신학교가 종합대학 안에 있지 않기 때문에 미래
사회에서의 사목을 위해 불가피한 조치였다. 따라서 정규 저녁
식사는 오후 6시이지만 그런 학생은 5시 30분에 먼저 식사하
고 서울대, 고대, 연대 등등 일반 대학원에서 수강할 수 있는
기회를 제공했다. 단 10시 30분까지는 돌아와야 했다. 이렇게
나갈 수 있는 학생들은 해당 학교의 등록증이 있어야 했다.17)

---

16) 이와 관련하여서는 다음의 기록이 있다. '1970년 2월 10일 博士學位 定
    員 神學部 4명 新設 認可 醫學部 16명 增員 認可' *Alma Mater* 제11
    호, 1968년, p.223.
17) 정의채, 「사제 양성(서울 대신학교) 시기」, 정의채 신부 사제 수품 50
    주년 기념 문집 『현재와 과거, 미래, 영원을 넘나드는 삶』 1, 가톨릭출

이로써 당시에 이르러 신학교가 종합대학 안에 있지 않기 때문에 미래 사목을 위해서 외부의 대학원에서 적합한 학위를 받을 수 있 조치가 취해졌음을 알 수가 있는 것이다. 신학생 모두에게 주어진 게 아니라 비록 성적에 따라 외부 대학원 수학 기회에 차등이 있기는 하였을지라도, 이렇듯이 일반 대학의 야간 대학원에서 수학할 수 있는 기회가 주어졌다는 자체부터가 가톨릭대학의 당시 사제 양성 교육에 질적인 향상이 이루어지는 획기적 변화였음에 틀림이 없다.

또 하나 1970년대에 들어와 나타난 가톨릭대학의 사제 양성 교육에 있어서의 변화로서 결코 빼놓을 수 없는 사실은, 1972년에 가톨릭대학 신학부와 관구 신학원이 분리된 점이었다. 이러한 변화가 취해진 이유 등에 대해서는, 아래의 기록에서 충분히 헤아릴 수 있다.

> (7)1972년 그러니까 꼭 10년 전 당시 대신학교 교수단의 건의와 또 당시 교황대사의 권유에 따라, 관구 주교단의 승인과 교황청의 인준을 얻어 신학부와 기숙사를 분리 운영하게 되었다. 그것은 서울 대신학교가 이미 작은 교구 차원의 신학교가 아니라 종합대학 내에 있어야 할 만큼 큰 대학으로 성장해 있었기 때문이었다. 또 현재 대신학교 교육에 있어서 교수와 지도 신부의 자질은 다른 것으로 인정했기 때문이기도 하였다.[18]

이를 보면 1972년 신학부와 관구 신학원의 분리는 1972년에 대신학교 교수단의 건의와 교황대사의 건유를 계기로, 관구 주교단의 승인과 교황청의 인준을 얻어 이루어졌음을 알 수 있다. 또한 이렇게 해야 했던 이유로 두 가지 점이 있었음도 적혀져 전해

판사, 2003, p.110.
18) 정의채, 「서울 대신학교 신축의 현실」, 1981년 12월 말, 앞의 책, 2003, p.170.

지는데, 하나는 가톨릭대학의 신학부가 종합대학에 있어야 할 만큼 크게 성장했기 때문이며, 또 하나는 교육에 있어 교수 신부와 지도 신부의 자질이 다르다는 것을 인정했기 때문이었음도 알겠다.

한편 1970년대에 나타난 가톨릭대학의 사제 양성 교육에 있어서 변화의 셋째는, 재학생이 외부에 나가 대학원 교육을 받을 수 있도록 하여 질적 향상을 꾀한 변화와 짝하여 이루어진 것으로써, 입학생의 자격을 종래에 사제가 되기를 희망하는 남학생이 아닌 평신도와 수도자뿐만 아니라 여학생에게까지 문호를 완전히 개방하는 조치를 취하였다는 점이다. 이는 1972년에 신학부와 신학원을 분리하면서 이루어진 것이었는데, 다음의 기록에서 그 어간의 상황이 잘 드러난다.

> (8)1972년부터는 學舍와 神學院을 分離하고 우리나라 신학교 설립 이래 최초로 여학생을 포함한 일반 학생의 입학을 허가하였다. …(중략)…
>
> 1972학년도 첫 학기부터는 일반학생 입학이 가능해졌고 더욱이 그때까지 禁女의 학교로만 생각되었던 이 곳에 女學生이 입학하면서 신학교의 외적인 분위기가 조금씩 변모되어갔다.
>
> 그때가지는 본교에 들어오는 사람이 운동장이나 강의실에서 만날 수 있는 사람의 대부분이 수단을 입고 있었기 때문에 신학교 바깥에서는 본교를 '禁女의 맥시村' 또는 '까마귀골'이라는 대명사로 불렀다고 한다. 그런데 72년 이후부터는 차츰 수단을 벗고 평복으로 강의실에 출석하기 시작했고 …19)

1972년 첫 학기부터 신학교 설립 이래 최초로 여학생을 포함한 일반 학생들의 입학이 허용됨으로써 외적인 분위기가 변모되었다고 한다. 그리고 신학생들도 수단을 예외 없이 입던 데에서

---

19) 「오늘의 신학교」, 개교 90주년기념특별연재④, 『가톨릭大學報』 1978년 3월 31일 제3면.

바뀌어서, 평복으로 강의실에 출석하기 시작했다고도 전해진다. 이 기록에는 일반 학생 그것도 여학생의 입학 허용에 대한 것을 주로 쓰여 있으므로 그 밖의 사정에 대해서는 잘 알기 어려운데, 다음의 기록을 보면 더욱 상세한 면모가 읽혀진다.

> (9)1972년부터는 가톨릭대학 신학부에 사제지망자 뿐만 아니라 평신도, 수도자들이 정식학생으로 입학하여 신학과 철학을 공부하게 되었습니다. 또한 청강제도를 실시하여 과목 청강생도 받는 개방의 시대를 맞이하게 되었습니다.
> 그 동안 많은 일반 학생들이 신학교에서 신학을 공부하고 사회로 진출했고, 교회 내외에서 다양하게 봉사하고 있습니다.[20]

즉 평신도 외에 수도자들이 정식 학생을 입학할 수 있었으며, 또한 청강제도를 실시하여 과목 청강생도 받았음을 알 수가 있는 것이다. 따라서 이때부터는 일반 평신도들이 몇 개 과목이라도 신학교에서 강의를 수강함으로써, 이제는 평신도들도 사제가 되려는 신학생들과 같은 수준의 신학과 철학을 공부하는 길이 열림으로써 가톨릭대학은 이제 단지 사제 양성 교육 기관으로써 뿐만 아니라 평신도들의 신학 및 철학 교육을 담당하는 역할까지를 자임하기에 이르렀다.[21]

이와 같이 신학생 외에도 여학생을 위시한 평신도 학생들까지

---

20) 「신학교 개방 20주년 설문조사 분석결과」, 『가톨릭大學報』 제92호, 1992년 11월 27일(금)자 제4면 〈편집자 주〉.
21) 이러한 점에 대해서, 최창무 대주교, 「한국 신학 교육의 역사와 전망」, 『가톨릭대학교 개교 150주년 기념 국제학술대회 생명(Life)』, 2005년 5월, p.139 에서는, "1972년 서울의 신학교가 평신도에게 개방되면서 신학교 공부가 단지 사제직 지망자들을 위한 교육 과정만이 아니고 학문 분야로 발돋움하게 되었으며 이는 제2차 바티칸 공의회가 권장한 바이기도 하다"고 지적한 바가 참조된다.

신학교에서 교육을 받게 되면서 가장 문제점으로 대두되었던 것은 교과 과정의 정비였고 또한 교수 부족 사태의 해결이었다. 아래의 기록에서 이를 가늠할 수 있다.

> (10)1972년 이후부터는 내실을 기하기 위한 작업으로 교과 과정의 재정비에 주력해 오고 있으나 무엇보다도 교수 부족의 심각한 문제로 대두되고 있다. 또 수업 연한도 현재의 신학과 4년, 연구과 2년만으로는 부족하다는 것으로 의견이 모아져서 금년 2월에는 춘계 주교회의에 수업연한 연장에 관한 안건을 상정하였다고 한다.[22]

이에 의거하면, 1972년 이후부터 가톨릭대학의 교육을 개방하고 난 후 교육의 내실을 기하기 위한 작업으로서 교과 과정의 재정비를 주력하면서 봉착하게 된 심각한 문제는 교수 부족 사태였다. 별반 교수의 충원이 없었으므로 그럴 수밖에 도리가 없는 상황이었는데, 이런 속에서도 신학생들의 수업 연한을 연장해야 한다는 주장들이 점차 설득력을 띠게 되어, 1978년 2월에는 춘계 주교회의에 수업 연한 연장에 관한 안건을 상정하기에 이르렀다는 것이다.

요컨대 당시까지 행해지던 신학과 4년, 연구과 2년 총 6년제의 신학교 수업 연한으로서는, 제대로 사제 양성을 이루기에는 기간이 너무 부족하다고 하여 그 연장 논의가 본격적으로 이루어지기 시작하였던 것이라 하겠다. 그리하여 1978년 5월에 이르러서는 결국 수업 연한의 3학기 연장 등이 결정되었지만, (뒤에서 상세히 다루는 것처럼) 이 방안이 실행되게 되는 것은 1980년대부터였다.

한편 1970년대 당시 가톨릭대학의 사제 양성 교육의 실제 면

---

22)「오늘의 신학교」,개교 90주년기념특별연재④,『가톨릭大學報』1978년 3월 31일 제3면.

모에 있어서, 앞 시기와는 달라진 것들이 몇몇 있었는데, 우편물의 발송 및 접수 시의 검열이 폐지되었다든가, 전화를 사용하기 편리하도록 기숙사 사이에 인터폰이 가설된다든가 하는 점23)이 그러하였다. 이외에도 학생들 사이에 초미의 관심사였던 외출 문제 역시 신학부와 신학원의 분리 및 개방의 시대를 맞이하여 점차 변화의 조짐이 보이고 있었다. 다음의 기록에서 그 일단을 찾아볼 수 있다.

> (11)(그 후) 1972년에 신학원이 정식으로 분리되고서도 외출은 필요한 사유만 있다면 밤10시까지 허락되었다. …그래서 사람들은 그 이전의 신학교가 개방적이 아니었다고 말할 수 없겠지만, 이제는 신학교도 개방되었다라고 말할 수는 있었다.
> 그러나 많은 장점을 안고 있었던 그 '개방'도 개방이란 말을 歪曲했던 몇몇 불행한 사건 때문에 브레이크가 걸리게 되었다. 1975년에는 분리된 신학원에 內規가 설정되고 신학생의 외부 사목 활동을 금하게 되었으며 외출도 일주일에 3번 저녁 6시까지로 제한되었다. 그리고 금년 첫 학기에는 내규를 대폭 개정하고 그 인준을 위해 주교단에 상정하였다.24)

1972년 신학원이 정식으로 분리되고 필요한 사유만 있으면 밤 10시까지 허락되었는데, 이것으로 해서 '이제는 신학교도 개방되었다'라고 말할 수 있게 되었다는 것이다. 하지만 '몇몇 불행한 사건 대문에 브레이크가 걸리게 되었'었고, 1975년부터는 신학원의 내규 정비에 따라 신학생의 외부 사목 활동은 금지되고 외출도 1주일에 3번 저녁 6시까지로 제한되었다고 한다. 이러한 기록을 통해 여러 우여곡절이 있었지만, 예전과 비교하면, 외출도 정

---

23) 정의채, 「사제 양성(서울 대신학교) 시기」, 앞의 책, 2003, pp.109-110.
24) 「오늘의 신학교」, 개교 90주년기념특별연재④, 『가톨릭大學報』 1978년 3월 31일 제3면.

규적으로 허용되었으므로 그야말로 1970년대에 이르러 가톨릭대학 신학부 입학을 여학생 등에게 허용한 것과 아울러 '이제는 신학교도 개방되었다'고 할 만하다고 하겠다.

그리고 당시 가톨릭대학의 사제 양성 교육에서 또 하나 특기해 좋을 사실은, '성체를 손으로 받아 영하기'가 1975년 4월부터 행해지기 시작했다는 점이지 않나 싶다. 제2차 바티칸 공의회 이후 전례 쇄신의 일환으로 유럽 여러 나라에서 논의되다가 1968년 7월에 교황청에서 정식으로 허락된 '손으로 영성체'가 우리나라에서는 1974년 6월부터 각 교구장의 재량에 따라 실시할 수 있도록 결정되어 있었는데, 가톨릭대학에서는 1975년 4월 4일부터 처음으로 시행되었다고 한다.[25] 지금은 전국 어느 교구의 어떤 본당에서도 일반화된 이 '성체를 손으로 받아 영하기'는 당시로서는 평신도들 사이에서도 꽤 낯설뿐더러 어설픈, 그리고 도리어 죄스럽게까지 여겨지는 상황에서 신학교의 신학생들에게서부터 시작되었다는 것은, 신학교 역사의 한 단면으로 드러낼 수 있을 것 같다.

이러저러한 변화를 겪던 가톨릭대학의 사제 양성 교육의 역사에서 크나큰 논란을 불러일으키는 사건이 발생하였으니, 다름 아니라 1972년부터 분리되어 운영되던 신학부와 신학원을 다시 일원화시킨다는 결정이 1979년 갑작스레 서울 관구의 주교회의에서

---

25) 『聖神學報』 제12호, 1975년 4월 29일(화)자 제3면의 「본교 신학원 '손으로 영성체' 실시」 라는 기사에 아래와 같은 기록이 있는데, 여기에서 이에 대한 것이 보인다.

"본교 신학원에서는 서울대교구청의 허가를 얻어 지난 4월 4일부터 미사 중에 성체를 손으로 받아 영하기 시작하였다. 이 「손으로 영성체」 는 전례쇄신의 일환으로서 2차 바티칸 공의회 이후 구라파의 여러 나라에서 논의되었으며 1968년 7월 6일자로 교황청에서 정식으로 허락되었다. 한국천주교회에서는 74년 6월 2일 각 교구장의 재량에 따라 실시할 수 있도록 결정한 바 있다."

이루진 것이었다. 다음의 기록에서 저간의 사정을 읽을 수 있을 듯하다고 하겠다.

> (12)지난 춘계 관구 주교회의에서는 1972년 9월부터 현행되고 있는 본 신학교의 대학과 신학원 二元 제도를 一元制로 복귀할 것을 결정했음이 밝혀졌다.
> 지난 7월 3일에 열린 교수신부 및 신학원 지도신부들의 전체회의에서 김추기경은 이 사실을 공식 발표했다. 이에 따라 9월부터 시작되는 새 학기에는 새 제도가 실시될 예정이며, 따라서 학장이 대학과 신학원을 통괄하게 된다.[26]

이 기록에 따르면, 서울 관구의 춘계 주교회의에서 신학대학과 신학원의 일원화가 결정되었고, 이후 7월에 열린 신학대학의 교수신부 및 신학원의 지도신부들 전체회의에서 김수환 추기경에 의해 공식 발표되었다는 것이다. 이후 그대로 실행되게 되었는데, 이러한 결정에 대해, "시대의 흐름을 잘 아는 교수들의 판단에 의해 신학부와 기숙사가 분리되어 10년이란 시간 속에 많은 우여곡절을 겪고 마침내 교육이 정상화 내지 정착되어 가고 있던 시기에 교수들의 의견, 즉 분리 운영을 강력히 주장하는 의견은 모두 무시된 채 정반대인 학부와 기숙사의 통합 결정이 일방적으로 내려졌다. 사실 서구 각국의 신학교에서는 학부와 기숙사가 분리되어 있는 것이 너무나 상식적인 이야기기에 통합 같은 것은 논할 가치조차 없는 처사로 여겨진 터이다"[27]라는 촌평이 있는 것으로 보아, 적지 않은 반향을 불러일으킨 사건이었음이 분명하다. 하지만 9월의 학기부터 그대로 옮겨지면서 1980년대를 맞이하게 된다.

---

26) 「서울관구 주교회의 의결 다시 一元化로!」, 『가톨릭大學報』 1979년 7월 26일 제1면.
27) 정의채, 「서울 대신학교 신축의 현실」,1981년 12월; 『현재와 과거, 미래, 영원을 넘나드는 삶』 1, 가톨릭출판사, 2003, p.171.

제4절 1980년대 가톨릭대학의 사제 양성 교육의 수업 연장과 교과 과정 개편

1970년대에는 한국의 대학 교육 전반에 걸쳐 교양 과목의 학점이 과다하게 책정되어 전공 학점이 대폭 축소되는 경향을 강하게 띠고 있었는데, 이러한 경향은 가톨릭대학의 교육 과정에서 예외일 수가 없었다. 학생 군사 훈련인 교련敎鍊이 필수로 자리잡고 더욱이 민족사관을 지향한다는 명분 아래 국사國史 과목도 필수로 반드시 이수해야 하도록 규정되어 있었기 때문에, 이렇게 교육 과정을 운영하다보니, 자연 상대적으로 전공과목들의 강의 시간이 전에 비해 상대적으로 비중이 적어져 교육의 질적 하향이 우려로 대두되고 있었던 것이다.

사실 1970년대 들어와 행해진 강의 시간을 구체적으로 비교하여 분석한 결과에 따르면28), 신학 시간을 보면 1971년 이전보다

---

28)「수업연한의 연장에 이르기까지」,『가톨릭大學報』제7호, 1978년 5월

18시간(11%)이 줄어들었고, 철학 시간의 경우 9시간(17%)이 줄
어 운영되고 있었다. 이에 따라 전공과목으로서 신학과 철학 과
목의 수강 시간이 27시간 감소되었지만, 교직 과목의 신설로 교
직 과목을 수강하는 학생의 경우는 71년 이전보다 무려 61시간
이 증가된 것으로 조사되었다. 그렇기 때문에 수업 연한을 연장
하는 방안이 (앞서 살펴보았듯이) 1970년대 후반부터 논의되기
시작하여, 1978년 5월에 이르러서는 결국 수업 연한의 3학기 연
장 등이 결정되어 1980년대부터 시행에 들어가기로 하였다. 이에
관한 기록은 다음에서 구체적으로 살필 수 있다.

(13)지난 4월 5일 수원 말씀의 집에서 개최되었던 서울 관구
주교회의에서는 본교가 78년도 춘계 주교회의에 상정했던 신학
원 내규의 인정 승인, 신학교 학제 및 수업연한 연장, 각 교구
장의 책임 하에 납부되는 납입금 실시의 재확인 등의 일에 관
한 몇 가지 결정이 이루어졌다. …
1. 학사 행정의 과목이나 교육 지도를 보아서 그리고 신학원에
서의 영성교육 및 사목실습의 과정이 필요함을 이유로 1980년
도부터는 수업 연한을 3학기 연장하여 교육시킬 것과 교구를
중심으로 한 사목실습기간을 약 6개월 두도록 한다. … -이상-
이상의 결정들은 한국 가톨릭교회와 사회적 상황의 요청에 근
거한다고 하는데, 교황청에 보낸 보고서에 의하면 이 결의에
대한 주요 이유로서 다음의 3가지가 제시되어 있다.
1. 현재의 신학 및 철학의 교과 과정들은 72년도 이전에 비해
서 군사교육, 국민윤리, 국사 등 교양과목이 필수과목으로 요구
되고 있으므로 상당히 감소된 현상을 보이고 있다.
2. 근래에 와서 본교의 학생들 중 소신학교 출신보다는 일반고
등학교 출신 또는 편입생이 차지하는 수가 많아졌다. 현재 6년
제 학제가 그들에게 사제적 자질과 영적수련을 위한 기간으로

30일자 제3면.

서는 충분치 않다.

3. 신학생 교육을 위해 제시된 Ratio Fundamentalis에 따르자면 일치신학, 개신교주의 및 동양의 종교들과 동양철학과 같은 몇 가지 새로운 과목들이 요청된다.[29]

이 기록들을 보면, 1980년도부터 수업 연한을 3학기 연장하여 교육시키고 교구를 중심으로 한 사목실습기간을 약 6개월 두도록 하는 결정을 내리면서, 제시한 이유는 3가지 점이었다. 첫째는 신학 및 철학의 교과 과정들이 방금 보았듯이 72년도 이전에 비해서 군사교육, 국민윤리, 국사 등 교양과목이 필수과목으로 요구되고 있어 상당히 감소된 현상을 보이고 있다는 점이었다. 둘째, 근래에 가톨릭대학에 입학하는 학생들 중 소신학교 출신보다는 일반고등학교 출신 또는 편입생이 차지하는 수가 많아져서, 6년의 학제로서는 사제적 자질과 영적수련을 위한 기간으로서는 충분치 않다는 점이 지적되고 있었다. 그리고 셋째로는, 신학생 교육을 위해 새로운 과목들이 요청된다는 점을 들고 있다.

특히 이 가운데 신학생 교육을 위한 새로운 과목들로서 당시 신학 분야에서는 사목신학, 교회일치신학, 선교신학 그리고 철학 분야에서는 신 마르크시즘, 분석철학 등의 과목이 요청되고 있었던 게 사실이었다. 이때에 수업 연한이 연장된 것이 현실적으로 이러한 교육 내용에 대한 필요성 때문이기도 하였지만, 또 하나의 결정적인 영향을 끼친 것으로 부인하기 어려운 사실은, 1976년 교황청으로부터 시달된 내용 가운데 사제 양성 교육의 연한을 8년으로 장려하고 있었다는 점이었던 듯하다. 그렇기 때문에, 3학기의 수업 연장에다가, 부제들이 6개월간의 본당사목실습을 하도록 함으로써 결국 2년간의 연장이 필요하다는 계산이 서고, 이에

---

29) 「서울 관구 주교회의 의결 수업 연한 연장」, 『가톨릭大學報』 제7호, 1978년 5월 30일자 제1면.

따라 이렇게 하도록 결정이 내려졌던 것이라 하겠다.

또한 한 가지 주목해 보아야 할 사실은, 앞서 제시한 (13)의 기록 가운데 특히 3에서 "동양의 종교들과 동양철학과 같은 몇 가지 새로운 과목들이 요청된다"라고 지적하고 있었던 점이라고 생각한다. 이는 가톨릭 교육성에서 1985년에 발표한 「사제 양성 의 기본 지침」에서 다음과 같이 이 점에 대해 구체적으로 지적 하고 있는 것과 일치하고 있기 때문이다.

> (14) 64. 지적 교육의 전 기간을 통해서 그 교육을 서로 특이 한 각 지방 문화에 적응시키도록 세심하게 주의할 것이다. 그 래야만 신학생들이 각 문화의 특성을 살리면서 그리스도의 메 시지를 깊이 이해하고 적절히 표현할 수 있겠고 그리스도교적 생활을 관계 문화의 특성에 적응시킬 수 있겠기 때문이다.
> 철학과 신학의 교수들은 강의하는 동안에 신과 우주와 인간 에 관한 그리스도교 교리와 그 지방의 종교적 전통에 따라 그 백성이 가지고 있는 하느님과 세상에 관한 깊은 개념의 비교를 소홀히 하지 말아야 한다. 한걸음 더 나아가서 교수들은 되도 록 철학적 예지와 신앙의 이해를 이런 개념으로 더 깊게 해주 어야 한다.[30]

이와 같이 "지적 교육의 전 기간을 통해서 그 교육을 서로 특 이한 각 지방 문화에 적응시키도록 세심하게 주의할 것"을 강조 하며, 더욱이 "강의하는 동안에 신과 우주와 인간에 관한 그리스 도교 교리와 그 지방의 종교적 전통에 따라 그 백성이 가지고 있 는 하느님과 세상에 관한 깊은 개념의 비교를 소홀히 하지 말아 야 한다"고 까지 지적하였던 것이다. 이러한 지침에 짝하여 가 톨릭대학에서도 사제 양성 교육에 있어 신 마르크시즘 등의 새로

---

30) 『사제양성-신학생 교육에 관한 교회 문헌-』, 한국천주교중앙협의회, 1993, pp.92-93.

운 교과목들이 설정되기에 이르렀던 것이라 할 수 있겠다.

그렇기는 하지만 그렇게 썩 성과를 쉬이 거두기는 어려운 실정에 있었던 것으로 보인다. 오늘날에도 이러한 이른바 토착화에 대해서 민족 문화와 사상 그리고 동양 사상과 우리 고전에 대한 인식 부족으로 인해 여전히 뿌리내리지 못하고 있음이 지적되고 있음에 비추어 보아 그러하다.31) 그나마 성과는 미미하였을지언정 이러한 토착화 시도가 1980년대에 일어나기 시작한 점만은 가톨릭대학의 사제 양성 교육에서 기록되어 마땅할 것이다.

---

31) 최창무 대주교,「한국 신학 교육의 역사와 전망」, 『가톨릭대학교 개교 150주년 기념 국제학술대회 생명(Life)』, 2005년 5월, p.139에서, "아쉬움이 있다면 젊은 신학자들이 민족 문화와 사상, 그리고 동양 사상과 우리 고전에 대한 인식이 많이 부족하여 초기 한국 교회나 초기 그리스도교 공동체의 토착화에 비하여 많이 뒤지지 않나 생각된다"고 지적한 바가 있다.

제5절 1990년대 가톨릭대학 사제 양성의
7년제 교과 운용과 소공동체 생활 지향

1990년대 들어와 이루어진 가톨릭대학의 사제 양성 교육에 있어서 특징은 다음의 3가지 점에 있었던 것으로 분석된다. 첫째는 사목 영성 강화에 중점을 두고 대학원 중심으로 7년제 교과 과정이 시행되었다는 점이며, 둘째는 사회에 직접 나가 젊은이들을 위한 현장 봉사를 시도하고 있었다는 점이고, 셋째는 기숙사 건물을 기준으로 삼아 자치 기구를 구성하고 소공동체 생활을 시작하였다는 점이 그것이다.

첫째, 사목 영성을 강화에 중점을 두기 위해 대학원 중심으로 7년제 교과 과정이 되었다는 사실에 관해서는 다음의 기록이 참조된다.

(15)90년 6월 22일 대학원을 중심으로 하는 7년제 새 교과 과정시안이 교수회의에서 심의, 확정되었다. 이 시안은 사목, 영성 강화에 중점을 두고 있었다.[32)]

이로써 1990년 6월 22일 교수회의에서 심의해서 확정시킨 바에 의거하여, 7년제 새 교과 과정시안이 시행되게 되었음을 알 수 있는데, 이는 곧 사목과 영성 강화에 중점을 두고자 했던 것이다.[33)] 이 7년제 새 교과 과정에 따른 구체적인 교과 내용은 당시의 교수담당시간표에서 확인이 된다.[34)]

하지만 이러한 교과 과정의 개편에도 불구하고 이에 대한 신학생 자신들의 만족도는 그리 높지가 못했던 것으로 보인다. 다름이 아니라 마침 신학교 개방 20주년이 되던 1992년 9월에 신학교 교육 전반에 대한 설문 조사가 행해진 바가 있었는데, 재학생(343명), 일반신자(37명), 수도자(88명), 성직자(178명)가 설문에 응답한 결과를 분석한 자료에 의거하면[35)], 누구보다도 신학생 자신들의 불만스런 의견이 강했던 것으로 보이기 때문이다. 아울러 당시의 사제 양성 교육과 관련해서 특히 다음과 같은 3가지 점을 주목해 볼 만하다고 생각된다.

첫째, 신학교의 교과 과정에 대해 평가하는 질문에 대한 응답을 순위별로 보면 49.2%가 '보통이다'로, 23.0%가 '좋다'로, 15.1%가 '나쁘다'로. 3.7%가 '매우 나쁘다'로, 1.1%가 '매우 좋다'로 평가하고 있어, 긍정적인 평가가 부정적인 평가보다 다소 앞서 있었음을 알 수가 있다. 이 결과를 좀 더 심층 분석하면, 대상별로

---

32) 「학보에 나타난 신학교 변천사」, 『가톨릭大學報』 제100호, 1994년 5월 10일(화)자 제10면.
33) 정의채, 「사제 양성(서울 대신학교) 시기」, 앞의 책, 2003, pp.130-133 참조.
34) 뒤의 〈참고 자료〉 참조.
35) 「신학교 개방 20주년 설문조사 분석결과」, 『가톨릭大學報』 제92호, 1992년 11월 27일(금)자 제5면.

보았을 때 다른 대상들과는 달리 재학생이 '나쁘다'에 18.4%, '매우 나쁘다'에 5.0%로, 성직자가 '나쁘다'에 17.6%, '매우 나쁘다'에 4.0%로 응답했음을 알 수 있는데, 이는 재학생이 '매우 좋다'에 1.2%, '좋다'에 22.7%로, 성직자가 '매우 좋다'에 1.1%, '좋다'에 18.2%로 응답한 사실과 대조적임을 살필 수 있겠다. 결국 신학교의 교과 과정 자체에 대해 재학생은 부정적인 견해가 23.5%, 긍정적인 견해가 23.9%이었으며, 성직자는 부정적인 견해가 21.6%, 긍정적인 견해가 19.3%였다는 결과인데, 그 만큼 신학교의 교과 과정에 대해 재학생이나 졸업생인 성직자들의 불만족도가 만족도 보다는 상대적으로 높았다는 점을 지적할 수가 있는 셈이다.

둘째, 신학교의 교육에 있어서 강의에 대한 응답을 순위별로 보면 48.8%가 '보통이다'로, 23.6%가 '좋다'로, 14.6%가 '나쁘다'로, 2.6%가 '매우 나쁘다'로 그리고 2.5%가 '매우 좋다'였다. 전체적으로 보면 긍정적인 평가가 부정적인 평가보다 앞서는 것으로 볼 수 있지만, 구체적으로 살피면 재학생의 경우에는 '나쁘다'가 18.7%, '매우 나쁘다'가 2.0%로, 부정적인 견해도 20.7%에 달하는 것을 간과할 수는 없다고 보인다. 그만큼 재학생들의 강의에 대한 불만족이 적지 않게 있었음을 헤아릴 수가 있는데, 이 점은 신학교 교육에서 학문연구에 대해 평가하는 질문에 대한 응답 순위에서도 거의 같은 양상을 드러낸 것으로 분석된다. 전체 응답자의 경우 순위별로 살펴보면, '매우 잘 되고 있다'가 2.0%, '잘 되고 있다'가 25.7%, '보통이다'가 43.0%인 데 반해, '잘 안 되고 있다'가 20.1%, '매우 잘 안 되고 있다'가 4.2%여서, 전반적으로 부정적인 평가보다는 긍정적인 평가가 강함을 분명히 읽어볼 수 있다. 하지만 세부적으로 들어가 보면, 재학생의 경우는 그렇지가 않은 것으로 나타나고 있었다. 즉 '보통이다'가 47.5%에 달했으며 '매우 잘되고 있다'가 2.0%, '잘되고 있다'가 21.2%인데 비해서, '잘 안 되고 있다'가 23.0%, '매우 잘 안 되고 있다가 5.2%에 달해 부정적인 견해 28.2%가 긍정적인 견해 23.2%보다 약 5% 정도 상회하게 있었음이 드러났다.

셋째, 신학교 교육에 있어서 전인 교육과 영성 교육에 대한 응답을 분석한 결과를 보면, 전인 교육의 경우 '잘 안 되고 있다'가 37.2%, '매우 잘 안 되고 있다'가 13.6%나 차지하고 있었으며, 영성 교육에 경우 '잘 안 되고 있다'가 30.4%, '매우 잘 안 되고 있다'가 8.4%에 각각 달하고 있었다. 따라서 전인 교육에 있어서는 부정적인 견해가 무려 50.8%에 달하였고, 그나마 영성 교육에 있어서도 그보다는 하회하지만 38.8%에 이르렀던 셈이었다. 더욱이 전인 교육에 있어서는 대상별로 보면, 성직자들의 경우 '잘 안 되고 있다'가 40.3%, '매우 잘 안 되고 있다'가 19.8%에 달해 도합 60.1%에 이를 달할 정도로 매우 부정적인 평가를 하고 있었음이 특기할 만하다고 하겠다. 그만큼 신학교 교육에 있어 인성 교육이 중시되어야 함을 강하게 드러낸 것이고, 또한 성직자로서도 그것이 가장 갖추어져야 할 덕목으로 여기고 있었던 점을 여기고 있었음을 나타낸 것으로 보여 진다.

그리고 1990년대 들어서 이루어진 가톨릭대학의 사제 양성 교육에 있어서 특징의 둘째는 사회에 직접 나가 젊은이들을 위한 현장 봉사를 시도하고 있었다는 점을 꼽을 수가 있는데, 이와 관련해서는 다음의 기록이 이를 전한다.

(16)91년에는 토요일 오후 젊은이들이 필요한 곳에 찾아가 현장봉사를 하는 애덕의 날이 시행되었다.36)

---

36)「학보에 나타난 신학교 변천사」, 『가톨릭大學報』 제100호, 1994년 5월 10일(화)자 제10면.

이 기록에는 토요일 오후라고 되어 있고 현장 봉사의 면면이 전혀 드러나 있지 않지만, 실제로는 그렇지가 않았던 것 같다. 당시 사실을 보다 구체적으로 기술한 다른 기록에 따르면, 다음과 같이 되어 있다. "매주 토요일 아침 식사 후 8시 30분경부터 오후 5시까지 신학과 5·6·7(부제반)학년 학생들은 '애덕의 날' 실천을 합니다. … 밖에 나가서 가난한 사람, 병든 사람, 소외된 사람, 버림받은 사람들을 찾아가 그들에게 봉사하며 그들과 같이 지내고 돌아옵니다. 신학교 당국은 그날을 '애덕의 날'로 정하고 찾아가야 할 대상과 봉사의 방법 등은 각자가 자발적으로 결정하게 하였습니다. 단, 두 사람 이상이 같이 다녀야 합니다. 또 가능한 대로 신학생이란 신분을 드러내지 말도록 하였습니다. 신학생, 부제 등 신분이 알려지면 순수한 봉사자로서보다는 존경의 대상이 되는 수가 있기 때문입니다."37) 요컨대 5-7학년의 부제반 학생들이 '애덕의 날' 실천을 통해 사회봉사를 익히도록 하였던 것이다.

또한 1990년대 들어서 이루어진 가톨릭대학의 사제 양성 교육에 있어서 특징의 셋째는 기숙사 건물을 기준으로 삼아 자치 기구를 구성하고 소공동체 생활을 시작하였다는 점이다. 이는 1991년에 강학관·수덕관 등의 기숙사가 속속 완공됨으로써 가능했던 것인데, 이런 사실은 아래의 기록에서 엿볼 수 있다.

(17)92년에는 91년 11월 25일 축성된 새 기숙사의 이름을 강학관과 수덕관으로 결정하는 한편 본격적인 소공동체 생활이 시작되었다. 이는 대건관 개축공사 후 10월 31일 신학생들의 기숙사 이전이 완료되어 본격적으로 시작되었는데, 다섯 개의 소공동체는 신임원감의 지도 아래 각각 자치기구를 구성하여

---

37) 정의채, 「사제 양성(서울 대신학교) 시기」, 앞의 책, 2003, pp.118-119.

독립된 생활을 시작하였다.[38]

이에 따르면 1991년에 축성된 새 기숙사들과 개축한 기숙사를 기준으로 5개의 소공동체가 나누어져 각각 자치 기구를 구성하여 독립된 생활을 함으로써 본격적인 소공동체 생활이 시작되었다고 한다. 이러한 신학교의 소공동체 생활은, 서울 대교구의 교구장의 사목 방침과 전혀 무관한 것이었다는 생각되지 않는다. 이 무렵 교구 전체를 몇 개의 지구로 나누고, 그 속에 속한 각 본당에서도 사정에 맞게 몇 개의 구역으로 나눈 뒤 그것도 하부의 소규모 반 중심으로 모든 조직을 운영해나가는 소공동체 운동이 교구장의 사목 교서에 따라 전개되던 것과 관련이 있었던 것으로 여겨지는 것이다. 말하자면 교구의 소공동체 운동의 전개가, 때마침 신학교에서의 기숙사 신·개축을 계기로 신학교의 사제 양성 교육의 현장에서도 영향을 끼쳐 소공동체 생활이 개시되기 시작하였던 것이라 하겠다.

---

38)「학보에 나타난 신학교 변천사」,『가톨릭大學報』제100호, 1994년 5월 10일(화)자 제10면.

제6절 맺는 말 ; 사제 양성 교육의 실상과 전망

이후 가톨릭대학이 1992년에 이르러 성심여자대학과의 합병을 통해 종합대학교로 발전하면서 가톨릭대학교로 비로소 교명이 바뀌게 됨은 널리 알려진 사실 그대로이다. 하지만 그 이전부터 이미, 의과대학의 발전과 간호대학의 설치 등으로 내용면에서 종합대학이 되었을 뿐만 아니라, 외국과의 통신에 있어서는 가톨릭대학교(Catholic University)로 그 장은 총장(President)으로 자연스럽게 표기해오고 있었다. 그렇기 때문에 1988년 정의채신부가 가톨릭대학의 관리를 맡게 되었을 때 총장으로서 취임하게 되었고, 그 취임사의 전문도 「가톨릭대학교 총장 취임사」로 보도되었다.[39]

이와 같이 총장으로서 재임하던 정의채 신부가, 1990년 9월

---

39) 「가톨릭대학교 총장 취임사 전문」, 『가톨릭대학보』 1988년 9월 20일; 정의채, 앞의 책, pp.176-183. 특히 이런 사실에 대해서는 p.176의 주3) 참조.

30일부터 로마에서 '현대 상황 안에서의 사제 양성'이라는 주제로 열린 제8차 주교 시노드에 참가하여 10월 28일 폐막될 때까지 발표하고 토론한 내용이 아래와 같이 전해진다. 이를 중점적으로 살피면, 종합대학교로서 실질적으로 운영되었던 1988년 이후 현재까지 가톨릭대학의 사제 양성 교육의 실상은 물론 나아가 앞으로 어떻게 교육이 이루어져야 할지에 대한 전망까지도 가능할 것으로 보인다. 그러므로 여기에서는 이를 정리해보고자 한다.

(18)교회는 오늘날 많은 수의 사제를 필요로 하고 있으며, 더 좋은 사제 즉 양질의 사제들을 절실히 요청하고 있습니다. 종합대학 안에서 신학생 교육을 할 때 다음과 같은 유리한 점이 있습니다.
①종합대학에서의 신학생 교육은 이번 시노드의 의안 초안이 강조하고 있는 인성 교육에 큰 도움을 줄 것입니다. …
②종합대학에서의 신학생 교육은 신학생들로 하여금 다양화되고 전문화된 학문에 접할 수 있게 할 것입니다.
③오늘의 사제 양성 교육은 전통적인 신학은 물론이고 더 나아가 보조 학문들 예컨대 교육학, 심리학, 사회학, 상담학 그리고 특히 동양에서는 비교종교학과 동양철학의 수업이 요청되는데, 이런 것들은 격리된 신학교 교육보다는 종합대학 교육에서 더 잘 이루어질 것입니다. 이런 보조 과목들을 분리되어 있는 신학교에서 가르치려면 교수의 부족과 과다한 경비 지출로 큰 경제적 부담도 안게 됩니다.
④또한 종합대학에서는 신학생들이 평신도와 함께 공부하게 되므로 평신도를 잘 이해하고 더 나아가서는 후일 사제가 된 후 평신도를 위해 또 평신도와 같이 일하게 될 때 잘 융합될 것입니다. …(중략) …
⑩가톨릭 종합대학교는 전통적이며 건실한 현대 신학과 철학을 전수해야 할 것입니다. 특히 형이상학에 있어서 그렇습니다.[40]

---

40) 정의채, 「제8차 세계 시노드 참가기」, 『신학과 사상』 5, 1991년 6월호;

이를 보면 종합대학에서의 교육이 신학생들에게 어떠한 점에서 좋은가를 10 조목에 걸쳐 논하였는데, 인성 교육에 큰 도움이 된다든가(①), 다양화되고 전문화된 학문에 접할 수 있게 할 것이라든가(②), 전통 신학뿐만 아니라 교육학, 심리학 등의 보조 학문들이 커다란 경제적 부담을 덜면서도 잘 교육된다든가(③), 평신도와 함께 공부하게 되므로 평신도를 잘 이해하고 이들과 함께 같이 일하게 될 때 잘 융합될 것이라든가(④)하는 것들을 꼽고 있다. 그리고 종국에는 현대 신학과 철학 특히 형이상학을 전수하는 데에 유리할 것이라는(⑩) 점을 지적하고 있다. 종합대학에서의 사제 양성 교육이 유리할 것으로 열거한 이러한 10 가지 모두가 현실적으로 사실 그렇게 작용될 수만 있다면, 더 바랄 바위가 없을 것이다.

그러나 이러한 사실들은 단지 이상적인 지향으로서만 제시될 수 있을 뿐, 모두가 그대로 구현되기를 바란다는 것은 무리가 뒤따를 수밖에는 없는지도 모른다. 종합 대학 안에서의 사제 양성 교육이 인성 교육에 큰 도움을 줄 것이라는 것(①)만 하더라도, 과연 '종합대학 안에서의 신학생 교육은 신학생들에게 남을 이해하는 데 큰 도움을 줄 것이며, 그 시대의 문제를 잘 이해할 수 있게 할 것'이라는 것으로 반드시 귀결되지 않을 수도 얼마든지 있을 수 있을 것이다. 물론 세상이 넓고 별의 별 사람이 함께 살아가야 한다는 점을 깨우쳐 주기에는 부족함이 없을지 모르지만, 그렇다고 해서 인성 교육 자체에 큰 도움이 된다고 연결 짓기는 어렵지 않나 싶다. 앞에서 살펴보았듯이 가톨릭대학의 재학생 및 졸업생들에게 1992년에 행한 설문조사에서 인성 교육이 잘 안되고 있다고 답한 경우가 오히려 잘 되고 있다고 답한 경우보다 훨씬 많음이 그 단적인 예이다.

「가톨릭 종합대학 안에서의 신학생 교육」, 앞의 책, 2003, pp.144-146.

더더군다나 신학생들이 평신도와 함께 공부하게 됨으로써 평신도를 잘 이해하고 같이 일하게 될 때 잘 융합될 것(④)이라는 기대 역시 기대 그 자체로써만 있을 뿐이지, 과연 그렇다고 할 수 있는 것인지 대단히 의심스러운 대목들이 적지 않다. 예컨대 앞에서 줄곧 살펴온 바와 같이 1972년부터 가톨릭대학에서의 사제 양성 교육이 여학생을 위시한 평신도 및 수도자들에게 개방되었다고 해서, 과연 그 이후 배출된 사제들이 평신도와 함께 공부하였다고 해서 평신도를 잘 이해하고 같이 일하게 될 때 잘 융합되었다고 일률적으로 말하기는 매우 어렵다는 사실에 현재 우리나라 평신도들이 누구나 주저하지 않을 가능성이 크다고 하지 않을 수 없다. 오히려 신학생 자신들의 자질이 더 문제가 될 소지가 많아 보인다. "작금의 경우 신학생 지원자들의 3분의 1 정도는 본당이나 교구 차원에서 추천해주지 말아야 할 것으로 생각(될 정도로) 질적 저하가 계속된다면 멀지 않아 이 땅에서는 지도자로서의 사제상을 찾아볼 수 없게 되지 않을까 염려되기 때문이다.[41]"

이 가운데서 비록 종합대학에서의 신학생 교육이 이러한 점들에서 미덥지 못한 점이 적지 않지만, 교육학, 심리학 등의 보조 학문들을 교육하는 데에 교수의 부족과 과다한 경비 지출을 방지해 줄 수 있다는 점(③) 등에서 유리할 것이라는 지적 등은 매우 옳고 현실적으로도 타당함을 인정해야만 할 것이다. 게다가 아래와 같은 약점도 아울러 제시해 놓고 있는 놀라운 통찰력 역시 인정받아 마땅하다고 보인다.

(19)그러나 위에 열거한 장점과는 달리 다음과 같은 약점도 있습니다.
①감수성이 예민한 젊은이들이 종합대학에서 분별없이 여러 형

41) 정의채, 「서울 대신학교 신축의 현실」, 앞의 책, 2003, p.174.

태의 많은 학생 및 교수들과 접촉함으로써 정신을 집중시키는 데 어려움이 있거나 세속화될 위험이 큽니다.

②신학원과 종합대학이 거리가 멀 때에는 통학할 때 밖에서 소비하는 시간이 많습니다.

그 외에도 크고 작은 어려움이 나라마다 많이 있을 것입니다만 역시 종합대학 안에서의 신학생 교육은 마이너스 요소보다는 플러스 요소가 더 클 것입니다. 이천년대를 향하여 힘찬 도약을 하려는 한국 교회에서는 더욱 그렇습니다.[42]

이와 같이 종합대학에서의 사제 양성 교육이 한국 교회에서는 더욱 마이너스 요소보다는 플러스 요소가 더 크다는 데에는 일면 동의할 수 있을 듯싶다. 하지만 여기에서 지적된 약점 두 가지는 사실, 현재의 우리나라에서 행해지는 사제 양성 교육에 모두가 맞아들지는 않는 것 같다. 말로만 종합대학교일 뿐이지, 가톨릭대학에서 이루어지는 사제 양성 교육은 오로지 성신 교정에서의 기숙사 생활 위주로만 이루어지기 때문에, '분별없이 여러 형태의 많은 학생 및 교수들과 접촉함으로써 정신을 집중시키는 데 어려움이 있거나'(①), 신학원과 종합대학이 거리가 멀어서 '통학할 때 소비하는 시간이 많을'(②) 것도 없는 것이다.

오히려 컴퓨터의 보급 등으로 순진무구한 신학생들이 전혀 무방비한 상태로 노출되어 '세속화될 위험이 클'(①) 위험성은 대단히 높다고 할 수 있을지 모르겠다. 그렇기 때문에 더욱더 인성 교육이 중요해질 수밖에 없을 것이며, 이를 이루기 위해서도 더욱 많은 인적 및 재정적 투자가 절실하다고 지적해 마땅하겠다. 그러므로 사제 양성 교육에 관한 아래와 같은 고언을 깊이 성찰하고 더 늦기 전에 지체 없이 실행에 옮겨야 함이 지당하다고 할 수 있을 것이다.

---

42) 정의채, 앞의 글, 앞의 책, 2003, pp.146-147.

(20)이른바 선진 각국의 가톨릭 교회가 본당을 폐쇄하고 또 막대한 재정 적자를 감수하면서도 신학교가 요청하는 인적, 재정적 후원을 아낌없이 투입하는 것은 신학교에서의 사제 양성 여하가 교회의 생사를 결정짓는 심장의 기능임을 잘 알고 있기 때문이다.[43]

요컨대 한 마디로 질 좋은 사제 양성의 여하가 교회의 생사를 결정짓는 심장의 기능임을 깨달아, 지금이라도 선진 각국의 예에서 교훈을 얻어 막대한 재정의 적자를 감수하고라도 신학교 운영에 요청되는 인적, 재정적 후원을 아낌없이 투입해야 하겠다. 그래야만 교회의 장래가 더욱 밝게 보이게 될 것이다.

---

43) 정의채, 「서울 대신학교의 제문제」, 앞의 책, 2003, p.242.

〈참고자료 1〉 신학부 교과 과정표(1959년)

			영어	교회사	체육	성서입문	윤리철학	형이상학	철학입문	科目	
佛語	科目										豫科필수과목
四	學點		四	四	四	八	四	二	二	學點	
獨語	科目	選擇科目	법률철학	그레고리안음악	교육학	경험심리학	자연철학	윤리학		科目	
計 十二	四 學點		二	四	二	二	四	五		學點	
	希語 科目		자연과학개론	문화사	생리학	종교철학	이성심리학	비판철학		科目	신학부교과과정표
	二 學點		計 四	四	二	二	三	五		學點	
	伯語 科目		九八	신비수덕	나어	국어	철학사	자연신학	형이상학입문	科目	
	二 學點			四	八	八	四	五	二	學點	
					미술학	예전학	기초윤리	성서학	科目		
					二	八	一○	四○	學點		
					사회학	예절학	신비수덕	기초신학	科目		本科필수과목
體育;					四	四	八	一○	學點		
四學點 내지 八學點을 履修 (一學點, 2시간 이상을 一學點으로, 文化二二四七號 (四二九二,五,二十日)					설교학	그레고리안음악	교회법	교리신학	科目		
				計	四	八	二四	三○	學點		
				一九六	체육학	교리강의학	교회사	윤리철학	科目		
					四	二	八	三○	學點		

〈참고자료 2〉서기 1972학년도 2학기 교직과정 수업시간표(1972.9.1)

가톨릭대학 신학부

시간 요일	1 8:00	2 9:00	3 10:00	4 11:00	5 2:10	6 3:10	7 4:10	8 5:10
월								
화								
수					1.교육사회 (천) 2.영미소설 (문)	1.교육사회 (천) 2.영미소설 (문)	1.영문법 (문)	1.영문법 (문)
목					1.영문감독 (문) 2.교육과정 (오) 3. 스피어 (강)	1.영문감독 (문) 2.교육과정 (오) 3. 스피어 (강)	2.영미소설 (문) 3.학습지도 (오)	2.영미소설 (문) 3.학습지도 (오)
금					1.교육사 (천)	1.교육사 (천)	4.교육실습 (천)	4.교육실습 (헌)
토					3.영문학사 (문)	3.영문학사 (문)	3.영문학사 (문)	3.영작문 (문)

<참고자료 3> 1972년도 2학기말 시험시간표(1972.12.14)

가톨릭대학 신학부

12월		신학과		
		1. 8:00~9:50	2. 10:00~11:50	3. 2:10~3:00
12월 18일	월			
19	화	1. 2. 희어(김병학) 3. (9시부터)	3. 4. 신약(김병학)	1. 국어(정재호)
20	수	(특)희어(김병학)		
21	목	2. 신약(김병학)		
22	금			1. 교육학(천년수) 2. 인식론(김규영) 1시부터
23	토			

아래 과목은 별도 시험임

1. 철학개론(백민관) 23일 1. 음 악(이존복)	2. 중 세 사(김규영) 2. 한 교 사(최윤환)	4. 교 육 학(천년수) 4. 전 예(최윤환) 20일
1. 구 세 사(박상래)	3. 기초윤리(김창렬) 20일 22일	1,2. 국민윤리(천옥환)
1. 독 어(도영철) 1. 불 어(노 꼴) 1. 한 문(금장태)	3. 영 어(문재각) 3. 교 부 학(한대건) 3. 창 조 론(한대건)	1,2. 영 어(문재각) 2,3. 신 론(정하권) 2,3 .교 육 학(오영환)
1. 과학개론(이명섭)	4. 은 총 론(최민순)	3,4. 그리스도론(박상래)13일
1. 논 리 학(허창덕) 2. 인 식 론(김규영) 2. 인 간 학(백민관) 23일	4. 교 회 법(안선호) 4. 교 회 법(정하권) 4. 성사일반론(김남수)	3,4. 교회사(최창무) 3,4. 교부학(한대건) 1,2,3. 교련(교관단)
2. 신 론(백민관) 23일	4. 윤리신학(최창두) 13일부터	1,2,3. 나전어(허창덕)
2. 심 리 학(홍성화)	4. 영 어(강봉식) 16일	2,3,4. 헤브래어(선종완) 2,3,4. 구약성서(선종완)

〈참고자료 4〉 神學科 時間表 (1973年度1學期)

		月	火	水	木	金	土
	강의실	2		2 3	2 3	2	2
1	8:00 ~ 8:50	3. 舊約聖書 宣		3. 基礎倫理 김 / 4. 성서일반론 변	3. 형이상학 정 / 4. 교회법안 의	3. 기초윤리 김창	3. 창조론 최윤
	강의실	7 2	9 대 3	9 1 3	9 7 2 3	1 2 3	1 2
2	9:00 ~ 9:50	② 나전어 허 / 3. 구약성서 선	1. 희랍어 김병 / 2-③ 羅典語 許 / 4. 윤리신학 최창	1. 자연철학 김백 / 2. 신약성서 병 / 4. 성서일반론 변	1. 과학개론 이명 / ② 나전어 허 / 3. 형이상학 정의 / 4. 은총론 최민	2. 구세사 박 / 3. 기초윤리 김 / 4. 성사일반론 창 변	1. 윤리 제 / 2. 신윤철 백 / 3. 창조론 최윤
	강의실	6 7 대	9 1 대	9 1 2 3	9 7 대	9 1 3	대 3
3	10:00 ~ 10:50	1. 獨逸語 도 / ② 羅典語 허 / 3-4. 典礼入門 (최윤)	1. 계시종교 / 2. 고대철학사 박 / 3-4 신약성서 정의 김병	1. 일반심리 홍 / 2. 근대철학사 안 / 3. 윤리신학 규 / 4. 교회사 창	1. 과학개론 이명 / ② 羅典語 허 / 3-4 교회사 (최창)	1. 국사 이원 / 2. 인식론 김규 / 4. 교부학 최윤	1. 윤리 봉 / 2-③ 羅典語 許 / 4. 교회론 정하
	강의실	6 1 대	9 1 대	9 1 2 3	대	9 1 2 3	9 대 3
4	11:00 ~ 11:50	1. 독일어 도 / 2. 교회사 박 / 3-4 전례입문 (최윤)	1. 계시종교 / 2. 고대철학사 박 / 3-4 신약성서 정의 김병	1. 일반심리 홍 / 2. 근대철학사 안 / 3. 윤리신학 규 / 4. 신학 최창	3-4 교회사 (최창)	1. 국사 이원 / 2. 인식론 김규 / 3. 형이상학 정의 / 4. 교부학 최윤	2-③ 羅典語 許 / 4. 교회론 정하

교시	시간						
	강의실	9 1	9 1 대	9 1 6	9 1	9	2 3
5	2:10~3:00	1. 교련교관 2. 성서개론선	1. 국어정재 3. 교련교관 4. 구약성서선	1. 한문금교관 2. 神3以上	1. 영어문 2. 교육학오	1. 교육학千年	3. 영어문 4. 영어康
	강의실	9 1	9 1 2 대	9 1	9 1	9 대	2 3
6	3:10~4:00	1. 교련교관 2. 성서개론선	1. 국어정재 2. 국민윤리千玉 3. 교련교관 4. 구약성서선	1. 한문금교관 2. 세미나	1. 영어문 2. 교육학오	1. 교육학千年許 2-③ 羅典語許	3. 영어문 4. 영어康
	강의실	9	9 6 7	6	1 2	6 3	2 3
7	4:10~5:00	1. 철학개론 (백)	1. 국민윤리 (千玉) 신2以上	신2이상 희랍어 (김병)	1. 영어문 3. 교육학오	1. 불어노 4. 교육학千午	영어문 영어강
	강의실	1	독어원강 불어원강 최창(백)	1	1 2	6 3	
8	5:10~6:00	2. 헤브레아즘 (선)	독어원강 최창 불어원강 (백)	2. 신론(哲) 白	2. 영어문 3. 교육학오	1. 불어노 4. 교육학千午	

※ 學年에 ○票한 것은 編入生만 受講

〈참고자료 5〉 研究科 時間表(1973年度 1學期)

	月	火	水	木	金	土
강의실		4			대	4
1 8:00		1. 社會倫論 (韓)			1-2 新約聖書 金炳	1. 聖事論 卜
강의실	4	4	5	4　5	대	4　5
2 9:00	1. 靈性神學 崔玟	1. 社會倫論 (韓)	2. 說教學 金	1.教會法 安 / 2.比較宗教	1-2 新約聖書 金炳	1. 聖事論 卜 / 2. 東洋思想
강의실	4	4　5	4　5	4		4　5
3 10:00	1. 靈性神學 崔玟	1.社會學 최 / 2.經濟論 韓	1.教會法 李相 / 2.說教學 金永	1.教法 安		1.토미즘 / 2.東洋思想 鄭義
강의실		4　5	4	4　5		4
4 11:00		1.社會學 최 / 2.經濟論 韓	1. 教法 李相	1.사목심리 김창 / 2.婚姻聖事論 安		1.토미즘 鄭義
강의실		대	7		5	
5 2:10		1-2 旧約聖書 宣	神 3 以上 세미나		2.司牧医學	
강의실	5	대			4　5	
6 3:10	2.倫理神學 최창	1-2 旧約聖書 宣	미		1.전례학 최 / 2.司牧医學 윤	
강의실	5	6　7	6	5	4	
7 4:10	2.倫理神學 최창	神 2 以上 어원강 / 독어원강 최창	神 2 以上 希語 金炳	2.사목행정 최금남	1.전례학 최 윤	
강의실				5		
8 5:10		어원강 백 / 독어원강 최창	나	2.사목행정 김남		

제2부 인식 편

제4장
조선인 홍대용과 서양인
천주교신부의 상호 인식
一『유포문답』의 분석을 중심으로一

제1절 머리말

조선시대朝鮮時代 실학자實學者 가운데 이용후생학파利用厚生學派의 대표적인 인물인 홍대용洪大容(1731-1783)이 중국을 견문하고 남긴 기록으로는 『연기燕記』가 널리 알려져 있다. 특히 그 가운데에는, 홍대용이 북경北京에 가서 서양인 천주교신부 유송령劉松齡(Augustin von Hallerstein,1703-1774)과 포우관鮑友管(Antoine Gogeisl,1701-1771)을 수차례에 걸쳐 직접 대면하여 만나 얘기를 나누었던 대화록 『유포문답劉鮑問答』을 홍대용 자신이 정리해 놓았는데, 여기에 홍대용과 이들이 상호 어떻게 인식하고 있었는지를 극명하게 보여주는 대목이 몇몇 포함되어 있음이 주목된다. 하지만 종래에 이를 일부 다루기는 했어도 조선에서 중국에 사신으로 갔던 이른바 부경사행赴京使行의 문화적 활동 전반이나 북경 천주당 방문과 관련된 정리들에 국한되어 있었을 뿐이고,[1) 지금

---

1) 李元淳, 「'赴京使行'의 文化史的 意義」, 『朝鮮西學史硏究』, 一志社, 1986. 원재연, 「17-19세기 조선사행의 북경 천주당 방문과 서양인식」, 『서세동점

까지 이 대화록 『유포문답劉鮑問答』을 집중적으로 분석하여 이들의 상호 인식에 대해 살핀 본격적인 연구 성과는 없다.[2]

그러므로 본 연구에서는 특히 이 대화록 『유포문답劉鮑問答』을 중심으로 홍대용洪大容의 전집全集 『담헌서湛軒書』에 나타난 조선인 홍대용과 서양인 천주교신부인 이들의 상호 인식에 대해 분석해보고자 한다. 이렇게 함으로써 새로운 시도를 통해 과연 당시 조선에 대해 서양인 천주교신부들이 구체적으로 어떤 인식을 지니고 있었으며, 반면에 중국에서 활동 중이던 이들을 만난 당시 조선의 대표적인 지식인의 하나라 할 수 있는 홍대용은 서양인 및 그들의 종교인 천주교 및 문화에 대해 어떤 인식을 표출하고 있었는지를 밝혀보려는 것이다.

이 연구에서는, 단지 홍대용의 글만을 분석 대상으로 삼는 게 아니라, 나아가 천주교회 측의 자료들을 활용하여 이들 서양인 천주교신부들의 활동에 대한 검토도 곁들여 보겠다. 아울러 『연기燕記』의 내용 하나하나를 홍대용의 북경 여행기의 또 다른 판본인 『을병연행록乙丙燕行錄』과를 일일이 대조하여 보면, 그 내용에 있어 미묘하지만 대단히 의미 부여를 달리할 수 있는 구절들은 비롯하여 상호 보완이 될 구절들이 몇몇 있으므로, 이도 또한 소홀히 간과하지 않고 실증적으로 그 의미를 제대로 밝혀내 보도록 하겠다.

지금까지 한국천주교회사韓國天主敎會史를 연구해오면서 중국에서 활동하던 서양인 신부들의 저술들, 마테오 · 리치(Matteo Ricci)의 『교우론交友論』을 위시해서 빌리오(Buglio)의 『주교요지主敎要旨』

과 조선왕조의 대응—동서양의 상호이해와 문호개방』, 한들출판사, 2003.

2) 물론 李元淳, 「朝鮮後期 實學者의 西學意識」, 앞의 『朝鮮西學史硏究』, 一志社, 1986, pp.197-198과 같은 연구 성과에서도 「劉鮑問答」의 일부를 인용하면서 洪大容이 西學을 어떻게 인식하고 있었는지를 논하고 있다. 그럴지라도 「劉鮑問答」 자체를 분석하여 이에 나타난 서양인 천주교 신부의 조선인에 대한 인식까지를 언급하고 있지는 않다.

등을 분석하여 이 분야의 공백을 메우는 작업을 수행해 왔으므로[3], 이러한 터전 위에서 중국천주교회사 속에서 활약했던 인물들과 한국인 사이에 이루어진 교류에 중점적으로 조망하여 살피려는 작업을 해보려는 것이다. 종래에 주로 국내 자료에 국한되어 왔던 참고문헌의 한계를 벗어나, 중국은 물론이고 천주교 쪽의 예컨대 로마의 예수회 본부 소장 자료 등도 장차 활용하여 연구의 수준을 높일 것이다. 그래야만이 국제화 시대에 걸맞는 제대로 된 이 분야의 연구가 나올 수 있고, 또한 새로운 자료를 하나하나 발굴하여 제시하여 앞으로의 연구에 초석을 제시해 줄 수도 있다고 믿는다.

이러한 집중적인 분석은 지금까지 18세기 당시 한국과 서양이 서로를 구체적으로 어떻게 인식하고 있었는지를 정확히 밝히게 될 것이다. 뿐더러 앞으로 이를 토대로 보다 구체적인 사항들을 구명하여 이른바 중국에 직접 가서 당시의 발전된 서양 문물을 보고 돌아왔던 이용후생학파들의 견문기를 치밀하게 분석해 나가는 시발점으로 삼아 후속 연구들을 심도가 있게 작성할 계기로 삼고자 한다.

---

3) 盧鏞弼, 「朝鮮後期 天主敎의 수용과 마테오·리치의 '交友論'」, 『吉玄益敎 授停年紀念 論叢』, 1996 및 「丁若鍾의 '쥬교요지'와 利類思의 '主敎要旨' 比較 研究」, 『韓國思想史學』 19. 2002 등. 이 글들은 『한국천주교회사의 연구』, 韓國史學, 2008에 수록되어 있으므로 이를 참조하기 바란다.

제2절 조선인 홍대용과 서양인 천주교신부 유송령·포우관의 만남과 대화

홍대용이 1765년(을유乙酉) 동지사冬至使로 중국에 파견된 숙부 叔父 홍억洪檍(1722~1809)을 수행하는 제군관弟軍官으로서 고향인 충청도 천원군天原郡 수촌壽村의 담헌湛軒을 출발하여 중국 북경北京에 도착한 것이 음력 12월 27일이고, 그 곳을 떠난 것이 이듬해 1766년(병술丙戌) 3월 1일이다.4) 이때의 견문기見聞記를 홍대용 자신이 직접 주제별로 정리한 것이 한문본 『연행록燕行錄』이며, 이를 일기체로 정리한 『을병연행록乙丙燕行錄』이란 제목의 한글본도 전해진다.5)

---

4) 홍대용의 생애와 활동상 전반에 대한 것은 金泰俊, 『洪大容과 그의 時代』, 一志社, 1982와 같은 저자의 『洪大容評傳』, 民音社, 1987가 참조된다.

5) 김태준, 「18세기 조선 지식인의 중국 여행」, 『산해관 잠긴 문을 한 손으로 밀치도다』, 돌배개, 2001, pp.3-5.

이 한글본의 제목에 굳이 '을병'이 붙여진 것은, 헤아려보면 1765년 즉 '을유년乙酉年'부터 이듬해 1766년 곧 '병술년丙戌年'까지의 연행록이라는 점에서 붙여진 것임을 알 수 있고, 또한 한문본과 한글본을 샅샅이 대조해 보면, 차이가 나는 부분이 종종 있으므로 사실 파악에 주의를 요한다 하겠다. 이 둘 중에서 한문본이 오늘날 『연기燕記』라는 서명으로 널리 알려지게 되는데, 특히 이 가운데에는 북경 방문 당시에 서양인 천주교 신부 유송령劉松齡과 포우관鮑友官과 만나 주고 대화록을 별도로 정리해 놓은 것이 있어 여기에서는 이를 주된 분석의 대상으로 삼는다.

홍대용洪大容이 직접 북경北京 소재 천주교 성당을 방문한 것은, 1766년 정월 9일[6], 13일[7], 19일[8], 24일[9] 그리고 2월 2일[10] 도합 5차례였고[11], 그 가운데서 정월 13일과 24일의 방문에서는 서양인 천주교신부들과 대면하지 못하였고, 직접 그들과 만나 필담筆談을 나눈 것은 나머지 3차례였다. 1766년 정월 9일, 19일 그리고 2월 2일 이렇게 3번에 걸쳐 홍대용이 서양인 천주교신부

6) 洪大容, 『을병연행록』; 소재영 (외) 주해, 『주해 을병연행록』, 태학사, 1997, pp.274-290; 김태준 · 박성순 옮김, 『산해관 잠긴 문을 한 손으로 밀치도다』, 돌베개, 2001, pp.151-167.
7) 洪大容, 『을병연행록』; 소재영 (외) 주해, 앞의 책, 1997, pp.321-325; 김태준 · 박성순 옮김, 앞의 책, 2001, pp.180-181.
8) 洪大容, 『을병연행록』; 소재영 (외) 주해, 같은 책, 1997, pp.358-367; 김태준 · 박성순 옮김, 같은 책, 2001, pp.182-191.
9) 洪大容, 『을병연행록』; 소재영 (외) 주해, 같은 책, 1997, pp.400-407; 김태준 · 박성순 옮김, 같은 책, 2001, pp.191-200.
10) 洪大容, 『을병연행록』; 소재영 (외) 주해, 같은 책, 1997, pp.450-456; 김태준 · 박성순 옮김, 같은 책, 2001, pp.209-216.
11) 원재연, 「17-19세기 조선사행의 북경 천주당 방문과 서양인식」, 『교회와 역사』 제277 · 278호, 1998; 『서세동점과 조선왕조의 대응—동서양의 상호이해와 문호개방』, 한들출판사, 2003, p.198에서는 洪大容이 천주교 성당을 방문한 게 4차례였다고 했지만, 약간의 착오가 있었던 듯싶다.

들을 직접 만났던 것이다. 그것도 첫 만남의 처음부터가 난관에 봉착하였다가 쉽지 않게 홍대용은 이들을 만나게 되는데, 당시의 여러 가지 상황에 대해 자신이 써놓은 바는 다음과 같다.

> (1)劉松齡과 鮑友官은 南堂을 거처하는데 算學이 더욱 뛰어났고, 궁실과 기용은 4당 중에서 으뜸이었는데, 우리나라 사람이 항상 내왕하는 곳이었다. …(중략)…
> 정월 7일 마두인 세팔을 시키어,(유송령과 포우관에게) '만나보고 싶다'는 의견을 먼저 알렸더니, 그가 돌아와 보고하기를, " '公事가 연속 있으니, 20일 후에나 서로 만나자'합니다." 하였는데, 아마 그는 만나 주기를 싫어서 일부러 그 기회를 늦춘 듯하였다.12)

홍대용은 남당南堂에 거처하고 있는 유송령劉松齡과 포우관鮑友官을 쉽사리 만날 수 있게 될 것으로 기대했던 것 같다. 하지만 이들과의 만남이 원활하게 성사되지를 못하자, 이에 대해 일부러 만나주기가 싫어서 그런 것으로 여기고 있었다. 그러면서도 그 다음 날 선물과 함께 편지를 보내 정중하게 요청함으로써 처음 만남이 드디어 성사되기에 이르렀지만, 한 차례 거절당했던 것에 대해 洪大容은 꽤 기분이 상해 있었던 듯하다. 그랬기 때문에 방금 보았듯이 만나 주기를 싫어서 일부러 그런다고 여겼을 뿐더러, 그럼에도 보낸 자신의 편지에 대한 답신으로 유송령劉松齡과 포우관鮑友官이 보낸 편지의 양식을 문제로 삼으며 [뒤의 기록 5)에서 드러나는 것처럼] '얼마나 우스운 일인가'라고 쓰고 있음은 물론이고 이외에도 몇 차례에 걸쳐서 이들에 대해 비판적이고 부정적인 인식을 드러내게 되었던 것으로 보인다.

---

12) 洪大容, 「劉鮑問答」, 『燕記』 ; 『국역 담헌서』 VII, 민족문화추진회, 1974, pp.38-40.

그럼에도 불구하고 홍대용은 최대한의 예의를 갖추어 편지13)를 보내 결국 만남을 성사시키기에 이른다. 이렇게 어렵사리 성사시킨 만남의 첫 장면을 홍대용은 아래와 같이 생생히 묘사하고 있다.

> (2)조금 기다리자, (유·포) 두 사람이 발을 헤치고 들어왔다. 문 안에서 서로 揖하고 각기 자리에 앉자 곧 차가 나왔다. 洪命福을 시켜 간단히 인사말을 올렸다.
> 劉松齡의 나이는 62, 鮑友官의 나이는 64인데, 비록 수염과 머리털은 희었지만 건강한 얼굴빛은 어린애 같았고, 깊숙이 들어간 눈에 눈동자의 광채는 사람을 쏘는 듯하였으니, 벽화 속에서 보던 인물과 꼭 같았다. 모두 머리를 깎았으며, 의복과 모자는 청국 제도로서 유송령은 亮藍頂을 쓰고, 포우관은 暗白頂을 썼다. 유송령은 3품, 포우관은 6품으로서 모두 흠천감의 관직이 있었다. (두 사람은) 모두 중국에 들어온 지 벌써 26년이 되었으며, 수만 리의 먼 길을 航海하여, 福建에 이르러서야 비로소 육지에 내렸다 한다.
> (홍)명복을 시키어, '배우기를 원한다'는 의사를 전하였더니, 두 사람은 모두 '감히 어찌…' 하고 사양하였다. 오랫동안 얘기를 나누었으나, '당 안을 두루 살펴 봅시다'고 청하였더니, 유송령이 일어나 읍하고 인도해 주었다.14)

이 가운데 유송령劉松齡과 포우관鮑友官의 신체상의 특징 등을 묘사하고 있는 대목에서, '벽화 속에 보던 인물과 꼭 같았다'는 표현이 있는데, 이는 남당南堂의 벽면에 그려져 있던 천주교의 성화聖畵에 보이는 인물들과 모습이 흡사하다고 함을 드러낸 것이다. 이외에 인적인 사항, 즉 나이에 관한 것이라든가 이들이 모두 중국에 들어온 지 26년이나 되었다든가 하는 사항 등은 이들로부

---

13) 이 편지의 원문은 洪大容, 「劉鮑問答」, 『燕記』; 앞의 책, 1974, pp.40-41 에 전해진다.

14) 洪大容, 「劉鮑問答」, 『燕記』; 앞의 책, 1974, p.43.

터 직접 들은 내용을 적은 것으로 여겨진다.

오늘날 확인 가능한 한 이 두 인물에 관한 사실을 추적해 보면, 홍대용이 적고 있는 이들에 대한 서술 내용들이 거의 모두 사실임을 알 수 있다. 먼저 유송령劉松齡은 본명이 Augustin von Hallerstein으로 오스트리아에서 1703년에 출생하였으며 1721년 예수회에 입회한 후 중국 선교에 나서서 1738년 9월 4일 처음으로 마카오Macau에 도착하여 그곳의 성곽 지도를 그렸는데, 그 지도가 정밀하게 제작된 것을 조정朝廷에서 알게 되어 그를 1739년에 북경北京으로 불러들임으로써 비로소 흠천감欽天監의 일을 보기 시작하게 한 이후 1774년 병으로 사망하기까지 이 일을 계속하였다고 한다.15) 한편 포우관鮑友管은 본명이 Antoine Gogeisl로 독일에서 1701년에 출생하였으며 1720년 예수회에 입회한 후 수학數學을 다년간 전문적으로 연구한 후 마카오를 거쳐 1739년 북경에 도착하여 흠천감欽天監에서 유송령劉松齡과 함께 이후 26년간 일을 하다가 1771년에 북경에서 사망하였다고 한다.16) 이러한 내용을 알려주는 전기傳記 외에도 더욱이 그들 각각의 묘墓 앞에 서있는 비문碑文의 내용도 각각 전하고 있으므로 크게 참조가 된다.17)

그러면 홍대용과 이들은 의사소통을 어떻게 하였던 것일까? 이에 관하여 홍대용이 기록해 놓은 바가, 『연기燕記』 소재所載 「유포문답劉鮑問答」의 것과 『을병연행록』의 것을 비교해 보면 약간의 차이가 나면서도 서로 보충해주는 것이라 아울러 참조할 필요가 있다. 각각을 인용하면 다음이다.

---

15) 費賴之 著, 馮承鈞 譯, 『在華耶蘇會士列傳及書目』 下, 中華書局, 1986, p.780 및 余三樂, 『早期西方傳教士与北京』, 北京出版社, 2001, pp.244-245.

16) 費賴之 著, 馮承鈞 譯, 앞의 책, 1986, pp.778-779 및 余三樂, 앞의 책, 2001, pp.249-251.

17) 高智瑜, 『歷史遺眞:利瑪竇及明淸西方傳教士墓地』, 中國人民大學 出版社, 1994, p.95 및 p.97; 余三樂, 같은 책, 2001, pp.248-249 및 p.251.

(3-가)이에 안내를 받고 들어가 內庭에서 두 사람이 나오기를 기다렸다가 서로 읍하고 들어갔다. 자리에 앉아 인사를 마치고 나서 내가, "우리들은 처음 중국에 들어왔기 때문에 官話를 알지 못하니, 筆談으로 합시다."청했더니, 劉松齡이 侍者를 돌아보며 뭐라고 말하더니, 조금 있다가 한 사람이 탁자 남쪽에 와서 앉았다. 유송령이 웃으면서, "이 분이 나를 대신하여 필담할 것입니다."하기에, 그의 居住를 물었더니, 남방에 사는 사람으로서 과거를 보기 위해 지금 여기에 살고 있다 하였다. 내가 먼저, "天象과 算數를 배우고 싶은 마음에서 자주 찾아왔으나 거절을 당할까 봐 매우 황송하였습니다. 여러분의 양해와 용서를 바랄 뿐입니다."라고 썼더니, 두 사람은 다만 고개를 끄덕일 뿐이었다.[18]

(3-나)내가 말하기를, "우리는 중국에 처음 들어온 사람이라서 漢語를 익히 알지 못하니, 하고자 하는 말을 서로 통할 길이 없습니다. 청컨대 紙筆을 얻어 글로 서로 수작하는 것이 어떻겠습니까?"하니, 劉松齡이 즉시 사람을 불러 필연과 종이를 가져오라고 하였다. 또 무슨 말을 하니까 이윽고 한 사람이 들어오는데, 모양이 적이 조촐하였다. 교의에서 내려 읍하여 인사하자 유송령이 말하기를, "이 사람은 남방의 선비입니다. 마침 이 곳에 머무르는 까닭에 청하여 수작하는 말을 쓰게 하고자 합니다."라고 하였다.

대개 두 사람이 중국 글을 약간 알지마는 글자 쓰기를 전혀 못하는 까닭에 저희가 대답하는 말은 이 사람에게 말로 일러 글을 만들어 쓰게 하는 것이다. 우리가 써 보이는 글을 포우관은 전혀 알지 못하는 모양이고, 유송령은 구절을 붙여 읽으며 자세하지 못한 곳은 그 선비와 의사를 의논한 후에 비로소 대답하는 말을 받아썼다. 이러므로 종일 수작이 종시 爛漫하지 못하였다. 그 선비가 탁자 남쪽으로 교의를 놓고 앉기에 내가 먼저 써 말하기를, "비록 尊慕하는 마음이 있으나 자주 나아와 괴로움을 끼치니 극히 불안합니다."하니, 유송령이 보고 대답

---

18) 洪大容,「劉鮑問答」, 『燕記』; 앞의 책, 1974, p.49.

이 없었다.[19]

두 기록이 모두, 홍대용洪大容 일행과 두 서양인 천주교신부가 서로 의사소통에 어려움을 겪기 때문에, 필담筆談으로 이를 해소했음을 알려주며, 아울러서 이처럼 서로 의사소통에 문제가 생긴 것은, 두 서양인 천주교신부가 중국어를 구사하지 못해서가 아니라 홍대용 일행이 오히려 그러했기 때문이었음도 전해준다. 홍대용 스스로가 먼저 중국에 처음 왔음을 밝히면서, '관화官話'(가) 즉 '한어漢語'(나)를 자신이 못하므로 필담을 하자고 제의하여 이것이 받아들여져, 홍대용 일행이 한문漢文을 쓰면 이것을 연결하여 중간에 한 중국인이 통역하여줌으로써 두 서양인 천주교신부는 그 뜻을 헤아리게끔 되었던 것이다.

다만 (가)의 「유포문답劉鮑問答」 기록이 소략하게 되어 있는 반면에, (나)의 『을병연행록』 기록은 비교적 자세한 내용을 전하기에 당시의 실제 상황을 이해하기에 좀 더 도움이 되는 듯하다. 특히 '두 사람이 중국 글을 약간 알지마는 글자 쓰기를 전혀 못'했다라든가, '우리가 써 보이는 글을 포우관鮑友官은 전혀 알지 못하는 모양이고, 유송령劉松齡은 구절을 붙여 읽으며 자세하지 못한 곳은 그 선비와 의사를 의논한 후에 비로소 대답하는 말을 받아썼다'라든가 하는 대목이 특히 그러하다. 이렇듯이 두 서양인 천주교신부가 홍대용이 쓴 한문을 잘 해독하지 못했다고는 하지만, 그렇다고 할지언정 (나)에서와 같이 '종일 수작이 종시 난만하지 못한' 모든 책임이 그들에게 귀착된다고는 결코 보여 지지가 않는다.

오히려 이 구절들의 기록을 통해 분명히 알게 되는 것은, 중국말을 제대로 익히지 않고 중국을 방문한 홍대용 일행의 준비가 절대

---

19) 洪大容, 『을병연행록』 ; 소재영 (외) 주해, 『주해 을병연행록』, 태학사, 1997, pp.360-361; 김태준 · 박성순 옮김, 『산해관 잠긴 문을 한 손으로 밀치도다』, 돌배개, 2001, pp.184-185.

적으로 소홀했다는 사실이다. 서양의 언어를 직접 익혀 서양인 천주교신부와 의사소통을 해서 그럴 수는 없을망정, 그들의 사상과 종교는 물론 그들이 지닌 과학 기술까지를 제대로 알아내고 익히려면 적어도 중국어를 익혀 그들과 직접 대화를 통해 얻어낼 것은 얻어 내었어만 옳았을 것이다. 하지만 전혀 준비가 없었으면서, 그래서 자청해서 필담筆談으로 간신히 소통하면서도, 도리어 그들이 한문漢文을 제대로 쓸 수 없다는 점을 탓하듯이 지적하고 있는 게 온당하지 못하다고 지적하지 않을 수 없다.

제3절 홍대용의 서양인 천주교신부에 대한 인식

홍대용洪大容의 「유포문답劉鮑問答」에 나타난 서양인 천주교신부에 대한 인식에는 여러 가지 유형이 있는 것으로 보인다. 첫째는 정확한 인식도 있지만 그릇된 인식이 섞여 있는 경우이고, 둘째는 인식의 부족을 그대로 적나라하게 드러낸 경우이다.

가)정확한 인식과 그릇된 인식이 혼재하는 경우
이 경우의 가장 대표적인 구절은, 「유포문답劉鮑問答」의 서두에 해당하는 다음인데, 몇 가지 점은 정확하다고 할 수 있지만, 어떤 점에서는 그릇된 인식을 드러내고 있었다고 하겠다.

(4)劉松齡과 鮑友官은 모두 西海 사람이다. ⓐ明나라 萬曆 연간에 利瑪竇가 중국에 들어오면서부터 서양 사람의 교통이 시작되었던 것이다. 算數를 가지고 傳道하기도 하고, 또 儀器를 전

공하여 기후를 귀신처럼 측량하기도 하고, 曆象에 精妙함은 漢·唐 이후에 없던 것이다.

ⓑ이마두가 죽은 뒤에도 航海하여 동양 쪽으로 건너온 이들이 항상 끊이지 않았으며, 중국에서도 그 사람들을 기특하게 여기고 그 기술을 힘입어서, 일을 좋아 하는 이들이 가끔 그의 학을 숭상하였다.

ⓒ康熙 말년 경에는 서양에서 건너온 이가 더욱 많았으므로 황제가 그들의 기술을 채집, 數理精蘊書라는 것을 만들어 欽天監에 주었으니, 이는 참으로 曆象에 있어서 심오한 근본이 된 것이었다. 성 안에 四堂(동·서·남·북당)을 지어 그들을 살게 하고 天象臺라 불렀다. 이 때문에 서양의 학문이 성하기 시작하여 天文을 말하는 이는 모두 그들의 기술을 조술祖述하게 되었다. …(중략)… 이제 서양의 법은 算數로써 근본을 삼고 儀器로써 참작하여 온갖 형상을 관측하므로, 무릇 천하의 멀고 가까움, 높고 깊음, 크고 작음, 가볍고 무거운 것들을 모두 눈앞에 집중시켜 마치 손바닥을 보는 것처럼 하니, '漢·唐 이후 없던 것이라' 함은 망령된 말이 아니니라.[20]

첫줄에서 "유송령劉松齡과 포우관鮑友官은 모두 서해西海 사람이다"라고 서술했는데, 이는 한편으로는 전혀 잘못되지 않은 것이라 할 수 있지만, 한편으로는 제대로 정확히 인식하고 있었던 것은 못되지 않겠는가 하는 비판도 있을 수 있다고 생각한다. 유송령과 포우관을 그 뒤에서도 일관되게 서술하고 있듯이 동양東洋으로 건너온 서양인들이라 하여 한꺼번에 서해西海 사람이라고 하는 점에서는 올바른 인식이었다고 해서 좋을 것이다. 하지만 유송령과 포우관의 국적이 각각 오스트리아와 독일이라는 점도 분간해보지 않으려는, 말하자면 세계전도世界全圖가 전해져 있어 각국의 위치 등도 알려고 하면 얼마든지 알 수 있는 당시의 상황 속에서조차도 막연히 이들이 서양 사람이라고만 인식하고 이렇게

---

20) 洪大容,「劉鮑問答」,『燕記』 ; 앞의 책, 1974, pp.38-39.

표현하고 있는 게 서양인과 그 문화에 대한 인식에 분명히 한계를 드러내는 게 아닌가 싶다. 유송령과 포우관이 [분명 뒤에 살필 기록에 명시되어 있는 바대로] 대마도對馬島와 부산釜山의 위치 문제까지도 질문할 정도로 조선朝鮮과 일본日本을 명백히 구분해 인식하고 있었던 것과는 너무나 판이하다고 할 수 있지 않나 하는 것이다.

또한 이미 이마두利瑪竇 즉 Matteo Ricci가 "중국에 들어오면서부터 서양 사람의 교통이 시작되었던 것이다"라고 인식하고 있는 것 자체는 잘못된 것이라 하지 않을 수 없다. 이마두 이전에 이미 천주교를 전교하기 위해 적지 않은 서양인신부들이 중국에 들어온 역사가 있음을 굳이 지적하지 않더라도, 훨씬 그 이전부터 벌써 중국과 서양과는 교류가 맺어지고 있었음은 재론의 여지가 없을 정도이므로 그러하다.[21] 그러면서도 "중국에서도 그 사람들을 기특하게 여기고 그 기술을 힘입어서, 일을 좋아 하는 이들이 가끔 그의 학을 숭상하였다(ⓑ)"라든가, "이 때문에 서양의 학문이 성하기 시작하여 천문天文을 말하는 이는 모두 그들의 기술을 조술祖述하게 되었다(ⓒ)"라든가 하는 대목은 매우 정확히 인정할 것은 인정하는 올바른 인식의 일단을 표출한 것이라고 판단된다. 이와 같이 홍대용이, 한편으로는 정확히 올바르게 서양 문화에 대해 인식하고 있는 측면이 있으면서도 또 다른 한편으로는 인식이 대단히 부족함을 그대로 나타낸 면면들이 있었다.

나)인식의 부족을 드러낸 것으로 판단되는 경우
여기에 주로 해당하는 경우가 천주교 서양인신부들의 여러 가

---

21) 唐과 元 나라 때의 景敎를 거론하지 않더라도, 元 나라 이후 중국과 서양과의 문물 교류뿐만 아니라 天主敎의 유입에 대해서는 方豪, 『中西交流史』(3), 中華文化出版事業委員會, 1953이 크게 참조되며, 서양자, 『중국천주교회사』, 가톨릭출판사, 2001, pp.71-100 역시 참조가 된다.

지 생활 모습과 관련된 홍대용의 서술이라고 본다. 그들의 실제 생활을 제대로 파악하려 않고 단지, 홍대용 자신의 판단만을 앞세우려고 했기 때문에 이런 인식을 지니게 되었던 것 같은데, 다음이 그 대표적인 예다.

> (5)그 답장은 붉은 帖子에 正字로 썼는데, 안에는, '年家眷弟인 劉松齡은 머리를 조아리어 절한다'하였고 다른 종이에는 '領謝'라는 두 글자를 썼다. 鮑友官의 편지도 그러하였다. 대개 서양은 해외에 멀리 떨어져 있는 나라이므로 글이 같지 않다. 그 두 사람은 중국에 온 지 오래되므로 대략 漢字를 통하나 편지로는 의사를 전달하지는 못하였다. 그러므로 남을 시켜 이처럼 대필하였는데, 다만 拜謝의 뜻만을 나타냈던 것이다. '연가권제'란 중국의 옛 풍속에서 同年家의 후손들이 서로 일컫던 것인데, 이러한 습속이 잘못 전하여 교제하는데 보통 일컫는 말이 되었다. 서양 사람들이 우리에게 이런 투를 벗어나지 못하였으니, 얼마나 우스운 일인가.22)

홍대용 자신이 보낸 편지에 대한 답장을 받고 그 답장의 형식에 대해 논평한 대목이다. "서양이 해외에 멀리 떨어져 있는 나라이므로 글이 같지 않다"는 점도 충분히 알고 있었고, 또한 유송령과 포우관 이 두 사람이 "중국에 온 지 오래되므로 대략 한자를 통하나 편지로는 의사를 전달하지는 못하므로"남을 시켜 대필代筆한다는 것도 잘 알고 있으면서도, '연가권제年家眷弟'와 '영사領謝'라는 표현을 답장에 썼다고 해서, "서양 사람들이 우리에게 이런 투를 벗어나지 못하였으니, 얼마나 우스운 일인가"라고 쓰고 있는 것 자체가 대단히 인식이 부족한 소치였다고 할 수 있지 않나 한다.

---

22) 洪大容,「劉鮑問答」,『燕記』; 앞의 책, 1974, p.41.

이 가운데 홍대용의 서술 자체에서 드러나 있듯이 '연가권제'란 중국의 옛 풍속에서 동년가同年家의 후손들이 서로 일컫던 것으로 당시에 보통 일반인들 사이에 교제할 때도 보통 일컫는 말이 되었던 것이다. 다만 여기에서 홍대용이 잘못 인식하고 있는 것은, 이러한 습속이 잘못 전해져서 그런 것으로 여기고 있었던 점이다. 이마두利瑪竇 이래로 서양인 천주교신부들은 천주교를 전교하기 위한 방편으로써 흔히 중국인과의 친밀감을 강하게 표현하고자 하여 이러한 중국에서 통용되는 양식을 취하여 서신을 주고받았으며[23], 그래서 조선朝鮮에서 온 홍대용에게도 이러한 표현을 구사했을 뿐이지 서양인들이 조선인을 무시해서 그런 것은 아니었음에 거의 틀림이 없을 듯하다. 하지만 홍대용은 면담을 일단 거절당했던 불쾌감에서 그랬는지는 몰라도, 서양인 천주교신부들의 이런 표현 자체에 대해서까지 마뜩하지 않은 감정을 드러내고 있었던 것이다.

하지만 홍대용도 서양인 천주교신부들과 점차 접촉하게 되면서 이러한 그릇된 인식을 스스로 시정해가는 기회를 갖기도 하였음을 알 수 있다. 유송령과 포우관이 붓으로 한자를 잘 쓰지를 못해 필담이 원활히 이루어지지 못한 것에 불만이던 그가, 이에 대해 그 원인이 무엇이었는지를 비로소 깨우치는 다음의 경우에서 이를 헤아릴 수 있겠다.

(6-가)劉松齡이 책 한 권을 내 보였는데, 모두 서양의 諺字로서 글자의 획이 기교하여 印本처럼 整齊하였다. 일찍이 유송령이 쓴 글자를 본 일이 있는데, 거의 모양을 이루지 못하였기에 내

---

23) 이러한 방식의 접근은 물론이고 많은 天主教 관련 서적들은 직접 漢文으로 저술하는 등 의 적극적으로 天主教와 儒教의 合一性을 찾으려고 시도하는 Matteo Ricci 이래로의 방식을 '補儒論' 혹은 '릿치적 방법론' 혹은 '릿치식 전교방법(Ricci Style)'이라고도 부른다. 崔韶子, 『東西文化交流史硏究』, 三英社, 1987, p.94 등 참조.

가 그 이유를 물었더니, 유송령이, "우리들은 따로 쓰는 붓이 있습니다." 하고, 내 보이는데, 翎管을 비스듬이 깎아서 만든 것이었다. 뾰쪽한 끝을 사용하는데, 그 안에는 먹물이 들어 있어서 글자를 씀에 따라 흐르게 되니, 역시 교묘한 제작이라 하겠다.[24]

(6-나)종이는 倭紙 같지만 매우 두꺼워 서양국 종이인가 싶었다. 장마다 괴상한 글자를 가득히 썼는데 字劃의 가늘기가 털 끝 같고, 井間이 정제하여 줄로 친 듯하였다. 글자는 저희 언문이라 과연 한 자를 알 길이 없고, 精細한 筆劃은 천하에 짝이 없을 것 같았다.

그 쓰는 양을 보고자 하여, 사방 24방위를 종이에 먼저 쓰고 그 옆에 서양국 글자를 일일이 번역하여 쓰라 하였다. (유)송령이 선비가 쓰는 붓을 달라 하여 두어 자를 쓰다가 글자를 이루지 못하며 그치고 말하기를, 붓이 다른 까닭에 쓰지 못하겠다고 하였다. 그들이 쓰는 붓을 보고 싶다고 하였더니, (유)송령이 사람을 불러 하나를 내왔는데 날짐승의 깃이었다. 밑이 둥글고 단단한 곳을 두어 치 잘라 밑동은 엇베어 끝이 날래게 만들었는데, 이 끝으로 글자를 쓰게 한 것이다. 엇깎은 안에 무슨 먹물을 구멍 가득히 넣어 글씨를 쓰는 대로 차차 흘러나와 갑자기 끊기는 일이 없었으니, 이 또한 이상한 製樣이었다.[25]

홍대용은 여기에서 유송령이 붓으로 쓰는 글씨가 익숙하지 않은 이유를 결국에는, 그들에게는 먹물이 흘러나와 갑자기 끊기는 일이 없이 글자가 써지는 문자 그대로 만년필萬年筆이 있어 이것을 그들이 사용하기 때문임을 드디어 깨친 사실을 적고 있는 것이다. 그러면서 그들의 문자뿐만 아니라 종이와 서적 등에 관해 알기에 이르고, 결국에는 '정세精細한 필획筆劃은 천하에 짝이 없

---

24) 洪大容, 「劉鮑問答」, 『燕記』; 앞의 책, 1974, 53쪽.
25) 洪大容, 『을병연행록』; 소재영 (외) 주해, 앞의 책, 1997, p.452; 김태준 · 박성순 옮김, 앞의 책, 2001, pp.211-212.

을 것 같았다'는 표현까지도 구사하였다.

홍대용은 서양 문화의 이러한 외형적인 면모에 대한 인식의 전환과는 별개로, 내면에 대한 인식에 있어서는 전혀 변화된 모습을 한 치도 보여주지 못하고 있었던 것으로 판단된다. 유송령이 펴서 보여준 책의 내용을 보고 오히려 가소롭다는 듯이 서술한 다음이 그 일례다.

(7)관람을 마치고 누각을 누려오니, 유송령이 다시 나를 안내하여 서쪽 누각의 높은 데에 이르렀다. 탁자 위에 누런 비단보로 싼 책 한 권이 있었다. 유송령이 펴 보이는데, 곧 황제를 위해 복을 비는 말이었다.. 그의 뜻을 관찰하매, 藉重함이 있는 듯하였으니, 가소로운 일이었다.26)

비단보에 쌓여 놓인 책의 내용이 황제를 위해 복을 비는 말이 쓰여 있음을 보고, 단 한마디로 '가소로운 일'이라고 쓰고 있는 것이다. 비록 '자중藉重함이 있는 듯하다'고 하면서도, 단호히 가소롭다고 한 것은 결코 올바른 인식을 나타낸 것이라고는 생각되지 않는다. 왜 이들이 이러는가에 대한 깊은 성찰이 없었기 때문이라 가늠되는데, 천주교天主敎의 전교傳敎를 위해서라면 황제皇帝의 복을 빌어서라도 기꺼이 청淸나라 황제의 고임을 받기 원하던 이들의 방식을 전혀 의식하지 못한 소치였던 것이라 하겠다.

이외에도 서양인 천주교신부들의 생활에 대해 제대로 알지 못함으로 해서 홍대용이 이들에 대한 올바른 인식에 장애가 되었던 경우가 몇몇 더 찾아진다. 그들이 기거하는 침실寢室을 보여 줄 것을 요구하기도 하였던, 다음에 보이는 거의 무례無禮와 같은 지경이 가장 두드러진 예이다.

---

26) 洪大容,「劉鮑問答」,『燕記』;앞의 책, 1974, p.46.

(8)관람을 마치고 누각을 내려오자, 홍 통역이 그들의 침실을 보여 달라 하였으나 劉松齡이 일이 있다고 핑계하며 굳이 거절하였다. 正堂에 돌아와 뒷날 기회를 약속하고 떠나왔다.[27]

여기에서는 침실을 보여 달라는 요구에 대해서, 유송령이 '일이 있다고 핑계하며 굳이 거절하였다'고 쓰고 있지만, 이런 요구에 대해 아마도 유송령은 매우 당혹스러울 수밖에 없었을 것으로 헤아려진다. 개인의 사생활을 중시하는 그들에게, 더더군다나 천주교 신부로서 자신이 거처하는 침실을 공개한다는 것은 거의 생각하기 어려운 금기禁忌에 가까운 것이었을 듯하기 때문이다.

그리고 이들은 천주교신부로서, 더더군다나 수도단체인 예수회 소속이었으므로, 하루 일과에는 빼곡히 기도와 묵상 시간들이 점철되어 있어, 외부인과의 접견도 여의치 못할 때가 적지 않았을 터이므로, 습관적으로도 정확히 시간 지키기가 몸에 배어 있었을 것이다. 따라서 이들은 일상생활 속에서 정확한 시간을 알기 위해서도 항시 오늘날의 시계와 같은 기구를 지니고 다녔던 것이다. 이에 대해서 홍대용은 아래와 같이 쓰고 있음이 주목된다.

(9)두 사람은 모두 품속에 日表를 간직하였다가 수시로 꺼내어 살폈다. 일표는 종이 없이 시간만을 살피는 것인데, 烏銅에 꽃을 새긴 것으로 갑을 만들었다. 鮑友官이 그 갑을 열어 보여주는데, 직경이 한 치쯤 되는 속에 기륜의 제작이 구비되었는데, 이는 귀신의 솜씨가 조각한 듯하였고 오랑캐의 생각으로 만들어진 것 같지는 않았다.[28]

유송령劉松齡과 포우관鮑友官 두 사람 모두 품속에 시계인 일표

27) 洪大容, 「劉鮑問答」, 『燕記』 ; 앞의 책, 1974, p.47.
28) 洪大容, 「劉鮑問答」, 『燕記』 ; 같은 책, 1974, pp.54-55.

日表를 지니고 생활하면서, 수시로 꺼내어 살폈다고 쓰고 있는 것이다. 포우관이 직접 보여주어 그 자세한 것을 살필 수 있었음을 적고 있으면서, 홍대용이 마지막에 이에 대해 평을 한 것을 간과할 수 없다고 본다. '이는 귀신의 솜씨가 조각한 듯하였고 오랑캐의 생각으로 만들어진 것 같지는 않았다'고 한 것이다. 일표日表의 정교함을 강하게 묘사하기 위함이었겠으나, 이 표현 그대로라면 이 물건을 만든 사양 사람들은 영락없는 '오랑캐'인 것이며, 따라서 이는 부지불식간不知不識間에 홍대용이 서양인들을 그렇게 인식하고 있었음을 전혀 여과가 없이 온전히 드러낸 것이라 해서 그르지 않다. 말하자면 홍대용은 서양인 천주교신부들과 서양 과학 기술은 논하면서도 그들을 '오랑캐'로 인식하고 있었던 것이라 하겠다.

제4절 서양인 천주교신부들의 조선인에 대한 인식

홍대용洪大容 일행을 만난 서양인 천주교신부들은 그러면, 조선 인朝鮮人인 이들에 대해 어떤 인식을 표출하고 있었을까? 이에 관해서는 홍대용 자신이 너무나 진솔하게 있었던 사실들을 그대로 적어 놓고 있어, 알기 어렵지 않다.

가)초기의 긍정적인 인식에서 후기의 부정적 인식으로의 전환
처음에는 서양인 천주교신부들이 조선인에 대해 매우 호감을 지니고 접견하였음에 대해 다음과 같이 홍대용이 쓰고 있는 것이다.

(10)강희 연간 이후로부터 우리나라 사신이 연경(燕京)에 가면 더러 그들이 있는 집에 가서 관람하기를 청하면, 서양 사람들은 매우 기꺼이 맞아들이어 그 집 안에 설치된 특이하게 그린

신상(神像) 및 기이한 기구(器具)들을 보여 주고, 또 서양에서 생산된 진이(珍異)한 물품들을 선물로 주었다. 그러므로 사신 간 사람들은 그 선물도 탐낼뿐더러, 그 이상한 구경을 좋아하여 해마다 찾아가는 것을 상례(常例)로 삼고 있었다.[29]

우리나라 사신이 그들을 찾아가면 '매우 기꺼이' 맞아들여 집안에 설치된 신상神像 및 기구器具 등을 보여주고, 서양 물건도 선물로 주었다는 것이다. 그러므로 선물도 받을 겸 구경도 할 겸 우리나라 사람들이 '해마다 찾아가는 것을 상례常例로 삼고 있었다'라 적고 있다. 말하자면 처음에는 서양인 천주교신부들이 우리나라의 사신들을 상당히 예우하고 있었음을 알려준다고 하겠다. 그렇지만 시간이 지나자 조선인들의 무례함으로 이런 우호적인 관계는 깨지고 말았는데, 그 경위에 대해서 홍대용은 다음과 같이 서술하고 있다.

(11)그런데 조선의 풍속은 교만하여서 그들을 거짓 대하는 등 예의를 갖추지 않는 일이 많고, 혹은 그들의 선물을 받고서도 보답하지 않았다. 또는 수행원 중에 무식한 사람들은 가끔 그 집에서 담배를 피우고 가래침을 뱉으며, 기물을 함부로 만져 더럽혔던 것이다. 그러므로 요즘에 와서는 서양 사람들이 (우리를) 더욱 싫어하여, 관람을 청하면 반드시 거절하고 설사 관람을 허락하더라도 情誼로 대하지 않았다.[30]

조선인들이 그들은 거짓으로 대하고 선물을 받고도 보답하지 않은 등 예의에 어긋나는 일을 하는 경우가 있었다고 했다. 뿐만이 아니라, 가끔 '그 집'에서 담배를 피우고 가래침을 뱉으며 기물을 함부로 만져 더럽혔다는 것인데, 여기에서 홍대용이 '그 집'

---

29) 洪大容,「劉鮑問答」,『燕記』; 앞의 책, 1974, pp.39-40.
30) 洪大容,「劉鮑問答」,『燕記』; 같은 책, 1974, p.40.

제4장 조선인 홍대용과 서양인 천주교신부의 상호 인식 ‖ 183

이라고 함은 북경北京 소재의 남당南堂, 명백히 천주교 자체로 보면 성전聖殿이다. 그러므로 서양인 천주교신부들의 눈에는 성전聖殿에서 담배를 피우고 심지어 가래침까지 뱉으며, 더더군다나 성스러운 기물을 함부로 만져 더럽히는 조선인들이 영락없는 야만인으로 여겨졌을 법하다.

따라서 그들은 점차 조선인을 싫어하게 되어, 관람을 거절하고 관람을 허락할지라도 정의情誼로 대하지 않는다고 하였다. 이런 분위기는 홍대용이 그 곳을 방문코자 하였을 때에도 지속되고 있었기에, 첫 번째 방문 시도가 성사되지 못하였었다. 서양인 천주교신부들이 그래서 [앞서의 기록 (1)에 적혀 있듯이] "자신들을 만나 주기를 싫어해서 일부러 그 기회를 늦춘 듯하다"고 여기게 되었고, 그럼으로 해서 홍대용은 이들에 대해 거의 노골적으로 불쾌감을 지니게 되었던 것이다.

나)서양인 천주교신부들의 조선에 대한 지식 정도와
   궁금함의 배경

비록 우여곡절이 있었지만, 홍대용 일행이 서양인 천주교신부들과 만나 대화를 나누었는데 그 내용 가운데에서 그들이 우리나라와 관련된 질문을 하고 있음을 특기하지 않을 수 없겠다. 그만큼 그들이 우리나라에 대해 깊은 관심을 지니고 있었음을 밝힌 것이며, 이는 애초부터 앞의 기록 (10)에 보이듯, 조선인들을 '매우 기꺼이' 맞아들여 선물도 주고 하는 환대를 보인 점과 불가분의 관련이 있는 것이라 여겨지기 때문이다.

(12)2월 2일 다시 가서 서로 만났다. 인사를 끝낸 뒤에 유송령이, 대마도(對馬島)·부산(釜山)의 위치와 왜인(倭人)의 내왕 여부에 대해 묻고, 덕성과 성력(星曆)에 대하여 묻는 일이 있었으

나 다 적지 않는다.31)

『연기燕記』의 기록인 이를 통해 4번째이자 마지막이었던 1766
년 2월 2일의 만남자리에서, 유송령劉松齡이 홍대용洪大容 일행에
게 대마도對馬島와 부산釜山의 위치에 대해서 그리고 왜인倭人의
내왕 여부에 대해서 질문하였음을 알 수 있다 하지만 여기에서는
그 내용에 대해 일체 적지 않았기 때문에, 단지 이들이 우리나라
에 대해서 관심이 있었고 특히 일본과의 교류 관계와 관련하여
궁금함을 지니고 있었음을 짐작할 수 있을 뿐이다. 하지만 다행
히도 『을병연행록』의 그것인 아래에는 이 보다는 자세한 대목이
서술되어 크게 주목된다.

    (13)유송령이 묻기를, "對馬島와 釜山이 어느 縣에 있으며, 근
    년에 왜국 사람들과 서로 왕래를 통합니까?"라고 하였다. 내가
    그 事狀을 대답하고 묻기를, "대마도와 부산을 그대는 어이 압
    니까?"하니, 유송령이 말하기를 "명나라 萬曆 연간의 史記를
    보았으니 어찌 모르겠습니까?"하였다.32)

유송령은 대마도와 부산의 위치에 대해 구체적으로 질문하고
있으며, 아울러 왜국倭國과 조선朝鮮이 근년에 서로 왕래를 통하
고 있는지를 묻고 있는 것이다. 그런데 이 대목에서도 면밀히 살
피면, 그의 질문 속에서 대마도와 왜국에 대한 질문이 주主이고
부산과 조선에 대한 것은 종從인 듯하다. 그럴 정도로 유송령은
대마도와 왜국에 대한 관심이 부산과 조선에 대한 그것보다 더하
였다고 해야 하지 않나 싶은데, 왜 이들이 그랬는지에 관해서는

---

31) 洪大容,「劉鮑問答」,『燕記』; 앞의 책, 1974, p.53.
32) 洪大容,『을병연행록』; 소재영 (외) 주해, 앞의 책, 1997, p.451; 김태
    준 · 박성순 옮김, 앞의 책, 2001, p.210.

바로 그 다음의 질문과 답변 속에서 이해의 실마리가 찾아진다. 유송령이 '명明나라 만력萬曆 연간의 사기史記'를 보았노라고 답한 것이다. 여기에서 그가 얘기하는 '명明나라 만력萬曆 연간의 사기史記' 즉 명나라 만력 연간의 역사 기록이란, 분명 명나라 만력 20년(1592)에 발발한 임진왜란壬辰倭亂과 만력 25년(1597)에 재발한 소위 정유재란丁酉再亂에 관련된 것을 가리키는 게 틀림이 없다. 따라서 유송령은 과거 일본이 조선을 임진왜란과 정유재란을 일으켜 공격했던 역사적 사실을 책을 통해 알고 있었으면서, 현재는 그 사정이 어떤지를 궁금해 하고 있었던 것이라 하겠다.

그러면 그는 과연 어떠한 책들을 보고 이를 익히 잘 알고 있었으며, 궁극적인 관심사는 무엇이었을까? 이에 관련하여 살핌에 있어 염두에 두어야 할 사실은 대략 2가지 점이 아닌가 한다. 하나의 사실은 일본의 경우 임진왜란 이전에 이미 천주교가 수용되어 있었다는 점이고, 또 다른 하나의 사실은 당시 일본의 천주교 수용에 예수회가 크게 역할을 하였다는 점이다.[33] 유송령은 이미 북경에 들어오기 이전 마카오Macau 시절부터 예수회 본부를 통해 적어도[34], 이러한 사실들을 익히 알고 있었다고 봄이 자연스런 해석일 듯하다. 요컨대 유송령劉松齡과 포우관鮑友官은 모두 예수회 소속의 신부로서 일본에서는 천주교가 수용되었지만, 조선에서는 사정이 그렇지 못함을 익히 알고 있는 터여서, 조선 전교의 목적을 달성하기 위해 조선인에 대해 매우 우호적인 태도로 대할뿐더러 그렇기 때문에, 홍대용에게도 이런저런 관련된 관심

---

33) 이 점에 대해서는 주로 威印平, 『日本早期耶蘇會史硏究』, 商務印書館, 2002 참조.
34) 北京에 머물던 때에도 劉松齡은 皇帝에게 편지를 전달할 정도로 영향력이 있는 耶蘇會士로서 활약하고 있었는데, 이 점에 대해서는 徐薩斯, 『歷史上澳門』, 澳門基金會, 2000, p.121.

을 펼쳐보였던 것이라 생각된다.

　하지만 유송령의 이러한 관심은 홍대용의 입장에서는 결코 달가운 것이 아니었던 듯하다. 그 질문 자체부터가 대마도와 일본 위주이고 부산과 조선은 부수적인 것처럼 받아들여졌기 때문이었을 뿐더러, 조선인 홍대용에게는 치욕적인 임진왜란과 정유재란을 서양인 천주교신부가 거론한다는 것 자체에 거부감이 심하게 작용하였던 게 아닐까 여겨진다. 그렇지 않고 유송령의 질문이 홍대용에게 달가운 것이었다면, 굳이 앞의 사료史料 (12)에서 보듯이 '다 적지 않는다'고 밝히고 아무런 사실도 기록하지 않으려 하지는 않았을 법하다. 결국 홍대용과 유송령은 각기 서로 관심사가 달랐기에 대화가 제대로 이루어지기는 어려웠다고 보여진다. 홍대용은 서양의 과학 기술 등에는 관심이 있었지만 천주교 자체에는 의문은 있을지언정 그것 자체를 깊이 있게 이해하고 받아들이고자 하는 마음은 추호도 없었다. 반면 유송령은 조선의 사정과 조선인 자체에 대한 관심보다는 여느 서양인 천주교신부와 다를 바 없이 조선에 대한 천주교 전파에만 관심을 쏟고 있었기 때문이라 여겨진다고 하겠다.

제5절 조선인 홍대용과 서양인 천주교신부의 상호 인식의 차이점

홍대용洪大容과 유송령劉松齡 사이에 명백히 드러나는 상호 인식의 차이는 과연 어느 정도 드러나고 있었는가? 두 사람의 대화록 속에서도 이 점은 적지 않게 찾아진다. 홍대용이 유송령에게 던진 서양의 학문과 종교에 관한 질문과 그에 대한 유송령의 대답 속에서 무엇보다도 잘 드러나고 있는 것이다.

(14-가)내가, "무릇 사람이 어려서 배우고 장성해서 행함에는 임금과 어비이로서 존귀함을 사는 것인데, 들으니 서양 사람들은 그 존귀한 것을 버리고 따로 높이는 것이 있다 하는데, 그것은 어떠한 학문입니까?" 하니 답하기를, "우리나라의 학문은 이치가 매우 기이하고 깊습니다. 선생께서는 어떠한 것을 알고자 합니까?" 하기에, 내가 "儒敎에서는 오륜五倫을 숭상하고, 佛敎에서는 空寂을 숭상하고, 道敎에서는 淸淨을 숭상합니다.

그런데 당신 나라에서는 어떤 것을 숭상하는지 듣고자 합니다."
하였더니, 답하기를, "우리나라의 학문은 사람들에게 사랑함을
가르칩니다. 하느님을 높이되 萬有의 위에 숭배하고, 남을 사랑
하되 자기 몸처럼 합니다." 하였다.

내가, "사랑이란 무엇을 말합니까? 특히 그러할 사람이 있습니
까?" 하니, 답하기를, "공자의 이른바 '郊社의 예는 上帝를 섬
긴다' 란 그것이고, 도교에서 말한 '玉皇上帝'는 아닙니다." 하
고, 다시 "詩經의 註에서도, '上帝는 하늘의 主宰'라고 말하
지 않았습니까." 하였다.[35]

(14-나)내가 또 말하기를, "그윽이 들으니 천주학문이 三敎와
더불어 중국에 병행한다 하는데, 우리는 동국 사람이어서 홀로
알지 못하니, 원컨대 그 대강을 듣고 싶습니다."라고 하였다.
유송령이 말하기를, "천주의 학문은 심히 기특하고 싶습니다.
그대는 어느 대목을 알고자 합니까?" 하기에, 내가 말하기를,
"儒道는 仁義를 숭상하고, 老道는 淸淨을 숭상하고, 佛道는 空
寂을 숭상하는데, 원컨대 천주의 숭상하는 바를 듣고자 합니
다."라고 하였다. 유송령이 말하기를, "천주의 학문은 사람을 가
르쳐 천주를 사랑하고, 사람 사랑하기를 내 몸과 같이 하는 것
입니다."라고 하였다. 내가 묻기를, "천주는 上帝를 가리키는
이름입니까? 혹은 특별한 사람이 있어서 칭호를 천주라 하는
것입니까?" 하니, 유송령이 말하기를, "이는 孔子의 이른바, '郊
社의 예는 써 상제를 섬기는 바라'하는 것이고, 도가의 옥황상
제를 이르는 것이 아닙니다." 하고 또 말하기를 "『詩傳』 註에
'上帝는 하늘 主宰라'이르지 않았습니까?"라고 하였다.[36]

홍대용은 임금과 어버이를 거론하면서 줄곧 유교적儒敎的인 충
忠과 효孝를 내세우는 반면, 유송령은 자신들의 천주교에서는 '사
랑(愛)'을 가르치며, "하느님을 높이되 만유萬有의 위에 숭배하

35) 洪大容, 「劉鮑問答」, 『燕記』 ; 앞의 책, 1974, pp.49-50.
36) 洪大容, 『을병연행록』 ; 소재영 (외) 주해, 앞의 책, 1997, pp.361-362;
    김태준 · 박성순 옮김, 앞의 책, 2001, pp.185-186.

고, 남을 사랑하되 자기 몸처럼 한다."는 것을 강조하고 있음을 볼 수 있다. 그리고 이어서 홍대용이 "천주는 상제上帝를 가리키는 이름입니까? 혹은 특별한 사람이 있어서 칭호를 천주라 하는 것입니까?"하는 질문을 하자, 유송령은 공자孔子가 섬기라 한 상제上帝가 그것이며, 『시전詩傳』주註에 거론한 '상제上帝는 하늘의 주재主宰라'한 대목을 거론하면서 천주의 개념을 이해시키려 시도하고 있는 것이다.

이러한 차이점은 천주교에서는 처첩妻妾을 두는지, 또한 신부는 아들을 낳는지 그리고 한문으로 된 서적이 서양에도 있는지 여부에 대한 홍대용의 질문과 유송령의 답변 속에서도 아래에 보이듯이, 두 사람이 지닌 인식의 차이점의 간극間隙은 도저히 좁혀들 여지가 전혀 없어 보인다.

(15-가)내가, "여러분은 아들을 두었습니까?"하니, 유송령이 웃으며, "본래 장가를 들지 않았는데, 어떻게 아들을 두겠습니까?"하였다. 내가, "귀국의 종교에서는 장가를 들지 못하게 되었습니까?"하니, 유송령이, "그렇지는 않습니다. 우리들은 傳敎하기 위하여 이곳에 왔으니, 한번 왔으면 다시 돌아갈 수 없으므로, 장가를 들고도 싶으나 되겠습니까?"하였다.

내가, "서양 사람들에게도 한문으로 된 책이 있습니까?"하니, 유송령이 "우리나라는 언자(諺字)만이 있으므로 '하늘이 명하는 것을 성이라 하고, 성품을 따르는 것을 도라 한다(天命之謂性 率性之謂道)'의 따위는 그 말만이 있을 뿐 책은 없습니다."하였다.[37]

(15-나)내가 묻기를, "그대는 자식이 있습니까?"하니,(유)송령이 대답하기를, "우리는 처첩이 없는데, 어찌 자식 유무를 의논하겠습니까?"하였다. 내가 묻기를, "천주의 학문은 처첩을 두지 못합니까?"하니,(유)송령이 말하기를 "어찌 그러하겠습니까?

---

37) 洪大容, 「劉鮑問答」, 『燕記』; 앞의 책, 1974, pp.53-54.

지금 북경 사람이 천주의 학문을 다 숭상하지마는 어찌 인륜을 폐한 사람이 있겠습니까? 우리는 학문을 전하기 위하여 젊어서 집을 떠나 이곳에 와서 이미 나이 늙었을 뿐 아니라, 고향이 수만 리 밖이라 비록 처첩을 두고자 하더라도 어찌하겠습니까?" 하고 하였다.

내가 묻기를, "서양국은 중국 眞書를 알지 못하니 필연 중국 서적이 없을 것인데, 도를 배우는 사람은 무슨 글을 봅니까?" 하니, (유)송령이 말하기를, "다만 우리나라 언문을 쓸 뿐입니다. 온갖 서적이 있지만 다 우리나라 사람이 만든 글이고 우리나라 언문으로 지은 것이며, 말이 비록 다르지만 도리를 의논한 말은 중국과 다름이 없습니다." 하고 인하여 『中庸』 첫 장을 외우며 말하기를, "이 구절을 말하여도 비록 그 글은 없으나 그 말은 있습니다." 라고 하였다.[38]

이 대화를 통해 홍대용에게 있어서 서양과 관련된 의문에는 3가지가 있었던 것으로 드러난다. 첫째는 천주교 신부에게 자식이 있는지, 둘째는 천주교를 믿으면 과연 처첩을 둘 수 있는지에 관한 것이었는데, 이에 대한 유송령은 답변의 핵심은 "지금 북경 사람이 천주의 학문을 다 숭상하지마는 어찌 인륜人倫을 폐한 사람이 있겠습니까?"라고 홍대용에게 되물은 데에서 잘 드러나고 있다고 보여 지는데, 한마디로 중국인들이 이제는 많이 받아들이고 있는 바대로 결코 천주교는 결코 인륜을 폐하지 않는다는 것을 강조해 답변한 것이었다.

또한 홍대용이 세 번째 던지는 문자와 서적에 관한 질문의 답변에서 조차도, 유송령은 나름대로의 문자로 온갖 서적이 다 갖추어져 있음을 지적하며, 글이 비록 다르더라도 같은 의미의 말이 있음을 지적하면서 『중용中庸』 첫 장의 말, 즉 '하늘이 명하는

38) 洪大容, 『을병연행록』; 소재영 (외) 주해, 앞의 책, 1997, pp.452-453; 김태준 · 박성순 옮김, 앞의 책, 2001, pp.212-213.

것을 성이라 하고, 성품을 따르는 것을 도라 하고, 도를 닦는 것을 교라 한다(天命之謂性 率性之謂道 修道之謂教)'의 일부를 예로 들고 있다.

이와 같이 홍대용은 끝내 유교의 입장을 견지하려 하였고, 유송령은 그러한 홍대용에게 유교儒敎 경전經典을 인용해가면서 보유론補儒論을 펼치면서 천주교天主敎의 교리敎理를 설명하였지만, 그 접점을 끝내 찾아지지 못하고 두 사람의 대화는 더 이상 이어지지를 못하고 말았다. 이러한 홍대용의 천주교 교리에 대한 인식은 뒷날에도 여전하였던 듯한데, 훗날 항주인杭州人 육비陸飛·엄성嚴誠·반정균潘庭筠 3인과 필담筆談을 통해 교류를 맺으면서 주고받은 대화록「건정동필담乾淨衕筆談」[39]가운데 다음과 같은 대목에서 잘 드러나고 있다.

(16)내가 "남쪽에서도 서양학을 하는 자가 있는가?" 난공이 "서교도 중국에 행한다. 그러나 이는 금수의 교이니 사대부가 모두 그르다 한다." …(중략)…
역암이 "이것은 공공연히 금지되어 있다." 내가 "明禁(공연한 금지)이란 것은 朝禁(조정에서 내린 금지)을 이름인가?" "그렇다." 내가 "이미 조금이 있으면 경성 안에 어찌 교당 세우는 일이 있는가?" 두 사람이 모두 놀라며 "어느 곳에 있는가?"

---

39) 洪大容이,「乾淨衕筆談 續」,『杭傳尺牘』;『국역 담헌서』, 민족문화추진회, 1974, pp.345-346에 밝힌 바에 따르면, 嚴誠·潘庭筠과 함께 회합한 게 7회이고, 陸飛와 회합한 게 2회였다고 하는데, 이들과의 筆談 기록을 대부분 潘庭筠이 정리해 놓았던 것을 토대로 洪大容 자신이 재정리하였다고 하였다. 이 글의 특히 마지막 부분(같은 책, p.346)에서 "우리들의 말은 평중이 항상 번다할까 걱정했으므로 많이 잘라냈고, 나는 항상 간단할까 걱정했으므로 많이 첨가하였으니, 요컨대 語勢를 잘 매만져서 그 본의를 잃지 않게 하였을 따름이다. 그 방해될 것이 없는 것은 될 수록 본문대로 살려 두었다. 그 제 본색대로 성실을 다하고 일부러 꾸밈이 없음을 여기서 볼 수 있을 것이다."고 하였음이 특기할 만하다.

내가 "동·서·남·북 네 당이 있는데, 그 동서 두 당은 나도
보았다. 서양인이 와 지키고 전교하더라." 양생이 "저들이 서울
에 와서 주의해 들었어도 아직 듣지 못했는데." 내가 "하늘과
역법을 논함에는 서법이 매우 높아서 전인 미개의 것을 개척했
다 하겠다. 다만 그 학은 吾儒의 上帝의 號를 절취하여 불가의
輪廻의 설로 장식한 것이니, 천루하여 가소로운데, 와서 보니 중
국인 숭봉하는 자가 많은 것 같으니, 궁금한 것은 사대부는 남
북을 무론하고 모두 신종하는 자가 없는가?" 모두 "없다."[40]

이를 통해 결국 홍대용은 천주교 교리에 대해서 "오유吾儒의
상제上帝의 호號를 절취하여 불가의 윤회輪廻의 설로 장식한 것"
이라는 인식을 끝내 지니고 있었음을 알 수 있다. 이러한 그의
천주교天主敎 교리敎理에 대한 얕은 인식은 그 자신이 주로 서양
의 과학 기술 등에 대해서만 관심이 깊었던 데에서 기인하는 것
이었다고 보인다.[41]

40) 洪大容, 「乾淨衕筆談」, 『杭傳尺牘』; 『국역 담헌서』, 민족문화추진회,
1974, pp.230-231.
41) 李元淳, 「朝鮮後期 實學者의 西學意識」, 『朝鮮西學史 硏究』, 一志社,
1986, pp.197-198.

제6절 맺음말

홍대용은 이후 북경 여행을 마치고 돌아와 이를 통해 얻은 견문을 스스로 글로 정리하여 저술함과 아울러 당대인들과 교유交遊를 통하여 자신이 얻은 견문을 대화를 통해 함께 나눔으로써 지대한 영향을 끼친 것으로 여겨진다. 특히 박지원朴趾源과 그의 제자들로서 뛰어난 한시漢詩를 남겨 이른바 사가四家로 불리는 이덕무李德懋 · 유득공柳得恭 · 박제가朴齊家 · 이서구李書九 등에게 그러하였다. 그래서 홍대용에 대해서 이덕무는 「홍담헌洪湛軒 대용 원정大容園亭」이란 시의 한 구절에서 "동방東方에 당신 한분 우뚝 높으시니/당신과 벗할 이 당신 말고 뉘 있으리"라고 읊조렸으며, 또한 박제가는 한 편의 시에서 "연암燕巖선생은 비운리飛雲履 신으시고/담헌부자湛軒夫子께선 명아주 지팡이 지프셨네/마침 8월 어르신네들 유람遊覽하러 가신다기/집에도 말 안하고 바로 따라 나섰다네"라고 하여 유람 길에 홍대용을 모시기 일쑤였고 모시는 기쁨에 여북하면 집에도 말 안하고 소식을 듣자마자 바로

따라나설 정도였음을 토로吐露하고 있다.[42]

그만큼 홍대용이 이들에게 끼친 영향은 지대했기 때문이다.[43] 그리하여 이덕무와 박제가가 1778년에, 박지원이 1780년에, 박제가가 또 1790년에 2,3차, 유득공이 또한 1790년과 1801년에 연이어서 그리고 1801년에는 박제가가 제5차 연행燕行에 오를 만치 이들이 홍대용의 뒤를 밟아 줄줄이 연행에 올랐던 것이다.[44] 홍대용의 연행燕行 이후 이렇듯이 당대인에게 끼친 영향이 얼마나 큰 것이었는지를 극명하게 구체적으로 보여주는 대표적인 예는, 이덕무 등 이른바 사가四家의 스승이었던 연암燕巖 박지원과의 교류를 통해서이다. 그 중에서도 특히 홍대용을 통해 양금洋琴을 박지원이 처음으로 접하게 되는 아래와 같은 기록은 흥미롭다.

(17)아버지(朴趾源)는 音律을 잘 분별하셨고 담헌공(湛軒公;홍대용)은 樂律에 대단히 밝으셨다. 하루는 아버지께서 담헌공의 방에 계시다가 들보 위에 洋琴 여러 개가 걸려 있는 걸 보셨다. 중국에 간 사신이 귀국하면서 해마다 가지고 온 것인데, 당시 사람들 중에는 그것을 연주할 줄 아는 자가 아무도 없었다. … (중략)… 몇 차례 해보자 과연 들어맞아 어긋나지 않았다. 이로부터 양금이 비로소 세상에 성행하게 되었다.[45]

---

42) 鄭良婉,「四家의 時代的 背景」,『朝鮮朝後期 漢詩研究—特히 四家詩를 中心으로—』, 성신여자대학교 출판부, 1983, pp.5-20.

43) 千寬宇,「洪大容의 實學思想」,「文理大學報」11, 1958;『近世朝鮮史研究』, 一潮閣, 1979 및 「洪大容 地轉說의 再檢討」,『조명기박사 화갑기념불교사학논총』, 1965; 같은 책, 1979 그리고 같은 이,「湛軒 洪大容」,『韓國史의 再發見』, 一潮閣, 1974 등에서 洪大容에 대한 이런 평가들이 잘 정리되어 있다.

44) 김태준,『洪大容評傳』, 民音社, 1987, pp.64-65.

45) 朴宗采,『過庭錄』; 박희병 옮김,『나의 아버지 박지원』, 돌베개, 1998, pp.36-37.

이는 박지원의 자子 박종채朴宗采가 남긴 글로, 홍대용과 박지원과의 관계를 상세히 전해주는 대목이 많은데, 그 가운데서도 자신의 부친父親 박지원이 양금洋琴을 잘 하게 된 연유를 서술하고 있는 부분이다. 이를 보면, 결국 홍대용을 통해서 서양의 문물인 양금을 박지원이 처음으로 접하고 이를 익혀내고 있음을 알 수 있다. 홍대용이 박지원에게 끼친 영향은 비단 이러한 양금과 같은 것에만 국한된 것은 아니었다. 이들은 외국의 선진 문물을 적극 수용하여 발전을 이룬 청淸의 것을 우리도 적극적으로 받아들이자고 하여 북학파北學派로도 불리면서, 상공업 중심의 부국안민론富國安民論을 주창하고 있었으므로, 상공업을 발전시킬 구체적인 방책들도 강구하고 있었다. 하나의 예가 다음에 보이는 수레에 대한 연구이다.

(18)대개 수레는 天理로 이룩되어서 땅 위에 행하는 것이니, 물을 다니는 배요 움직일 수 있는 방이다. …(중략)… 그러나 타는 수레 싣는 수레는 백성들에게 가장 중요한 것이어서 시급히 연구하지 않을 수 없는 문제이다. 내 일찍이 洪湛軒 德保, 李參奉 聖載와 더불어 車制를 이야기할 때…(하략)…[46]

이를 보면 박지원이 사람이 타는 수레와 물건을 싣는 수레가 백성들에게 가장 중요한 것이어서, 시급히 연구하지 않을 수 없다고 여기고 있었음이 잘 드러나 있는데, 그가 수레에 대한 것을 일찍이 홍대용과 논의했음도 밝혀져 있다. 그러므로 홍대용이 박지원에게 양금과 같은 물건이나, 수레를 제작하는 과학 기술의 수용 등 여러 방면에서 크게 영향을 끼치고 있었음이 분명하다.

이렇듯이 홍대용이 자신의 경험을 담은 『연기燕記』 등을 저술

---

46) 朴趾源, 「駋迅隨筆」, 이가원 옮김, 『국역 열하일기』 I , 민족문화추진회, 1968, p.181.

하는 한편으로는 직접적인 교류를 통해서 당대의 후학들에게 연행燕行의 필요성을 절실하게 느끼도록 했을 뿐만 아니라 서양 물건이나 과학 기술을 전파해주었음은 분명하다. 하지만 그와 동시에 홍대용 자신이 지녔던 서양 문화 자체와 서양인 천주교신부들에 대한 부정적인 인식도 거의 그대로 전파했던 것은 아닐까 생각된다. 그랬기 때문에 홍대용의 영향을 직접적으로 고스란히 받은 박지원을 위시해서 그의 제자인 이덕무 등 이른바 사가四家들이 빠짐없이 북경北京에 갔으면서도, 정작 천주당天主堂 방문은 결코 한번도 한 적이 없을 뿐만 아니라 더 이상 천주교天主教 자체에 대한 관심조차도 별반 드러내지 않게 되었던 게 아닌가 싶은 것이다.

연행燕行의 경험이 있는 이들 북학파北學派가 전혀 천주교 자체에 대해 눈길조차도 주지 않는 사이, 암담한 현실 속에서 개혁을 통해 농민들의 고통을 덜어줌으로써 농업 중심의 이상적인 국가를 건설해보고 했던 소위 경세치용학파經世致用學派의 실학자들이 국내에만 줄곧 머물렀을 뿐 중국에 전혀 가본 적이 없으면서도 서적을 통해 천주교를 접하게 되어 이를 신앙으로까지 점차 받아들이고 있었던 것과는 너무나 극명하게 대조적이었다. 홍대용洪大容이 세상을 떠난 정조 7년(1783) 바로 그 해에 동지사冬至使로 간 부친父親을 수행하였던 이승훈李承薰이 조선인으로서는 처음으로 북경北京에서 서양인 천주교신부에게서 세례를 받고 이듬 해 돌아옴으로써 자체적으로 신앙운동이 점차 열을 띠게 되는 것은 아니러니한 역사적 사건의 전개라 하지 않을 수 없다.

제5장

『유학경위』에 나타난 신기선의 천주교 인식과 이에 대한 천주교의 대응

제1절 머리말

한국천주교회사韓國天主教會史에 대해 공부하면서 관련이 있을 성싶은 이런저런 서적을 뒤적이며 많은 생각을 할 때가 종종 있다. 그러던 어느 날 우연치 않게 『김택영의 조선시대사 한사경韓史繁』이라는 번역서를 읽다가 천주교와 관련된 사항들 가운데에서 1896년 8월과 10월 사이의 항목에 다음과 같은 대목이 있음을 발견하고, 이 사건의 발단과 경과 등이 정말 어떻게 전개되었을까? 참 궁금하다는 생각을 했던 것이 오래 전의 일이었다.

(1)이 때 學部大臣 申箕善이 저술한 책을 간행하였는데 평소 신기선과 사이가 좋지 못한 徐載弼이 9월에 그 책 가운데 천주교를 비난하고 배척한 말이 있는 것을 한경에 있는 서양교도에게 누설하였다. 교도들이 크게 노하여 떠들썩하니 왕이 이를 듣고 외국인과의 화합을 잃을까 두려워하여 신기선으로 하여금

사과하고 교도들에게 사죄하도록 하였다.[1]

당시 학부대신學部大臣 신기선申箕善이 저술한 책의 이름은 밝히지 않았지만, 무엇보다도 그 책 가운데 천주교를 비난하고 배척한 말이 있었다는 게 주목되었는데, 더더군다나 서양교도들이 이 사실을 알고 크게 노하여 떠들썩했다는 것은 그럴 법할 수도 있겠다고 생각이 들었다. 당시는 조선과 프랑스와의 사이에 이른바 한불조약韓佛條約이 체결된 1886년으로부터도 이미 10년씩이나 경과한 시점이어서, 이 조약의 체결로 말미암아 천주교가 당시에 신앙信仰의 자유自由를 획득했다고 이해하는 관점에서 보면[2], 더욱 그러하다고 하겠다. 이미 신앙의 자유를 획득한 마당에 정부의 고위 관리, 그것도 국가의 교육을 책임지고 있는 학부대신學部大臣이 천주교를 비난하고 배척하는 말이 들어 있는 저서를 간행했다는 사실 자체가 어불성설語不成說이라 하지 않을 수 없을 것이다.

이와 관련하여 위에 인용한 바와 같이 신기선申箕善의 저술 가운데 이런 내용이 들어있다는 사실을, 신기선과 평소에 사이가 좋지 않던 서재필徐載弼이 서양교도에게 누설했다고 한 것이나, 또한 서양교도들이 떠들썩하니 국왕이 외국인과의 화합을 잃을까 두려워서 신기선으로 하여금 사과하도록 했다는 대목에 이르러서

---

1) 金澤榮, 『韓史綮』, 1918; 조남권 (외) 역, 『김택영의 조선시대사 韓史綮』, 태학사, 2001, p.540.
2) 韓佛條約과 天主教의 신앙 자유 문제에 대해서는 崔奭祐, 「韓佛條約과 信敎自由」, 『史學研究』 21, 1969; 『韓國敎會史의 探究』, 한국교회사연구소, 1982 및 李元淳, 「韓佛條約과 宗教自由의 문제」, 『교회사연구』 5, 1987; 『朝鮮時代史論集: 안(한국)과 밖(세계)의 역사』, 느티나무, 1993. 그리고 최근의 연구로는 장동하, 「한불 조약과 종교 문제」, 『신학과 사상』 35, 가톨릭대학교, 2001; 『한국 근대사와 천주교회』, 가톨릭출판사, 2006 참조.

는 뭔가 석연치가 않다는 느낌이 강하게 들었다. 학부대신인 신기선이 공공연히 저서를 간행하였는데, 그 내용 중에 천주교에 대해 비난하고 배척하는 게 들어있다는 사실을 과연 서재필이 굳이 알려주어서야 서양교도들이 알게 되었을까? 그리고 국왕이 외국인과의 화합을 깨칠까 염려하여 개입함으로써 비로소 신기선이 사죄하였을까? 등등의 의문이 생겼던 것이다. 그리하여 이와 관련된 기왕의 연구 성과들을 찾아서 일일이 읽어보기에 다다랐다.

제2절 기왕의 연구 성과에 대한 검토

조사해보면 1896년 당시 신기선의 저서 간행과 관련하여 지금까지 몇몇 연구가 있음을 알 수 있다.[3] 대부분이 주로 그의 생애와 사상의 전반적인 경향에 대해 언급한 게 한 가지 공통점이라고 보이는데, 그 가운데 1896년 신기선의 저서 간행과 관련해서 이를 가장 분명히 언급하며 정리한 연구로는 우선 이원순李元淳의 것을 꼽을 수 있다. 여기에서 논의의 심화를 위해, 그가 언급한

---

3) 다음과 같은 연구들이 신기선의 생애와 사상적 특징에 대해 그리고 그 특징으로서 지적되는 東道西器論 등에 대해 주로 언급한 것들이다.

　　韓沾劤,「開港當時의 危機意識과 開化運動」,『韓國史硏究』2, 1968. 權五榮,「申箕善의 東道西器論 硏究」,『淸溪史學』1, 1984. 姜萬吉,「東道西器論의 재음미」,『韓國民族運動史論』, 한길사, 1985. 權五榮,「東道西器論의 構造와 그 展開」,『韓國史市民講座』7, 一潮閣, 1990. 김문용,「신기선 평전」,『시대와 철학』, 한국철학사상연구회, 1993. 김문용,「동도서기론의 논리와 전개」,『한국근대 개화사상과 개화운동』, 신서원, 1998. 박정심,「신기선의《유학경위》를 통해 본 동도서기론의 사상적 특징 I」,『역사와 현실』60, 한국역사연구회, 2006.

바의 원문을 제시해 보이면 다음과 같다.

(2)1896년에는 「儒學經緯」의 毁板을 둘러싸고 프랑스 공사와 外部 사이에 문제가 생겼다. 「유학경위」는 學部大臣 申箕善이 저술하고 學部 編纂局長과 中樞院 參事官이 서문을 쓴 것으로, 이를 발간하여 학부에서 각 공립학교 생도들에게 읽히고자 한 책이었다. 그 책 중 제41편의 내용은 유럽에서 믿고 받드는 종교(歐美各國尊崇之敎, 즉 그리스도교)를 전하고 망령된 것이며 오랑캐의 잘못된 예속이라고 비난하는 것으로 마땅히 폐기되어 야 한다고 요구하고 나섰다. 이에 그 책이 학부에서 간행한 것 이 아니라 신기선 개인 비용으로 출간된 것이며, 폐기하여 아 동교육에 운용치 못하게 조치했음과 학부대신이 바뀌게 되었음 을 통고하고 있다. 이로 미루어 보건대 프랑스 공사관이나 프 랑스 성직자들의 敎案事에 대한 관심은 대립과 투쟁에서 야기 되는 문제뿐만 아니라, 문제 발생의 소지를 봉쇄하는 데까지 미쳤었음을 알 수 있다.[4]

이를 보면 1896년 신기선의 『유학경위』 간행과 관련된 사건이 프랑스 공사와 외부外部 사이에 발생하였음을 명기하고, 학부學部 에서 발간하여 각 공립학교 생도들에게 읽히려고 한 이 책의 내 용 가운데 그리스도교에 대해 비난하는 내용이 있어서 야기된 것 임도 밝히고 있음을 알 수 있다. 이어서 결국 프랑스 공사가 이 책의 폐기를 요구하고 나서자 이에 대해 외부外部에서는 이미 책 을 폐기했음은 물론 문제가 된 학부대신까지 교체된 사실을 통고 하였음도 밝혔다. 이러한 사실을 적으면서 이원순李元淳은 각주脚 註를 달아 그 근거로 『법안法案』 738호 「신간유학경위新刊儒學經緯

---

4) 李元淳, 「朝鮮末期社會의 〈敎案〉 硏究」, 『歷史敎育』 15, 1973; 『韓國天主 敎會史硏究』, 한국교회사연구소, 1986, p.225.

의 훼판요청사毁板要請事」와 739호 「동상건同上件에 대對한 답신答信」을 제시하였으므로, 구체적인 사료史料 제시를 통한 비교적 상세한 언급이어서 경청할 만하다고 하겠다.

다만 논문의 주제가 교안敎案 자체이므로 굳이 신기선申箕善의 『유학경위儒學經緯』 간행과 배포에 관한 것에는 거의 언급할 수 없었던 데에서 비롯한 것이지만, 그렇다고 하더라도 『법안法案』을 제시하였을 뿐, 관련 기록 모두를 상세히 제시하면서 언급한 게 아니라는 한계도 또한 분명하다고 하지 않을 수 없다. 그러면서도 맨 마지막에 또한 지적하기를, "이로 미루어 보건대 프랑스 공사관이나 프랑스 성직자들의 교안사敎案事에 대한 관심은 대립과 투쟁에서 야기되는 문제뿐만 아니라, 문제 발생의 소지를 봉쇄하는 데까지 미쳤음을 알 수 있다"라고 하였음이 주목되는 바, 이는 뒤에서 논의할 것처럼 당시 천주교 측의 이 사건에 대한 대응이 그만큼 전면적이며 매우 민감하였음을 단적으로 지적한 것으로 유념해 좋다고 생각한다.

이외에 신기선申箕善의 전집인 『양원전집陽園全集』의 서문序文으로서 작성된 이우성李佑成의 글 또한 그의 생애 전반에 대해서는 물론이고 『유학경위儒學經緯』의 간행 및 배포와 관련하여 전거典據를 제시하며 상세히 논하고 있는 것의 하나이다. 그 가운데 특히 신기선의 생애에 관한 연표를 만들어 제시하였음이 크게 참조되는데, 『유학경위』의 간행과 배포가 이루어진 1896년의 것을 제시하면 다음이다.

> (3)1896년(고종 33, 병신) : 46세. …(중략)… 6월 復命 후 학부대신에 취임함. 성균관의 제도를 크게 개혁하여 학과목에 만국지리 · 역사 · 산술 등을 넣고 수업연한 · 입퇴학 절차 등 근대적 교육방식을 도입함(『官報』 건양 원년. 7월 16일). 그러나 양원이 여도 적소에서 지었던 『유학경위』가 학부 편집국에서

간포되자 서양 선교사들이 그 가운데 기독교를 배척한 구절을
문제 삼아 시끄럽게 떠듦. 이 해 10월 양원은 자진하여 학부대
신의 자리에서 물러났고 그 책에 서문을 썼던 金澤榮까지 中樞
院 參書官 직에서 떠나게 됨(『韶護堂集』 권2, 丙申稿).5)

이를 통해 신기선이 46세되던 1896년에 학부대신에 취임하여
성균관成均館의 제도를 크게 개혁하여 근대적 교육방식을 도입하
였는데6), 그가 유배지 여도呂島에서 저술하였던 『유학경위』를
간행하여 배포하자 그 가운데 기독교를 배척한 구절을 서양 선교
사들이 문제를 삼았고, 그 때문에 신기선 자신은 물론 그 책에
서문을 쓴 김택영金澤榮까지 관직을 물러나게 되었음을 알 수 있
다. 여기에서 『관보官報』와 『소호당집韶護堂集』을 인용하여 정리
하고 있는데, 『관보』는 문자 그대로 국가國家의 공고公告 기관지
機關紙를 지칭하는 것이며, 『소호당집韶護堂集』은 김택영金澤榮의
문집文集을 가리킨다. 특히 위 글에서 지적한 『소호당집』의 '권2
병신고丙申稿'란 「《유학경위儒學經緯》 서序」를 지적하는 것으
로7), 이는 또한 왕성순王性淳 편집編輯의 『여한십가문초麗韓十家文

5) 이우성, 「양원전집」 해제, 『한국고전의 발견』, 한길사, 2000, p.498.
6) 이에 대한 구체적이고 세부적인 내용은 『官報』 제379호, 1896년 7월 16
   일자; 『(舊韓國)官報』 3, 아세아문화사, 1973, pp.448-450에 게재되어 있
   다. 한편 申箕善이 學部大臣으로 취임한 이후 학도들이 머리 깎고 양복
   을 입는 것을 금지시켜 야기된 여론의 비판은 『독립신문』 1896년 6월 11일자
   「논설」; 『독립신문』 1, 한국문화개발사, 1976, pp.113-114에 잘 드러나 있으
   며, 더욱이 '조선 사람들이 조선 글을 배우는 것은 사람들을 짐승을 만드는
   것이다'라고 학부대신 신기선이 말했다고 하여 사범학교 학도들이 일제
   히 학부에 청원서를 내고 모두 퇴학하겠다고 했다는 보도의 내용은 『독
   립신문』 같은 날짜 「잡보」; 같은 책, 1976, p.114에 실려 있음이 참고
   된다.
7) 『韓國文集叢刊』 347, 民族文化推進會, 2005. 일부의 번역문은 『연강학술도서
   한국고전문학전집』 9, 고려대학교 민족문화연구소, 1993에 들어 있어 참고
   가 된다.

鈔』에도 게재揭載되어 있음이 참조된다.[8]

이우성李佑成의 이러한 글에서 신기선이 『유학경위』를 유배 가 있는 동안 저술했고, 학부대신으로 취임하자 학부의 편집국에서 간행했다는 사실을 위시해서 많은 점들을 확인할 수 있었지만, 다만 몇 가지 불명확한 점도 있다고 느껴졌다. 그 중에 가장 대표적인 게 '서양 선교사들이 그 가운데 기독교를 배척한 구절을 문제 삼아 시끄럽게 떠듦'이라고 한 대목이다. 여기에서 무엇보다 서양 선교사가 기독교 내에서도 천주교天主敎와 개신교改新敎 어느 쪽의 인사인지를 분간할 수 없다는 점이 그러하였고, 또한 그 구체적인 양상이 전혀 드러나 있지 않다는 점 역시 그러하였다. 물론 이 글 자체가 전집의 서문이었으므로 이러한 점들을 상세히 거론할 필요성을 느끼지 않아서 그랬으리라 여겨지지만, 좀더 명확히 규명하여 서술되었어야 하지 않았나 싶었다.

이러한 기왕의 연구 성과들을 토대로 삼아, 이 논문에서는 신기선의 『유학경위』에 나타난 천주교 인식과 『유학경위』의 간행 및 배포에 대한 천주교의 대응 및 그 배경 등에 관해서 상론詳論해 보려고 한다. 그리하여 지금까지 밝혀지지 않았거나 밝혀졌더라도 미진한 부분을 보다 상세하고도 명확히 규명하려는 것이다.

---

8) 王性淳 輯, 『麗韓十家文鈔』 11, 1921; 『국역 여한십가문초』, 민족문화추진회, 1977.

제3절 신기선의 『유학경위』 찬술 및 간행

　　신기선申箕善(1851-1909)은 평산平山 신씨申氏 가운데서도 인조
仁祖 때 영의정領議政을 지낸 신흠申欽의 9대손으로 18세기 중엽
까지는 서인西人 중에서도 상당히 비중을 지닌 벌열閥閱에 속했으
나 점차로 어려움을 겪게 되는 집안 출신이었다. 즉 종조부從祖父
신기현申驥顯이 정조正祖 13년(1789) 은언군恩彦君의 모반 사건에
상소를 내어 부당함을 주장하다가 귀양을 가고, 조부祖父 신철현
申喆顯 역시 연루되었다 하여 유배를 가게 됨으로써 가문이 폐가
의 위기에 처했었고, 그의 부父 신희조申羲朝(1788-1858)는 사마
시司馬試에 합격한 후 대과大科에 실패하여 은퇴하려 하였지만 전
장田莊을 가지지 못했으므로 곤궁한 생활을 영위하다가 급기야는
철종哲宗 5년(1854) 신기선의 나이 3세 때, 충남忠南 전의全義로
내려가 살다가 곧 일생을 마치고 말았다. 이후 신기선은 글공부
에 힘쓰다가 고종高宗 원년(1864) 서울로 올라와 흥선대원군興宣
大院君의 이종형이姨從兄이자 자신의 13촌寸 족숙族叔이 되는 신응조

申應朝(호, 계전桂田)에게 수업을 받게 되었고, 2년 뒤인 고종 3년 (1866) 자신의 나이 16세 때에는 청주淸州로 가서 산림山林으로서 명망을 얻고 있던 임헌회任憲晦(호, 고산鼓山)의 정식 제자가 되어 이후 깊은 영향을 받기에 이르렀다. 그리고 그는 같은 해에 서울이 친정이었던 이제원李濟元의 손녀와 혼인을 하여 서울을 더욱 자주 내왕하게 되었다.9)

당시 임헌회任憲晦는 우암尤庵 송시열宋時烈의 학통學統을 이어 관직의 길을 포기하고 은거하며 학문에만 전념하는 산림山林으로서 숭명배청崇明排淸의 뜻을 견지하고 있었을 뿐만 아니라 우암학파尤庵學派 속에서도 뚜렷한 위치에 있었다. 이런 임헌회가 신기선의 재능을 높이 사고 그를 신임하여 자신의 후계자로 삼으려고 했던 것 같다.10) 이는 고종 5년 무진戊辰 즉 1868년에 그가 신기선에게 보낸 글 가운데, 신기선이 자신에게 숭정崇禎 연호年號를 써야 하는가를 물은 데에 대해 '마땅히 숭정 연호를 써서 스승을 받들어 춘추존왕春秋尊王의 의와 홍범서사洪範書祀의 예例로 율律을 삼아야 한다'라고 자상하게 답하는 글에 드러나듯이, 신기선이 자신과 같은 뜻을 지니고 있었음을 밝히고 있는 데에서 짐작할 수 있다.11)

신기선이 이와 같이 스승 임헌회의 촉망을 받음에도 불구하고 스승의 뜻과는 전혀 달리 그 자신의 마음을 학문에만 매어두지 못하고 점차 세간世間 일에 관심을 기울고 있었던 듯하다. 이미

---

9) 權五榮, 「申箕善의 東道西器論 硏究」, 『淸溪史學』 1, 1984, pp.99-100 및 이우성, 「양원전집」 해제, 앞의 책, 2000, pp.494-496.
10) 이우성, 앞의 책, 2000, pp.500-503.
11) 任憲晦, 「答申箕善戊辰」, 『鼓山先生文集』 卷7 書 31; 『韓國文集叢刊』 314, p.171의 上에 보면, 이러한 점을 드러내주는 아래의 구절이 있다.
書札間 必書崇禎年號 亦足以喚醒人心目 固知出於衰世之意 昔嘗以祝文 當書崇禎年號 奉質於先師 則以爲律以春秋尊王之義 洪範書祀之禮 則當書於祝文 …

1864년부터 서울을 드나들게 되면서 박규수朴珪壽 같은 인물들과 교류하고 인연을 맺으면서 많은 영향을 받고 있었던 데다가, 1871년부터는 김옥균金玉均과도 직접 관계를 갖고 동년同年으로써 서로 뜻이 잘 통하여 우의友誼를 돈독히 다졌음이 분명하다. 이러한 두 사람 사이의 관계는 당시 김옥균이 보내준 글을 받고 신기선 자신이 지어 남긴 시에서도 잘 우러나오고 있는데[12], '고인故人[김옥균]의 집이 한강 모퉁이에 있으니 천리 길에 같은 마음이니 덕은 고독하지 않고… 다만 원컨대 우정友情이 물과 같이 서로 섞여, 이 세상 용렬한 사내로 간주되길 면하기를' 바라는 뜻을 피력하고 있을 정도였다.[13] 이후 신기선은 틈틈이 서울에 가서 머물면서 이들과의 교유交遊에 나날을 보내고 있었던 듯하다. 이는 고종 10년 계유癸酉 즉 1873년에 스승 임헌회任憲晦가 지어 남긴 시 가운데에, 이 해 들어 3일 지난밤에 꿈에서 신기선을 만나 서울에서의 유오遊樂에 관해 묻는 게 있음으로 해서 그랬음을 짐작케 한다.[14] 그러던 신기선이 드디어 고종 13년 병자丙子 즉 1876년에 과거科擧에 나가 급제及第하였는데[15], 이 무렵에도 신기선은 여전히 김옥균 등과 어울리면서 지내고 있었음이 분명하다. 이에 대해서는 다음과 같은 기록들이 전한다.

---

12) 權五榮, 「申箕善의 東道西器論 硏究」, 앞의 책, 1984, p.119.

13) 申箕善, 「是日得金小坡玉均書辛未○七律」, 『陽園遺集』 1, p.23의 右, 『韓國文集叢刊』 348, 民族文化推進會, 2005, p.19.

14) 任憲晦, 「新歲第三夜夢遇申言汝箕善 問洛城之遊樂乎 覺來只見梅花在傍 爲賦一絕以待之」, 『鼓山先生文集』 卷1 詩 30; 앞의 『韓國文集叢刊』 314, p.24의 下. 내용은 다음과 같다.
    邇子之來惜歲華 北枝故故有餘花 相對明朝方一笑 和羹心事近如何

15) 바로 이 때 任憲晦가 그에게 보낸 답 글에 보면 '尤賀'라는 표현까지 써가면서 관직 자체에 나가는 것을 비판한 게 아니라 제자가 제대로 관리 노릇하기를 바라는 심정을 표출하고 있다. 任憲晦, 「答申箕善 丙子」, 『鼓山先生文集』 卷7 書 31-32, 앞의 『韓國文集叢刊』 314, p.171 上·下 참조.

(4)金玉均을 捕鯨使로 임명하였다. 그는 壯洞 金氏의 邊族으로, 그의 아버지 金炳箕의 뒤를 이어 蔭官으로 부사를 지냈다. 그는 재주가 조금 있었으나 급제한 지 10여 년이 지나도록 宦途가 열리지 않았다. 그러나 서양 학문을 연구한 후에 富强策을 역설하여 세상의 이목을 집중시켰다. 이에 朴泳敎와 그의 아우 朴泳孝·李道宰·申箕善·徐光範·洪英植 등이 일당이 되어 그를 영수로 추대하고, 그가 무슨 奇才나 특별한 능력이 있는 것처럼 고종에게 소문을 퍼뜨렸다. 고종은 그에게 기울어졌고, 이때 특별히 포경사를 두어 제일 먼저 그를 임명하였다.16)

(5)申箕善과 같은 이는 이른바 高等弟子로서 洋書를 專工하여 北村 西人家 子弟의 師表가 되어 西人 故家에 독을 끼쳐 이르지 않는 곳이 없다.17)

앞의 것인 황현黃玹의 기록에서 당시에 김옥균金玉均을 추종하던 일련의 인물 가운데 신기선申箕善이 분명 손꼽히고 있었음을 알 수 있고, 뒤의 것인 홍재구洪在龜의 기록에 따르면 신기선이 양서洋書 즉 서양의 책들을 전공하여 북촌北村 서인가西人家 자제子弟의 사표師表가 되어 독을 끼쳤다고 할 정도로 대표적인 인물 중의 하나로 지목되고 있다. 이렇게 전해질 정도로 신기선은 김옥균 등과 친밀하게 지내면서 문명개화文明開化 자체에 대한 깊은 이해와 식견을 가지기 시작하여 이후에도 이를 견지하는 태도를 지녔던 게 거의 틀림이 없어 보이는데18), 황현黃玹의 『매천야록梅

---

16) 黃 玹, 『梅泉野錄』 1 甲午以前; 金濬 譯, 『完譯 梅泉野錄』, 敎文社, 1994, p.138 및 pp.172-173.
17) 洪在龜, 『重菴別集』 10 「附錄」 p.216. 원문은 다음과 같다.
　　乃若申箕善則以其所謂高等弟子 專工洋書 爲北村西人家子弟之師表 以流毒於西人故家 無所不至
　　權五榮, 「申箕善의 東道西器論硏究」, 『淸溪史學』 1, 한국정신문화연구원, 1984, p.122 참조.
18) 이러한 申箕善의 文明開化에 대한 견해와 관련하여서는, 유배를 갔다

泉野錄』에 보이는 다른 기록에 따르면, 그러던 중에 특히 신기선

온 이후에 기록이긴 하지만『국역 승정원일기』고종 31년(1894) 10월 3일 기사에 전해지는 그 자신의 상소문이 크게 참조된다고 보는데, 추려서 제시하면 아래와 같다.

"전 승지 申箕善이 상소하기를, "삼가 아룁니다. …(중략)… 자주를 잘하는 나라는 먼저 자주할 형세를 세우고 그 명색에 급급하지 않으며, 개화를 잘하는 나라는 먼저 개화하는 내용에 힘쓰고 그 형식에 힘쓰지 않습니다. 지금 외국의 군대가 궁궐을 침범하고 요충지를 점거하여 생사존망이 남의 손아귀에 있는데도 한갓 開國 연호나 내세우며 천하에서 제가 잘났다고 하고 있으니, 자주가 제대로 이루어질 수 있겠습니까. 안으로는 변괴가 여러 방면에서 생기고 밖으로는 요사스러운 변란이 하늘에 넘쳐온 나라가 가마솥이 끓듯 하고 전혀 법과 기강이 없는데도 한갓 관직 제도나 고치고 관청 이름이나 바꾸며 무분별하게 외국을 흉내 내고 있으니, 개화가 제대로 이루어질 수 있겠습니까. …(중략)…

(가)요컨대 천지개벽 이후로 외국의 통제를 받으면서 나라 구실을 제대로 한 적은 없으며 또 인심을 거스르고 여론을 어겨 가며 아무 바탕도 없이 갑작스레 새로운 법을 제대로 시행한 적은 없었습니다. 저들이 정말 좋은 뜻에서 출발하였다면 의당 대궐을 지키는 군사를 철수시키고 약탈한 물건을 계산하여 돌려주어야 할 것이며, 우리에게 시행하기 어려운 일을 강요하지 말고 우리의 內政을 간섭하지 않음으로써, 우리의 임금과 신하들이 정신을 모아 (나)근본을 배양하여 나라 안을 잘 다스리고 나라 밖을 안정시켜 民心을 따르고 時宜를 참작하여 점차 자주할 형세를 튼튼히 하고 천천히 개화를 실속 있게 하도록 해야 할 것입니다. 만약 상황의 변화에 따라 어쩔 수 없이 군대와 군량을 빌릴 수밖에 없다면, 또한 (다)모든 것을 公法에 따라 그들로 하여금 우리의 주권을 빼앗지 못하도록 조처를 취한 다음에야 우리에게는 개혁의 실효를 거둘 수 있을 것이고 저들에게도 진심으로 우리를 위해준다는 명분이 살아날 것입니다. 만일 그렇게 하지 않는다면 이것은 저들이 惡意에서 출발한 것이니, 그 교활한 생각과 음흉한 계책은 말하지 않아도 알 수 있는 것으로서 이는 곧 빨리 뉘우치면 禍가 적고 늦게 뉘우치면 화가 크다는 말과 같습니다. 어찌 일찌감치 독립적인 입장을 내세우고 城에 의지하여 한 번 싸우는 것만 하겠습니까. 이렇건 저렇건 두 마디 말로 결단할 것이니, 삼가 바라건대 전하께서는 깊이 생각하고 빨리 결단을 내리소서."

이 인용문 가운데 중요하다고 여겨지는 밑줄친 부분만의 원문을 그대로 인용해 보이면 다음과 같다.

(가)要之剖判以來 未有受制外國 而能爲國者 又未有咈人心違衆論 無本

을 고종高宗에게 학자學者라고 말했다는 이 역시 김옥균이었다고 하였으며, 또 갑신정변甲申政變 당시 신기선을 이조판서吏曹判書와 대제학大提學으로 임명하려고 하였으나 교지敎旨가 내려지기 전에 실패로 끝나고 말았다고 한다.[19]

이듬해인 1885년에 결국 신기선에게 유배流配가 결정되었으며, 그리고 1887년 여름에는 고종이 친히 국문鞠問한 후 흥양興陽 (오늘날의 전남全南 고흥군高興郡) 여도呂島로 결국 유배 보내졌다. 이곳에서 그는 황현黃玹의 표현에 의하면, '두어 칸쯤 되는 남의 집을 빌려 소박하게 생활하며, 10년을 하루처럼 배고픈 것도 참고 저작생활著作生活을 하였다'고 한다.[20] 이러한 고통스러운 생활을 겪으면서 개화당開化黨으로서의 태도를 저버리고 지낸 바도 있었지만[21], 바로 이때에 써놓은 글들이 신기선이 학부대신

無漸 而能行新法者 …(중략)… (나)培根端本 內理外靖 因民心酌時宜 漸鞏 自立之勢 徐就開化之實 …(중략)… (다)則亦當一遵公法 不使客奪主權然後 我有維新之效 …(하략)…

이와 동일한 上書文의 원문은 그 자신의 文集『陽園遺集』3 p.5의 左 - p.6의 右,『韓國文集叢刊』348, 民族文化推進會, 2005, p.54 上의 左 - 下의 右에도 수록되어 있다.

19) 黃 玹,『梅泉野錄』1 甲午以前; 金濬 譯,『完譯 梅泉野錄』, 敎文社, 1994, p.138 및 pp.172-173.
20) 黃 玹,『梅泉野錄』1 甲午以前; 金濬 譯, 앞의 책, 1994, pp.197-199.
21) 이러한 측면을 엿볼 수 있는 申箕善의 글로서는『국역 승정원일기』고종 32년(1895) 5월 20일의 그 자신의 상소문을 꼽을 수 있다.
"삼가 아룁니다. 자식이 태어나서 3년이 지난 뒤에야 부모의 품에서 벗어나기 때문에 삼년상은 천자로부터 서인에 이르기까지 통용되는 것이니, 이것은 天地의 大義이며 사람으로서 바꿀 수 없는 떳떳한 도리입니다. …(중략)… 만약 신이 한번 나가 무너지려는 큰 집을 붙잡아서 中興의 국운을 도울 수만 있다면, 비록 예의를 무너뜨리고 私情을 버리더라도 진실로 사양하지 않을 것입니다. 그러나 신의 노둔한 재주와 얕은 지식으로는 비록 태평한 세상이라고 하더라도 重任을 무릅쓰고 감당할 수 없는데, 더구나 위태로운 것을 버리고 막힌 것을 구제하는 때에 군무를 총찰하고 국가를 방어하는 직임이야 더 말할 것이 있겠습니까. 또 삼가

學部大臣이 된 직후 곧 간행한『유학경위儒學經緯』의 내용이 되는 것이다. 이 책의 간행 경위와 내용 등에 대한 구체적인 사실은 이 책에 서문序文을 써준 김택영金澤榮의 분명한 언급이 있는데 다음이다.

(6)(가)學部大臣 陽園 申箕善 申公이 전에 海島로 유배를 갔을 때 지은『儒學經緯』란 책자를 발간하려 하면서 나에게 한마디 序文을 청했다. (나)이 책은 전 5부로 나뉘어 있다. 제1부는 理氣, 제2부는 天地形體, 제3부는 人道, 제4부는 學術, 제5부는 宇宙述贊으로 되어 있다. 그 안에 老佛과 陸王學 등의 취지가 다른 것, 서양인들의 推測의 기이함, 역대 政令의 변천 및 五大洲의 서로 다른 풍속에 이르기까지 모두 시비를 분간하고, 長短을 살피고, 어둡고 밝은 것을 드러내어 지극한 요체를 파악하고, 전체를 이해하여 學者들로 하여금 분명하게 후세 도술(道術)과 인사의 변화가 비록 천 가닥 만 가닥으로 端緒가 많지만 (다)聖人의 一貫의 원리에서 벗어날 수 없음을 알게 한 論旨가 나의 의견과 비슷한 바가 있어서 감탄하며 끝내 사양하지 못하였다. (라)申公이 北으로부터 돌아온 이래 정국이 많이 변해서 述贊 같은 편은 보충할 것이 한두 곳이 아니나 신공은 지금 바빠 그렇게 할 겨를이 없을 것 같다. 아울러 써서 보는 분들께

생각건대, 신의 오활한 식견과 정체된 논의는 대부분 시의에 어긋나서 10년 전에 開化黨의 이름을 얻은 자가 지금은 도리어 완고한 데에 가까우니, 바로 서막(徐邈)의 이른바 '내가 無常한 것이 아니고 때가 무상한 것이다.'라는 것입니다. 국정을 논하고 일을 처리하는 즈음에 필경 큰 차질을 빚을 것인데, 조정에서는 왜 이다지도 일을 방해하고 해를 끼치는 자를 기용하여 스스로 발목을 잡으려는 것입니까."
    인용문 가운데 중요하다고 여겨지는 밑줄 친 부분만의 원문을 그대로 인용해 보이면 다음과 같다.
    又伏念臣之迂見滯論 多乖於時 十年前曾受開化黨之名者 今則反近於頑固
    이와 동일한 上書文은 그 자신의 文集『陽園遺集』3 p.13의 左,『韓國文集叢刊』348, 民族文化推進會, 2005, p.59 上의 左에도 수록되어 있다.

알린다.[22)]

    이 글의 (가)부분에서는 서문을 김택영 자신이 쓰게 된 연유에 대해서 언급하였다. 여기에서 신기선이 해도海島로 유배를 갔을 때 지은 것을 학부대신學部大臣이 되어 책자를 발간하려 하면서 자신에게 청했음을 밝히고 있는 것이다. 따라서 이를 통해 분명히 신기선의 『유학경위儒學經緯』는 유배 중의 집필 원고를 모아 간행한 것임을 알 수 있다. 김택영金澤榮은 이어서 (나)부분에서는 『유학경위』의 내용이 5부로 구성되어 있음을 제시하고 그 내용의 장점들을 나열하였으며, (다)부분에서는 성인聖人의 일관一貫의 원리에서 벗어날 수 없음을 알게 한 논지論旨가 자신의 의견과 비슷하여 감탄하며 사양하지 못하고 서문을 맡게 되었음도 적어놓았다. 여기에서 자신의 의견과 비슷해 감탄했다는 '성인의 일관의 원리에서 벗어날 수 없음을 알게 한 유지論旨'에서 '성인'이란 주자朱子를 지칭하는 것이며 따라서 '일관의 원리'란 주자학朱子學 곧 성리학性理學임은 재론의 여지가 없을 것이다. 그러므로 이러한 서술 내용으로 보아 이들이 서로 성리학을 근본으

---

22) 金澤榮, 「《儒學經緯》序」, 王性淳 輯, 『麗韓十家文鈔』 11, 1921, 67下
    -68上; 『국역 여한십가문초』, 민족문화추진회, 1977, p.297-299. 원문은
    다음이다.

     古昔聖人之用慮與立言 其可知矣 當慮而慮 所不必慮者不慮也 當言而言
所不必言者不言也 惟其慮與言之間 能以至簡 而御天下之祉至煩 以至易 而御
天下之至難 簡易而天下之能事畢 何則 所執者一也 …(中略)… 學部大臣陽
園申公 將刊前竄海島時所著儒學經緯一書 求余一言 其書爲五門 一曰理氣
二曰天地形體 三曰人道 四曰學術 五曰宇宙述贊 其中老佛陸王識趣之異 西
人推測之奇 歷代政令之變 以及五洲風俗之不齊 莫不辨其是非 審其長短 著
其晦明 折于至要 會于全體 俾學者 曉然知後世道術人事之變 天端萬緒之多
而無能出于聖人一貫之旨 有似吾之言者 是以感歎 而不能終辭也 自公北歸
以來 時形多變 其述贊等篇之可補書者非一 然顧公方多事 而未暇爲也 幷書
以謐覽者.

로 삼는 공통점을 지니고 있었고, 이에 따라 신기선의 저술에 김택영이 서문을 짓게 되었던 것이라 하겠다.

그런데 문제는 이러한 공통점만이 있었던 게 아니라는 데에 있다. 서로 다른 점도 확연히 드러나고 있는 것이다. 가장 단적인 게 바로 서문의 맨 마지막인 (라)부분에서 김택영은 명백히 신기선이 유배에서 풀려난 이후 '정국이 변해서' 술찬述贊 즉 제5부 「우주술찬宇宙述贊」 같은 편은 보충할 것이 '한두 곳이 아니라' 고 밝히고 있는 것이다. 게다가 신기선이 바빠서 그럴 겨를이 없기 때문에 그대로 간행하지만, 아울러 보는 분들에게 알리기 위해 그렇다는 것을 써둔다고 밝히고 있음이 주목된다. 결국 서문을 부탁받은 김택영으로서는 꼬집어 특히 제5부 「우주술찬」의 내용이 보충되어야 한다고 여기고 있었지만, 정작 저자著者인 신기선이 그 내용을 보강할 수가 없자 하는 수 없이 그럼에도 불구하고 서문을 써주면서 저간의 사정을 여지없이 적어두고 있는 것임을 헤아릴 수 있겠다.

더더군다나 여기에서 깊이 새겨볼 여지가 있다 싶은 게, 제5부 「우주술찬」 같은 편을 보충해야 하는 사유에 대해서 다름이 아니라 '정국이 변해서'라고 못 박고 있는 대목이 아닌가 생각된다. 말하자면 정국이 변해서 『유학경위』의 내용 가운데 달리 서술해야 할 대목이 발생하였지만, 저자인 신기선이 학부대신이 되어 국정을 수행해야 하므로 바쁘다는 이유로 이를 이루지 못한 상태에서 책을 그대로 간행함에 대해, 김택영은 서문을 써주면서도 이 점을 분명히 밝힐 정도로 생각을 달리하고 있음을 드러내고 있는 것이다. 김택영으로서는 정국이 변했으므로 보충이 되어야 할 부분으로써, 『유학경위』의 어느 부분보다도 제5부 「우주술찬」 부분을 굳이 든 것은 그만큼 다른 데보다는 이 부분에 대한 보충의 필요성을 강하게 제기하고 있었던 것이라 하겠다.

그럼 김택영은 굳이 서문에다가 왜 이런 사실을 명기한 것일까? 제5부 「우주술찬」 부분은 앞서 인용한 김택영의 서문에서 정리한 바와 같이 그야말로 '역대 정령政令의 변천 및 5대주五大洲의 서로 다른 풍속'에 대해 신기선이 정리한 바이기에, 여기에 대해 김택영이 정국이 변했으므로 보충할 내용이 한두 곳이 아님을 밝히고 있는 것은, 다름이 아니라 세계의 변화상을 『유학경위』에다가 신기선이 채 반영하지 못하고 있었음을 지적한 것이었다고 가늠된다. 한마디로 김택영으로서는 신기선의 구태의연한 현실現實 인식認識 자체에 대한 문제를 제기하고 있는 게 아닌가 싶다.

이러한 김택영의 신기선에 대한 문제 제기는, 그 자신의 관심이 역사歷史 서술敍述에 주되게 경주되고 있었던 점과 불가분의 관련이 있다고 본다. 즉 김택영 자신이 우리나라의 역사에 대해 단군檀君을 내세우며 중국 중심의 세계관에서 벗어나는 역사서를 주로 저술하던 터였으므로[23], 신기선의 『유학경위』 제5부 「우주술찬」 부분에는 특히 쉽사리 동조하기 어려웠을 것이다. 이 부분이 다른 어느 부분보다도 중국을 중심으로 삼는 세계관을 여실히 드러내고 있었기 때문에, 이 부분에 대한 보충의 필요성을 서문을 써주면서까지 굳이 강하게 표현할 수밖에 없었던 것이라 여겨진다. 요컨대 김택영의 시각에 비추어보면 신기선의 『유학경위』에 서술된 내용 가운데 중국을 중심으로 삼아 세계의 역사와 풍속에 관해 저술한 내용은 보충의 여지가 많다고 파악되는 부분들이었음이 분명하다고 하겠다.

---

23) 최혜주, 「창강 김택영 연구」, 『한국사연구』 35, 1981; 『창강 김택영의 한국사론』, 한울, 1996 및 오윤희, 『창강 김택영 연구』, 국학자료원, 1996 참조. 그리고 김택영의 역사 서술에 관련된 구체적인 연구 업적들에 대한 종합적인 정리는 최혜주, 「한국에서의 김택영 연구 현황」, 『사학연구』 55 · 56, 한국사학회, 1998 및 안외순, 「해제」, 『김택영의 조선시대사 韓史綮』, 태학사, 2001이 참고가 된다.

이와 같이 신기선의 『유학경위』에 서문을 써주면서도 내용상 보충의 여지가 있다고 지적한 김택영은, 앞서 인용한 사료 (1)에서 드러나 있듯이 자신의 저서 『한사경韓史綮』에서 '그 책 가운데 천주교를 비난하고 배척한 말이 있다'고 써두었으므로 다음으로, 『유학경위』의 내용 중에서 그것을 찾아 검토해 보기로 한다. 그럼으로써 『유학경위』에 나타난 신기선의 천주교에 대한 인식은 과연 어떠하였으며, 그게 왜 문제가 되었는지를 구체적으로 찾아 살펴보려는 것이다.

제4절 『유학경위』에 나타난 신기선의
천주교 인식

앞서 기왕의 연구 성과에 대한 검토에서 이미 살펴본 대로, 이원순李元淳의 논문에 의해 『유학경위』제41편의 내용이 그리스도교를 비판한 것이므로 문제꺼리가 되었음을 알 수 있었다. 그래서 이를 길잡이 삼아 『유학경위』내에서 그리스도교에 대해 비판하고 있는 내용의 원문을 찾았는데, 제시해보이면 아래이다.

(7)「學術」

근세에 서양인의 소위 耶蘇教라는 것은 속되고 촌스러우며 천박하고 망령되어 곧 夷狄 風俗의 천한 것일 뿐이어서 더불어 쟁론할 만하지 못하다. 야소교에서 그 소위 天堂 · 禍福의 설명은 佛教의 支流에 가깝고, 善을 권함으로써 사람들을 가르치는 것은 閭巷의 천한 風俗의 말에 지나지 않을 뿐이다. 天神을 禮拜하고 父母를 제사지내지 않음은 때때로 하늘을 기만하고 人

倫을 어지럽히는 풍조이니 夷狄의 천한 풍속을 옳다고 여기는
것일 뿐이다. 본래 부족하여 異端의 조목으로 머물러 있을 뿐
이어서, 근일에 그 敎는 역시 적어지고 쇠퇴할 것이다. 그러나
중국 여러 나라의 밖 지구상의 歐羅(巴,유럽) 種子는 오히려 모
두 그 敎를 받들어 숭상하고 중국의 士民이 혹 물들은 자가 있
으니 또한 홀로 어찌할 것인가?[24]

신기선申箕善은 학술적인 면에서 보게 되면 서양인의 야소교耶蘇
敎는 천한 것이어서 더불어 쟁론할 만하지 못하다고 전제한 후,
첫째, 천당天堂과 화복禍福의 설명은 불교佛敎에 가깝고 선善을 권
하는 것은 여항閭巷의 천한 풍속에 지나지 않는다고 비판하였고,
둘째, 천신天神을 예배禮拜하고 부모父母를 제사지내지 않는 것은
하늘을 기만하고 인륜人倫을 어지럽히는 것으로 이적夷狄의 천한
풍속을 옳다고 여기는 것일 뿐이라고 몰아갔다. 그러면서 야소교
耶蘇敎는 본디 이단異端일 뿐이어서 근일에 세력이 적어져 쇠퇴할
것이라고 예단하였다. 하지만 그러면서도, 한편으로는 우려를 깊이
금치 못하고 드러내고 있음을 알 수 있다. 즉 유럽 사람들이 모두
받들고 있고 또한 중국의 사민士民들이 물들고 있으니, 이런 상황
속에서 조선만이 홀로 어찌할 것인가를 우려하고 있는 것이다.
말하자면 신기선申箕善은 야소교耶蘇敎가 학문적으로는 보잘 것
없다고 생각하지만, 현실적으로는 유럽 사람들은 물론이고 중국
사람들 가운데서도 이를 받아들이는 자들이 날로 생겨나고 있으
니, 이런 상황을 어찌 타개해야 좋을지를 고민하고 있음이 역력

<hr>

24) 『申箕善全集』 3, 亞細亞文化社, 1981, pp.476-477. 원문은 다음이다.
　　若近世西人之所謂耶蘇敎者 鄙俚淺妄 乃夷俗之陋者耳 不足與辨也 耶蘇之
　　敎 其所謂天堂禍福之說 近於佛氏之支流 而所以勸善而敎人者 不過閭巷淺俗
　　之談耳 禮拜天神不祀父母 種種誣天亂倫之風 自是夷狄之陋俗耳 本不足以處
　　異端之目耳 近日則其敎亦少衰矣 然中州諸國之外 凡地球上歐邏種子 尙皆尊
　　尙其敎 而中國士民或有染之者 亦獨何哉

하다. 한마디로 신기선 자신은 야소교를 학문적으로 하찮게 여기고 머지않아 쇠퇴할 것이라고까지 믿고 있지만, 현실적으로 유럽의 각국 사람들은 물론 중국의 사민들도 이를 받아들이는 현실이 곤혹스러울 따름임을 토로하고 있는 것이라 하겠다. 따라서 신기선은 이 글을 통해 야소교를 오로지 비판하기 위한 것만은 아니었고, 학문적으로는 가차 없는 비판을 가하면서도 한편으로는 현실적으로 야소교가 중국에까지 널리 퍼지고 있는 것을 우려하는 면도 드러내고 있었던 것으로 풀이할 수 있겠다.

아울러 여기에서 간과해서 아니 될 바의 하나는, 그가 학문적으로 비판하면서 취한 용어가 서학西學 혹은 천주학天主學이 아닌 야소교耶蘇教라는 점이 아닌가 생각한다. 말할 것도 없이 이 당시 야소교라고 하면, 천주교만을 지칭하는 게 아니며, 개신교改新教도 포괄하는 범칭凡稱 기독교基督教라는 의미일진대, 학문적으로 비판하면서도 신기선은 분명 서학이나 천주학 혹은 천주교가 아닌 굳이 야소교라 표기하고 있는 것에는 나름대로의 분명한 의도가 있었다고 헤아려진다. 그것은 다음과 같은 2가지 이유에서 그랬던 게 아니었나 싶다.

그 하나의 이유는 이 글 작성의 의도가 천주교에 대해서만 한정된 게 아니라 개신교를 포함한 기독교 전반에 대한 비판에 있었던 게 아닌가 하는 것이다. 1876년 조일통상조규朝日通商條規 즉 강화도조약江華島條約이 체결된 이후 이미 1882년에 미국美國 해군海軍의 슈펠트Shufeldt 제독提督에 의해 한국韓國이 처음으로 서양에 문호를 열게 되었고, 1884년에 이르러서는 미국의 감리교회에서는 일본 체재 중이던 매클레이MeClay 박사를, 장로교회에서는 중국 체재 중이던 알렌Allen 박사를 각각 한국에 파견하여 선교에 돌입하였으며, 이후 선교 활동에 박차를 가하고 있었던 터였다.[25]

---

25) H. G. 언더우드 저, 李光麟 譯, 『韓國改新教受容史』, 一潮閣, 1989, pp.

이런 상황 변화를 1887년 유배를 가기 이전부터도 전해 듣거나 혹은 1894년 6월 24일 유배에서 풀려난 이후[26] 직접 목격하였을 신기선으로서는 개신교의 팽배에 대한 위기감 역시 적지 않았을 것이다. 그랬기 때문에 천주교에다가 개신교에 대한 것까지를 포함시켜 그야말로 야소교 전반에 대한 학문적 비판을 서슴지 않았던 게 아닐까 한다.

이외에 또 다른 하나의 이유는 신기선 자신이 학문으로서는 비록 야소교를 비판하면서도 서양인들의 역사 속에 등장하는 야소 耶蘇 즉 예수의 존재 자체는 인정하는 인식을 지니고 있었던 데에서 찾을 수 있지 않나 하는 것이다. 다소 의외의 말로 들릴 수 있겠으나 바꾸어 말하면, 신기선 자신이 비록 학문적으로는 야소교를 맹렬히 비판하면서도 역사적 존재로서의 야소는 인정하는 이중적인 인식을 지니고 있었던 게 아닌가 싶은 것이다. 이 점은 지금까지의 연구에서는 전혀 거론조차 된 적이 없는 사실이라 누구나 의외라고 여길 수밖에 없으리라 가늠되지만, 신기선이 이러한 인식을 지녔다는 구체적인 증거는 뜻밖에도 그 자신의 『유학경위』 자체에서 찾아진다. 인용하면 아래와 같다.

(8) 「宇宙述贊」
생각하고 잠시 생각컨대 土耳其[터키] · 英[國,잉글랜드] · 法[國,프랑스] · 義[太利,이탈리아] · 德[國,독일], 이는 泰西[서양] 歐羅巴[유럽]의 領[域]을 말하는 것이다(곧 세속에서 칭하기를 서양국의 땅이다).

113-114. 특히 같은 책, p.115에 보면, 이들의 선교 개시 후 '얼마 지난 뒤 조그마한 골목이나 길가에서 전도를 하여도 처벌을 받지 않게 되었다. 그리고 길에 면한 건물이 곧 購入되어 비교적 큰 集會가 열렸다'고 하였을 정도였다.
26) 黃 玹, 『梅泉野錄』 2 甲午; 金濬 譯, 『完譯 梅泉野錄』, 敎文社, 1994, p.291.

구라파 대륙은 亞細亞의 서북쪽 萬여 里보다 멀리 있으니, 사람들은 모두 長大하고 눈이 깊으며 콧마루가 높고 눈동자가 녹색이며 곱슬머리이다. 말소리는 가늘어 새 같고 그 글은 개구리와 같다. 그러나 옛날 羅馬國[로마국]이 있어, 漢나라 역사에서는 칭하기를 大秦이라 하였으며 곧 중국과 통하지 못하였다. 漢나라 때 耶蘇라는 자가 있어 세상을 구원하고 물질을 도와준다고 칭하니 후세의 사람들이 그 敎를 받들어 숭상하였다. 羅馬國이 망하자 드디어 러시아·영국·법국·덕국·의태리·奧地利[오스트리아] 등의 나라가 되었다.[27]

이를 보면, 유럽 대륙에 대해 거론하다가 로마Roma에 관하여 언급하면서 이는 중국의 한漢나라 역사에서는 대진大秦이라 칭했다고 설명하고, 곧이어 야소耶蘇를 지칭하여 설명하고 있음을 알 수 있다. 다름이 아니라 '야소라는 자가 있어 세상을 구원하고 물질을 도와준다고 칭하니 후세의 사람들이 그 교를 받들어 숭상하였다'고 쓰고 있는 것이다. 이는 그야말로 일언반구 어떠한 비판도 없이, 예수의 존재와 그 가르침의 핵심 그리고 그 교 즉 야소교를 후세의 사람들이 믿고 따랐다는 역사적 사실을 적고 있는 것이라 하지 않을 수가 없다. 그렇기 때문에 이 구절이 비록 내용상 간략하기는 하지만, 누가 보더라도 신기선이 예수의 존재와 그 가르침 및 기독교의 역사를 명명백백하게 인정하고 있었음을 드러내준다고 해석하게 될 것이다.

신기선이 이렇게 인식하고 있었으므로, 앞서 인용한 (7) 「학술」 부분에서도 야소교를 비판하면서도 예수 자체의 존재와 그 행적

---

27) 『申箕善全集』 3, 亞細亞文化社, 1981, pp.498-499. 원문은 다음과 같다.
　　惟俄惟土英法義德 是曰泰西歐邏之域(卽俗所稱西洋國之地)
　　歐羅巴洲在亞細亞之西北方可萬餘里　人皆長大深目高準綠睛卷毛　語音啁啾
　　若禽鳥 其文如科斗 然古有羅馬國 漢史所稱大秦也 而未甞通中國 漢時有耶
　　蘇者 稱救世濟物 後人尊尙其敎 及羅馬亡而遂分爲俄英法德義奧等國

에 대한 비판은 전혀 없이 야소교의 교리에 대한 비판만을 하고 있었을 뿐이었으며, 또한 그렇기 때문에 신기선이 『유학경위』에서 비판한 것은 범칭凡稱 야소교耶蘇教 즉 기독교基督教였지 그 가운데 천주교天主教만 꼬집어 공격한 것은 결코 아니었다고 결론지을 수 있을 것이다. 정리하자면 신기선의 『유학경위』에 나타난 야소교 인식은 일부에서 지금까지 운위云謂되어 오던 바와는 달리 부정적인 면만을 오롯이 드러내고 있었던 게 아니며, 야소교 전체에 대해 기본적으로 성리학의 입장에 서있던 그 자신으로서는 학문적으로는 비록 비판할지언정 예수의 존재와 가르침 그리고 그 역사적 사실은 인정하는, 다분히 이중적인 태도를 견지하고 있었다고 하겠다.

이러한 신기선의 야소교에 대한 인식에 드러난 이중적인 측면의 일단은, 이후의 행적에서도 노정露呈되고 있었다고 보인다. 당시 천주교天主教의 수장首長 뮈텔 주교主教의 글에서, 천주교 측의 요청을 고려하는 국정 수행을 신기선이 실제로 하였다는 사실이 아래와 같이 드러나고 있기 때문이다.

> (9)1898년 9월 1일 …(중략)… 독립협회에서 주최하는 조선 왕조 개국 506주년 축하식에 가기 위해 나는 비에모, 르 장드르 신부들과 함께 3시에 떠났다. 아침 11시에 조선 군중들을 위한 첫 모임이 있었다. 좋은 날씨 덕분에 수많은 군중이 독립문과 독립공원으로 갔다. 우리는 거리마다 돌아오는 긴 행렬과 마주쳤다. 3시의 모임은 외국인들과 조선 명사들을 위한 것이었다. …(중략)… 조선의 관리들 중 내가 알아본 사람은 申箕善, 兪箕煥, 金嘉鎭, 李允用 등인데, 법부대신 신기선에게는 순천 교우 사건을 잘 봐준 데 대해 감사를 했다.[28]

---

28) 천주교 명동교회 편, 『뮈텔 주교 일기』 II, 한국교회사연구소, 1993, p.315.

인용문의 내용에서 보듯이, 이는 신기선이 『유학경위』의 간행 및 배포 문제로 1896년 10월 학부대신學部大臣에서 물러났다가 재차 1898년 7월 말에 입각하여 법부대신法部大臣의 직위에 있었던 때의 일인데[29], 뮈텔 주교가 독립협회의 행사장에서 알아본 관리들 중에서 신기선을 거명하고 있다. 특히 여기에서 문제가 된「순천 교우 사건」이란,『뮈텔 주교 일기』의 다른 기록들을 종합하면 순천順天 거주의 장씨張氏라는 천주교 신자가 교안敎案의 발생으로 자기 가옥이 소실 당했는데도 배상을 받지 못하고 있었던 것을 말하는 것으로[30], 이 사건을 법부대신 신기선이 잘 봐준 데에 대해 감사 인사를 행사장에서 만나자 뮈텔 주교 자신이 그에게 직접 했다는 것이다.

이로 보아서 독립협회의 결성 이후 정치 상황도 상황이었겠지만, 신기선이 학문적으로는 여전히 비판적이었는지 어쩐지는 알 수 없으나 법부대신으로서의 공무公務 처리에 있어서는 적어도 천주교 측에 대해 적대적이지 않으며 오히려 그 요청을 수용하는 태도를 지니고 있었음을 단적으로 보여주고 있다. 그렇다고 해서 이러한 신기선의 입장이 유배 중『유학경위』의 원고를 작성할 때부터 줄곧 그랬다고 보기는 어렵지만, 여하튼 그 저서 자체 내용에서나 이후의 행적에서나, 천주교에 대해 학문적으로는 비판

---

29) 申箕善이 學部大臣에 임용된 날짜가 1896년 양력 3월 16일이었음은 『承政院日記』와『官報』의 기록에 동일하다. 하지만 辭職疏를 제출한 게『承政院日記』에는 같은 해 양력 9월 30일로 되어 있으나『官報』에는 10월 2일로 되어 있는데, 學部大臣 후임자로 閔種黙이 임용된 게 10월 3일이다.『(舊韓國)官報』3, 아세아문화사, 1973, p.641 및 p.647 참조. 이후 申箕善은 1897년 양력 9월 27일에 中樞院 副議長으로 제수되었다가 1898년 양력 7월 29일에는 法部大臣을 임용 받았다.『承政院日記』각 날짜의 기사 참조.
30) 천주교 명동교회 편,『뮈텔 주교 일기』II, 앞의 책, p.300 및 p.312 참조.

적이면서도 현실적으로는 인정하는 이중적인 측면이 있었음을 부인할 수는 없을 듯하다.[31]

---

31) 그에게서 찾아지는 이러한 이중적인 측면은, 그 자신의 上書文들을 비교 검토해보면 거기에서도 여실히 드러난다고 판단된다. 단적인 예로, 앞의 註 18)에서 인용한 바 있는 고종 31년(1894) 10월의 상서문 (다)부분에서는 '모든 것을 公法에 따라 그들로 하여금 우리의 주권을 빼앗지 못하도록 …' 운운하여 여느 開化派 인사들처럼 公法 곧 萬國公法, 바꾸어 말하면 오늘날의 國際法에 근거한 주권 옹호론을 주창하였음이 분명하다. 그러나 앞의 註 21)에서 인용한 바 있는 고종 32년(1895) 5월의 상서문 밑줄 친 부분에서는 '10년 전에 開化黨의 이름을 얻은 자가 지금은 도리어 완고한 데에 가까우니…' 운운하여 자신이 이제는 마치 守舊派와 같은 인식을 가지게 되었음을 밝히고 있다. 불과 1년여의 시차 밖에 없는 사이에, 이렇듯이 거의 상반되는 듯한 인식을 아울러 드러내므로 그에게 이중적인 측면이 있다고 하지 않을 수 없지 않나 생각한다.

제5절 『유학경위』 간행 및 배포에 대한 천주교의 대응과 그 배경

신기선의 이러한 천주교에 대한 인식을 담고 있었던 『유학경위』 간행과 배포에 대해 유독 프랑스 공사 플랑시Plancy가 나서서 문제 제기를 하고 시정을 요구하고 있었다. 플랑시 공사의 문제 제기는, 그렇기 때문에 상당히 의도적이었던 게 아닌가 여겨진다. 이런 사실은 플랑시 공사가 『유학경위』 내용 가운데 「학술」 부분에서 야소교에 대해 문제를 제기하고 비판하고 있음은 문제 삼았지만, 「우주술찬」 부분에서는 그렇지 않고 오히려 예수의 존재와 가르침 그리고 그 역사적 사실을 인정하고 있었다는 점을 전혀 거론하지 않고 있는 데에서 고스란히 드러난다고 생각한다. 혹 아니면 「우주술찬」에서의 서술 내용은 당연한 것이라 여겨 문제 삼지 않았거나, 야소교에 대해 비판적으로 언급한 「학술」 부분만 의도적으로 꼬집어 문제를 삼았는지도 모르겠다.

이렇듯이 학부대신 신기선의 『유학경위』 간행과 배포에 대해

플랑시 공사가 전면적으로 문제를 제기하고 나선 것은, 천주교가
직면하고 있었던 당시 상황과 불가분의 관련이 있는 듯하다. 그
러므로 먼저 플랑시 공사의 문제 제기가 구체적으로 무엇이었으
며 어떻게 전개되고 처리되었는가 하는 문제를 살펴보고, 그런
뒤에 이렇게 천주교 측의 예민한 대응이 나오게 된 배경이 무엇
이었나에 대해 헤아려보려는 것이다. 이를 위해 우선 플랑시 공
사가 한국 정부의 외부外部에 제출한 문서의 전문을 제시해 보면
다음과 같다.

> (10) 「새로 간행한 《유학경위》의 판본을 폐기하여 없애버리기
> 를 요청하는 안건」
> 근래에 『유학경위』 한 책을 학부에서 간행했다고 들었습니다.
> 이 책은 학부대신이 저술했기 때문에, 게다가 학부 편집국장
> 및 중추원 참서관의 서문이 실려 있기 때문에, 제가 마침 책을
> 하나 얻어서 한 조목조목 차례로 자세하게 살펴보았습니다. 그
> 책의 가장 중요한 내용이 제41편 안에 있었습니다. 이 대목을
> 살펴보니, 구미 각국에서 받들어 믿는 종교를 저주하고 꾸짖었
> 으며, 우방국 대신이 마땅히 사용할 만한 말이 전혀 아니었습
> 니다. 게다가 이 책을 여기저기 배포했으며, 아울러 공립학교의
> 학생들에게 읽어 익히게 했습니다. 이런 행동은 양국 간의 지
> 극한 우호관계를 맺고자 하는 저와 귀 대신의 노력을 무산시키
> 고 훼손하는 것입니다.
> 지금 들은 바에 의하면 이 일로 인하여 학부대신이 이미 교체
> 되었으며, 이 『유학경위』 원본을 모두 폐기하여 없앴다고 하는
> 데, 그와 같이 처리했는지 그렇지 않는지를 번거롭더라도 귀
> 대신께서 공문을 보내 알려주시기를 바랍니다. 또한 바라건대
> 이미 간행된 모든 책들을 낱낱이 폐기해 없애버려야 한다는 저
> 의 생각을 기꺼이 받아들여 주시면 좋겠습니다.[32]

---

32) 『舊韓國外交文書』 20 法案 2, 高麗大學校 亞細亞問題硏究所, 1969, p.308.
원문은 다음과 같다.

『유학경위』의 간행 및 배포에 대한 문제 제기의 골자는 이미 앞에서도 언급되었으므로 논외論外로 치더라도, 이 문건에 드러난 플랑시의 문제 제기 가운데 주목되는 바는, 대략 2가지 쯤으로 가늠된다. 첫째, '마침 책을 하나 얻어서 한 조목조목 차례로 살펴보았다'고 밝히고 있는 점과, 둘째, '지금 들은 바에 의하면'이라고 하면서 이미 학부대신이 교체되고 『유학경위』 원본이 모두 폐기되었다는 사실을 알고 있으면서도 과연 그런지를 확인하고자 했고 또한 그 사실 여부를 회신해줄 것을 요구하고 있다는 점이다.

이 2가지 점은 하지만 개별적인 문제가 아니라, 사실은 한가지였다고 분석되는데, 앞서 잠시 언급한 바 있듯이 이렇게 '책을 얻어서 한 조목조목 차례로 살펴보았다'고 하면서 야소교耶蘇敎에 대해 비판적인 내용만 문제 삼았을 뿐이지 예수의 존재와 가르침 그리고 그 역사적 사실을 인정하는 대목을 전혀 거론치 않은 것과 일맥상통하는 것이라고 본다. 즉 프랑스 공사 플랑시가 전면에 나서서 외교적인 문서를 작성하여 제시한 것은, 정부에 대한 항의성 문제 제기를 통해 천주교의 입지를 확고히 하기 위한 의도였음을 드러내주는 것이라 하겠다. 그렇지 않고서는 고급 외교관인 플랑시로서는, 이미 학부대신이 교체되고 문제의 서적이 모두 폐기되었다는 사실을 들어 알고 있었다는 점 자체를 굳이 드러낼 필요까지는 없었으리라 여겨진다.

플랑시 자신도 벌써 들어서 알고 있었듯이 이미 신기선은 자신

「新刊儒學經緯의 毁板要請事」

　近聞有儒學經緯一書　自學部刊印　此由學部大臣著述　再由學部編輯局長及中樞院參書官著序文　本大臣遇得一本　逐條細閱　最其關重者在於第四十一篇之內　查此條咒罵歐美各國尊尙之敎　逈非友國大臣應用之詞　況此書布散　并使公立學校生徒讀習　此擧破毁本大臣曁貴大臣欲結兩國相好之至誼　現聞因此事學部大臣已被遞革　此儒學經緯原本撤刪云　是否如此之處　煩請貴大臣示覆　且祈快許本大臣　以一一廢毁已印出諸本之意可也

의 저서『유학경위』 간행 및 배포에 대한 문제가 불거지자, 이에
대한 책임을 지고 국왕에게 사직소辭職疏를 제출하여 "정학正學이
황폐화되고 이단異端이 판을 치고 있는데도 미력이나마 보태어 막
고 보호하지 못하였고, 심지어는 시의時宜에 어긋나고 물의物議를
거슬러 비방이 들끓게 만들었다"고 하면서33) 자진해서 학부대신
직위에서 물러났고 그 책은 전부 폐기되었다. 하지만 그럼에도 불
구하고, 답신을 반드시 보내줄 것까지를 요구한 플랑시의 문서에
대해 정부로서는 회신을 하지 않을 수 없는 노릇이었다. 이 때 플

---

33)『국역 승정원일기』 고종 33년(1896) 8월 24일(양력 9월 30일)에 게재
되어 있는 그의 상서문 중 이와 관련하여 핵심이 되는 대목을 제시하면
아래이다.
　　議政府贊政 學部大臣 申箕善이 상소하기를, "삼가 아룁니다. 신이 두
차례 喪中에 출사하여 무턱대고 공무를 행한 것이 어찌 능히 어려운 시
국을 바로잡아 구제하고 만에 하나라도 난국을 타개할 수 있다고 스스로
생각해서이겠습니까. 다만 乘輿가 파천播遷한 상황에서 의리상 감히 편
하게 지낼 수 없었기 때문이었습니다. …(중략)… 正學이 황폐화되고 異
端이 판을 치고 있는데도 미력이나마 보태어 막고 보호하지 못하였고,
심지어는 時宜에 어긋나고 物議를 거슬러 비방이 들끓게 만들었습니다.
그리하여 위로는 성상께 우려를 끼쳐 드리고 아래로는 일국에 수치를 끼
쳤으니, 이렇게 형편없는 사람이라면 비록 아무 일이 없는 평상시라 하
더라도 오래전에 譴責을 받아 내쳐졌을 것인데, 하물며 비통한 심정을
애써 억누르고 예법을 제대로 지키지 못하고 있는 상황이겠습니까. …
(중략)… 삼가 바라건대, 자애로우신 성상께서는 속히 신의 현재의 직함
을 체차하시어 廬幕으로 돌아가 居喪의 예를 행하도록 하심으로써 공적
으로나 사적으로나 모두 다행이게 해 주소서.……"하였는데, 받든 칙지
에, "'상소를 보고 경의 간절한 마음을 잘 알았다. 청한 바는 지금 우
선 마지못해 경의 뜻을 따라 주겠으니, 경은 잘 헤아리라.'는 내용으로
部郎을 보내어 선유하도록 하라." 하였다.
　　인용문 가운데 중요하다고 여겨지는 부분은 밑줄을 그어두는데, 이 부
분을 당시의『秘書院日記』에서 그대로 인용해 보이면 다음과 같다.
　　正學榛蕪 異言喧豗 而不能出一力 而障護焉 甚至觸時忤物 謗議溢世 上
貽九重之憂 下爲一國之羞 以此無狀 雖在平常無事之人 固宜譴斥久矣 況乎
抑情毀禮之地乎

랑시에게 보내진 정부의 답신 전문을 제시하면 다음이다.

(11) 「위의 안건에 대한 답신」
이 달 6일 접수한 귀 조회 내용에 보면, 각하께서 근래에 들었
다는 대목부터 답장을 보내달라는 대목까지 운운한 것이 있습
니다. 그래서 모든 상황을 잘 알았습니다. 이에 마땅히 우리
학부에 문의하는 절차를 거쳤고, 방금 학부에서 그에 대한 보
고를 받았습니다. 이 보고에 의하면, 새로 간행한 해당 책은 우
리 전임 대신 申箕善이 스스로 비용을 마련하여 간행했지만,
그 사이에 해당 책들을 이미 모두 폐기하여 없앴으며, 공립 각
학교의 학생들의 경우도 읽어 익힌 적이 없다고 했습니다. 그
래서 모든 상황을 잘 알았습니다. 살펴보건대, 학부의 전임 대
신은 관직이 교체되었고 해당 책들 또한 바로 폐기하여 없앴으
므로 그 일은 지나간 일이 되었으니, 이제 와서 뒤늦게 문제를
제기할 필요는 없습니다. 상호 존중하는 우호관계에 입각해서
볼 때, 아주 아쉬운 마음이 듭니다. 접수한 조회에 따라 공문을
갖추어 답장합니다. 바라건대 번거롭더라도 귀 대신께서는 굽어
살피시는 것이 좋겠습니다.[34]

이 답신의 내용을 통해 한편으로는 다른 데에서 드러나지 않던
사실 하나를 비로소 알게 되는데, 『유학경위』가 '신기선이 스스
로 비용을 마련하여 간행했다'는 점이다. 신기선으로서는 아마
도, 그랬기 때문에 별반 이 책의 간행 및 배포에 따른 문제는 생

---

34)『舊韓國外交文書』20 法案 2, 高麗大學校 亞細亞問題硏究所, 1969,
   pp.308-309. 원문은 다음과 같다.
   「同上件에 對한 答信」
   本月六日 接到貴照會內閣自近聞至示覆云云等因准此 當經向詢我學部 旋接
   覆開 該新刊冊子 我前任大臣申自備印出 間已撤銷 至公立各學校生徒 未嘗
   讀習等因 准次 查學部前任大臣業爲遞免 該冊子亦卽刪廢 事屬過境 今毋須
   追提 其在隣好尊尙之義 殊堪歎嘆 相應備文照覆 請煩貴大臣查照加也

기지 않으리라 안이하게 생각하였던 게 아닐까 추측되지만, 여하간 결과적으로는 이게 화근이 되어 학부대신學部大臣 직위에서 자진해서 물러나지 않을 수 없게 되었고, 책은 전량 폐기 처분당하는 수모를 겪어야 했던 것이다.

이 기록에서 다른 한편으로는 그 말미에 적혀 있듯이 외부外部에서는 이 사건에 대해 '지나간 일이 되었으니 이제 와서 뒤늦게 문제를 제기할 필요는 없다'하면서 '상호 존중하는 우호관계에 입각해서 볼 때, 아주 아쉬운 마음이 든다'고까지 쓰고 있음 역시 주목해 보아야 할 대목이라고 생각한다. 한국 정부가 이런 문제 발생 자체에 대해 깊은 유감을 표시함으로써 재발 방지를 내비친 것이나 다름없었으므로, 실질적으로는 플랑시가 애초부터 의도했던 바대로 신앙과 선교 자유를 확립하려는 천주교 측의 시도가 실현되는 듯했다.

그러면 이와 같이 신기선의 『유학경위』 간행 및 배포에 대해 플랑시 공사가 전면에 나서서 강력히 외교적인 문제를 제기할 정도로 천주교 측에서 예민한 대응을 보이고 또 유감 표명을 유도해내려고 한 배경은 무엇이었을까? 대략 다음의 4가지 점들 때문이었던 것 같다. 첫째 1886년 한불조약韓佛條約 체결 이후에도 거듭되고 있던 교안敎案의 발생에 따른 천주교 입지의 불안정 일소와 선교의 자유 확립 시도, 둘째 선교에 있어서 개신교에 대한 비교 우위 선점을 위한 노력, 셋째 일본 측의 전횡에 대한 고조되는 불안감 해소, 넷째 천주교 신자의 입교 증가에 따른 선교에 있어서의 자신감 표출 등이 그것이라 판단되는데, 이들 각각에 대해 구체적으로 거론하면 다음과 같다.

첫째, 플랑시의 문제 제기를 통해, 당시 거듭되고 있던 교안敎案의 발생에 따라 위축되어 있던 천주교 측의 선교에 있어서의 불안정을 일소시키고 궁극적으로는 선교의 자유 확립을 꾀하고자 하였다고 보여진다. '교안'이란 원래 중국에서 사용되기 시작한 용어로서, 그리스도 신앙 및 선교에 대한 박해정책이 자유정책으로 이행되어 나가는 시기에 발생한 분쟁 중 외교적 절충으로 해결된 사건을 지칭하는 것이다.35) 이 같은 교안의 발생 소지를 정리하기 위해 플랑시는 조선 정부 각계 인사들과의 교류를 통해 매우 적극적인 태도를 견지하고 있었다. 이 점은 아래의 기록에 잘 나타나 있다.

(12)제[플랑시]가 원하는 바와 같이 조씨[조병직, 당시 교섭통상 사무아문의 독판]는 따른 문제는 즉각적으로 해결될 것이라고 덧붙여 말하였는데, 차후 협상할 문제인 전교회의 땅에 관련된 건과 여권문제는 제외되었습니다. …(중략)… 제 생각으로는 저의 요구는 아주 정당한 것으로서 더 이상 협상할 필요가 없으므로, 따라서 저는 그에게 여행허가서를 돌려보내달라고 요청하였습니다. …(중략)… 사실을 말하자면 이 서류들의 내용 중에서 발견되는 다른 것조차 조약의 제4조와 제9조의 완전한 사본임에도 불구하고, 이러한 여권의 교부를 허가하면 조선 정부는 우리 선교사들에게 내지에서의 교회 건설에 대한 권리를 인정하는 것과 마찬가지로 보인다고 왕에게 설명했다고 합니다.36)

이 문서에서 프랑스 공사 플랑시가, 당시 천주교의 원활한 선교를 위해 가장 해결되어야 할 문제로 대두되고 있었던 교회 건립 부지의 매입과 선교사들의 여행 자유 보장을 허용 받으려 부

---

35) 교안의 개념, 지역적 전개 상황 및 특성 등에 대해서는 李元淳, 「朝鮮末期社會의 〈教案〉研究」, 『歷史教育』 15, 1973; 『韓國天主教會史研究』, 한국교회사연구소, 1986. 朴贊殖, 「韓末 天主教會의 성격과 '教案'」, 『교회사연구』 11,1996. 그리고 장동하, 「교안의 성격과 특성」, 『개항기 한국 사회와 천주교회』, 가톨릭출판사, 2005 참조.
36) 「김인학, 전교회 토지문제, 여권문제에 관한 보고」, 『프랑스외무부문서』 3 조선 II · 1889, 국사편찬위원회, 2004, pp.38-39.

심하고 있음이 여실히 묻어나고 있는데, 이 사안이 정작 교섭통 상사무아문交涉通商事務衙門의 독판督辦 조병직趙秉稷과의 교섭에서 타협이 이루어지지 못하자 이에 대한 시정을 요구하고 있는 것이다. 그러면서 자신의 요구가 정당한 것이라는 증거로서 거론한 '조약의 제4조와 제9조'란, 바로 한불조약韓佛條約의 그것들을 말하는 것으로, 프랑스 국민이 조선인과 마찬가지로 제4조에서는 조선 내에서의 거주와 여행의 자유를 얻는다는 것과 제9조에서는 학습學習 혹 교회敎誨 등에 있어 균등하게 보호를 받는다는 것을 명시해놓은 것이다.[37]

명시된 이러한 조약이 있음에도 불구하고 실제로는 제대로 이행되지 않자 플랑시는 문제 제기를 했던 것이지만, 조선 정부에서는 이 문서의 말미에 적혀 있는 바처럼 국왕에게 '여권의 교부를 허가하면' '천주교 선교사들에게 내지에서의 교회 건설에 대한 권리를 인정하는 것과 마찬가지'라고 보고할 정도의 인식을 지니고 있었으므로 애초에 성사되기가 어려웠다. 그렇기 때문에 천주교 측에서는 이런 상황에서 터진 학부대신 신기선의 『유학경위』 간행 및 배포 사건에 대해 매우 예의주시하며 민감하게 반응하고, 이를 계기로 조선 정부의 유감 표명을 도출해냄으로써 위축되어 있던 천주교 측의 선교에 있어서의 불안정을 일소시키고 궁극적으로는 선교의 자유 확립을 꾀하고자 하였다고 보여지는 것이다.[38]

---

37) 「大朝鮮法國條約」 즉 세칭 韓佛條約의 원문은 『프랑스외무부문서』 1 1854 -1889, 국사편찬위원회, 2002, pp.313-315 및 pp318-319 참조.
38) 이런 점과 관련하여서는 앞에서 이미 잠시 언급한 바 있듯이, 李元淳,「朝鮮末期社會의 〈敎案〉研究」, 앞의 책, 1986, p.225에서 '이로 미루어 보건대 프랑스 공사관이나 프랑스 성직자들의 敎案事에 대한 관심은 대립과 투쟁에서 야기되는 문제뿐만 아니라, 문제 발생의 소지를 봉쇄하는 데까지 미쳤었음을 알 수 있다'라고 摘示하였음이 크게 참조된다고 하겠다.

둘째, 이를 계기로 선교에 있어서 개신교에 대한 비교 우위 선점을 꾀하고자 하였다고 판단된다. 개신교 목사들의 선교에 대한 천주교 측의 인식은, 1896년 7월 10일 뮈텔 주교의 일기 기록에 잘 드러나고 있다. 뮈텔 주교가 조선 정부와 프랑스 정부 사이에 서울·평양간, 서울·의주간의 철도 계약이 이 날 조인되었음을 전하고, 서울·목포간 그리고 서울·원산·러시아 국경까지의 두 노선도 얻을 수가 있었으면 한다는 바람을 토로하면서, 하지만 조선 내에서 이에 대한 반대가 있을 것으로 예측하였는데, 플랑시는 이것이 '미국인 목사들이 무관하지 않을 것으로 믿고 있다[39]'고 적어둔 데에서도 이를 엿볼 수 있다. 천주교 측의 개신교 목사들에 대한 이러한 깊은 의구심은 사실 이전부터 지속되어 온 것으로, 당시의 상황을 제대로 가늠하는 데에는 다음의 기록에 대한 분석이 적지 아니 도움이 된다.

(13)개신교 목사들에 관해 다시 언급하면, 행정의 직무를 얻기 위해 본래의 역할을 포기하는 사람이 있는 반면에 자기의 임무를 제대로 하고 싶은 극소수의 사람들도 있다고 덧붙여야 합니다. 그들은 바로 근래에 반도에 보내진 캐나다 선교사들이며, 그들이 받아야 하는 지원을 대영제국의 총영사한테 받습니다. 미합중국의 공사관에서 벌어지는 것과는 반대로 그는 그들에게 어떠한 제약도 없이 여행 허가서를 발급합니다. …(중략)…그의 서신들 중의 한 통이 제 손에 들어왔고, 저는 그 속에서 해론(Heron) 부인의 것과는 완전히 다른 의견을 읽을 수 있었습니다. "이 부정직한 정부(탐욕스러운 정부)가 그들과는 어떠한 연관도 없거나 적어도 연관이 생기면 안 되는 사람들에게 엄청난 시혜를 베푼 반면에 이 나라의 진정한 이익을 위해 여기 와있는 사람들은 끝없는 어려움에 직면하여야 하는 것은 너무나 터무니없는 것입니다. …(중략)… 최근에 지금은 경상도에 출장

39) 명동천주교회 편, 『뮈텔 주교 일기』 II, 한국교회사연구소, 1993, p.86.

나가있는 한 프랑스 신부가 이곳에 도착할 것이라 알려집니다. 저는 그를 만나기를 희망합니다. 비록 우리의 종교가 아주 사소한 부분에서 차이를 보이고 있으나, 저는 가톨릭 선교사들의 신중함과 용기와 열정을 존경스럽게 생각합니다. 이 왕국에서 유일하게 이루어진 종교적인 노력은 그들에 의한 것이라는 것에 의문을 가질 수는 없습니다."

위의 발언은, 이 서신의 필자인 게일(Gale)씨가 돈 발 벌리고 만족한 직업과 물질적 쾌락이 있는 집이 열정을 질식시켰고 사명을 메마르게 한 그와 같은 종교를 지닌 자들의 낙관주의를 공유하지 않았다는 것을 증명하는 것입니다.[40]

여기에서 당시 천주교 측 인사들이 개신교 목사들의 선교 행태에 대해 지니고 있었던 깊은 거부감이 여실히 드러나고 있었다. 즉 캐나다 선교사들의 경우 미국 공사관에서조차 받기 어려운 여행 허가서를 영국 총영사에게서 받아 자유롭게 여행을 하면서 선교에 박차를 가하고 있는 것에 대해 불만이 한껏 고조되고 있는 터였음을 읽을 수 있다. 이런 가운데 천주교 측에게 절대적으로 불리한 내용으로 점철되어 있던 미국인 의사醫師 부인婦人인 해론 Heron 부인의 편지[41]와는 전혀 달리 천주교에 지극히 우호적인 내용을 담고 있던 게일Gale 목사의 서신을 획득하여 그 내용을

---

40) 「개신교의 포교에 관한 보고」, 『프랑스외무부문서』 3, 앞의 책, 2004, pp.288-289.

41) 알렌Allen의 동료 선교사인 長老敎의 존 W. 헤론John W. Heron 博士는 王立病院의 醫師로서 활동하였는데 그의 부인이 미국 뉴욕의 New York Sun 紙의 편집장에게 편지를 써서 자신이 마치 고문을 당한 것처럼 전하고 이를 기사화함으로써 불거진 사건을 말한다. 그런데 이는 거짓이었으며, 오히려 자신의 남편과 함께 왕궁에 불려가 연회에 참석하였다고 한다. 앞의 「개신교의 포교에 관한 보고」, 같은 책, 2004, pp.285-286 참조. 한편 해론 박사의 활동상에 대해서는 F. H. 해링톤 著, 李光麟 譯, 『開化期의 韓美關係』, 一潮閣, 1973, p.51 등 참조.

인용하며 그렇지 않은 경우도 있음을 특기特記하고 있는 것이다.

게일 목사[42]의 이 글에서 각별히 주목되는 바는 '가톨릭 선교사들의 신중함과 용기와 열정을 존경스럽게 생각'하며, '이 왕국에서 유일하게 이루어진 종교적인 노력은 그들에 의한 것이라는 것에 의문을 가질 수는 없다'고 쓰고 있음이다. 이는 당시 천주교와 개신교의 교류사交流史 혹은 관계사關係史를 정리함에 있어 결코 간과되어서는 아니 될 사실이라 생각하는데, 이러한 그의 편지 글에 천주교 측은 대단히 고무되었을 것임에 틀림이 없다. 그만큼 게일 목사 자신이 한국의 기독교基督教 역사歷史 전체에 있어 천주교의 선교가 가지는 역사적 의미를 제대로 평가한 것으로 보아 좋을 듯하며, 이러한 그의 우호적 태도에 힘입어 당시 천주교 측에서는, 개신교 측이 전혀 문제 제기조차 하지 않던 상황에서 앞장서서 신기선의 『유학경위』 간행 및 배포에 대해 문제를 제기하고 시정을 요구하게 되었던 게 아닐까 생각한다. 그럼으로써 이를 계기로 천주교 측에서는 한편으로는 선교를 둘러싼 개신교 목사들과의 충돌·갈등의 증폭 완화도 일면 꾀하면서 또 다른 한편으로는 선교에 있어서 개신교에 대해 비교 우위를 선점하려 힘을 기울였다고 판단된다.

셋째, 천주교 측에서 신기선의 『유학경위』 간행 및 배포에 대해 전면적으로 문제를 제기한 것은 또한 일본 측의 전횡에 대해 고조되는 불안감을 해소시키고자 하는 일면도 작용하였던 게 아닐까 싶다. 당시 천주교 측이 일본의 강압적인 분위기 속에서 많

---

42) 게일 목사의 생애와 저술 그리고 활동상에 대해서는 金鳳姬, 「게일 (James Scarth Gale, 奇一)의 韓國學 著述活動에 관한 硏究」, 『서지학연구』 3, 서지학회, 1988에 상세하다. 그밖에 유영익, 「게일의 생애와 그의 선교사업에 대한 연구」, 『캐나다 연구』 2, 1990 및 한규무, 「게일의 한국 인식과 한국 교회에 끼친 영향 ─1898~1910년을 중심으로─」, 『한국기독교와 역사』, 한국기독교역사연구소, 1995 참조.

이 위축당하고 있었음은 여러 곳에서 목격되는데, 그 가운데에서도 이런 당시의 모습을 가장 단적으로 보여주는 것은 김흥민金興民 사건事件이라고 할 수 있을 듯하다. 이 사건은 김흥민金興民이라는 천주교 신도가 일본 경찰로부터 일방적으로 구금되고 구타당한 일을 말하는데, 이 사건의 대강은 다음의 기록에서 그 실상이 잘 드러난다.

> (14)5월 28일 우리가 저녁 식사를 하고 있는데, 우리 벽돌공들의 감독관인 金興民이 3명의 일본인 인부에게 심하게 두들겨 맞고는 경찰에 체포되어 용산으로 연행되었다는 소식이 전해졌다. …(중략)…
> 5월 29일 …(중략)… 11시 반경에 집에 돌아와 일본 영사에게 편지를 보냈다. 영사는 회답을 했다. 그러나 그 회답은 흥민이 풀려난 후인 저녁 7시경에야 도착했다. 흥민은 용산의 일본 경찰서에서 맞은 매로 인한 등의 커다란 상처를 보여 주었다.[43]

이 글에 등장하는 김흥민, 그는 다름 아니라 당시 천주교 측의 평신도 가운데 대표적인 존재 중의 하나였다. 그는 천주교의 성당과 신학교 등 대형의 건축물을 건설하려고 할 때 벽돌을 구하기 어렵게 되자, 직접 나서서 이를 제조하고 공급하는 데에 맹활약하고 있었다. 그리하여 당시의 일을 생존자들의 증언을 통해 정리한 천주교회사天主敎會史의 하나에서 '현재 경성 시내에 우리 성교회의 대건축물이 처처에 있게 됨은 전혀 동씨同氏의 적공積功이더라'고 기록할 정도였다.[44]

43) 명동천주교회 편, 『뮈텔 주교 일기』 II, 앞의 책, 1993, pp.79-80.
44) 『천주교회 약현지방사』, 조선 천주교회 중앙출판부 지부 약현천주교청년회 발행, 1933; 노용필, 「서울의 천주교 신자들이 세운 것은 명동성당이 처음이었을까?」, 『개화기 서울 사람들』 2, 어진이, 2004, pp.209-211.

그가 이렇게 천주교회에 헌신적으로 봉사하고 있던 차에 일본인 인부에게 구타당하였는데 오히려 일본 경찰에 의해 일방적으로 체포되었을 뿐만 아니라 경찰서 내에서 또 구타당한 사건이 발생하자, 뮈텔 주교를 위시한 천주교 인사들이 전부 들고 일어나 석방 요구를 하였던 것이다. 이러한 김홍민 사건의 경우는 결국, 당시에 천주교 세력의 성장을 제어하려는 일본 측의 고의에 가까운 책동이었던 것같다. 이러한 일을 겪으면서 천주교 측으로서는 일본 측의 전횡에 대해 고조되고 있었던 불안감을 해소시키기 위해서도 신기선의 『유학경위』 간행과 배포를 기화로 삼아 조선 정부에 대해 강력한 항의를 함으로써 정부의 유감 표명을 도출해내려고 했던 것으로 헤아려진다.

또 한편 넷째로, 이렇게 정부에 대해 강력한 문제 제기를 할 수 있었던 언저리에는 왕실 내에도 점차 천주교 신자가 늘어가는 추세에 있었으므로 선교에 있어서의 자신감이 자못 깃들어 있었음을 꼽을 수 있을 것 같다. 이와 관련하여서는 『뮈텔 주교 일기』 1896년 6월 16일자에 보면, 다음과 같은 기록이 있음을 참작할 수가 있다.

(15)일본 신문이 센세이션을 일으키는 새로운 소식을 전하며 즐기고 있다. 무엇 때문일까? "왕이 영세를 하고 가톨릭 신자가 되었다. 프랑스 주교 뮈텔은 자주 알현을 한다. 왕은 그를 극진히 대우한다. 며칠 후 왕은 가톨릭 성당으로 기도를 하러 갈 것이다" 등등[45]

이로써 당시 일본 신문에서 국왕이 곧 천주교 신자가 될 것처럼 보도하고 있었음을 알 수 있는데, 이는 사실이 아니고 일본

---

45) 명동천주교회 편, 『뮈텔 주교 일기』 II, 앞의 책, 1993, p.83.

신문에서 세간의 관심을 끌기 위해 조작한 기사에 불과한 것이었다. 그렇기 때문에 이러한 보도 내용에 대해 뮈텔 주교가 별로 탐탁히 여기지 않음이 역력하다. 그것은 사실이 전혀 아닌데 마치 자신과 국왕이 친밀한 것처럼 여론을 호도하는 데에 대한 것이기도 하겠으나, 한편으로는 내밀하게 왕실 내의 여러 인물들에게 천주교를 선교하고 있는 상황이 공개되는 것을 꺼려했기 때문이기도 하지 않나 짐작된다.

이런 가운데 날로 알찬 열매를 맺는 선교의 추세 속에서 암암리에 이미 천주교에 입교하였던 궁녀宮女들이 나서서 선교함으로써 흥선대원군興宣大院君의 부인夫人이자 고종高宗의 모후母后인 부대부인府大夫人 민씨閔氏도 1897년에 다다라 천주교에 입교하기에 이르렀고, 그녀는 이후 뮈텔 주교의 기록에 의거하면 흥선대원군 자신까지도 천주교에 입교할 수 있도록 도와줄 것을 요청하였다고 한다.[46] 이러한 전반적인 분위기 속에서, 1896년 학부대신學部大臣 신기선申箕善의 『유학경위儒學經緯』 간행 및 배포에 대해, 천주교 측이 전면에 나서서 정부에 항의하여 유감 표명을 끝내 이끌어 냈던 데에는, 그 어간에 천주교 측이 선교에 대해 지니게 되었던 나름대로의 자신감이 작용한 측면이 다분히 있었던 듯싶다.

---

46) 노용필, 「대원군, 고너와 결단의 나날들」, 『개화기 서울 사람들』 1, 어진이, 2004, pp.54-57.

제6절 맺는 말

　1896년에 있었던 학부대신學部大臣 신기선申箕善의 『유학경위儒學經緯』 간행 및 배포 사건에 대해 천주교 측이 매우 예의주시하며 민감하게 반응하고, 이를 계기로 조선 정부의 유감 표명을 도출해냄으로써 궁극적으로는 신앙 및 선교의 자유 확립을 꾀하고자 하였다고 보인다. 하지만 한편으로는 이 사건을 통해 프랑스 공사 플랑시를 전면에 내세워 신앙과 선교의 자유에 대한 문제를 제기함으로써 정교政敎 분리分離의 원칙에 어긋나는 사례를 남겼다는 문제점도 또한 지적할 수 있을 것이다.

　이 사건을 통해 천주교 측으로서는 첫째, 신기선이 1898년에 재차 입각入閣하여 법부대신法部大臣이 되어 교안敎案을 처리함에 있어 천주교 측의 요청을 받아들이는 것과 같은 예에서 단적으로 드러나듯이, 정부 관리들이 천주교 측에 대해 비판거리를 제공하지 않으려고 조심스런 태도를 갖도록 경각심을 불러일으켰다는 점을 수확이라면 수확이라고 손꼽을 수도 있을 성싶다. 그리고 둘째로는, 이 사건을 계기로 신앙 및 선교의 자유 획득에 있어서 천주교 측이 커다란 자신감을 지니게 되어 교세敎勢가 날로 확장되는 성과를 거두었다고 할 수 있겠다.

하지만 천주교내에 이러한 자신감이 넘쳐 오히려 교안이 심해지는 경향이 드러난다.[47] 그리하여 1896년 이후 개신교와의 충돌도 오히려 빈번히 일어나고, 천주교 신자들이 교세 확장의 여세를 몰라 사회적인 물의를 크게 일으키는 경우가 더욱 빈발하게 되었으므로, 이런 문제를 원만하게 해결하기 위해서 1899년 3월 9일에 뮈텔 주교와 내부內部 지방국장地方局長 정준시鄭駿時 사이에 「교민조약敎民條約」의 체결이 시도되었다.[48] 그럼에도 불구하고 같은 달 31일에는 빌렘Wilhelm 신부가 직접 신자들을 이끌고 천주교 신자들의 체포와 구금에 항의하면서 황해도黃海道 안악군 청安岳郡廳에 들어가 난동을 벌인 사건이 발생하였으며, 곧 이어 4월 23일에는 천주교 신자 수십 명이 천주교에 대한 불리한 기사에 불만을 품고 경성京城 소재 황성신문사皇城新聞社에 난입하여 사장 남궁 억南宮 檍을 납치하고 신문사를 부수겠다고 협박한 사

---

47) 1886년부터 1906년 사이에 일어난 敎案들을 각종의 문서에서 찾아 도합 305건의 그것을 종합 정리하여 분석한 張東河의 연구 결과에 따르면, 특히 1896년을 기점으로 하여 그 이전과 이후에 발생하는 교안이 각각 사건 발생의 주체, 전개 과정 그리고 해결에 있어서 앞 시기와는 매우 다른 양상을 띠게 되는데, 그 이전에는 주로 주민이 사건 발생의 주체가 된 반면에 그 이후에는 교회 구성원이 사건을 일으키는 경우가 빈번하게 발생하였다고 한다. 장동하, 「교회의 선교정책과 전통사회와의 충돌」, 『한국천주교회사의 성찰과 전망』, 한국천주교중앙협의회, 2000; 『개항기 한국 사회와 천주교회』, 가톨릭출판사, 2005, pp.372-373

48) 李元淳, 「朝鮮末期社會의 〈敎案〉硏究」, 앞의 책, 1986, pp.230-232에서는 이 「교민조약」이 체결되었다고 보고 있으나, 노용필, 「천주교의 신앙 자유 획득과 선교 자유 확립」, 『교회사연구』 30, 한국교회사연구소, 2008; 이 책의 제9장에서는 이에 대해 그렇게 보기 어렵다는 의견을 개진하고 있다. 이를 참조하기 바란다.

건이 발생하기도 할 정도로 천주교 신자들의 교세 확장에 따른 문제점들이 불거졌던 것이다.[49]

이러한 점들을 감안하면, 1896년을 기점으로 나타나게 된 교안의 성격 변화에는 1896년 학부대신 신기선의 『유학경위』 간행 및 배포에 대해 플랑시 공사가 전면에 나서서 강력히 외교적인 문제를 제기할 정도로 천주교 측에서 예민한 대응을 보이며 또 신앙 및 선교의 자유를 얻어 내려고 한 게 커다란 영향을 끼친 것으로 생각된다. 그러므로 1896년 이후 한국천주교회사韓國天主敎會史에서 더욱 교안敎案이 심화되는 경향이 나타나게 되는 결정적인 계기의 하나는, 요컨대 1896년에 있었던 학부대신 신기선의 『유학경위』 간행 및 배포 사건에 대한 천주교의 전면적인 대응과 그 결과의 영향에 있었다고 할 수 있을 것 같다.

---

49) 장동하,「교회의 선교정책과 전통사회와의 충돌」, 앞의 책, 2005, pp. 388-389 참조.

제3부 자연 영성 편

제6장
성 프란치스코의 자연 영성과
한국 프란치스칸의 수도생활

제1절 머리말

아시시의 성 프란치스코(1182-1226)는 모든 것이 같은 근원에서 생겨난다는 인식을 지니고 있었으므로 아주 미미한 피조물도 형제·자매라고 부를 만큼, 그리스도의 형상으로서, 성경에 나오는 피조물에 대한 가장 온화한 동정심을 드러냈으며[1], 모든 것을 선하다고 보기 때문에 그의 신학은 하나의 인간학을 함축하고 있을 뿐만 아니라 현대에 이르러서는 생태학으로 연결된다.[2] 그런데 생태학(에콜로기,Ökologie)이란 용어는 본디 '집'이라는 의미의 그리스어 오이코스(oikos)에서 파생된 것이므로, 글자 그대로 '집

---

1) 성 보나벤뚜라, 『보나벤뚜라에 의한 아씨시의 성 프란치스코 대전기』, 권숙애 옮김, 분도출판사, 1979, p.91. 보나벤투라는 1263년에 성 프란치스코 전기를 썼는데, 3년 후에는 이것이 유일하게 권위 있는 전기임이 공식적으로 선언되었다고 한다. 미르치아 엘리아데, 『세계종교사상사 3 ─ 무함마드에서 종교개혁의 시대까지』, 박규태 옮김, 이학사, 2005, p.304.
2) 호세 메리노, 『프란치스칸 사상에 비추어 본 인간을 위한 미래 건설』, 김현태 옮김, 분도출판사, 1990, p.85.

에 관한 학문'을 뜻하며, 이 '집'은 『성경』, 「시편」 104편의
의미에서 볼 때3) 철저히 창조의 집을 말하는 것이기 때문에, 따
라서 생태학은 모든 생명체가 사는 환경의 집에서 모든 생명체의
공동생활에 대하여 인식하는 학문이다.4)

　이 생태학에서는 자연을 서로 구별하기는 하지만 결국은 하나
인 유기적 총체로 보는데, 대부분의 그리스도교 신학이 창조의
신비보다는 구원의 신비에 더 큰 관심을 기울였음에도 불구하고,
구원과 창조를 연결 지으려는 흐름이 있어 왔고, 이 흐름은 다름
아닌 바로 성 프란치스코에게서 비롯된 것이었다.5) 게다가 그는
하느님 앞에서는 물론이고, 형제들 앞에서나 동물과 사물들 앞에
서도 언제나 현존을 느끼면서 애정과 성실성을 다해 다가가고는
하였으므로, 그의 현존 의식에서 유래되는 인간학적 태도는 전
인류에게 귀감이 될 만하다.6) 한마디로 아시시의 프란치스코는
서구 문화에서 자연과의 형제애를 모범적으로 보여 준 전형적인
인물이기에, 그를 생태학의 수호성인으로 선포하기에 이르렀던
것이다.7) 이러한 평가의 구체적인 면면은 다음과 같은 교황 요한
바오로 2세의 담화문에서 여실히 드러나고 있다.

---

3)「시편」 104편에서 피조물들의 자연 영성과 관련하여 가장 대표적인 구절은
　특히 24절로 판단된다. 『성경』, 한국천주교주교회의, 2005, p.1355. 원문은
　다음과 같다. "주님, 당신의 업적들이 얼마나 많습니까! 그 모든 것을 당신
　슬기로 이루시어 세상이 당신의 조물들로 가득합니다."
4) 쿠르트 마르티, 『창조 신앙―하느님의 생태학』, 이제민 옮김, 분도출판사,
　1995, p.81.
5) 레오나르도 보프, 『생태 신학』, 김항섭 옮김, 가톨릭출판사, 1996, p.53.
6) 김현태, 「프란치스칸 사상 안에서의 인간의 문제」, 『프란치스칸 삶과 사
　상』 제1호(1992), 프란치시칸사상연구소; 개제, 「프란치스칸 사상 안에서
　인간 문제와 스코투스의 인간학」, 『둔스 스코투스의 철학 사상』, 가톨릭
　대학교출판부, 1994, p.137.
7) 레오나르도 보프, 『생태 신학』, 김항섭 옮김, 가톨릭출판사, 1996, p.59.

1979년에 저는 아시시의 성 프란치스코를 자연 환경을 증진시키는 사람들의 천상 수호자로 선포하였습니다(사도적 서한 Inter Sanctos, AAS 71, 1979, 1509면 이하 참조). 그분은 그리스도인들에게 모든 피조물을 참으로 깊이 존중하는 모범을 보여 주고 계십니다. 하느님의 피조물들에게 사랑을 받았던 가난한 사람들의 친구 성 프란치스코께서는 모든 피조물들을 — 동물들과 식물들, 온갖 자연들, 형제자매인 해와 달까지 — 초대하여 주님께 영광을 드리고 주님을 찬미하셨습니다. 아시시의 그 가난한 사람은 우리가 하느님과 평화를 이룰 때에 모든 민족들 간의 평화와 떼어 놓을 수 없는 모든 피조물과의 저 평화를 이룩하는 데에 우리 자신을 더욱 훌륭하게 헌신할 수 있다는 놀라운 증거를 보여 주고 계십니다.

성 프란치스코의 영감이 전능하신 하느님께서 창조하신 저 선하고 아름다운 모든 피조물과 더불어 더더욱 생생한 "형재애"의 의식을 지켜 나가도록 우리를 도와주게 되기를 바랍니다. 그리고 성인께서 인류 가족 안에 존재하는 저 위대하고도 숭고한 형제애에 비추어 모든 피조물을 존중하고 보살펴야 할 우리의 중대한 의무를 끊임없이 깨우쳐 주시기를 빕니다.

바티칸에서, 1989년 12월 8일
교황 요한 바오로 2세[8]

이 담화문이 무엇보다도 강조하고 있는 것은, "모든 피조물과 더불어 … 위대하고도 숭고한 형제애에 비추어 모든 피조물을 존중하고 보살펴야 할 우리의 중대한 의무"라고 하겠다. 물론 1939년 교황 비오 12세에 의해 이탈리아의 주보성인으로 정해졌던 성 프란치스코는, 1979년 11월 29일 교황 요한 바오로 2세가 로마 성 베드로 광장에서 생태학의 주보성인으로 선포하였으므로

---

8) 세계 평화의 날(1990.1.1) 교황 담화문, 「창조주 하느님과 함께 하는 평화, 모든 피조물과 함께 하는 평화」, 『한국천주교중앙협의회 회보』 제56호, 1990.1.1, pp.4-5.

1980월 4월 6일의 부활절부터 이렇게 불리게 되었던 것이다.[9]

이렇듯이 생태학의 주보성인으로 추앙되는 성 프란치스코의 자연 영성과 관련하여, 그간 그의 자연에 대한 인식 및 보편적 형제애를 정리한 글[10]이나 생태학적 자연관 영성 윤리에 관한 연구[11]가 있기는 했지만, 그의 자연 영성을 따르는 한국의 프란치스칸들이 어떻게 생활 속에서 이를 실천하려고 하였는지에 관해서는 지금까지 연구된 바가 전혀 없다. 그러므로 기왕의 연구 성과들을 토대로 삼아, 먼저 성 프란치스코의 자연 영성의 요체가 무엇인지를 정리한 뒤, 프란치스칸 수도회들의 한국 설립은 어떻게 이루어졌으며 그 활동상은 어떠했는지를 살펴보고, 한국 프란치스칸 수도자들의 자연 영성 생활의 면면을 「회칙」 및 「회헌」 등에 나타나는 바를 중심으로 밝혀 보고자 한다.

---

9) Agostino Cardinal Casaroli, Francis: Patron Saint of Ecology, *The Cord: A Franciscan Spiritual Review*, Vol.30, No.8, 1980/9, Franciscan Institute, p.236.

10) 민성기, 「프란치스코와 自然 그리고 普遍的 兄弟愛」, 『신학전망』 123 호, 광주가톨릭대학교출판부, 1998; 개제 「모든 피조물에게서 찬미를 받으소서 – 프란치스코와 자연 그리고 보편적 형제애」, 『프란치스칸 삶과 사상』, 2000 특집호.

11) 오갑현, 「성 프란치스코의 생태학적 자연관과 영성윤리」, 『가톨릭 신학과 사상』 제25호, 가톨릭대학교출판부, 1998/가을.

제2절 성 프란치스코의 자연 영성

프란치스코는 1181년경 아시시의 유복한 의류 상인 가정에서 태어나 잔치와 향락을 좋아하는 사람이었는데, 기사의 영예가 탐이 나서 전쟁에 참가하게 되었지만 전쟁에서 부상을 입고 포로가 되었다가 아시시로 돌아온 이후 그의 삶이 바뀌기 시작하였다.[12] 그리하여 그는 1205년 처음으로 로마를 성지순례하고 돌아온 후, 은자 생활을 하다가 1209년에 이르러 예수가 12사도를 파견하며 '거저 주라'는 것을 강조한 말씀[13]에서 자신의 참된 사명을 깨달았다. 그래서 이후 그는 예수 그리스도가 사도들에게 한 이

---

12) 알란 수레크, 『가톨릭 교회사』, 박정수 옮김, 가톨릭출판사, 2000, p.77.
13) 「마태오 복음서」 10장 7절~10절, 『성경』, 한국천주교주교회의, 2005, pp.21-22. 원문은 다음과 같다. "가서 '하늘나라가 가까이 왔다' 하고 선포하여라. 앓는 이들을 고쳐 주고 죽은 이들을 일으켜 주어라. 나병 환자들을 깨끗하게 해 주고 마귀들을 쫓아내어라. 너희가 거저 받았으니 거저 주어라. 전대에 금도 은도 구리돈도 지니지 마라. 여행 보따리도 여벌옷도 신발도 지팡이도 지니지 마라."

말을 문자 그대로 충실하게 따랐다.[14] 이러한 그에게 감명을 받은 몇몇 제자들이 모여들기 시작하였고, 이를 유지해 나가기 위해 상당히 짧막하고 요약적인 회칙을 만들게 되었다. 그리하여 프란치스코는 이후 순회 설교가로서 일하게 되면서, 최초로 공인된 탁발수도회托鉢修道會Ordines mendicantes의 창시자가 되었다.[15] 프란치스코의 자그마한 공동체에서 시작된 이 수도회는 중세를 통틀어 그 구성원의 인적인 숫자에 있어 가장 거대할 뿐만 아니라 영향력에 있어서도 동시대에 그 어느 수도회와도 견줄 수 없을 정도로 큰 단체로 성장해 갔다.[16]

이 무렵 프란치스코는 경험적 사실에 근거해서 답을 제시했다. 그리스도에게 이르는 좁은 길을 찾으려 고난의 삶을 살아가는 가난한 사람들을 도와주기 위해서는, 수도사들도 그들처럼 가난해야 하고 또 이런 식의 실천적인 본보기를 통해서만 가난한 사람들에게 가난은 성스러운 것이고 심지어 기쁘다는 것을 보여 줄 수 있다고 생각했던 것이다. 타고난 스승이었던 프란치스코는 언제나 훈시보다 훨씬 효과적인 것이 본보기라고 생각했다.[17] 이에 자신감을 얻은 프란치스코는 이어서 1212년과 1214년에 이슬람 교도들을 회두시키겠다는 뜻을 품고 중동으로 가려는 무모한 계

---

14) 프란치스코의 생애와 영성에 관한 많은 기록들은 13세기에 프란치스코 회 수도사들에 의해 수집되어 널리 퍼졌으며, 14세기에 『성 프란치스코 의 작은 꽃들』이라는 제목으로 간행된 민중설화집에는 프란치스코와 그 의 제자들이 예수와 사도들에 비유되고 있다. 미르치아 엘리아데, 『세계 종교사상사』 3, 박규태 옮김, 이학사, 2005, p.303; 성 프란치스꼬회 한 국관구, 『성 프란치스꼬의 잔 꽃송이』, 분도출판사, 1975. 구체적인 내용 에 대한 상세한 설명은 전 안젤로, 「서문」, pp.7~17이 참고가 된다.
15) 전달수 엮음, 『교황사』, 가톨릭출판사, 1996, p.201. 이외에도 성 도미 니코도 이 때에 똑같이 공인받아 도미니코회를 창설하게 되었다.
16) 알란 수레크, 『가톨릭 교회사』, 박정수 옮김, 가톨릭출판사, 2000, p.78.
17) 크리스토퍼 브룩, 『수도원의 탄생 – 유럽을 만든 은둔자들』, 이한우 옮 김, 청년사, 2005, pp.296-297.

획을 세운 적도 있었고, 이 계획이 1219년에 성사되었을 때는 술탄 앞에서 강론을 하기도 하였지만 결국에는 목적을 이루지 못하고 이탈리아로 돌아와야만 했었다.[18] 이러한 쓰라린 경험들을 토대로, 이후 프란치스코는 당시 자신의 '교단' 안에 있었던 모든 신분의 사람들을 다 끌어안을 수 있었다. 그리하여 그의 첫 번째 수도회는 독신생활을 하는 탁발 수도사들로 구성되었고, 프란치스코조차도 탁발 행각을 하는 여자들의 무리를 종교적인 수도회로 인정해 줄 수 없었으므로 두 번째 수도회, 즉 제2회인 글라라회는 엄격한 봉쇄생활을 하는 수녀들로 구성되었으며, 끝으로 단순한 생활규칙에 따라서 생활하는 기혼자들로 세 번째 수도회인 제3회가 구성되었다.[19]

1217년에는 피렌체에서 우골리노 추기경과 친분 관계를 맺게 되었는데, 이후 그는 열렬한 후원자이자 친구로서 프란치스코를 적극 도와주고 프란치스코회를 비호해 주었다. 더욱이 1223년에는 새로운 회칙이 교황 호노리오 3세(제177대, 1216. 7.8-1227.3.18)에 의해 허가를 받게 되었지만, 그 자신은 수도회의 책임자 자리에서 물러나 다음 해부터 베로나에 은둔하였다. 바로 이곳에서 그는 십자가에 박힌 예수 그리스도의 못 자국 그대로인 성흔聖痕 Stigma 즉 오상五傷을 받았는데[20], 이는 그리스도교 영성사에 있어 공적으로 그리스도의 수난의 표시를 받은 첫 사례로 높이 기

---

18) 전달수, 『그리스도교 영성 역사』 2, 가톨릭출판사, 2005, pp.29-30.
19) 크리스토퍼 브룩, 『수도원의 탄생 ─ 유럽을 만든 은둔자들』, 이한우 옮김, 청년사, 2005, p.297.
20) 예수 그리스도가 십자가에 박힌 후 남은 다섯 군데의 상처 즉 오상(五傷)처럼, 성 프란치스코에게도 손등과 발등에는 못 머리 모양의 상처가, 손바닥과 발바닥에는 못 끝 모양의 상처가, 오른쪽 옆구리는 창에 찔린 것 같은 상처가 있어 그곳에서 피가 흘러내렸다고 그의 전기는 전하고 있다. 『성 보나벤뚜라가 쓴 성 프란치스코의 소전기』; 『프란치스칸 시간 전례서(프란치스칸 가족을 위한 성무일도)』, 한국 프란치스칸 가족(익산 성 글라라 수도원), 2000, pp.180-182 참조.

록되어 있다.21)

그 후 중병에 걸려 거의 맹인이 되다시피 한 상황에서「태양의
노래」등을 써서 남겼다.22) 이 가운데 다음과 같은「태양의 노래」
가 그의 자연 영성을 잘 드러내 주는 것으로 정평이 나 있다.

「태양의 노래」
(A) 지극히 높으시고 전능하시고 자비하신 주여!
    찬미와 영광과 칭송과 온갖 좋은 것이 당신의 것이옵고
    호올로 당신께만 드려져야 마땅하오니 지존이시여!
    사람은 누구도 당신 이름을 부르기조차 부당하여이다

    내 주여! 당신의 모든 피조물 그 중에도
    언니 햇님에게서 찬미를 받으사이다
    그로해 낮이 되고 그로써 당신이 우리를 비추시는
    그 아름다운 몸, 장엄한 광채에 번쩍거리며
    당신의 보람을 지니나이다 지존하신 이여!

    누나 달이며 별들의 찬미를 내 주여, 받으소서
    빛 맑고 절묘하고 어여쁜 저들을
    하늘에 마련 하셨음이니이다
    언니 바람과 공기와 구름과 개인 날씨
    그리고 사시사철의 찬미를 내 주여, 받으소서

---

21) 전달수,『그리스도교 영성 역사』2, 가톨릭출판사, 2005, p.30. 그리고
    헤수스 알바레스 고메스,『수도생활 역사』II, 강운자 편역, 성바오로,
    2002, p.222에 따르면, 이는 "교회 역사에서도 처음 있는 일이었"으며,
    "그는 오상을 받았던 첫 사람이었고 원형이었다"고 한다. 한편 그것은
    그 후의 역사에서도 되풀이되어 현재까지 백 명 이상의 프란치스코 회원
    들이 성흔의 은총을 받았다고 한다. 조던 오먼,『가톨릭 傳統과 그리스
    도교 靈性』, 이홍근 · 이영희 옮김, 분도출판사, 1991; 신정판, 1998,
    p.188.
22) 미르치아 엘리아데,『세계종교사상사』3, 박규태 옮김, 이학사, 2005,
    pp.301-302.

당신이 만드신 모든 것을 저들로써 기르심이니이다
쓰임 많고 겸손되고 값지고도 조촐한 누나
물에게서 내 주여, 찬미를 받으시옵소서

아리땁고 재롱 피고 힘 세고 용감한 언니
불의 찬미함을 내 주여, 받으소서
그로써 당신은 밤을 밝혀 주시나이다
내 주여, 누나요 우리 어미인 땅의 찬미 받으소서
그는 우리를 싣고 다스리며 울긋불긋 꽃들과
풀들과 모든 가지 과일을 낳아줍니다

(B) 당신 사랑 까닭에 남을 용서해주며 약함과
괴로움을 견디어내는 그들에게서 내 주여, 찬양 받으소서
평화로이 참는 자들이 복되오리니
지존이여! 당신께 면류관을 받으리로소이다

(C) 내 주여! 목숨 있는 어느 사람도 벗어나지 못하는
육체의 우리 죽음, 그 누나의 찬미 받으소서
죽을 죄 짓고 죽는 저들에게 앙화인지고
복되다 당신의 더없이 거룩한 뜻을 좇는 자들이여!
두번째 죽음이 저들을 해치지 못하리로소이다

(D) 내 주를 기려 높이 찬양하고 그에게 감사
드릴지어다 한껏 겸손을 다하여 그를 섬길지어다.[23]

이 「태양의 노래」는 「피조물의 찬가」, 「태양 형제의 노래」 등
으로 불리기도 하는데, 1225년 봄, 처음 프란치스코가 노래를 지
었을 때에는 (A)부분과 (D)부분만이 있었던 것으로 일부에서 전
해지고 있다.[24] 그러던 것이 몇 주 뒤에 당시 서로 불화를 빚고

23) 최민순, 시집 『밤』, 성바오로, 1963; 개정판, 1986, pp.166-167.
24) J.요르겐센, 『아씨시의 성 프란치스코』, 조원영 옮김, 프란치스코출판사,
    2005, pp.357-358.

있었던 아시시의 주교와 시장 사이의 화해를 프란치스코가 성사
시키는 과정에서 '용서와 고통에 대한 단시'라고도 불리는 (B)
부분이 추가되었으며25), 1226년 10월 3일 그 자신이 죽기 며칠
전에 '죽음 자매에 관한 시'라 이름이 붙여지기도 하는 (C)부분
을 추가하였다.26) 그리하여 오늘날 전해지는 이 전문이 비로소
완성되었던 것이다.27)

이 노래를 처음 지을 당시에 프란치스코는 눈이 멀어 태양빛을
볼 수 있기는커녕 도리어 그것이 그의 눈을 아프게 했으며, 50일
동안 휴식을 찾지 못하였고 하루 내내 정신적·육체적 고통 때문
에 매우 심하게 아팠다. 바로 이 같은 고통스런 밤을 지내고 나
서 형제들을 불러 모은 후에, 프란치스코는 사랑과 기쁨의 무아
경 속에서 그들에게 이 노래를 가르쳤던 것이다. 당시 이 장면을
목격한 세 동료 안젤로·레오·엘리아에 의하면 프란치스코는 육
신이 아프면 아플수록 이 노래를 자기가 만든 곡조로 형제들에게
불러 달라고 부탁했다고 전하여진다.28)

---

25) 에릭 도일, 『태양의 노래』, 정현숙 옮김, 분도출판사, 1986, pp.54-55;
    J.요르겐센, 『아씨시의 성 프란치스코』, 조원영 옮김, 프란치스코출판사,
    2005, pp.366-367.
26) 에릭 도일, 『태양의 노래』, 정현숙 옮김, 분도출판사, 1986, pp.55-56;
    J.요르겐센, 『아씨시의 성 프란치스코』, 조원영 옮김, 프란치스코출판사,
    2005, p.368. 그리고 꼰벤뚜알 성 프란치스꼬회, 『평화의 사도 성프란치
    스꼬와 작은 형제들의 생활』, 1973, pp.72-73 참조.
27) 이러한 과정에 대한 상세한 경위는 Marion A.Habig, *St. Francis of
    Assisi: Omnibus of Sources*, Chicago, Illinois, Franciscan Herald
    Press, 1972; 꼰벤뚜알 성 프란치스꼬 수도회, 『완덕의 거울』, 류기식 옮
    김, 분도출판사, 1981, pp.164-166; pp.193-195; pp.199-201에 밝혀져
    있다.
28) 3인의 편지 및 그들이 남긴 기록에 대해서는 八卷穎男, 『三人の伴侶の
    著はせる聖フランチェスコの傳』(*Sancti Fransisci Legendum Sociorum*),
    1925의 것이 널리 참조된다. 여기에서는 프란치스코를 '신의 사람'(神の
    人)이라 지칭하고 있으며, 그가 교황과 주고받은 대화들이 비교적 상세

프란치스코는 이 노래를 통해 '우리의 고귀한 형제 태양'과 '자매인 달'이, '형제 바람'과 '자매 물'이, '형제 불'과 우리의 '자매 어머니 땅'이 함께 형제가 되어, '당신의 사랑으로 서로 용서하고 병과 시련을 견디어 내는' 모든 사람과 일치 안에서 높으신 하느님께 찬미를 드렸던 것이다.29) 이렇듯이 프란치스코가 모든 피조물 안에 있는 아름다움과 선함과 유익한 것을 감지하고 노래할 수 있었던 것은 그의 마음이 모든 소유적인 독점에서 해방되어 있었기 때문이었음에 틀림이 없다.30)

그 후 얼마 지나지 않아 1226년 프란치스코는 결국 세상을 떠나고 말았으나 사후 채 2년이 지나지 않은 시기에 그의 후원자이자 친구였던 피렌체의 우골리 추기경이 교황 그레고리오 9세(제178대, 1227.3.19-1241. 8.22)에 올라, 곧 그를 성인의 반열에 올렸다.31) 그레고리오 9세는 성 프란치스코를 존경한 나머지, 가난한 이들을 방문하여 그들의 발을 씻겨 줄 때 종종 프란치스코회의 수도복을 입었을 정도였다.32) 게다가 교황 그레고리오 9세는 한편으로 제2회인 글라라회를 승인해 주고 제3회도 성장할 수 있도록 지원을 아끼지 않았다.33)

프란치스코가 이렇듯이 수도회를 결성하고 활동하던 어간에는 여섯 번에 걸친 십자군 운동(1096-1270)이 벌어지고 있는 상황이

히 기록되어 있음이 주목되는데, 그의 죽음과 오상에 대해서는 특히, pp.124-128 참조.

29) 헤수스 알바레스 고메스, 『수도생활 역사』 II, 강운자 편역, 성바오로, 2002, p.223.

30) 호세 메리노, 『프란치스칸 휴머니즘과 현대사상』, 김현태 옮김, 가톨릭대학교출판부, 1992, pp.270-271.

31) 미르치아 엘리아데, 『세계종교사상사』 3, 박규태 옮김, 이학사, 2005, pp.301-302.

32) P.G.맥스웰-스튜어트, 『교황의 역사』, 박기영 옮김, 갑인공방, 2005, pp.136-137.

33) 전달수 엮음, 『교황사』, 가톨릭출판사, 1996, p.212.

었다. 이런 가운데 교회가 가장 화려한 꽃을 피우기 시작한 10-12세기 사이에는 가난한 삶을 추구하는 수도회들이 난립하게 되었는데, 특히 11세기 말부터는 복음적 가난이란 주제를 놓고 수도회들 사이에 논쟁이 일기 시작하였다. 한마디로 11-13세기 사이 교회를 지탱하던 영성적 경향은'그리스도의 가난한 이들'이라는 말로 그 분위기를 압축할 수 있을 정도였다.[34] 그런 가운데서 가난한 이들에 대한 자선으로부터 가난한 사람들과 함께하는 생활로 옮겨 가는 움직임을 보이는 수도회들이 생겨났는데, 여러 수도회의 다양한 수도회 규칙들 중에서도 프란치스코 성인의 규칙들이 그리스도를 따르는 것을 무엇보다도 강조하였다.[35]

그렇기는 하지만 다른 수도회들과 함께, 프란치스코 성인과 그의 작은 형제들이 진정으로 '작은 자'가 되기를 원했던 것은 성령 역사의 징표라고 하겠다. 더더군다나 바로 프란치스코가 가난한 사람들을 가난한 사람의 눈으로 보고, 이로 인해 가난한 사람들의 가치를 새롭게 발견할 수 있었다는 데에 그의 성인다운 위대함이 있다고 할 수 있다.[36]

그래서 그가 이끈 수도회가 중세를 통틀어 가장 거대하고 영향력이 큰 종교 단체로 성장해 갔으며, 그들은 특히 교회가 부유해지고 사제들 일부가 부패하였던 그 시대에 꼭 필요한 존재들이었다고 한다.[37] 그리고 프란치스코 성인이 체험한 가난이란 사회적으로 높은 신분을 벗어나는 것임과 동시에 도덕적이며 신체적인

---

34) 방효익, 「가난에 대한 영성신학적 이해」, 『이성과 신앙』 제19호(2000), 수원가톨릭대학교출판부; 개제 「그리스도인의 가난」, 『영성과 체험』, 성바오로, 2001, pp.262-265.
35) 요셉 봐이스마이어, 『넉넉함 가운데서의 삶 – 그리스도 영성의 역사와 신학』, 전헌호 옮김, 분도출판사, 1996, p.354.
36) 레오나르도 보프, 『정 그리고 힘』, 박정미 옮김, 분도출판사, 1987, pp.85-92.
37) 알란 슈레크, 『가톨릭 교회사』, 박정수 옮김, 가톨릭출판사, 2000, p.78.

타락에서 벗어남이었으며38), 그렇기 때문에 프란치스코 성인의 영성은 가난한 사람 안에서 그리스도께서 '성사'처럼 현존하신다는 사실을 체험하면서 회개의 과정에서 형제인 가난한 사람을 통하여 하느님께로 가는 은총의 길을 제시하고 있는 것이라 하겠다.39)

결국 아시시의 빈자 성 프란치스코는 자신이 이룰 수 있었던 근본적 가난에 힘입어 자신의 생명을 바칠 수 있었으며, 그럼으로써 완전히 자신과 물질을 벗어났고, 이로 인해서 사물들 안에서 절대적인 것을 발견할 수 있었던 것이다. 그래서 그는 자유롭게 자신을 벗어 버리고 하느님과 인간, 동물 그리고 다른 모든 피조물과 함께 행동하기 시작했다. 그럼으로써 하느님 앞에서 인간 프란치스코가 아들의 관계를 맺고 있다면, 다른 사람들 앞에서 그는 형제적 관계를 지니고 있었고, 사물들 앞에서는 같은 자녀의 관계 안에 있음을 느꼈다. 그리하여 프란치스코에게 있어 인간과 사물들 간에 밀접한 연관이 창도되며 자연에 대한 인간의 지배 사상은 극복되었던 것이다.40)

이를 위하여 그는 하느님과 이웃을 사랑하라는 그리스도교적 소명에 창조계 전체까지 포함시켰으며, 그러면서도 그 이전과 그 이후의 수많은 그리스도교 저서들에서 두드러진 특징으로 나타나는 하느님과 인간과 자연 사이의 균열을 치유하는 방식으로 서로를 연결시키기까지 하였다.41) 그래서 프란치스코에게는 모든 피

---

38) 라자르 이리아르떼, 『프란치스칸 소명 – 아씨시의 프란치스꼬와 글라라의 선택』, 프란치스꼬회 한국관구 옮김, 분도출판사, 1997, p.27.
39) 방효익, 「그리스도인의 가난」, 『영성과 체험』, 성바오로, 2001, pp.271-272. 이러한 성 프란치스코에 대해서 "이 성인보다도 더 완전하게 전체 현존(하느님의 현존)과 자기 자신을 모든 피조물에게 제공한 사람은 없었다"고 평가하기도 한다. 루이 라벨, 『성인들의 세계』, 최창성 옮김, 가톨릭출판사, 개정판, 1992, p.84.
40) 호세 메리노, 『프란치스칸 휴머니즘과 현대사상』, 김현태 옮김, 가톨릭대학교출판부, 1992, pp.257-258; p.261.
41) 숀 맥도나휴, 『교회의 녹화』, 성찬성 옮김, 분도출판사, 1992, p.286.

조물이 그 자체로 사랑스럽게 보이기 시작했고, 피조물과 쉽게
마음이 통했으며, 동물뿐만 아니라 식물이나 나아가 감각이 없는
다른 피조물에 대해서도 동정과 사랑을 느꼈다. 신앙에서 우러나
오는 이러한 사랑의 차원에서 바라볼 때 모든 것이 형제와도 같
았다.[42] 그의 전기가 전하는 각종 이야기들은 이러한 그의 마음
을 잘 전해 주고 있다고 하겠으며, 그러므로 일일이 열거할 필요
조차 없을 듯하다. 그래서 성 프란치스코에게 모든 피조물은 하
느님의 권능을 드러내고 전하는 표징들이며, 인간이 하느님을 알
고 사랑하도록 하기 위해 만들어진 도구들이다. 그리고 인간이
피조물과 화목을 이루는 이런 세계는 바로 창세기가 말하는 원조
이전의 낙원 생활이었다.[43]

낙원에 대한 이러한 향수는 기독교 초기부터 있었으며, 성경에
도 이러한 일면들이 적잖게 드러나 있다. 예를 들면, 구약의 이사
야의 예언서 가운데 늑대가 새끼 양과, 표범이 숫염소와, 새끼 사
자와 송아지가 어울리며 어린아이가 그들을 몰고 다닐 것을 지적
한 것이 그렇고[44], 신약의 마르코 복음서 중에 예수가 사막에서
40일을 보낼 때에도 들짐승들과 함께 지냈지만[45], 해를 입었다는

42) 방효익, 『영성사』, 바오로딸, 1996, p.175.
43) 라자르 이리아르떼, 『프란치스칸 소명』, 프란치스꼬회 한국관구 옮김,
   분도출판사, 1997, pp.265-266.
44) 「이사야서」 11장 6절-9절, 『성경』, 한국천주교주교회의, 2005, pp.
   1733-1734. 원문은 다음과 같다. "늑대가 새끼 양과 함께 살고 표범이
   새끼 염소와 함께 지내리라. 송아지가 새끼 사자와 더불어 살쪄 가고 어
   린아이가 그들을 몰고 다니리라. 암소와 곰이 나란히 풀을 뜯고 그 새끼
   들이 함께 지내리라. 사자가 소처럼 여물을 먹고 젖먹이가 독사 굴 위에
   서 장난하며 젖 떨어진 아이가 살무사 굴에 손을 디밀리라. 나의 거룩한
   산 어디에서도 사람들은 악하게도 패덕하게도 행동하지 않으리니 바다를
   덮는 물처럼 땅이 주님을 앎으로 가득할 것이기 때문이다."
45) 「마르코 복음서」 1장 12절-13절, 『성경』, 한국천주교주교회의, 2005, pp.
   77-78. 원문은 다음과 같다. "그 뒤에 성령께서는 곧 예수님을 광야로 내
   보내셨다. 예수님께서는 광야에서 사십 일 동안 사탄에게 유혹을 받으셨

흔적을 전혀 전하지 않음이 그러하다.[46] 그러므로 사람들은 낙원에 대한 간절한 향수를 지닌 채 지상낙원이 있는 동방을 향해 기도했는데, 이러한 낙원의 상징은 교회 건축과 수도원 정원에서도 엿볼 수 있게 드러났으며[47], 거기에 묘사된 고대 수도원의 초기 교부들은 후대에 성 프란치스코가 그랬던 것처럼 짐승들의 호위를 받는 경우도 있었다.[48] 말하자면 이처럼 동물과의 평화를 되찾는 것이야말로 낙원적 생활의 회복을 상징하는 징후라 할 수 있다.[49]

그렇기 때문에 성 프란치스코와 더불어, 우리는 낙원을 완전히 상실한 게 아니라 창세기가 말하는 것처럼 하느님으로부터 부여받은 소명을 수행하기 위해 다시 낙원으로 들어갈 수 있다는 확신을 가질 수 있게 되었다. 또한 우리의 자리인 이 지구는, 성 프란

다. 또한 들짐승들과 함께 지내셨는데 천사들이 그분의 시중을 들었다."
46) 찰스 커밍스, 『환경 신학』, 정홍규 옮김, 성바오로, 1999, pp.98-100.
47) 미르치아 엘리아데, 『세계종교사상사』 3, 박규태 옮김, 이학사, 2005, p.315.
48) 4세기 이집트 사막의 동굴에서 살던 성 마카리오가, 어미 하이에나의 인도를 받아 그들이 사는 동굴로 가서 태어날 때부터 봉사였던 하이에나 새끼들의 시력을 회복시켜 주었다는 일화나, 다른 수도회에서도 압바 제라시무스와 같은 인물의 경우 사자가 마주쳤는데 사자의 앞발에 박힌 가시가 곪아 고통을 호소하자 이를 치료해 주었는데, 그 이후 사자는 그를 '다정한 제자처럼' 따라다녔다는 일화가 전해진다. 찰스 커밍스, 『환경 신학』, 정홍규 옮김, 성바오로, 1999, pp.98-99. 다른 종교의 경우에도 이러한 측면을 찾아보기 어렵지 않다. 특히 불교에서 비근한 일례로 근세 한국 불교의 대표적인 인물의 하나인 경허 스님이 생전에 호랑이와 밤길을 같이 걸었다는 일화 역시 이러한 측면을 전해 주는 것이라 생각된다. 윤청광, 『큰 스님 큰 가르침』, 문예출판사, 2005.
49) 미르치아 엘리아데, 『세계종교사상사』 3, 박규태 옮김, 이학사, 2005, p.315. 다만 이 글에서는 "말하자면 이처럼 동물에 대한 지배력을 되찾는 것이야말로 낙원적 생활의 회복을 상징하는 징후라 할 수 있다"라고 서술되어 있지만, '동물에 대한 지배력을 되찾는' 게 아니라, 그들과의 평화를 되찾는 게 낙원적 생활의 궁극적인 지향점이라 생각된다.

치스코가 「태양의 노래」에서 읊조렸듯이 그야말로 우리의 어머니 이자 친구이며, 이러한 지구는 애정으로 가꾸고 성심껏 보존하도 록 우리에게 주어진 우리 모든 피조물의 에덴동산인 것이다.[50]

---

50) 레오나르도 보프, 『생태 신학』, 김항섭 옮김, 가톨릭출판사, 1996, p.61.

제3절 프란치스칸 수도회들의 한국 설립과 그 활동상

프란치스코는 1226년 10월 3일 저녁 사망한 후 2년이 지나 교황 그레고리오 9세에 의해 시성되었는데, 그가 생존해 있을 때 이미 3,000명이 넘었던 수도회 내에서부터 청빈의 엄격성이 줄어들기 시작하더니 사후에는 이를 둘러싼 논란이 일어 수도회가 '규율엄수주의자Observants', '공동체중심주의자Conventuals', '엄률영성주의자Spirituals'로 나뉘고 말았다.51) 이후 1909년에 이르러 교황 비오 10세는 사도적 서한을 발표하여 성 프란치스코의 후예들을 세 수도회로 나누는 것을 인정함으로써 작은 형제회 Frairs Minor of the Leonine Union(O.F.M.)와 꼰벤뚜알 프란치스코회Frairs Minor Conventua(O.F.M. Conv.)와 카푸친회Frairs Minor Capuchin(O.F.M. Cap.)가 모두 프란치스코 성인을 같은

---

51) 조던 오먼, 『가톨릭 傳統과 그리스도교 靈性』, 이홍근 · 이영희 옮김, 분도출판사, 1991; 신정판, 1998, p.189.

창설자로 모시게 되었다.[52]

넓은 의미로는 프란치스코의 정신이나 그의 수도회칙을 따라 살아가는 이들 모든 수도회들을 프란치스코 공동체에 속한다고 볼 수 있으며, 엄격한 의미로는 작은 형제들 또는 단순히 프란치스칸(O.F.M.)만을 지칭하기도 한다. 그런데 여기에서 1517년과 1528년에 각각 분리되어 나온 꼰벤뚜알 공동체와 카푸친회는 설립 초기부터 지금까지 자신의 정체성을 그대로 유지해 오고 있는 반면, 작은 형제들은 수백 년 흘러 내려오는 동안 4개의 가지들로 나누어졌다가 1897년 교황 레오 13세에 의해 한 수도 회칙과 한 장상 아래로 합쳐졌다.[53]

(1) 프란치스코 수도회

해외 선교에 나선 프란치스칸들은 드디어 1245년 중국에 첫발을 내디뎠고, 1584년에는 일본에서도 전교를 시작하였지만, 조선에 대해서는 전교가 오랫동안 이루어지지 못했다. 그러다가 1784년 이승훈李承薰이 처음으로 중국 북경에 가서 세례를 받음으로써 최초의 천주교 신자가 될 때, 그에게 베드로라는 세례명으로 세례를 허락해 준 북경의 알렉산델 구베아Alexandel de Govea 주교가 바로 포르투갈의 프란치스코 회원이었으므로, 그가 한국인과 접촉한 최초의 프란치스칸이라 할 수 있다.

이후 1922년부터 교구 사제들의 피정 강론을 위해 한국 땅에 드나들었던 캐나다 성 요셉 관구의 프란치스칸들에 의해 이러한 맥이 이어졌고, 1937년 정식으로 캐나다 선교사 도 요한Deguire

---

52) 전달수, 『그리스도교 영성 역사』 2, 가톨릭출판사, 2005, p.32; 조던 오먼, 『가톨릭 傳統과 그리스도교 靈性』, 이홍근·이영희 옮김, 분도출판사, 1998, p.189 참조.
53) 요셉 바이스마이어 외, 『교회 영성을 빛낸 수도회 창설자 — 중세 교회』, 전헌호 옮김, 가톨릭출판사, 2001, pp.129-130.

과 배 쥐스땡Bellerose 형제가 1937년 9월 14일 부산에 도착함
으로써 프란치스칸으로서 첫걸음을 내딛게 되었다. 그들은 곧이
어 9월 22일 서울에서 당시의 라리보Larribau 주교와 계약을 체
결한 후 대전으로 내려가 10월 1일부터 거주하기 시작하였는데,
9월 11일자 로마로부터 인준된 대전수도원 설립 공문을 받고 활
동하기 시작하여, 현재까지 많은 활동을 벌이고 있다.[54]

(2) 꼰벤뚜알 수도회

1517년에 교황 레오 10세가 '규율엄수주의자들Observants' 과
'공동체중심주의자들Conventuals' 을 법적으로 분리하여, 프란
치스코 수도회 안의 모든 개혁 수도자들을 '옵세르반트 작은형제
회O.F.M. Obs.' 라 하고, 역대 교황들이 허가한 완화된 회칙을
따르는 수도자들을 '꼰벤뚜알 작은 형제회O.F.M. Conv.' 라 불
렀는데,[55] 여기에서 '꼰벤뚜알Conventual' 이라는 말은 '공동'
'집합' 이라는 의미의 라틴어에서 유래한 것으로 '함께 모여
사는 공동체' 를 뜻한다.[56] 1517년 분열 당시 꼰벤뚜알 프란치
스코 수도자들은 대략 25,000명에 이르렀고, 17·18세기에는 점
차 수도회의 전교 지역을 확대해 나갔을뿐더러 많은 성인들이 배
출되어 세력이 커져 갔다. 1771년에 이르러 프랑스에서 옵세르반
트와 다시 결합함으로써 수도회의 회원들과 수도원이 늘어나게
되었지만, 이후 점차 종교 억압 등으로 말미암아 그 세력이 축소
되다가 회복되었다.[57]

---

54) 작은형제회 한국순교성인관구 엮음, 『한국의 작은 형제들: 작은형제회
    한국 60년사』, 2000. 특히, pp.56-57; pp.71-79 참조.
55) 성모기사회 엮음, 「꼰벤뚜알 프란치스꼬의 삶과 영성」 5, 『성모기사』
    제234호, 1996/7, p.13.
56) 성모기사회 엮음, 「꼰벤뚜알 프란치스꼬의 삶과 영성」 1, 『성모기사』
    제230호, 1996/3, p.12.
57) 성모기사회 엮음, 「꼰벤뚜알 프란치스꼬의 삶과 영성」 5, 『성모기사』

한국에 처음으로 꼰벤뚜알 프란치스코회가 들어오게 된 것은 1957년 수사 신부 사무엘 고젠바이거가 한국 방문을 한 것을 계기로 수도회의 한국 진출 문제가 거론되기 시작한 후, 이탈리아인 프란치스코 팔다니Fracisco Faldani(한국명 범덕례) 신부와 로마에 거주하던 한국인 허철 안드레아 신부가 함께 파견의 명을 받아 1958년 8월 31일에 이탈리아의 제노바를 출발하여 같은 해 10월 6일 부산에 도착하여 선교를 시작함으로써 비롯되었다. 이후 부산교구뿐만 아니라 1959년에는 대구대교구, 1972년에는 서울대교구, 1977년에는 인천교구로 활동 영역을 넓혀 활동하고 있다.[58]

(3) 카푸친 수도회와 카푸친 수녀회

메디치 가의 교황 클레멘스 7세(1523-1534) 당시 무엇보다도 가장 고무적인 일은 가톨릭교회가 프로테스탄트 종교개혁의 충격에서 서서히 벗어나면서 교회 안에서부터 영성 쇄신 운동이 움트기 시작했다는 점이다. 이러한 영성 쇄신 운동이 가장 먼저 일어난 곳은 당시 타락의 온상으로 널리 알려지고, 따라서 다른 어떤 곳보다 정화가 절실했던 수도회들이었다. 그래서 기존의 탁발 수도회 안에서도 쇄신의 움직임이 일어났으며, 이런 과정에서 1528년에 프란치스코 수도회에서 '카푸친회'라는 은둔 수도자들의 모임이 생겨났는데, 그 회원들은 의도적으로 헐벗고 고행하는 단순한 삶을 추구했다.[59] 17세기에는 종교개혁에 반대하는 이른바 반(反)종교개혁의 전개 과정에서도 카푸친 수도회가 귀중한 촉진

제234호, 1996/7, pp.13-14.

58) 이무길, 「우리 수도회: 꼰벤뚜알 성 프란치스꼬회」, 『빛』 제10호(1984/2), 대구대교구, 51쪽; 성모기사회 엮음, 「꼰벤뚜알 프란치스꼬의 삶과 영성」 13, 『성모기사』 제232호, 1997/3, pp.15-16.

59) P.G.맥스웰-스튜어트 지음, 『교황의 역사』, 박기영 옮김, 갑인공방, 2005, pp.217-218.

운동을 하였다.[60] 이 카푸친 수도회의 수도복은 갈색인데, 이 색을 따서 커피와 크림을 섞은 커피의 이름을 카푸치노Capuchino라 부르게 되었다고 한다.[61] 이러한 카푸친 수도회가 한국에 처음으로 들어오게 된 것은 1986년 7월이었고, 이후 1993년 1월에 첫 지원자가 생겼다.[62]

한편 초기의 카푸친 수도회 회원들이 나폴리에 왔을 때, 과부 마리아 라우렌시아 롱고Maria Laurentia Longo는 자신이 운영하고 있던 불쌍한 이들을 위한 병원에 이들을 받아들이고서 자신의 관상 수도생활을 위해 수도원 하나를 설립했다. 이 수도원은 1536년 이래로 교황의 인정 아래 성녀 글라라와 성녀 콜레타의 수도 규칙들을 따랐는데, 1538년 교황 바오로 3세는 카푸친 수도 회원들로 하여금 이 수도원의 영적 지도를 담당하도록 하고 정식으로 인준하였다. 이후로 수도원의 활동이 이어졌다.[63] 한편 스페인 태생의 요셉 마리아 아미고가 1874년 이 카푸친 수도회에 입회하여 마사마 그리앨의 루이스 수사가 되었는데, 이미 공동체를 이루고 봉사하며 살고 있었던 젊은 여성들이 1885년 5월 11일 이 루이스 아미고를 찾아가 수도생활을 원하자 그가 카푸친 성가정 수녀회를 창설하고 주로 고아과부들과 빈민들을 대상으로 선교 활동을 펼쳤다. 이 수녀회가 한국에는 들어온 것은 1996년 3월 25일이었다.[64]

---

60) 아우구스트 프란 , 『교회사』, 최석우 옮김, 분도출판사, 1982, pp.362-363.
61) 한국순교복자수녀회 엮음, 「카푸친 성가정 수녀회를 찾아」, 『순교의 맥』 제193호, 1997, p.117.
62) 이시은, 「카푸친 형제회」, 『가톨릭다이제스트』, 1993/7, pp.60-63.
63) 요셉 봐이스마이어 외, 『교회 영성을 빛낸 수도회 창설자 ─ 중세 교회』, 전헌호 옮김, 가톨릭출판사, 2001, pp.161-162.
64) 한국순교복자수녀회 엮음, 「카푸친 성가정 수녀회를 찾아」, 『순교의 맥』 제193호, 1997, p.119.

(4) 글라라 수도회

성 프란치스코가 살아 있을 때 그의 설교를 귀담아들었던 글라
라 파바로네가 크게 감명을 받아 사촌 파치피카와 함께 1212년
3월 18일 성지주일의 밤에 집을 떠나 프란치스코와 그의 형제들
이 있던 곳으로 가서 자신들을 주님께 봉헌하고 머리를 자르고
작은 형제들과 비슷한 수도복을 받아 입게 되었으며, 이후 성 다
미아노 성당을 배정받음으로써 프란치스코 제2회로서 글라라 수
도회가 창설되었다.[65] 글라라는 훗날 남긴 유언에서도 프란치스
코의 영향을 받았음을 온전히 드러냈는데, 단적인 예를 "그리스
도와 성 다미아노 수도원의 가난한 자매들의 여종이며 거룩하신
사부님의 작은 나무인 나 글라라는 한편으로는 우리가 서약한 지
극히 높은 생활양식과 그 위대한 사부님의 명을 생각하고, 또 다
른 한편으로는 우리 기둥이시오 하느님 다음으로 유일한 위안과
기초가 되셨던 거룩하신 우리 사부 성 프란치스코께서"라고 한
말에서 찾을 수 있다. 글라라는 자신을 '작은 나무'로 그리고
프란치스코는 '우리 기둥이시오 하느님 다음으로 유일'하다고
표현하고 있을 정도였다.[66]

프란치스코는 실제로 글라라 자매들의 영성 생활을 돌보아야
했지만, 동시에 주위의 이상한 시선을 의식해서 이들과 적절한
거리를 유지해야만 했으며 이 때문에 초기의 「수도 규칙」에서는
남녀 수도자들 간의 접근 금지를 명기하기도 했다.[67] 이후 1253
년 교황 인노첸시오 4세는, 프란치스코가 처음 썼던 규칙 거의

---

65) 헤수스 알바레스 고메스, 『수도생활 역사』 II, 강운자 편역, 성바오로,
   2002, pp.225-228.
66) 작은형제회 한국관구 옮겨 엮음, 「아씨시의 성녀 글라라의 글」; 「유언」,
   『성 프란치스꼬와 성녀 글라라의 글』, 분도출판사, 2004, p.269.
67) 요셉 봐이스마이어 외, 전헌호 옮김, 『교회 영성을 빛낸 수도회 창설자
   ― 중세 교회』, 가톨릭출판사, 2001, p.121.

그대로, 글라라가 그들을 위한 규칙으로 편집했던 「철저한 가난의 특전」을 승인해 주었는데, 여성이 제출한 규칙을 교황이 승인한 것은 역사상 처음 있는 일이었다. 1253년 글라라는 그녀의 영혼을 주님께 맡기게 되었고, 그녀의 영혼의 형제였던 성 프란치스코가 그랬던 것처럼 사망 후 2년째인 1255년 8월 12일에 시성(諡聖)되었다. 글라라 수도회는 성녀 글라라가 사망하던 그해에 이미 21개의 수도원이 있었다고 한다.[68]

성녀 글라라가 프란치스칸 영성에 끼친 영향은 첫째, 세속과의 실질적인 이별인 봉쇄, 둘째, 극단적인 가난의 추구, 그리고 셋째, 서로 간의 사랑의 일치를 유지하려는 노력인데, 글라라회의 회칙과 프란치스코회의 회칙과의 무엇보다도 중요한 차이점은 글라라회가 이러한 점을 총괄 정리하여 가난하게 사는 "모든 것을 하나로 묶어 완전하게 하는 서로 간의 사랑의 일치를 항상 유지"하기 위하여 봉쇄생활을 택하였다는 점이라고 할 수 있다.[69] 봉쇄생활에 대한 성녀 글라라의 「수도 규칙」에 따르면, "교황 성하나 우리 보호자 추기경이 허락한 사람 외에는 들어오려고 하는 어떤 사람에게도 문을 절대로 열어 주지 말아야 합니다"[70]라고 했을 정도이며, 「회헌」에서는 봉쇄의 의미에 대해서, "자매들은 봉쇄를 지킴으로써 고독한 가운데 기도생활에 전념하게 되며 외딴 생활에서 나오는 잠심과 침묵으로 더 확실하고도 쉽게 기도 안에서 하느님께 가까이 나아가게 된다. 그리하여 자매들은 관상의 소명에 온전히 응답하게 되는데 그것은 봉쇄가 관상생활의 확실하고도 뛰어난 수단이기 때문이다. 따라서 봉쇄생활은 가난한 글라라

---

68) 헤수스 알바레스 고메스, 『수도생활 역사』 II, 강운자 편역, 성바오로, 2002, p.229.
69) 작은형제회 한국관구 옮겨 엮음, 「아씨시의 성녀 글라라의 글」; 「머리말」, 『성 프란치스꼬와 성녀 글라라의 글』, 분도출판사, 2004, pp.229-240 참조.
70) 성녀 글라라의 가난한 자매회, 「수도 규칙」 11-7, 『수도 규칙과 회헌』, 성 글라라회 한국협의체, 2003, p.28.

회의 소명에 특히 알맞은 수덕 방법이다. 그것은 자매들이 세상으로부터 은거하고 있다는 표지요, 보호책이며, 특징적 형태이기 때문이다"[71]라고 정리하고 있음이 특히 주목된다.

이러한 성 글라라 수도회가 우리나라에 처음으로 들어온 것은 1972년 미국 성 글라라 수도회에 의해 제주교구에 성 글라라 제주수도원이 설립되면서 부터이다. 이후 1981년에는 독일 성 글라라 수도회에 의해 전주교구에 익산수도원이, 1994년에는 이탈리아 성 글라라 수도회에 의해 수원교구 양평에 양평수도원이, 2001년에는 제주수도원이 춘천교구 양양에 진출하여 양양수도원이, 2002년에는 스페인 성 글라라 수도회에 의해 인천교구 강화에 인천수도원이, 2003년에는 익산수도원이 광주대교구에 진출하여 광주수도원이 각각 설립되어 오늘에 이른다.[72]

---

71) 성녀 글라라의 가난한 자매회, 「회헌」 49-1, 앞의 책 , 2003, pp.80-81.
72) 성 글라라 수도회 한국협의체, 『프란치스코처럼 자유롭게 글라라처럼 열렬하게: 성녀 글라라 서거 750주년 기념(1253-2003)』, 2003, p.22.

제4절 한국 프란치스칸 수도자들의 자연 영성 생활

(1) 「회헌」에 규정된 자연 영성 생활

프란치스코 작은형제회의 「회헌」에서 규정하고 있는 자연 영성 수도생활에 있어 무엇보다도 우선적으로 주목되는 것은 평생토록 정결함을 서약한 형제들에 대해서 "정결 서원을 살기 위하여 형제들은 순수한 마음을 간직할 것이며, 피조물들이 하느님의 영광을 위하여 창조되었음을 인식하여 모든 피조물을 겸손하고 신심 있게 바라보도록 주의할 것이다"[73]라고, 무엇보다 먼저 강조하고 있는 것인데, 그렇기 때문에 아울러 "형제들은 성 프란치스꼬를 따르는 자들로서[…]모든 사람들에 대한 사랑 안에서 복음의 소식을 온 세계에 전하고 화해와 평화와 정의를 행동으로 설교해

---

73) 작은형제회 한국관구, 「작은 형제들의 회헌」 9-4, 『작은 형제들의 회칙 · 회헌 · 총규정』, 2006, p.47.

야 하며, 피조물에 대한 존경심을 보여주어야 한다"[74]고 단정적으로 자연 영성의 필요성을 요구하고 있는 것이다. 따라서 자연을 형제로 받아들여야 함도 규정하였는데, "형제들은 성 프란치스꼬의 발자취를 따라 오늘날 어느 곳에서나 위협받고 있는 자연에 대해 존경스런 태도를 보일 것이다. 이렇게 함으로써 자연을 완전히 형제적인 것이 되게 하고 창조주 하느님의 영광을 위해 사람들에게 유익한 것이 되게 하는 것이다"[75]라는 대목이 바로 그것이다. 그리고 결국에는 "성자가 성부로부터 파견되신 것처럼 모든 형제들은 성령의 인도 아래 모든 피조물에게 복음을 선포하고 그분의 음성을 증거함으로써, 모든 사람들이 하느님 외에는 전능하신 분이 아무도 없다는 것을 알게 하려고 온 세상에 파견되는 것이다"[76]라고 함으로써, 모든 피조물에게 복음을 선포하기 위해 온 세상에 파견되는 것이라고까지 정의 내리고 있는 정도이다.

또한 성녀 글라라의 가난한 자매회의 「회헌」에는 글라라가 성녀로 시성될 때의 조사 문헌 기록들을 그대로 인용하면서 한편으로는, "그리스도의 얼굴을 끊임없이 바라봄으로써 성녀 글라라는 피조물의 아름다움에 그리고 모든 사람과 사물과 사건 속에 거룩하시고 의로우신 아버지의 자비가 반영되어 있음을 알게 되었다"[77]고 하였고, 또 다른 한편에서는 "예수 그리스도와의 관상적 일치는 우리의 일상생활에 스며든다. 그것은 우리의 가난, 우리의 일, 우리의 보잘것없는 생활양식, 시련, 모든 사건, 모든 피조물 등을 포함한 모든 이와 맺는 관계 속에서 드러난다. 다시 말해서 삶의

---

74) 작은형제회 한국관구, 「작은 형제들의 회헌」 1-2, 앞의 책, 2006, p.41.
75) 작은형제회 한국관구, 「작은 형제들의 회헌」 71, 같은 책, 2006, p.73.
76) 작은형제회 한국관구, 「작은 형제들의 회헌」 83-1, 같은 책, 2006, p.79.
77) 성녀 글라라의 가난한 자매회, 「회헌」 12-1, 『수도 규칙과 회헌』, 성 글라라회 한국협의체, 2003, p.61.

모든 것이 거룩한 기도와 신심의 정신을 키우고 돕는 기회가 된다"78)고 거듭 강조하고 있는 것이다.

나아가 역시 성녀 글라라의 「시성조사록」을 그대로 인용하면서, "성녀 글라라는 자매들에게 아름다운 나무와 꽃들과 수풀을 볼 때 하느님을 찬미하며, 사람과 자연을 볼 때 그 모든 것 안에서 그리고 그 모든 것 때문에 그분을 찬미하게 하였다.[…]아름다운 모든 것 안에서 아름다움 자체이신 분을 발견하며, 그분의 자취가 서려 있는 피조물을 통하여 어디서나 사랑이신 분을 따르자"79)고 권하고 있으며, 특히 "우리는 전적인 소유의 포기로써 하느님의 섭리에 완전히 맡겨진 공동체가 되었다. 그리하여 이 공동체는 모성적 사람으로 모든 피조물을 보살피는 하느님 섭리의'성사'가 된다"80)고 규정하고 있을 정도이다.

그리고 꼰벤뚜알 작은형제회의 「회헌」(Constitutiones Ordinis)에 반영된 자연 영성과 관련하여서는 여성에 대한 예우와 연결을 지어 규정하고 있음이 특히 주목된다. 즉 "순수한 마음과 정결한 육체와 거룩한 행위로 모든 피조물 안에서 주님을 사랑해야 할 자로서 여성에 대해, 특별히 하느님께 봉헌한 여성에 대해서 형제들의 품행은 성 프란치스꼬의 표양에 따라 존경과 정중함을 가져야 할 것이다81)"고 되어 있다. 중세 가톨릭교회에서는 교계(敎階)제도가 남성들로만 구성되어 있었으므로, 당시 남자 수도회들은 여자 수도회의 회칙들을 통제하고, 그것을 여자 수도자들에게 강요했다. 길거리를 자유롭게 돌아다니며 거침없이 하느님과 형제인 인간에게 헌신하고 싶었던 여자 수도자들에게는 늘 제약

---

78) 성녀 글라라의 가난한 자매회, 「회헌」 59, 앞의 책, 2003, p.88.
79) 성녀 글라라의 가난한 자매회, 「회헌」 8, 같은 책, 2003, p.58.
80) 성녀 글라라의 가난한 자매회, 「회헌」 91, 같은 책, 2003, p.101.
81) 『회헌—성 프란치스꼬의 꼰벤뚜알 작은형제회』, 로마 12사도 수도원, 1984, p. 63.

이 뒤따랐다. 이들을 봉쇄지역에 가둔 이들은 다름 아닌 남자 수도회의 지도자들이었다.[82] 그럼에도 불구하고 꼰벤뚜알 작은형제회의 「회헌」에서 '모든 피조물 안에서 주님으로 사랑해야 할 자로서' 여성 수도자에 대한 예우 갖추기를 규정하고 있는 것은 주목할 점이라고 하겠다.

한편 카푸친회의 「회헌(The Constitutions of The Capuchin Friars Minor)」에 나타난 자연 영성 수도생활에 관한 언급은 몇 군데에 걸쳐 대단히 구체적인 면을 강하게 드러내고 있다. 예컨대 "모든 선의 아버지에 대한 흠숭으로부터 성 프란치스꼬는 모든 피조물 안에서 맏아들이자 구세주이신 그리스도의 형상을 통해 보편적인 형제애를 받아들였다. 이 아버지의 자녀들로서 우리들은 아무런 차별이 없이 모든 사람들을 형제들로 여겨야 하며, 그리고 모든 피조물을 우애롭게 대함으로써 온갖 선이 비롯하는 하느님께 열심히 창조에 대한 찬미를 바쳐야 한다"[83]라고 지적하고 있다. 또한 성 프란치스코 자신이 「태양의 노래」에서 신비로운 찬미를 드렸듯이 사람들뿐만 아니라 모든 피조물이 우애 있는 결합으로써 묶여 있었다고 느꼈던 것을 본받아[84], 기도생활에 있어서도 하느님이 모든 피조물 안에서 수많은 모양을 통해 말씀하시므로 이를 기억해야 하며, 모든 피조물들 안에서 그리스도를 직관하면서 우리들은 그분 사랑의 증인으로서 모든 이들을 주님께 대한 찬미로 초대하여 평화와 참회를 전하면서 세상을 통해 나아가[85], 바로 하느님을 위하여 모든 인간 피조물(human creature)에 복종하여야 하며[86], 나아가 우리 자신부터 새로운 피

82) 호세 꼼블린, 『그리스도교 人間學』, 김수복 옮김, 분도출판사, 1988, p.121.
83) Regis J.Armstrong, O.F.M. Cap., The Constitutions of The Capuchin Friars Minor, 11-1, 2, 1990, pp.30-31.
84) Ibid., 97-1, 1990, p.80.
85) Ibid., 45-2; 46-7, 1990, pp.52-53.
86) Ibid., 175-1, 1990, p.123.

조물로 바뀌어야 한다고 호소하고 있을 정도이다.[87]

(2) 기도서 등에 투영된 자연 영성 생활
「프란치스칸 신앙고백」 가운데에는 "이 세상을 바라보노라면,/
생명은 곧 사랑이고/모든 생명의 아버지는 하느님이심을 알게 되
오니/우리로 하여금/모든 피조물을 형제자매로 대하여 살도록 재
촉하시나이다"[88]라는 구절이 있다. 뿐만 아니라 프란치스칸들의
『시간 전례서』에는 9월 17일을 "우리 사부 세라핌 성 프란치스
코의 거룩한 상흔"을 기리는 날로 정하여 기도를 함이 명시되어
있는데, 그날 아침기도 속의 마침기도 가운데 하나로 "세상이 냉
담해지기 시작하자 성 프란치스코를 당신 사랑의 표징으로 보내
주신 전능하신 하느님 아버지, 주님께서는 그의 몸에 당신 아드
님의 수난 상처를 새겨 주시어 그를 십자가에 못 박히신 그리스
도의 충실한 모상이 되게 하였으니, 그의 기도를 들으시어 저희
도 그리스도와 함께 죽어 그분의 부활에 참여하게 하시어 하느님
의 새로운 피조물이 되게 하소서"[89]라는 기도문이 들어 있다.
또한 10월 4일의 "우리 사부 성 프란치스코 세라피코 부제 '제
수도회의 창설자'" 날, 「성모의 노래, 후렴」에는 "프란치스꼬에
게는 모든 피조물이 하느님을 향한 기쁨의 노래였고, 그가 창조
주께 완전히 순종하였기에 모든 피조물이 순종하였도다"[90]라고
읊도록 되어 있다.
이러한 수도원 소속의 수도자들뿐만 아니라 평신도들도 성직자

---

87) *Ibid.*, 101-2, 1990, p.82.
88) 『재속 프란치스꼬회 지침서』, 재속 프란치스꼬회 전국 형제회, 1992,
   p.632.
89) 한국 프란치스칸 가족, 『(프란치스칸 가족을 위한) 시간 전례서』, 익산
   성 글라라 수도원, 2000, p.184.
90) 한국 프란치스칸 가족, 앞의 책 『(프란치스칸 가족을 위한) 시간 전례
   서』, 2000, p.205.

와 함께 매일 바치는 『성무일도』(聖務日禱) 중 이와 같은 날 10월 4일의 '아시시의 성 프란치스코 기념'에는 제2독서로서 성 프란치스코가 「모든 신자들에게 보낸 편지」의 일부를 인용하여,

> 다른 사람들보다도 높은 사람이 되기를 원해서는 절대로 안 됩니다. 이보다는 우리가 종이 되어야 하며, "하느님 때문에, 피조물인 모든 사람에게 복종해야 합니다."[91]

라고 하였는데, 그가 뒷부분에서 인용한 말씀을 원문에서 찾아보면 바로 「베드로의 첫째 서간」의 2장 13절을 거론한 것임을 알 수 있다.[92] 이럴 정도로 성무일도에도 성 프란치스코의 자연 영성을 본받으려는 대목이 몇 군데에 걸쳐서 들어 있음이 입증되는데, 이 성무일도가 채택된 제2차 바티칸 공의회(公議會) 「전례헌장Sacrosanctum Concilium」에 따르면, '성교회의 소리 즉 하느님을 공적으로 찬미하는 전 신비체의 소리'로서, '초대 그리스도교 전통을 따라 낮과 밤의 온 과정이 하느님께 대한 찬미로 말미암아 성화되도록 조직되어 있으며' '성교회의 공식기도이니만큼 신심의 원천이요 개인 기도를 위한 자양물(滋養物)'이므로, '참으로 신랑에게 이야기하는 신부(新婦)의 목소리이며 또한 자기 몸과 함께 하느님 아버지께 드리는 그리스도의 기도'이어서, 이를 바침으로써 '하느님께 간단없이 찬미를 드리고 온 세상의 구원을 위하여 전구한다'고 되어 있다.[93]

그렇기 때문에 이러한 헌장에 따라 평신도들도 이후 성직자수

---

91) 한국천주교주교회의 엮음, 『성무일도』 IV 개정판, 한국천주교중앙협의회, 1991, p.1471.
92) 성 프란치스꼬회 한국관구, 『아씨시의 성 프란치스꼬의 소품집』, 분도출판사, 1973, p.113.
93) 『제2차 바티칸 공의회 문헌』, 한국천주교중앙협의회, 1969, pp.27-32.

도자들 못지않게 이를 기도함이 일반화되기에 이르렀는데, 한국 가톨릭의 프란치스칸들도 이를 따라 매일매일 기도함이 일과에서 빼놓을 수 없는 일로, 그들의 「회헌」 가운데에 빠짐없이 이를 지키도록 거듭 강조함이 규정되어 있다.[94] 따라서 이 만큼 성 프란치스코의 자연 영성이 현재에도 부지불식간에 직분과 상관없이 가톨릭신자들에 의해 되뇌어지고 있다고 하겠다. 또한 특별히 재속 프란치스코회 즉 프란치스코 제3회의 회원들이 바치는 성무일도 속에는 청원기도의 한 구절로 "생태계 보존의 수호자이신 프란치스꼬여, 당신은 주께서 창조하신 세상 만물을 통해서 주님을 만나 뵙고 찬미하였사오니, 각종 오염으로 훼손되고 있는 자연을 보살피시고, 우리도 자연을 통해 주님을 찬미할 수 있도록 이끌어 주소서"[95]라고 한 대목이 있다.

---

94) 예컨대 성녀 글라라의 가난한 자매회, 『수도 규칙과 회헌』, 성 글라라회 한국협의체, 2003, p.89에 보면, 「전례헌장」을 인용하여 다음과 같이 규정하고 있음이 대표적이라 할 수 있다.
　　"성무일도는 '신랑을 향한 신부의 목소리이며, 그리스도께서 그의 신비체와 함께 아버지께 드리는 기도'로 자매들은 이를 정중하고 신심 깊게 거행할 것이며, '그들이 하느님께 이 같은 찬미를 드림으로써 자모이신 성교회의 이름으로 하느님 어좌 앞에 서 있으며' 온종일, 즉 낮과 밤이 온통 성화된다는 것을 명심해야 한다."
　　이외에도 성무일도에 대한 세세한 규정이 이 구절의 전후에 잇따르고 있다. 또한 꼰벤뚜알 작은형제회의 『회헌』에도 성무일도와 관련된 상세한 규정들이 보이는데, 성무일도를 "매우 중하게 생각하여[…]각 수도원에서는 『성무일도』 전체를 날마다 공동으로 드려야 하고,[…](만약 그렇지 못하면) 개인적으로라도 해야 하며,[…]신자들도 참여하도록 권장할 것이다"라고 하였을 정도이다. 『회헌─성 프란치스꼬의 꼰벤뚜알 작은형제회』, 로마 12 사도 수도원, 1984, p.123; p.125.
95) 「시간경 소성무일도」, 『재속 프란치스꼬회 지침서』, 재속 프란치스꼬회 전국 형제회, 1992, p.293.

제5절 맺는 말

인간은 하느님의 나머지 창조물들과 조화롭게 피조물들 가운데 하나의 피조물로서 살아야 할 책임이 있다. 인간은 하느님과 더불어 새로운 세상을 만든 공동 창조자가 되도록 부름을 받았으며 모든 피조물들을 합당하게 관리하도록 요청받는다. 하느님은 이 땅을 사랑하시는 까닭에 우리는 각자의 자연 영성을 사랑해야만 한다.[96] 이러한 인식은 이미 제2차 바티칸 공의회가 1964년에 끝난 후 발표된 다음과 같은 문서에서도 여실히 잘 드러나 있다.

> 만일 지상사물들의 자율성이란 말로써 피조물과 인간사회가 고유의 법칙과 가치를 가지고 있다는 것과 인간이 그것을 점차로 알아내고 이용하며 조정(調整)하는 것을 뜻한다면 이런 자율성을 주장하는 것은 타당한 일이다. 그것은 현대인이 요구하는

---

96) 찰스 커밍스 지음, 『환경 신학』, 정홍규 옮김, 성바오로, 1999, pp. 138-139.

것일 뿐 아니라 하느님의 뜻에도 부합하는 것이다. […] 그러나 만일 현세사물의 자율성이란 말로써 피조물들이 하느님께 의존하지 않는다거나 피조물과 창조주와의 관계를 무시하고 인간이 피조물을 멋대로 이용할 수 있다는 것을 뜻한다면, 하느님을 인정하는 사람치고 이런 견해가 얼마나 그릇된 것인지 깨닫지 못하는 사람은 없을 것이다. 왜냐하면 창조주 없이 피조물이란 허무로 돌아갈 수밖에 없기 때문이다. 그뿐 아니라 어떤 종교이건 신앙을 가진 사람이면 누구나 피조물들의 말 속에 하느님의 계시와 말소리를 언제나 들어 왔다. 더욱이 하느님을 잊어버린다면 피조물 자체의 정체도 어두워지고 만다.[97]

이러한 가르침에 따라 인간은 교회가 요구하고 있는 '피조물 전체에 대한 세심한 배려'에 힘써야 한다는 것을 알고 있으며, 아울러 자연의 내적 조화를 애정 있게 가꾸는 일에 마음이 움직이는 사람들은 하느님께서 그들의 마음속에 심어 주신 깊은 종교적 본능에 응답하고 있는 것이다. 또한 환경은 인류가 함께 책임져야 할 '공동선들' 가운데 하나이므로, 자연히 교회는 환경에 대한 관심이 공동선에 대한 관심의 하나라고 인정한다. 따라서 환경의 '공동선'은 오늘날 신중히 사용하고 누려야 할 가치 있는 것들일 뿐만 아니라 미래 세대들도 사용하고 누릴 수 있도록 잘 간수해야 하는 것이다.[98]

하지만 인간은 지금까지 창조물을 가꾸거나 보존하지 않아 자기 자신이 상처를 입는 경우가 왕왕 있어 왔다. 오히려 인간들이 창조를 잊을 때, 근본주의를 표방하며 성경의 중요성을 지나치게

---

97) Gaudium Et Spes 36, 「현세 사물의 정당한 자율성」, 『현대 세계의 교회에 관한 사목 헌장』, 김남수 옮김, 한국천주교중앙협의회, 1968, p.55; 『제2차 바티칸 공의회 문헌』, 한국천주교중앙협의회, 1969, pp.212-213.
98) 잉글랜드 웨일즈 가톨릭 주교회의, 『공동선과 가톨릭교회의 사회 교리』, 한국천주교중앙협의회, 1997, pp.46-47.

강조하거나, 교회 중시주의를 지향하며 교회의 역할을 부풀리기도 하고, 성사주의를 내세워 성사의 기능을 과장하게 되는 데에 이른다고 한다.[99] 그래서 초기 교회의 기본 정신으로 되돌아가 보면 사도 바오로가, 모든 피조물이 해방을 위해 신음하고 울부짖는다고 말하고 있는 것이며[100], 이는 현재에도 다를 바가 없는 상황이라고 하지 않을 수 없겠다. 하지만 이런 가운데서도 프란치스코가 「태양의 노래」를 통해 자연 영성을 불어넣어 외적으로는 현실과 함께 친교와 우정을 나눌 수 있도록 해 줄뿐더러 내적으로는 마음속 깊은 곳에서 모든 존재와 공존하게 해 주므로, 성 프란치스코는 오늘날에 있어서도 외적 및 내적 생태학에도 관심을 쏟고 있음이 입증되므로 여전히 생태학적 진리의 증인인 것이며, 그 스스로 가난한 사람이 된 선택을 피조물에 대한 온정과 함께 하나로 묶을 수 있음을 보여 준 것이라 하겠다.[101]

현재 한국 가톨릭교회 내에서 수도자들만으로 국한된 게 아니라 성직자 이외에 평신도들이 주류를 이루는 '크리스천 생활의 꾸르실료(Cursillo) 운동'은 크리스천의 기본을 살아갈 수 있도록, 그

---

99) 레오나르도 보프, 『생태 신학』, 김항섭 옮김, 가톨릭출판사, 1996, p.55.
100) 「로마 신자들에게 보낸 서간」 8장 18절-23절, 『성경』, 한국천주교주교회의, 2005, p.351. 원문은 다음과 같다. "장차 우리에게 계시될 영광에 견주면, 지금 이 시대에 우리가 겪는 고난은 아무것도 아니라고 생각합니다. 사실 피조물은 하느님의 자녀들이 나타나기를 간절히 기다리고 있습니다. 피조물이 허무의 지배 아래 든 것은 자의가 아니라 그렇게 하신 분의 뜻이었습니다. 그러나 그것은 희망을 간직하고 있습니다. 피조물도 멸망의 종살이에서 해방되어, 하느님의 자녀들이 누리는 영광의 자유를 얻을 것입니다. 우리는 모든 피조물이 지금까지 다 함께 탄식하며 진통을 겪고 있음을 알고 있습니다. 그러나 피조물만이 아니라 성령을 첫 선물로 받은 우리 자신도 하느님의 자녀가 되기를, 우리의 몸이 속량되기를 기다리며 속으로 탄식하고 있습니다."
101) 레오나르도 보프, 『생태 신학』, 김항섭 옮김, 가톨릭출판사 1996, pp. 60-61.

리고 함께 생활할 수 있도록 이끌어 주는 교회의 운동인데[102], 이 교육 참가 중이거나 이후의 삶에 있어서 항시 매일 아침마다 바치게 되어 있는 「아침기도」 가운데 처음 부분에 "아침 하늘이 새 날을 알리고, 저희를 둘러싼 모든 피조물이 찬미의 노래를 시작하나이다. 저희는 이제 모든 사람과 온갖 피조물과 더불어 몸과 마음을 모아, 하느님께 저희 마음을 들어 올리나이다"[103]라는 구절이 있음을 지적하지 않을 수 없다. 이럴 정도로 자연 영성은, 성 프란치스코의 가르침을 따르고 실천하려는 수도회의 프란치스칸들에게 국한된 게 결코 아니다. 곧 "주여, 나를 당신 평화의 도구로 써 주소서. 미움이 있는 곳에 사랑을,〔…〕"로 시작되는 성 프란치스코의 「평화의 기도」만큼이나, 자연 영성이 한국 천주교회 내의 일반 신자들에게도 크게 받아들여지고 기도로 생활화되고 있는 것이다.[104]

---

102) 『꾸르실료 운동의 이해』, 서울대교구 꾸르실료 사무국, 2001, pp.9-13.

103) 『길잡이』, 꾸르실료 한국협의회, 2006, pp.7-8. 원문은 다음과 같다. "「아침기도」 +삼위일체이신 주 하느님께서 바로 우리 앞에 계십니다. 지금 이 순간 우리와 함께 계시는 주님을 찬미하며, 우리 모두 사도적인 삶을 올바로 살아갈 수 있도록 마음을 다하여 기도합시다. 〈잠시 묵상〉 〈끓는다〉 +성부와 성자와 성령의 이름으로 ◎아멘. +주 하느님, 아침 하늘이 새 날을 알리고, 저희를 둘러싼 모든 피조물이 찬미의 노래를 시작하나이다. ◎저희는 이제 모든 사람과 온갖 피조물과 더불어 몸과 마음을 모아, 하느님께 저희 마음을 들어 올리나이다. +오늘은 우리를 위하여 많은 것을 준비할 것입니다. 오늘 우리가 하느님께서 우리에게 주시는 말씀 속에 숨은 메시지를 놓치지 않도록 기도합시다. ◎저희는 이제 저희 마음 깊숙한 곳으로 들어가, 주님께 기도하나이다. 저희는 평온한 몸과 평화로운 마음으로 주님 안에 쉬나이다."

104) 이런 점은 1983년 9월 4일 한국 천주교회 200주년 기념일을 맞이하면서 발간한 한국 천주교회 200주년 기념 주교위원회, 『이 땅에 빛을』, 한국천주교중앙협의회, 1983에 보면, 이를 계기로 전 국민을 대상으로 천주교를 널리 홍보하기 위해 「천주교란 무엇인가」란을 특집으로 마련하였음을 알 수 있는데, 이 가운데 「역사에 빛나는 성인 성녀들」란이 있고, 그 첫머리에 〈아씨시의 성프란치스코(1182-1226)〉를 pp.88-90에 걸쳐 소개하였다. 여기에서도 맨 처음에 「평화의 기도」를 제시하였을 뿐더

또한 한국천주교주교회의 전례위원회에서 펴낸 『축복예식서』에는 「동물의 축복」이 들어 있음이 주목된다. 그 가운데에 "하느님께서 창조하신 동물들은 하늘과 땅과 바다에 살고 있으며 사람들과 함께 변동을 겪으며 우리 생활에 참여하고 있습니다. 하느님께서는 모든 생명체에 당신의 은혜를 내려 주시며, 가끔 동물들을 이용도 하시고 때로는 구원의 은총을 암시해 주는 징표로도 삼으십니다"105)라고 하여, 하느님께서 모든 생명체에 은혜를 내려 주신다는 것을 강조하고 있음을 간과할 수 없다. 인식에 있어 제한적이고 부족한 수준이기는 하였지만,106) 그만큼 한국 천주교 신자들은 동물에게도 자연 영성이 있음을 기도로써 인정하고 있음을 드러내는 것이라 하겠다.

러, 그의 사망에 관해 서술하면서 "그가 노래하던 '자매인 죽음'을 맞이하였다"고 언급하였을 정도다.

105) 주교회의 전례위원회, 『(제2차 바티칸 공의회의 결의에 따라 개정 공포된) 축복예식서』, 한국천주교중앙협의회, 1986; 1997, p.243.

106) 이 『축복예식서』, pp.242-248의 「제XXI장 동물의 축복」에 나타난 바를 자세히 살펴보면, 동물들에게도 자연 영성이 있음을 강조하는 한편, 『성경』의 「창세기」 1장 20절-29절을 '독서'로 읽도록 되어 있는데 그 요지는 "땅 위에 움직이는 모든 짐승들을 다스려라"이며, 아울러 '신자들의 기도' 중에는 "우리를 창조하시어 땅에 두시고 모든 동물들을 지배하며 당신께 영광을 드리도록 섭리하신 하느님께 찬미를 드립시다"라는 대목들이 있어 동물에 대한 인간의 지배를 강조하는 듯한 부분도 있다. 이런 인식은 모든 피조물들과 형제자매로서 화합하고 일치를 이루려는 성 프란치스코의 자연 영성과는 사뭇 거리가 있는 것임을 부인하기 어렵지 않나 생각한다.

제7장

김홍섭 바오로의 자연 영성과 실천적 삶

제1절 머리말

　김홍섭金洪燮 바오로(1915.8.28-1965.3.16)는 법원法院의 명망이 있는 판사判事로 활동하다가 민족民族 상잔相殘의 처절한 비극이 었던 6·25동란의 와중에 삶의 무게를 느껴 가톨릭에 입교한 후, 평신도平信徒로서 남 다른 신앙생활을 실천하여 가톨릭교회 내에서 뿐만 아니라 사회 전반에 커다란 반향反響을 불러 일으켜 생존 당시에도 이름이 널리 알려졌던 인물이었다. 그러므로 그의 생애에 대한 평가는 크게 나누어 법관法官으로서의 그것과 종교적 구도자求道者로서의 그것으로 나뉠 수 있다고 본다.

　우선 전자前者의 대표적인 것으로는 당대 최고의 변호사辯護士였던 이병린李丙璘이, 김홍섭 바오로의 사망 후 그를 기리면서 "한국사법부의 훌륭한 역대 법관 가운데서도 고故 김홍섭 판사라 하면 모를 이가 없을 정도로 훌륭한 생애를 살다간 명법관名法官이다. … 실로 그의 고매한 인격과 깊은 정신세계는 여러 가지 일화逸話 가운데 한국사법부의 귀감龜鑑으로서 진정한 사법정신을 일깨워주는 영구永久한 활력소와 자극제가 될 것이다[1]"라고 했음을 들 수 있겠다. 이러한 그에 대한 평가 가운데서 더욱 눈여겨볼 점은 다음의 글에서 확연히 잘 드러난다.

(1)그는 사형폐지론에 지대한 관심을 갖고 생명의 존엄성을 깊이 깨달아야 한다고 역설했다. 재판의 적정도를 '과녁맞추기'에 비유하며, 법관은 최선을 다해 돌을 중심부에 가깝게 맞히려고 노력할 뿐이라고 했다. 그는 법관이라는 직무의 본질을 자각하고 실천한 위대한 법관이었다. 또한 인생의 각자(覺者)로서 민족의 등불이요, 정신적 지주였다. 그는 인간에 대한 형벌의 궁극적 근거에 대해 깊이 고민한 끝에 자신의 독특한 실존적 법사상을 수립, 중국의 오경웅(吳經熊), 일본의 다나까 고오따로와 함께 동양의 3대 가톨릭 법사상가로 평가받기에 이르렀다.[2]

이에 의거하면, 그가 사형폐지론에 지대한 갖고 생명의 존엄성을 깊이 깨달아야 한다고 역설했음을 알 수 있다. 그리고 이어서 그는 법관 직무의 '본질을 자각하고 실천한 위대한 법관'으로서 자신의 독특한 실존적 법사상을 수립하였으므로, 이병린李丙璘 변호사辯護士는 그를 동양 3대 가톨릭 법사상가 중의 하나로 평가받기에 이르렀다고 하고 있는 것이다. 따라서 김홍섭이 당시에 법조인으로서 누구 못지않게 뛰어난 삶을 살았던 인물임을 여실히 알 수 있겠다.

한편 김홍섭, 그의 생애에 대한 평가 가운데 후자後者 즉 종교적 구도자로서의 모습은, 천주교天主教의 대주교大主教였던 노기남盧基南이 "김 판사의 경우는 법률가로서도 모범적인 법관이었을 뿐만 아니라 종교적으로도 개신교改新教에서 출발하여 불교를 거

1) 李丙璘, 「序文」, 崔鍾庫, 『使徒法官 金洪燮』, 育法社, 1975, p.13.
2) 한국 재속프란치스코회 50주년기념집 『평화의 사도』, 재속프란치스코 한국연합회, 1988, pp.228-229.

쳐 가톨릭 성교회聖教會로 귀의한 원숙한 구도자求道者였기 때문에 한국 천주교회사에 길이 남을 존재라고 생각된다[3]"고 언급한 것에서 뚜렷하게 드러난다. 그에 대한 이러한 평가를 구체적인 사안들을 제시해가면서 더욱 심화시킨 것으로는 아래의 것도 있다.

(2)김홍섭 형제는 청렴결백하고 강직하면서 겸손한 구도자의 생활로 존경을 받아왔고, 많은 죄수들을 사람으로 돌봐주며 신앙으로 인도하였다. 특히 사형수들의 전교에 힘썼다. 그는 법정에서 부득이 사형언도를 내리고서 며칠 후 교도소로 그 사형수를 방문, 직책상 사형언도를 내렸지만 심히 미안하다고 양해를 구하고 나서 영혼을 구하라고 권고하며 각기 적당한 교리책을 사서 엽서를 끼워 들여보냈다. 반응이 있으면 계속 방문하여 권고했다. 그래서 많은 사형수들이 영세 입교하였다. 그와 사형수들과의 사이에 많은 편지가 오갔으며, 사형수들에게 『가톨릭 성인전』 등 교회서적을 보내주었다. 사형수들이 새 사람으로 변화하여 감옥을 수도원으로 생각하고 기도와 묵상으로 시간을 보내며 총살형을 받아들일 수 있었던 것은 신앙의 힘 때문이었고, 그것은 바로 김홍섭 형제의 공로였다. 죽음이라는 현실 앞에서 그가 베푼 사랑은 얼마 컸던가. 수인(囚人)들의 대부로서 그는 성탄 때가 되면 전국 교도소에 있는 대자들에게 매번 친필로써 축하 편지를 보냈고, 『경향잡지』 30부를 교도소에 계속 보내주었다. 매달 월급의 절반가량을 사형수 등 중형수를 위해 썼다. '법의(法衣) 속에 성의(聖衣)를 걸친 사람' '사도 법관(司徒法官)'이란 칭호를 얻을만하다.[4]

여기에서 그가 그야말로 '청렴결백하고 강직하면서 겸손한 구도자의 생활로 존경'을 받았고, '특히 사형수들의 전교에 힘썼

3) 盧基南, 「축하의 말씀」, 崔鍾庫, 앞의 책, 1975, p.15.
4) 한국 재속프란치스코회 50주년 기념집 앞의 『평화의 사도』, 1988, pp.228-229.

던 것'으로 유명하였음이 잘 눈에 띈다. 그는 자신이 직접 사형을 언도한 사형수들에게 『가톨릭성인전』과 『경향잡지』를 계속 보내주면서까지 열심으로 전교하여 결국에는 그들을 자신의 대자 代子로 삼기도 했다고 한다. 그렇기 때문에 그가 '법의法衣 속에 성의聖衣를 걸친 사람' '사도 법관司徒 法官'이라고 평가받을 만하다는 것이다.

사후에 이토록 법관으로서 뿐만 아니라 종교 구도자로서도 아울러 높은 평가를 받고 있는 김홍섭의 생애를 찬찬히 되짚어 살펴보면, 하지만 지금까지의 연구에서 간과看過되었던 점들이 몇몇 있음을 깨칠 수 있다. 그 가운데 다른 무엇보다도 주목되는 점은, 당시의 우리나라에서는 유례를 찾아보기 드물다고 감히 단언해도 좋을 정도로 그가 자연 영성을 깊이 지니고 있었던 사상가이자 실천가였다는 사실이다. 곧 상세히 거론하듯이 구체적으로는, 그가 인간 중심의 자연 영성自然 靈性을 극복하고 상생相生을 추구하는 면면이 강했음을 발견할 수 있으며, 이는 곧 성聖 프란치스코 수도회修道會 제3회 입회入會로 이어지면서 성 프란치스코의 자연 영성을 실천하려는 삶을 추구하는 것으로 현실화되었음을 찾아볼 수 있다. 그러므로 이 논문에서는, 기왕의 연구 성과들을 토대로 삼아 지금까지 전혀 간과되었던 이러한 측면들을 구체적으로 기록을 제시하면서 밝혀보려고 하는 것이다.

제2절 청년 시절 김홍섭의 사상적 전회와 죽음/자연 체험

김홍섭은 1915년 8월 28일 전북全北 김제金堤에서 가난한 농민의 아들로 태어나, 보통학교普通學校를 마친 뒤 어려운 살림살이에 진학하지 못하고 상점 일을 돌보다가 미국 대통령 링컨의 전기를 읽고 법학法學을 공부하기로 결심하였다고 한다. 그 뒤 전주全州에 가서 일본인 변호사 사무실에서 심부름하며 독학하다가, 주인인 변호사의 도움으로 1939년에 일본에 유학을 가게 되었는데, 동경東京의 일본대학日本大學 법과法科에 다니던 중 곧이어 1940년 8월 조선변호사시험에 합격하였다.

이후 변호사 활동을 하다가 1945년 해방解放이 되면서 서울 지방검찰청地方檢察廳 검사檢事로 임명되었다. 그러나 곧 검사직에 회의를 느껴 사표를 내고 뚝섬에 들어가 농사를 짓기에 이르렀다. 이때에 전원생활을 하며 자연에 대한 영성을 깊게 지니게 되었던 것으로 보이는데, 얼마 지나지 않아 당시 대법원장大法院長

김병로金炳魯의 간곡한 권유를 받아들여 다시 판사判事로 임명되었다. 그렇지만 곧 6·25동란이 터지고 그 와중에 그는, 자신을 피신시켜 주었던 절친한 친구가 공산당에게 납치되었다가 끝내 살해되고 말자, 이를 계기로 인생무상의 고민에 빠져 종교에 관심을 기울이게 된다.[5]

어렸을 적에 개신교改新敎의 신자였던 그는 이때의 충격에 휩싸여, 홀로 깊은 산속에 들어가 지내면서 불교佛敎에 대해 깊이 있는 연구를 거듭하였다. 하지만 1953년 휴전休戰될 무렵에는 곧이어 가톨릭으로 개종하게 되는데, 그 과정과 그 이후의 그의 역정에 대해서는 다음의 글들이 참고가 된다.

> (3-가)김 판사는 본시 프로테스탄트 신자였다. 예배당에서 만족을 얻지 못한 그는 어느 절을 찾아가 오랫동안 묵으면서 불교를 연구하였다. 절에서도 만족을 얻지 못하고 돌아온 그는 정신적으로 방황하고 있었으니, 그것은 임시 수도 부산시에서였다. 서울로 환도한 다음 그는 결국 가톨릭에 귀정하였으니, 1953년 복자 축일에 김 판사 가족 전원이 영세 입교하였다.[6]
> (3-나)소년시절에 개신교 예배당에 다녔고 판사 생활을 하면서 불교에 매력을 느껴 방한암, 김일엽 스님들과 깊은 교류를 하였던 그는 끝내 구원의 확신을 얻지 못하다가 육당 최남선과 새로운 사귐을 나누고 거의 같은 무렵에 가톨릭으로 개종하였다.[7]

두 기록을 종합하면 소년 시절에 개신교에 다니던 그가 만족을 얻지 못하고, 6·25동란을 거친 후에는 불교佛敎에 귀의歸依하였

---

5) 최종고, 앞의 책, 1975 및 「사형수의 아버지 김홍섭 바오로」, 『경향잡지』 1990년 1월호 참조.
6) 尹亨重, 「슬프다 金洪燮판사」, 『가톨릭시보』 1965년 4월 4일자; 遺稿集 『無常을 넘어서』, 성 바오로 출판사, 1971, pp.525-526; 2003, pp.526-527.
7) 최종고, 「사형수의 아버지 김홍섭 바오로」, 앞의 잡지, 1990, p.103.

지만 방한암方漢巖(1876-1951)·김일엽金一葉(1896-1971) 스님들
과의 깊은 교류에서마저도 만족을 거두지 못하였다. 그는 결국
육당六堂 최남선崔南善과 사귀면서 같은 무렵에 가톨릭으로 개종
하였음을 알 수 있다. 부산에서 서울로 환도還都한 후인 1953년
복자 축일의 일이었다.

그러면 그는 왜 이리도 종교적宗教的 전회轉回를 거듭하면서 인
생人生에 대한 깊은 성찰省察을 하였던 것일까? 무엇보다도 그의
종교적 전회에 있어 가장 결정적인 계기가 된 것은 죽음에 대한
깊은 성찰에 있었던 것으로 보인다. 그 자신의 글 가운데, 이와 관
련된 것으로 가장 대표적인 것을 한 토막 제시하면 아래와 같다.

(4) 「無常에서 常生으로」
사람은 죽는다. 죽은 사람은 살아나지 않는다. 그리고 죽은 후
에는 어떻게 되는 것인지─ 내가 〈죽는 것〉에 대해서, 그것을
최초로 절실하게 느껴본 것은 아직 내 나이 6,7세였을 적, 나
를 업어도 주고 그 밖에 무척 귀여워해주던 외삼촌이 무슨 병
으로서 인지 알 수 없었어도 장기간 앓다가 끝내 죽어버리고만
그때부터서 였다. 이 일을 목도한 뒤부터는 동네 아이들이 상
여 뒤를 따라 다니며 그 행렬을 마치 구경거리로 삼는 것이나
죽음의 전조로서의 아픈 것에 대하여 몹시 침울해 하던 것을
기억한다. …(중략)…
열 두서너 살 적 일로 생각된다. 兄妹간에 동포를 가져보지 못
했던 나는 그 때 마친 이웃 全씨라는 이의 서너 살쯤 난 아이
를 귀여워하다가 하루아침 그 아이가 죽게 되자 나는 너무도
큰 충격에서 그 전부터 다니고 있던 예배당에서 배워 안 하느
님께 그 아이의 소생을 빌기 위하여 후朝 뒷산 한 모퉁이 소나
무 사이에 엎드려 一心으로 기도를 드렸던 일이 있었다. 그 일
을 月餘間이나 계속하였다.[8]

─────────────

8) 김홍섭, 「無常에서 常生에로」, 『無常을 넘어서』, 1971, pp.321-322; 2003,

그 자신이 죽는 것에 대해서 최초로 절실하게 느껴본 것이, 6·
7세 때 외사촌의 죽음에서였음을 토로하고 있으며, 열 두 서너 살
때에는 귀여워하던 이웃의 어린 아이가 죽자, 그 아이의 소생을
위해 '그 전부터 다니고 있던 예배당에서 배워 안 하느님께' 빌
기를 1개월 이상 계속했다는 것이다. 이렇듯이 어려서 개신교 예
배당에 다니던 그가 불교에 깊이 심취하게 되는 계기는 앞서 언
급한 바와 같이 6·25동란으로 말미암아 절친한 친구와 영영 이
별하게 되면서 받은 정신적 충격이 워낙 컸기 때문이었는데, 이후
도 방황을 거듭하는 시간이었다. 그러던 그가 안정을 찾고 가톨릭
에 귀의하게 되는 것 역시 죽음에 대한 인식이 전환되면서부터였
다. 이는 아래와 같은 그 자신의 글에서 잘 우러나고 있다.

(5)三知, 즉 생자의 필멸과 혼자서 죽는다는 것과 그리고 空手
로 죽어가야만 한다는 사리를 안다 하면서, 三不知, 즉 그 시기
와 처소와 어떻게 당하게 될지를 모름으로 해서, 애매하게
偸安하기 쉬운 인간들은 이처럼 사람의 종말을 목격함으로써
많은 교훈을 얻는다. 또 죽음은 필경 슬픈 것만은 아니리라. 세
속적으로도 죽음은 한 생명을 앗아가는 것이지만, 그것은 때로
풍후한 대상을 돌려받는 경우가 결코 없지 않았던 것이다. 마
치 예수의 죽음이 만 인류에게 구령의 길을 개척하여 놓은 것
처럼.9)

가톨릭 교리의 삼지三知와 삼부지三不知를 통해 죽음이 결코 슬
픈 것만은 아니라는 점을 알게 되면서부터였던 것이다. 즉 세속
적으로 죽음이 비록 한 생명을 앗아가는 것이기는 할지언정, 예
수의 죽음이 인류에게 구령救靈의 길을 개척해 놓은 것처럼, 그야

pp.109-110.
9) 김홍섭, 「情과 無常에서」, 앞의 책, 1971, p.124; 2003, p.153.

말로 풍후豊厚한 대상을 돌려받는 경우가 있다는 것을 깨달았기 때문이었다, 그럼으로써 종래에 거듭하던 종교적宗教的 전회轉回를 이제는 접고, 죽음에 대한 두려움을 떨쳐버림으로써 비로소 정서적 안정을 얻어 가톨릭에 귀의하게 되었던 것이다.

이러한 죽음에 대한 인식 전환과 더불어 그에게 커다란 영향을 끼친 것의 또 하나로는 자연 영성에 대한 체험이었다고 보인다. 그는 검사檢事가 되어 1946년「조선정판사朝鮮精版社 위조지폐僞造紙幣 사건事件」을 담당하면서 명성을 떨쳤지만, 이해 9월 검사직에 회의를 느껴 사임하였는데, 그 직후 '흙으로 된 인간은 흙과 더불어, 흙에서 나는 것을 먹으며 살다가 다시 흙으로 돌아갈지니라'는 뜻에서 뚝섬 벌에다가 거처를 마련하여, 채소를 가꾸고 닭을 치며 돼지를 기르는 전원생활을 하였다. 이곳의 생활 속에서 자연에 대한 성찰을 깊이 있게 하였던 것임이 역력하다. 당시의 글 가운데 그의 자연에 대한 인식을 보여주는 것으로는 다음의 것을 그 대표적인 예로 들 수 있다.

> (6)南漢山의 遠景도 한 眺望이 아닐 수 없다. 시방이 한창으로 전원에 가득한 작물 ―오이, 가지, 호박, 토마토, 옥수수 그 밖에 푸성귀들. 멀리 구르고 있는 거름마차, 드나드는 장사꾼들의 짐 실은 引車며 방금 일손에서 놓인 사람들의 그림자, 구름, 하늘, 버드나무, 숲을 비끼는 바람 ― 모두 저물어가는 郊外의 一場의 風景이다.10)

이러한 전원생활을 통해 자연에 대한 체험을 생활화하던 그였다. 이 당시의 자연에 대한 체험은 이후 그 자신의 영성적靈性的 성장成長에 적지 않게 기여하는 계기되었던 것 같다. 하지만 대법원장大法院長 김병로金炳魯의 간청으로, 흙에 대한 미련과 '재판'

---

10) 김홍섭,「田園」, 앞의 책, 1971, pp.39-40; 2003, p.56.

에 대한 회의로 망설이다가 법조계法曹界에 복귀하여 서울 지방법
원地方法院 판사判事로 재직하는 한편 1948년부터는 중앙대학中央
大學에서 법학法學을 강의하기도 하게 되었다.[11] 그러던 그에게,
당시의 누구에게나 그러하였듯이 전혀 예단할 수조차 없었던 사
건들을 온 몸으로 겪으면서 새로운 인생의 항로로 접어들게 되었
던 것이다. 그리고 그 귀착점歸着點은 가톨릭 입교入敎였다.

---

11) 앞의 『평화의 사도』, 1988, p.226.

제3절 법관 김홍섭의 가톨릭 입교 이후의 활동과 가톨릭시즘 형성

그가 가톨릭에 입교入教한 것은 6·25동란이 끝나갈 무렵 서울로 환도還都한 다음이었다. 입교 이후 그의 생활에서 드러난 획기적인 변화에 대해서는 다음의 기록이 있다.

(7)서울로 환도한 다음 그는 결국 가톨릭에 귀정하였으니, 1953년 복자 축일에 김 판사 가족 전원이 영세 입교하였다. 김 판사는 두고두고 찾던 것을 그제 얻었다. 그는 평소에 느끼기를 우주관, 인생관에 있어서는 기독교가 옳다. 그렇다. 절대자가 없을 수 없다. 그런데 도덕을 닦는 방법론에 있어서는 불교가 옳다. 그러니 이 두 가지를 어떻게 융합시킬 수 없을까 하고 생각하여 왔었는데, 이제 천주교에 들어와 보니 이 두 가지가 잘 융합되어 있음을 발견하였다고 지극히 만족히 생각하였다.12)

---

12) 尹亨重, 「슬프다 金洪燮판사」, 앞의 책, 1971, pp.525-526; 2003, pp.

가족과 모두 함께 가톨릭으로 개종한 후 스스로 토로하기를, 그는 '두고두고 찾던 것을 그제 얻었다'고 표현할 정도였다. 그가 당시에 절절히 체득體得한 바를 여기에 잘 정리해주었다고 보여지는데, 평소에 우주관과 인생관은 기독교基督敎가 옳고, 도덕 수양의 방법론은 불교佛敎가 옳다고 여겨, 이 둘을 융합시킬 수 있는 방도를 강구하던 차에 천주교天主敎에는 이 둘이 '잘 융합되어 있음을 발견하였다고 지극히 만족히 생각하였다'는 것이다. 물론 이러한 그의 기독교, 불교 그리고 천주교에 대한 인식이, 각 종교의 고유한 입장에서 보면 혹 옳다 커니 그르다 커니 논란의 여지는 얼마든지 있을 수 있을 것이다. 그렇다손 치더라도 김홍섭이 그렇게 인식하였다는 점은 변함이 없는, 이미 역사적 사실의 하나가 되어버렸음 역시 어쩔 수 없다. 그의 이러한 인식에 토대를 둔 생활은 이후 지속되었는데, 이와 관련하여서는 아래의 글이 참조가 된다.

(8)천주교 신앙에서 새로운 경지를 찾은 그는 이런 감격과 상념을 『무명』, 『창세기초』, 『무상을 넘어서』 같은 시집과 수필집으로 발표하였다. 김홍섭의 재판과 인간의 문제, 특히 범죄인에 대한 남다른 관심과 고민은 독특한 법인간학과 법신학(法神學)의 경지를 이루었다. 그가 성호를 긋고 미사를 드리는 듯한 분위기로 재판을 진행하면 피고마저 감동의 눈물을 흘렸다.[13]

자신의 변모를 입증이라도 하려는 듯이 시집詩集으로서 『무명無明』(통문관通文館, 1954)을 그리고 수필집隨筆集 『창세기초創世記抄』(육성각育成閣, 1954)를 연이어 출간하고, 뒤이어 또 하나의 수필집 『무상無常을 넘어서』(정음사正音社, 1960)를 출간하여 자

526-527.
13) 최종고, 「사형수의 아버지 김홍섭 바오로」, 앞의 잡지, 1990, p.103.

신의 내면 의식을 전면적으로 표출하였다. 이러한 그의 저술들에는 자신의 가톨릭시즘의 정체성正體性을 있는 그대로 여실히 드러내었는데, 그 자신이 종전에 지니고 있었던 몇 가지 선입견을 정리하는 데에서부터 출발하였다.

그것은 "(1)천주교는 기독교 제유파諸流波 중의 하나로서 그것은 유태교의 후신, 구약을 믿는 구교라는 점, (2)성모공경의 모순성, (3)고해제도의 부자연성, (4)교황지배의 불합리성, (5)중세기 문화사상에서 범한 제과오諸過誤 등등"이었다.14) 그랬지만 얼마 후 그 자신의 표현대로'이상 모든 문제에 대한 의혹이 완전히 풀리면서' "(1)천주교만이 유일, 정통의 교의와 신앙을 간직하여 내려온 길이요, 진리요, 생명의 교이다. 여타의 기독교 유파는 전부가 이의 모사한 것에 불과함, (2)와 (3)=허다한 선성先聖의 수행修行 족적足跡은 후진後進의 지표와 격려가 되는 것이며, 또 이것이야말로 다른 제성사諸聖事와 더불어 내가 그토록 찾아 마지 않던 진도進度에의 발판이요 방법이었다는 것, (4)(1)과 더불어 천주교의 정통正統 진교眞敎임을 증명하고, 또 보장하는 것인 점, (5)중세기 천주교회가 서양 문화사상에서 점한 정당한 위치와 공적이 그 동안 얼마나 왜곡 유포되었던 것인가를 알고 경악하였음15)"이라고 적고 있는 것이다.

이렇듯이 전면적인 인식의 전환을 토대로 하여 형성된 그의 가톨릭시즘은 곧바로, 그 자신이 법관이었으므로 재판과 인간의 문제로 투영되게 되었다. 그리하여 바로 앞서 인용한 글에서처럼 법인간학과 법신학의 경지를 이루었고, 그에 따라서 "그가 성호를 긋고 미사를 드리는 듯한 분위기로 재판을 진행하면 피고마저 감동의 눈물을 흘렸다"고 전해진다.

---

14) 김홍섭, 「無常에서 常生에로—求道記—」, 앞의 책, 1971, p.337; 2003, pp. 125-126.
15) 김홍섭, 같은 글, 같은 책, 1971, pp.337-338; 2003, p.126.

이와 같은 그의 가톨릭시즘은, 그러면 어떤 토대 위에서 형성되었던 것일까? 그의 가톨릭시즘의 형성을 뒷받침해주는 두 축은 성모聖母 신심信心과 순교자殉教者 공경恭敬 신심信心에 있었던 것으로 분석된다. 그가 가톨릭으로 개종한 뒤에, 다른 무엇보다도 강렬하게 받아들이게 된 것은 성모 신심이었는데, 다음과 같은 글에서 여실히 드러나고 있다.

> (9)마치 聖書가 홀연 하늘로부터 떨어진 것이 아닌 것처럼, 예수의 탄생도 신에서 인간에로 돌연 換生하신 것이 아니었다. 그의 受胎가 特異하였을 뿐, 受胎 후는 전연 凡人과 똑같은 경로의 달수와 진통을 겪으셨고, 公―이전의 생활 30년간은 專門學者로도 考證해 낼 수 없으리만큼 평범 이하에 묻혀서 지내셨다. 구차한 살림 속에 마리아―어머니를 도와 심부름도 하셨을 것이고 목수인 아버지를 따라 작은 목수 노릇도 하셨을지도 모른다. 이렇게 정을 붙여서 지낸 가정이요, 어머니 마리아에 대한 憐憫은 마지막 십자가의 고통 속에서도 차마 잊을 길이 없어서 전게 가장 사랑하시던 제자 요한에게 後事를 간곡히 부탁하시던 것으로 보아 넉넉히 알만하다. … 30년 동안 모친으로 극진히 섬기셨으며 그 생애가 끝나는 마당에서 차마 못 잊어하시던 어머니 마리아께 대하여 가톨릭교인이 애모의 정을 붙여 공경하는 것이 무엇이 불가하다는 말인지?16)

인간 예수에게 있어서도 그의 수태受胎가 특이하였을 뿐 지극히 평범한 생활의 연속이었음을 지적하면서, 자식으로서 부모 특히 어머니 마리아에 대한 연민이 컸음을 언급하였다. 그렇기 때문에 예수가 30년 동안 극진히 모친으로 섬겼던 어머니 마리아에게 '가톨릭 교인이 애모의 정을 붙여 공경하는 것이 무엇이 불가

---

16) 김홍섭, 「어떤 프로테스탄트에게」, 같은 책, 1971, pp.169-170; 2003, pp.282-283.

하다는 말인지?'라고 적고 있다. 예수를 믿고 따르는 입장에서, 그가 그토록 연민하던 어머니 마리아께 대한 애모의 정을 표시함이 지극히 당연하다는 취지로 성모 신심을 설명하고 있는 것임을 분명히 알 수 있다.

한편 그의 가톨릭시즘에 있어서 또 하나의 축은 순교자殉敎者 공경恭敬 신심信心의 체험體驗이었는데, 특히 전주全州 지방법원장 地方法院長으로 근무할 때 등산登山을 즐기던 그가 인근의 전주全州 치명산致命山에서 이순이李順伊 누갈다를 위시한 여러 구具의 순교자 시신屍身을 발굴하는 현장을 목격하고 동참하면서 이때부터 순교자 공경 신심이 강하게 자리 잡게 되었다. 그에 따라 1959년 3월에는 적극 앞장서서 이순이 누갈다의 순교기념탑을 건립할 정도였다. 그러고는 「춘향春香과 루갈다—특히 루갈다의 생애生涯와 그 사적事蹟—」 등의 글을 직접 써서 발표하기도 하였다.17) 그의 이렇듯이 강렬한 순교자 공경 신심에 대해서는 다음과 글들이 입증한다.

(10-가)그는 매일 미사참례와 영성체를 궐하지 않았고, 저녁에는 온 가족들과 함께 만과를 바쳤으며 전주지방법원장으로 있을 때는 날마다 순교자 누갈다 묘지에 참배하였다.18)
(10-나)본시 진격(眞擊)하려는 교도에게 있어, 순교자의 정신과 그의 사적이란 훌륭한 하나의 도표요 봉화이며, 위안이요 격려이기도 한 것이다. 지신(持身), 수계(守戒), 수덕, 전교에 있어 순교자의 정신을 상기하고 그를 본뜨기를 바란다는 것은 얼마나 효과적인 방법일 것인가! 천만(千萬) 사량(思量)이 하나의 '행(行)'— 실천만 못하기 때문이다.19)

---

17) 김홍섭, 같은 글, 같은 책, 1971, pp.113-120; 2003, pp.178-186.
18) 尹亨重, 「슬프다 金洪燮판사」, 앞의 책, 1971, p.526; 2003, p.527.
19) 김홍섭, 「殉敎者의 遺址를 찾아서」, 앞의 책, 1971, p.159; 2003, p. 187.

매일같이 미사참례와 영성체를 궐하지 않았다는 것 자체도 대단한 신앙심을 드러내주는 것임에 재론再論의 여지가 없다. 더욱이 저녁에 온 가족과 함께 만과晚課 즉 저녁 기도를 하루도 거르지 않고 바쳤다는 사실은 그렇다고 치더라도, 법원장法院長으로서의 막중한 업무를 고스란히 다 수행하면서도 날마다 순교자殉敎者 누갈다의 묘지墓地를 참배한 사실은 특기할 만한 것임에 틀림이 없다. 게다가 자신의 이러한 순교자 공경 신심에 대해서 스스로, "순교자의 정신을 상기하고 그를 본뜨기를 바란다는 것은 얼마나 효과적인 방법일 것인가! 천만千萬 사량思量이 하나의 '행行' ─ 실천만 못하기 때문이다"라고 서술한 것 역시 그러하다고 하겠다.

그가 돈독한 신심을 이와 같이 실제의 생활 속에서 실천하려고 힘을 기울였다는 것은 천주교 신자로서는 예나 지금이나 또는 시대를 초월하여 언제나 지극히 모범이 된다고 평가해 마땅할 것이다. 그런 가운데서도 그가 지녔던 영성과 관련하여 특히 주목되는 바는, 당시로서는 누구에게서나 찾아보기가 어려운 자연自然 영성靈性을 지니고 있었다는 점인데, 그렇기 때문에 곧이어 성 프란치스코 수도회修道會 제3회에 입회入會하는 게 아닌가 여겨진다. 후술하는 바처럼 성 프란치스코의 자연 영성을 위시하여 그의 영성 전반을 잇고 따르는 평신도平信徒들의 신심信心 단체團體가 바로 성 프란치스코 수도회 제3회이기 때문이다.

제4절 김홍섭 바오로의 성 프란치스코 수도회 제3회 입회와 성 프란치스코 영성의 실천

김홍섭은 1964년에 이르러 성 프란치스코 수도회 제3회(이른바 재속在俗 프란치스코회會)에 입회함으로써 성 프란치스코의 영성을 잇고 따르는 삶을 살아가게 된다. 이런 측면에 대한 기록 가운데 우선 주목할 만한 것으로 다음이 있다.

(11)1964년 1월에는 재속 프란치스코회에 입회하였다. 그는 대전 성 프란치스코 수도원에 가본 후, "팔 남매를 다 키운 다음에는 대전 수도원에 가서 종지기로 일평생을 지내고 싶다."는 말을 가끔 하곤 했는데, 형제회 회원이 되어 평신도로서 수도생활의 꿈이 이루어진 셈이다. …(중략)… 프란치스코회 신부들을 자주 만나 형제회 생활을 하곤 했다. 그는 재판의 공정, 인간의 참된 삶에 대한 불꽃 같은 신념으로 사회 정화와 인간 구원에 전심전력한 재속 프란치스칸으로서 우리 마음에서 길이

사라지지 않을 것이다.[20]

이를 통해 그가 대전大田 소재所在의 성 프란치스코 수도원에 가본 후, 자녀들을 다 기른 뒤에는 대전 수도원에 가서 종지기로 일평생을 지내고 싶어 했을 정도로, 자신이 평신도로서 수도생활의 꿈을 이루고 싶어 했음을 충분히 감지할 수 있다. 이러한 그에게 있어서, 성 프란치스코의 영성은 본받을 대상으로써 점철되었을 것임은 두말할 나위가 없을 텐데, 그런 가운데서도 특히 그에게 무엇보다도 가장 익숙할 수 있었던 것은, 프란치스코의 자연 영성에 관한 가르침이었을 것이다.

그러면 성 프란치스코의 영성 가운데 특히 자연 영성은 어떤 내용이었으며, 이를 성 프란치스코 수도회에서는 어떻게 실천하고 있었던 것일까? 그리고 성 프란치스코의 영성을 따르는 평신도 신심단체인 소위 재속3회에서는 실제의 현실 생활 속에서 어찌 실천하고 있었는지를 등등을 먼저 알아본 뒤에, 김홍섭이 이를 실천하며 살았던 실제의 모습을 살펴보도록 하자.

(가)성 프란치스코의 자연 영성

아시시의 성 프란치스코(1182-1226)는 모든 것이 같은 근원에서 생겨난다는 인식을 지니고 있었으므로 아주 미미한 피조물도 형제·자매라고 불렀음은 널리 알려져 있는데, 그 가운데서도 「태양의 노래」가 그의 자연 영성을 가장 잘 드러내 주는 것으로 정평이 나 있다.[21] 프란치스코는 이 노래를 통해 '우리의 고귀한 형제 태양'과 '자매인 달'이, '형제 바람'과 '자매 물'이, '

---

20) 앞의 『평화의 사도』, 1988, pp.228-229.
21) 노용필, 「성 프란치스코의 자연 영성과 한국 프란치스칸의 수도생활」, 『인간연구』 11, 가톨릭대학교 인간학연구소, 2006, pp.131-133; 『종교·생태·영성』, 생명의 씨앗, 2007, pp.177-180; 이 책의 제6장.

형제 불'과 우리의 '자매 어머니 땅'이 함께 형제가 되어, '당신의 사랑으로 서로 용서하고 병과 시련을 견디어 내는' 모든 사람과 일치 안에서 높으신 하느님께 찬미를 드렸던 것이다.[22]

이렇듯이 프란치스코가 모든 피조물 안에 있는 아름다움과 선함과 유익한 것을 감지하고 노래할 수 있었던 것은 그의 마음이 모든 소유적인 독점에서 해방되어 있었기 때문이었음에 틀림이 없다.[23] 성 프란치스코는 이럴 정도로 그리스도의 형상으로서, 성경에 나오는 피조물에 대한 가장 온화한 동정심을 드러냈으며[24], 모든 것을 선하다고 보기 때문에 그의 신학은 하나의 인간학을 함축하고 있을 뿐만 아니라 현대에 이르러서는 생태학으로 연결된다.[25] 그런데 생태학(에콜로기,Ökologie)이란 용어는 본디 '집'이라는 의미의 그리스어 오이코스(oikos)에서 파생된 것이므로, 글자 그대로 '집에 관한 학문'을 뜻하며, 이 '집'은 『성경』, 「시편」 104편의 의미에서 볼 때[26] 철저히 창조의 집을 말하는 것이기 때문에, 따라서 생태학은 모든 생명체가 사는 환경

---

22) 헤수스 알바레스 고메스, 『수도생활 역사』 II, 강운자 편역, 성바오로,
   2002, p.223.
23) 호세 메리노, 『프란치스칸 휴머니즘과 현대사상』, 김현태 옮김, 가톨릭
   대학교출판부, 1992, pp.270-271.
24) 성 보나벤뚜라, 『보나벤뚜라에 의한 아씨시의 성 프란치스코 대전기』,
   권숙애 옮김, 분도출판사, 1979, p.91. 보나벤투라는 1263년에 성 프란
   치스코 전기를 썼는데, 3년 후에는 이것이 유일하게 권위 있는 전기임이
   공식적으로 선언되었다고 한다. 미르치아 엘리아데, 『세계종교사상사 3
   - 무함마드에서 종교개혁의 시대까지』, 박규태 옮김, 이학사, 2005,
   p.304.
25) 호세 메리노, 『프란치스칸 사상에 비추어 본 인간을 위한 미래 건설』,
   김현태 옮김, 분도출판사, 1990, p.85.
26) 「시편」 104편에서 피조물들의 자연 영성과 관련하여 가장 대표적인 구
   절은 특히 24절로 판단된다. 『성경』, 한국천주교주교회의, 2005, p.1355.
   원문은 다음과 같다. "… 주님, 당신의 업적들이 얼마나 많습니까! 그 모든
   것을 당신 슬기로 이루시어 세상이 당신의 조물들로 가득합니다. …"

의 집에서 그것의 공동생활에 대하여 인식하는 학문이다.[27]

이 생태학에서는 자연을 서로 구별하기는 하지만 결국은 하나인 유기적 총체로 보는데, 대부분의 그리스도교 신학이 창조의 신비보다는 구원의 신비에 더 큰 관심을 기울였음에도 불구하고, 구원과 창조를 연결 지으려는 흐름이 있어 왔고, 이 흐름은 다름 아닌 바로 성 프란치스코에게서 비롯된 것이었다.[28] 게다가 그는 하느님 앞에서는 물론이고, 형제들 앞에서나 동물과 사물들 앞에서도 언제나 현존을 느끼면서 애정과 성실성을 다해 다가가고는 하였으므로, 그의 현존 의식에서 유래되는 인간학적 태도는 전 인류에게 귀감이 될 만하다.[29] 한마디로 아시시의 프란치스코는 서구 문화에서 자연과의 형제애를 모범적으로 보여 준 전형적인 인물이기에, 그를 생태학의 수호성인으로 선포하기에 이르렀던 것이다.[30] 이러한 평가의 구체적인 면면은 1989년에 발표된 교황 요한 바오로 2세의 담화문에서 여실히 드러나는데, 이미 1979년에 성 프란치스코를 자연 환경을 증진시키는 사람들의 천상 수호자로 선포하였음을 상기시키면서, 그가 "모든 피조물들을—동물들과 식물들, 온갖 자연들, 형제자매인 해와 달까지—초대하여 주님께 영광을 드리고 주님을 찬미하였음"을 찬양하면서[31], 무엇보다도 강조하고 있는 것은, "모든 피조물과 더불어 … 위대하고

27) 쿠르트 마르티, 『창조 신앙 — 하느님의 생태학』, 이제민 옮김, 분도출판사, 1995, p.81.
28) 레오나르도 보프, 『생태 신학』, 김항섭 옮김, 가톨릭출판사, 1996, p.53.
29) 김현태, 「프란치스칸 사상 안에서의 인간의 문제」, 『프란치스칸 삶과 사상』 1, 프란치스칸사상연구소, 1992; 개제, 「프란치스칸 사상 안에서 인간 문제와 스코투스의 인간학」, 『둔스 스코투스의 철학 사상』, 가톨릭대학교출판부, 1994, p.137.
30) 레오나르도 보프, 『생태 신학』, 김항섭 옮김, 가톨릭출판사, 1996, p.59.
31) 세계 평화의 날(1990.1.1) 교황 담화문, 「창조주 하느님과 함께 하는 평화, 모든 피조물과 함께 하는 평화」, 『한국천주교중앙협의회 회보』 제56호, 1990.1.1, pp.4-5.

도 숭고한 형제애에 비추어 모든 피조물을 존중하고 보살펴야 할 우리의 중대한 의무"라고 하겠다. 물론 1939년 교황 비오 12세에 의해 이탈리아의 주보성인으로 정해졌던 성 프란치스코는, 1979년 11월 29일 교황 요한 바오로 2세가 로마 성 베드로 광장에서 생태학의 주보성인으로 선포하였으므로 1980월 4월 6일의 부활절부터 이렇게 불리게 되었던 것이다.32)

(나)성 프란치스코 수도회의 자연 영성 실천

이러한 성 프란치스코의 자연 영성을 본받으려 힘 기울이는 프란치스코 작은형제회의 『회헌』에서 규정하고 있는 자연 영성 수도생활이야말로 모든 이의 귀감이 된다고 하겠다. 이 『회헌』에서 무엇보다도 우선적으로 주목되는 것은 평생토록 정결함을 서약한 형제들에 대해서 "정결 서원을 살기 위하여 형제들은 순수한 마음을 간직할 것이며, 피조물들이 하느님의 영광을 위하여 창조되었음을 인식하여 모든 피조물을 겸손하고 신심 있게 바라보도록 주의할 것이다"33)라고, 무엇보다 먼저 강조하고 있다. 그렇기 때문에 아울러 "형제들은 성 프란치스코를 따르는 자들로서 … 모든 사람들에 대한 사랑 안에서 복음의 소식을 온 세계에 전하고 화해와 평화와 정의를 행동으로 설교해야 하며, 피조물에 대한 존경심을 보여주어야 한다"34)고 단정적으로 자연 영성의 필요성을 요구하고 있는 것이다.

따라서 자연을 형제로 받아들여야 함도 규정하였는데, "형제들

---

32) Agostino Cardinal Casaroli, Francis: Patron Saint of Ecology, *The Cord: A Franciscan Spiritual Review,* Vol.30, No.8, 1980, Franciscan Institute, p.236.
33) 작은형제회 한국관구, 「작은 형제들의 회헌」 9-4, 『작은 형제들의 회칙 · 회헌 · 총규정』, 2006, p.47.
34) 작은형제회 한국관구, 「작은 형제들의 회헌」 1-2, 앞의 책, 2006, p.41.

은 성 프란치스코의 발자취를 따라 오늘날 어느 곳에서나 위협받고 있는 자연에 대해 존경스런 태도를 보일 것이다. 이렇게 함으로써 자연을 완전히 형제적인 것이 되게 하고 창조주 하느님의 영광을 위해 사람들에게 유익한 것이 되게 하는 것이다"[35]라는 대목이 바로 그것이다. 그리고 결국에는 "성자가 성부로부터 파견되신 것처럼 모든 형제들은 성령의 인도 아래 모든 피조물에게 복음을 선포하고 그분의 음성을 증거함으로써, 모든 사람들이 하느님 외에는 전능하신 분이 아무도 없다는 것을 알게 하려고 온 세상에 파견되는 것이다"[36]라고 함으로써, 모든 피조물에게 복음을 선포하기 위해서 형제들을 온 세상에 파견되는 것이라고까지 정의 내리고 있는 정도이다.

한편 「프란치스칸 신앙고백」 가운데에는 "이 세상을 바라보노라면,/생명은 곧 사랑이고/모든 생명의 아버지는 하느님이심을 알게 되오니/우리로 하여금/모든 피조물을 형제자매로 대하여 살도록 재촉하시나이다"[37]라는 구절이 있다. 뿐만 아니라 프란치스칸들의 『시간 전례서』에는 9월 17일을 '우리 사부 세라핌 성 프란치스코의 거룩한 상흔'을 기리는 날로 정하여 기도를 함이 명시되어 있는데, 그날 아침기도 속의 마침기도 가운데 하나로 "세상이 냉담해지기 시작하자 성 프란치스코를 당신 사랑의 표징으로 보내 주신 전능하신 하느님 아버지, 주님께서는 그의 몸에 당신 아드님의 수난 상처를 새겨 주시어 그를 십자가에 못 박히신 그리스도의 충실한 모상이 되게 하였으니, 그의 기도를 들으시어 저희도 그리스도와 함께 죽어 그분의 부활에 참여하게 하시어 하느님의 새로운 피조물이 되게 하소서"[38]라는 기도문이 들어 있

---

35) 작은형제회 한국관구, 「작은 형제들의 회헌」 71, 앞의 책, p.73.
36) 작은형제회 한국관구, 「작은 형제들의 회헌」 83-1, 같은 책, p.79.
37) 『재속 프란치스꼬회 지침서』, 재속 프란치스꼬회 전국 형제회, 1992, p.632.
38) 한국 프란치스칸 가족, 『(프란치스칸 가족을 위한) 시간 전례서』, 익산

다. 또한 10월 4일의 「우리 사부 성 프란치스코 세라피코 부제 '세 수도회의 창설자'」 날, 「성모의 노래, 후렴」에는 "프란치스코에게는 모든 피조물이 하느님을 향한 기쁨의 노래였고, 그가 창조주께 완전히 순종하였기에 모든 피조물이 순종하였도다"[39]라고 읊도록 되어 있다.

(다) 성 프란치스코 수도회 재속 3회원으로서 김홍섭의 실천적 삶

수도원 소속의 수도자들뿐만 아니라 평신도들도 성직자와 함께 매일 바치는 『성무일도聖務日禱』 중 이와 같은 날 10월 4일의 「아시시의 성 프란치스코 기념」에는 제2독서로서 성 프란치스코가 「모든 신자들에게 보낸 편지」의 일부를 인용하여 '다른 사람들보다도 높은 사람이 되기를 원해서는 절대로 안 됩니다. 이보다는 우리가 종이 되어야 하며, 하느님 때문에, 피조물인 모든 사람에게 복종해야 합니다'[40] 라고 하였는데, 그가 뒷부분에서 인용한 말씀을 원문에서 찾아보면 바로 「베드로의 첫째 서간」의 2장 13절을 거론한 것임을 알 수 있다.[41] 이럴 정도로 『성무일도聖務日禱』에도 성 프란치스코의 자연 영성을 본받으려는 대목이 몇 군데에 걸쳐서 들어 있음이 입증되는데, 이 『성무일도』가 채택된 제2차 바티칸 공의회公議會 「전례헌장Sacrosanctum Concilium」에 따르면, '성교회의 소리 즉 하느님을 공적으로 찬미하는 전 신비체의 소리'로서, '초대 그리스도교 전통을 따라 낮과 밤의 온 과정

성 글라라 수도원, 2000, p.184.

39) 앞의 『(프란치스칸 가족을 위한) 시간 전례서』, 2000, p.205.

40) 한국천주교주교회의 엮음, 『성무일도』 IV 개정판, 한국천주교중앙협의회, 1991, p.1471.

41) 성 프란치스꼬회 한국관구, 『아씨시의 성 프란치스꼬의 소품집』, 분도출판사, 1973, p.113.

이 하느님께 대한 찬미로 말미암아 성화되도록 조직되어 있으며' '성교회의 공식기도이니만큼 신심의 원천이요 개인 기도를 위한 자양물滋養物'이므로, '참으로 신랑에게 이야기하는 신부新婦의 목소리이며 또한 자기 몸과 함께 하느님 아버지께 드리는 그리스도의 기도'이어서, 이를 바침으로써 '하느님께 간단없이 찬미를 드리고 온 세상의 구원을 위하여 전구한다'고 되어 있다.[42]

그렇기 때문에 이러한 헌장에 따라 평신도들도 이후 성직자·수도자들 못지않게 이를 기도함이 일반화되기에 이르렀는데, 한국 가톨릭의 프란치스칸들도 이를 따라 매일매일 기도함이 일과에서 빼놓을 수 없는 일로, 그들의 『회헌』 가운데에 빠짐없이 이를 지키도록 거듭 강조함이 규정되어 있다.[43] 따라서 이 만큼 성 프란치스코의 자연 영성이 현재에도 부지불식간에 직분과 상관없이 가톨릭신자들에 의해 되뇌어지고 있다고 하겠다. 또한 특별히 재속 프란치스코회 즉 프란치스코 제3회의 회원들이 바치는 성무일도 속에는 청원기도의 한 구절로 '생태계 보존의 수호자이신

---

42) 『제2차 바티칸 공의회 문헌』, 한국천주교중앙협의회, 1969, pp.27-32.
43) 예컨대 성녀 글라라의 가난한 자매회, 『수도 규칙과 회헌』, 성 글라라회 한국협의체, 2003, p.89에 보면, 「전례헌장」을 인용하여 다음과 같이 규정하고 있음이 대표적이라 할 수 있다.
  "성무일도는 '신랑을 향한 신부의 목소리이며, 그리스도께서 그의 신비체와 함께 아버지께 드리는 기도'로 자매들은 이를 정중하고 신심 깊게 거행할 것이며, '그들이 하느님께 이 같은 찬미를 드림으로써 자모이신 성교회의 이름으로 하느님 어좌 앞에 서 있으며' 온종일, 즉 낮과 밤이 온통 성화된다는 것을 명심해야 한다."
  이외에도 성무일도에 대한 세세한 규정이 이 구절의 전후에 잇따르고 있다. 또한 꼰벤뚜알 작은형제회의 『회헌』에도 성무일도와 관련된 상세한 규정들이 보이는데, 성무일도를 "매우 중하게 생각하여…각 수도원에서는 『성무일도』 전체를 날마다 공동으로 드려야 하고,… (만약 그렇지 못하면) 개인적으로라도 해야 하며,…신자들도 참여하도록 권장할 것이다"라고 하였을 정도이다. 『회헌―성 프란치스꼬의 꼰벤뚜알 작은형제회』, 로마 12사도 수도원, 1984, p.123 및 p.125.

프란치스꼬여, 당신은 주께서 창조하신 세상 만물을 통해서 주님을 만나 뵙고 찬미하였사오니, 각종 오염으로 훼손되고 있는 자연을 보살피시고, 우리도 자연을 통해 주님을 찬미할 수 있도록 이끌어 주소서'44)라고 한 대목이 있다.45)

성 프란치스코 수도회 재속3회(약칭 '재속3회')에 입회한 이후 이러한 삶을 김홍섭 역시 여느 재속3회원과 똑같이 지속적으로 지내게 되었음은 재론을 필요치 않는다. 원래 재속3회는 성 프란치스코의 정신을 따라 회칙을 준수하며 세속 생활 중에서 완덕에 도달코자 노력하는 단체이니 만큼, 무엇보다도 먼저 자기 성황에 전력을 기울이고 나아가서 이웃 사람의 성화와 그들에 대한 사랑의 봉사로 주님의 영광을 희구하며, 적어도 각자의 가정과 직장 환경에서 복음적 표양으로 사랑과 평화의 사자 구실을 해야 할 사명을 띠고 있다. 그러므로 재속3회는 어떤 단일 목적을 위한 신심 단체가 아니고 의연한 수도회이니만큼, 그의 생활을 전반적으로 규제하는 회의 규범에 따라야 하는데, 그 기본 요령은 복음 정신의 실천, 특히 애주애인愛主愛人, 청빈, 절제, 겸비, 정결, 근로, 극기, 찬미, 봉사 등이다.46)

입회入會한 이후 김홍섭은 실제로 재속3회 회원으로서 이 기본 요령에 충실하며 실천적인 삶을 살고 있었다. 이에 대한 증거로서는 아래와 같은 윤형중尹亨重(1903-1979) 신부神父의 증언이 있다.

---

44)「시간경 소성무일도」,『재속 프란치스꼬회 지침서』, 재속 프란치스꼬회 전국 형제회, 1992, 293.

45) 이상의 내용은 노용필,「성 프란치스코의 자연 영성과 한국 프란치스칸의 수도생활」,『인간연구』11, 가톨릭대학교 인간학연구소, 2006년 가을, pp. 144-149;『종교 · 생태 · 영성』, 생명의 씨앗, 2007. pp.192-198; 이 책의 제6장 참조.

46) 장 면,「성 프란치스코 재속 3회」,『한알의 밀이 죽지 않고는』증보판, 가톨릭출판사, 1999, pp.311-312.

(12)영세 입교한 김 판사에게는 점차로 수도자 「타입」이 박혀 졌다. 한번은 진지한 태도로 내게 묻기를 자기로서 수도생활을 할 수 없겠느냐고 문의하기에 가정에 대한 책임이 더 크기 때 문에 그렇게 할 수 없다고 나는 대답한 일이 있다. 김 판사의 부인은 증언한다. 그 분이 결혼 전에 가톨릭을 알았더라면 틀 림없이 수도원에 들어갔을 것이라고. 김 판사는 대전 성 프란 치스코 수도원을 가본 일이 있었다. 그는 8남매를 다 키운 다음 에는 대전 수도원에 가서 종지기로 일평생을 지내고 싶다는 말 을 가끔 하였다. …(중략)… 검소한 생활에 자기 생일잔치는 거 부하는 그였지만 傳敎上 유리하다고 생각하는 경우에는 친지들 을 자기 집에 초청하여 간소한 만찬을 베푸는 수도 가끔 있었 다. 김 판사의 傳敎의 결과 6,7명의 법관이 영세 입교하였다. 그는 검소하고 언제나 검소하였다. 양복을 지어 입는 일은 없고 시 장에서 중고품을 사 입었으며, 「오버」는 미군 모포지에 물감을 들여 서 입었고, 「비닐」 신이나 검정 고무신으로 출근하는 수가 많았다. 그는 판사였지만 판사 타는 조금도 없었다. 겉으로 보기에는 허술한 보통 시민에 불과하였다.47)

이런 얘기를 통해서 수도원에 들어가서 신앙생활을 하고픈 그 의 소망이 잘 드러나 있을 뿐만 아니라 그가 얼마나 청빈하고 검 소하게 살려고 했는지를 여실히 보여주고 있다고 하겠다. 요컨대 그는 성 프란치스코 수도원의 종지기로 살고자 했을 뿐더러, 판 사(判事)로서 사회적 지위가 대단함에도 불구하고 의복에 있어서 양복도 맞춰 입지 않고 중고품을 시장에서 사 입었으며, 신발로 는 아예 검정 고무신을 신고 출근하는 수가 많았을 정도로 검소 하고 청빈한 생활을 실행하였다. 이러한 삶에서 그야말로 성 프 란치스코의 영성을 본받고자 했던 그의 면면이 그대로 우러나오 고 있는 것이다.

47) 尹亨重, 「슬프다 金洪燮판사」, 앞의 책, 1971, p.526; 2003, p.527.

그런 그였기에 의당 성 프란치스코의 다양한 영성 속에 뚜렷이 자리매김하고 있었다고 여겨지는 자연 영성이 그에게는 역시 매우 매력적이어서 이를 체득하고 따랐을 성 싶다. 이렇게 여길 수 있는 여지는, 그가 이미 재속3회에 입회하기 훨씬 이전부터 자연 영성 자체를 지니고 있었으며 시詩와 수필隨筆을 통해 이를 표출하고 있었다는 데에서 찾을 수가 있다. 그러면 그가 지녔던 자연 영성의 핵심은 무엇이며, 어떠한 특징을 지니는 것인가? 이에 대해 이제 살펴보기로 한다.

제5절 김홍섭의 인간 중심 극복과 상생 추구의 자연 영성

　동시대同時代의 다른 인물들에게서는 거의 유례를 찾아보기 어려울 정도로 시대를 앞서서, 김홍섭金洪燮이 자연 자체에도 영성이 분명 존재함을 인정하는 자연 영성을 지니고 있었음은 특기特記해 옳다고 생각한다. 1950년 6·25동란이라는 혹독한 전쟁을 겪은 이후의 궁핍한 생활 속에서 누구나 할 것 없이 끼니를 어찌하면 거르지 않으면서 남부럽지 않고 살 것인가에만 정신을 쏟고, 이후 1960년대에 들어서서는 거의 모두가 경제 논리만을 내세워 어떻게 하면 남부럽지 않게 잘 살 것인가에만 혈안이 되어 국토 개발이란 이름으로 앞장서서 자연을 대대적으로 훼손할 뿐 보호한다는 개념조차도 설 자리가 없었다고 해도 과언이 아니었다. 그런 1950·60년대에 걸쳐 그는 시詩나 수필隨筆을 통해 분명 자연에도 영성이 존재함을 설파하고 있었기 때문에, 그의 영성을 높이 평가해 마땅하다고 생각한다. 자연에도 영성이 있음을 드러낸 그의 글이 적지 않은 편인데, 단적인 예를 하나 제시하면 다음이다.

> (13)童子가 너를 보고 귀여라고 하던구나/나는 땅의 精氣 童子
> 는 人間의 꽃/피인 뜻 안다 할 이는 저뿐이라 하리까[48]

제목도 「화심동심花心童心」 이라 하여 꽃에도 마음 즉 영성이 있음을 전제로 하면서, 꽃을 '너'로 지칭하고 인간인 '나'를 '땅의 정기'라 표현하였으며, 꽃을 아름답다 하는 동자童子를 '인간의 꽃'으로 삼고 있다. 이를 보면, 앞서 이미 지적한 바 처럼 마치 성 프란치스코가 「태양의 노래」에서 '우리의 고귀한 형제 태양'과 '자매인 달'이, '형제 바람'과 '자매 물'이, '형제 불'과 우리의 '자매 어머니 땅'이 함께 형제가 되어, '당신의 사랑으로 서로 용서하고 병과 시련을 견디어 내는' 모든 사람과 일치 안에서 높으신 하느님께 찬미를 드렸던 것을 연상케 한다. 따라서 김홍섭의 이러한 자연 영성 역시 성 프란치스코 못지않은 수준의 것이었다고 해서 과언이 아닐 듯하다.

더욱이 여기에서 하나 더 놀라운 것은, 그의 자연 영성은 자연 자체에도 영성이 있다는 수준에만 머문 게 결코 아니었다는 점이다. 그는 한 단계 더 발전시켜 자연 영성이 인간 중심이 아니라 자연 그 자체가 중심이 되어야 한다는 데에 다다르고 있었던 것이다. 이런 그의 자연 영성을 뚜렷하게 밝힌 대표적인 예의 하나는 아래의 글이다.

> (14)왜 피며 또 그렇게 精美하게 피는지 — 저녁에 피었다가
> 아침에 지는 꽃, 그늘에서 피어 그늘 속에서 시드는 꽃, 그 밖

---

48) 김홍섭, 「花心童心」, 1954, 같은 책, 1971, p.395; 2003, pp.402-403.

에 다른 유명무실의 꽃들은 인간 중심에서 자체 중심으로, 본
연의 方位에로 돌려서 대할 때 나는 다만 그 앞에서 놀랍고 기
이한 감에 잠길 뿐이다. 그리하여 어여삐 피는 꽃의 의미를 믿
는 마음 — 그것을 내 안에 의식한다.[49]

이 글에서 분명 그는 '인간 중심에서 자체 중심으로'라고 명
시하여 꽃의 영성을 인간 중심으로 볼 게 아니라 꽃의 영성 자체
로 보아야 함을 드러내고 있는 것이다. 여러 종류의 꽃 속에서
드러나는 자연의 이치에 대해 놀라워하면서 참으로 기이한다는
인식을 깊이하면서, 그 의미를 자신의 영성 속에 새기려는 자세
를 견지하고 있다고 하겠다.

그러는 한편 김홍섭은 자연 영성이 무상無常한 게 아니라 상생
常生이며 천상天上의 묘화妙華를 이루기 전에 불멸不滅임을 강조하
였는데,[50] 그럼으로써 자신의 그림자는 바람이며, 자신의 뜻이 창
천蒼天이라고 다음과 같이 노래하고 있다.

(15) 〈7〉이 길을 가자꾸나 가는 대로 가자꾸나/흐르는 물줄 따
라 나는 새 벗이 되어/가다가 해 저물거든 돌배개에 쉬자꾸나
〈8〉 바람은 내 그림자 蒼天이 내 뜻인지/공명이 허랑커니 부귀
기 더 믿을 것이/草野에 知己 많으니 福地 옌가 하오[51]

자신이 그야말로 전원田園의 '새 벗'이 되었으므로 초야草野에

---

49) 김홍섭, 「秋思」, 1948, 앞의 책, 1971, p.68; 2003, p.64.
50) 이는 다음의 詩에서 읊조린 바가 있다.
  '…/無常 아니라 常生이라/그날 네 精水를 받아 품은 때부터/내 안에
  부푸는 생명의 움직임은,
  天上의 妙華 이루기 전에/시방 바로 내 不滅의 燈明이어라/내 불멸의 등
  명이어라'
  김홍섭, 「晩種」, 1954, 같은 책, 1971, p.342; 2003, p.457.
51) 김홍섭, 「田園風物帖」, 같은 책, 1971, p.393; 2003, pp.400-401.

많은 '지기知己'가 있는 셈이니 자신이 살고 있는 이곳이야말로
곧 복지福地, 복 받은 땅이라고까지 주장하고 있는 것이다. 인간
중심이 아닌 자연 본연 중심의 자연 영성을 체득함으로써 지기知
己인 이들과 더불어 상생常生하는 이 현세가 곧바로 복 받은 땅
이라는 인식을 자연스럽게 토로吐露하고 있는 것이라 하겠다. 그
렇기 때문에 그는 아울러 다음과 같이 자연의 법칙이 다름 아닌
순리順理의 법칙임을 설파說破하고 있다.

> (16)자연의 법칙이 만인에 의하여 順服되고 불평 없이 추진되
> 는 이유는 오직 그 절대적이고 보편적인 데에만 있는 것이 아
> 니고, 그것이 이치에 맞는, 즉 순리의 법칙인 때문인 것은 하는
> 하나 더 헤아려 두고 싶다. 가사 천 길의 절벽 위에서 굴러 떨
> 어지는 瀑水의 알알을 헤아려 보라. 百年 喬木의 가지가지에
> 맺는 연약한 화변을 살펴보라. 巨와 細, 嚴과 柔의 대조가 이토
> 록 현격하되 이것이 하나요, 자연이요, 도리요, 극치임을 나타
> 내지 않은 것이 다시 있는가.52)

천 길 절벽에서 떨어지는 폭포수의 한 알 한 알, 백 년 묵은
교목喬木의 가지가지에 맺은 꽃을 예로 제시하면서 거대하면서도
세밀하고 엄격하면서도 유연한 대조가 결국엔 하나이며 그것 자
체가 자연이자 그것의 도리이며 극치를 나타낸다는 점을 강조하
고 있는 것이다. 이러한 점들로 비추어 김홍섭의 자연 영성은, 한
마디로 인간 중심의 그것을 극복하고 자연 자체를 중심으로 여기
는 것이었으며, 어느 것과도 상생常生을 추구하는 것이었다고 정
리할 수 있겠다. 그러므로 이와 같은 김홍섭의 자연 영성에 대해
서, 그의 전기를 저술한 최종고崔鍾庫가 "김홍섭은 또한 자연애호

---

52) 김홍섭, 「自然의 法則과 人間의 法律」, 『法曹會誌』 1954년 8월호; 앞의
책, 1971, pp.89-90; 2003, pp.137-138.

가요, 자연연구가다. 아니 그는 한 자연신학자이다. 그는 헤아릴 수 없이 많은 산과 들, 풀과 꽃, 별과 물의 속삭임을 찾고 그들과 대화를 나누었다. 그에게 있어서 자연은 인간과 대립된, 인간의 생존의 수단으로 착취되는 대상이 아니라 신의 공조물共造物로서 그 앞에서 신의 현존과 영원의 의식을 일깨우는 한 계시자였다[53]"고 정리한 바가 역시 크게 참고가 된다.

---

53) 최종고, 「자연법과 자연신학 ─김홍섭의 자연관」, 앞의 책, 1975, p.182.

제6절 맺는 말

지금까지 살핀 바와 같이 김홍섭 바오로는 법관으로서 뿐만 아니라 종교적 구도자로서 생존 당시에 이미 높은 지명도를 지녔으며, 아울러 자연 중심 및 상생 추구의 자연 영성을 지닌 뛰어난 영성가靈性家의 하나였다. 그럼에도 평신도로서 가톨릭 전교에도 누구보다도 열심히 앞장섰던 인물이었는데, 이 점은 그에 관한 다음의 글에 잘 씌어져 있다.

(17)죄수 뿐 아니라 멀리 시골 공소에까지 복음 전파에 여념이 없었던 그는 온전히 평신도 사도직을 수행했다. 한동안 강원도에 다닌 것은 그의 말대로 하면 '노다지' 때문이었다. 그가 강원도 어떤 촌락에 가보니까 촌민들이 마음의 의지할 바를 몰라 미신을 숭상하더란다. 그래서 그들에게 천주 존재와 영혼 불멸 등 천주 교리를 설명하여 주었더니 잘 받아들여 종종 그들에게 가서 교리를 설명하여 주었다. 이들을 가리켜 '노다지'라 하였던 것이다. …(중략)… 1964년엔 서울 고등법원장을 지냈고,

법관직을 물러난 후 변호사로 일했다. 이후 간암과 투병 중이
던 1965년 3월 16일 눈덮힌 북한산을 등산하던 중 마루터에서
숨졌다. 그의 영정 앞에는 사형수였던 10여 명 대자의 사진이
나란히 놓여 있어 조객들의 눈시울을 적시게 했다.[54]

평신도이지만 법관法官이라는 직책을 신분 활용하여 죄수들에
게 전교함은 물론이고 강원도 산골 마을에까지 복음을 전파하는
데에 힘을 쏟았던 것이다. 그가 강원도 촌민들을 '노다지'라고
했다고 하는데, 여기에 등장하는 '노다지'라는 말은 사전적인
의미로서는 '필요한 물건이나 이익이 한 군데서 많이 쏟아져 나
오는 일, 또는 그 물건이나 이익'을 일컫다.[55] 그만큼 개신교
등 다른 종교에서는 손을 못 대게 하고 오로지 자신만이 가톨릭
을 전교할 수 있었음을 비유하여 한 말이라 헤아려진다. 이처럼
평신도로서 정력적으로 전교에 열심이었던 그를, 가장 높이 평가
한 이는 당시 가톨릭의 수장首長이었던 노기남盧基南 대주교大主教
로서 그의 사후에 그를 기리며 다음과 같이 썼다.

(18)돌이켜 보면, 김 바오로 판사와 같은 平信徒 知性人이
1960년대에 한국 천주교회에서 활동하였다고 하는 것은 중요한
의미를 갖는다. 오늘날 우리 가톨릭교회가 눈에 보이지 않는

---

54) 앞의 『평화의 사도』, 1988, p.228.
55) 이 말의 어원은 舊韓末의 역사에서 유래한다. 당시 구한말에는 外勢의
利權侵奪로 鑛山 採掘權이 외국인에게 많이 넘어갔는데, 金이나 銀 같은
高價의 채굴된 광물을 캐내어 한국인 鑛夫들이 만지면 미국인들이 놀란
듯이 '손대지 말라'는 의미로서 '노 터치(no touch)'라고 외쳤는데,
영어를 잘 모르는 한국인 광부들이 그 말을 금이나 은 따위 광물을 뜻하
는 말로 받아들이면서 '노다지'라는 말이 생겼다고 한다. 이런 이유로
해서 동양 최대의 매장량을 지닌 雲山金鑛이 노다지 광산으로 유명하였
던 게 대표적인 예이다. 李培鎔, 『韓國近代鑛業侵奪史研究』, 一潮閣,
1989, p.57 및 pp.87-88 참조.

폭넓은 底力을 갖게 된 데에는 聖職者들의 노력만이 아니라 김홍섭 판사나 張勉 전 부통령 같은 平信徒 使徒職의 모본적 인물들이 존재하였기 때문이라고 할 수 있다. 더욱이 김 판사의 경우는 법률가로서도 모범적인 법관이었을 뿐만 아니라 종교적으로도 改新敎에서 출발하여 불교를 거쳐 가톨릭 聖敎會로 귀의한 원숙한 求道者였기 때문에 한국 천주교회사에 길이 남을 존재라고 생각된다. 나는 이 老境에도 지난 날 김 판사가 간간히 나를 찾아 들려주던 정리된 社會觀과 깊은 인생체험의 고백들을 문득문득 회상하곤 한다. 나도 불원간 천주의 곁에 가서 그를 다시 만나겠지만 이 땅 위에서 참으로 잊혀 지지 않는 인물이다.56)

이를 통해 노기남 대주교가 1960년대의 한국 사회에서 천주교회가 폭넓은 저력을 갖게 된 데에는 그를 비롯한 張勉 등의 평신도平信徒 사도직使道職의 모본적인 인물들의 활약이 지대했다고 평가하기에 서슴지 않았음을 알 수 있다. 노 대주교와 같은 당대當代의 대표적 사제司祭가 평신도平信徒의 역할을 이토록 높이 기린 것은 종전에는 전혀 볼 수 없었던 지극히 이례적이고 거의 유일무이한 경우가 아닐까 여겨지는데, 특히 '한국 천주교회사에 길이 남을 존재'라고 했으며 나아가 '이 땅 위에서 참으로 잊혀 지지 않는 인물'이라고까지 쓰고 있음이 주목된다. 그렇기 때문에도 앞서 살핀 바대로 시대를 앞서서 인간 중심의 자연 영성을 일찍이 극복하여 자연 중심 및 상생 추구의 자연 영성을 지녔음은 물론이고 전교에도 남달리 열심이었던 김홍섭 바오로를, 현대 한국천주교회사의 한 페이지를 분명히 장식할 평신도의 대표적인 존재였다고 평가해 마땅하겠다.

---

56) 盧基南, 「축하의 말씀」, 崔鍾庫, 앞의 책, 1975, pp.13-14.

제4부 지평 확대 편

제8장

한국사에서의 '근대' 설정과 천주교

제1절 머리말

천주교天主教가 한국韓國 근대문화近代文化에 어떠한 영향을 끼쳤을까? 좀 포괄적인 듯싶은 이 문제를 필자가 본격적으로 살피기 시작한 게 수 년 전부터이지만, 보다 심도 있게 염두에 두게 된 것은 근자의 일이다. 특히 그 가운데의 일부를 다루어서 천주교가 과연 동학의 창도와 교리 형성 등에 무슨 영향을 어떻게 주었을까를 정리하여 글을 초하고 발표하는 과정에서부터였다고 해야 옳겠다.[1] 기왕에 천주교의 수용과 전개에 대해서 연구해 오던 터에[2], 그 영향에 대해서도 밝혀야만 뭔가 학계에 보탬이 되는

---

[1] 노용필, 「천주교가 동학에 끼친 영향」, 『釜山敎會史報』 제34호, 2002.
[2] 수용과 관련해서 노용필, 「朝鮮後期 天主敎의 수용과 미테오·리치의 '交友論'」, 『吉玄益敎授停年紀念論叢』, 간행위원회, 1996 및 「丁若鍾의 '쥬교요지'와 利類思의 '主敎要旨' 比較 研究」, 『韓國思想史學』 19, 2002. 그리고 전개와 관련해서는 노용필, 「자발적으로 최초의 교회를 세우다」, 『한국천주교회사 교실』, 순교자 현양 천주학당, 2001. 및 「민중과 더불어 커가는 교회」, 같은 책, 2001 등 참조. 이 글들은 모두 『한

일이 되겠구나 하는 생각에서였던 것이다.

　하지만 연구사를 정리해 본 결과 정작 이 문제, 즉 천주교가 한국 근대문화에 구체적으로 어떠한 영향을 끼쳤는가에 대해서는 지금껏 그리 많은 연구가 집적되지 않은 것을 알게 되었다. 그래서 한국 근대사와 관련된 많은 자료들을 재점검하면서, 천주교와 관련된 기록들을 한번 일일이 검토해보아야겠다고 생각하기에 이르렀던 것이다. 이를 실행에 옮기는 과정에서 무엇보다도 많은 생각에 잠기게 된 것은, 『조선일보朝鮮日報』의 기사 가운데서, 역사학자 문일평文一平(1888-1939)의 글 「천주교天主教의 순교자殉教者들」을 접하고서다. 제목에서 풍기듯이 순교자들에 관한 언급만 있는 게 아니라, 역사학적인 측면에서 천주교의 전래가 지니는 의의까지를 거론하고 있음으로 해서였던 것이다. 이 글 가운데 추려서 특히 중요하다고 여겨지는 부분만이라도 제시해 보이면 다음과 같다.

　(1)泰西文物의 傳來를 考察할때 天主教의 關係를 떠나서는 說明할 수 없으니 웨 그러냐하면 그네 宣教師들이 文物傳播의 媒介者가 되었음이다. 다만 朝鮮에 있어서는 무슨 까닭인지 天主教의 宣教師가 學問이나 技術의 傳播 或은 媒介者된 實例가 매우 드물었다. 그렇지만 單純히 朱子學에 依하여 統一된 그當時 思想界에 있어서 天主教의 傳來는 확실히 一大革命임에 어김없었다. 朱子家禮에 가장 尊重하는 神主를 毁撤하여 祭祀를 廢止하므로 朝廷에서 그네 天主教徒를 邪學人이라고 危險視하여 禁壓 및 迫害를 더하였었다.

　　그리하여 몇 번이나 流血의 慘劇을 빚어내게 되었고 이것이 一轉하여 丙寅洋擾같은 國際波瀾을 자아냄에 미처서는 西來의 天主教가 朝鮮近代史와 서로 떠나지 못할 關係를 맺게 되었다.

───────────────

국천주교회사의 연구』, 한국사학, 2008에 수록되어 있으므로 이를 참조하기 바란다.

…(중략)…

　半島近代史上 큰작난꾼인 大院王의손에 迫害된 幾多의 壯烈
한 殉敎者는 실로 이 天主敎의 이름 없는 聖 異次頓들이다. 後
日 天主敎는 이 殉敎者들의 피로 거름한 그우에 扶植하게 된
것으로 十九世紀後半까지 거의 孤立狀態에있든 朝鮮을 泰西文
化와 連絡시켜준 것은 國際間에 締結된 一片의 條約文이나 또
는 國際間에 서로 交換되는 形式上 公領事보다도 이 無名의 殉
敎者들임을 알아야 하겠다.[3]

　이를 보면, 태서문물泰西文物 즉 서양문물의 전래를 고찰할 때
뿐만 아니라 우리의 근대사近代史를 논할 때에도 천주교가 서로
'떠나지 못할 관계關係'였음을 설파하고 있음을 알 수 있다.
더욱이 천주교 순교자들을 '이름 없는 성聖 이차돈異次頓'으로
비견하며, 후일의 천주교가 이들의 피를 거름으로 성장하였음을
지적하였고, 조선을 서양 문화와 연결시켜준 것도 이 무명의 순
교자들임을 알아야 한다고 말하였던 것이다.

　그만큼 천주교의 전래가, 한국 근대사에서 차지하는 비중이 막
중했음을 지적한 것이라 이해해도 전혀 과장이 아닐 것인데, 심
지어 '주자학朱子學에 의하여 통일된 그 당시 사상계에 있어서
일대혁명임에 어김 없었다'라는 표현까지도 구사하였다. 한마디
로 그는 한국 천주교 순교자들의 역사적 역할에 대해서 근대사近
代史와 그야말로 '떠나지 못할 관계關係'임을 토로하였던 것이라
하겠다.

　문일평文一平이 이와 같이 말한 근대사와 천주교의 '떠나지 못
할 관계'는 구체적으로 어떤 점에서 그렇다고 볼 수 있는 것인
가 하는 점이 궁금하였다. 그러자니 자연히, 한국사에서의 근대

---

3) 文一平, 「天主敎의 殉敎者」, 「鎖下漫筆」, 『朝鮮日報』 1936년 8월 15일
　자 석간 5면; 『湖岩全集』 제3권, 朝鮮日報社, 1939; 『湖岩文一平全集』
　隨筆紀行篇, 民俗苑, 1994, pp.460-462.

설정은 어떻게 되었으며, 그 속에서 천주교가 지니는 역사적 의의는 과연 무엇이라고 할 수 있는가? 하는 의문을 가지게 되었다. 그런데 또, 이를 밝혀보려고 하니 1차적으로 정리해야 할 점은 역사학에서의 시대구분의 문제였고, 그것을 한국사에서는 어떻게 보아왔고, 현재는 어떻게 보고 있는가를 알아야 했다. 그래서 이 글을 초하기에 이른 것이다.

제2절 역사학에서의 시대구분과 '근대'의 설정

사람의 시간에는 크게 보아 3 가지가 있다고 한다. 첫째는 시계와 달력에서 볼 수 있는 시간의 흐름으로서의 '연대기적年代記的 시간chronological time'이고, 둘째는 일상생활에서 경험하는 시간으로서의 '역사적歷史的 시간historical time'이다. 그리고 셋째는 역사가들이 역사인식을 위해 필요하여 시간을 구분하는 매개수단으로서의 '역사학적歷史學的 시간historio-graphical time'이다.[4]

첫째의 '연대기적인 시간'은, 자연 현상의 규칙성에 근거한

---

4) 車河淳,「時代區分의 理論과 實際」, 車河淳·李基東 (외) 共著,『韓國史時代區分論』, 소화, 1995, pp.26-27 등 참조. 이 저술에 대한 書評으로는 著者의 글,「서평」,『歷史學報』제147집, 1995년 9월; Han'guksa shidae kubunron(The Theory of Periodical Division for Korean History), *KOREA JOURNAL*, Vol.35 No.4, Winter 1995;『韓國古代社會思想史探究』, 韓國史學, 2007가 있다.

객관적인 시간으로서, 시간 계산을 통해 날짜를 설정하고 이를 모아 달력이 이루어지는 것과 같은 태양력이나 태음력 등을 예로 들 수 있는데, 한마디로 '절대적 시간'이라고 규정할 수 있다. 이러한 '연대기적인 시간'은, 그 물리적인 시간의 흐름 속에서 일어난 사건들이 모두 동일한 비중 혹은 중요성을 지니는 것으로서, 사람의 삶 또는 사회생활의 의미를 찾아내고 부여하는 데에는 관계가 크게는 없는 시간일 뿐이다.

하지만 둘째의 '역사적인 시간'은 우리가 실제 일상생활에서 경험하는 시간으로서, 특정한 인물들과 구체적인 사건들로 가득 찬 시간이므로 '사회적 시간'이라고 표현할 수 있다. 이런 '역사적인 시간'은, 어느 한 사회가 겪는 역사적 사건이 다른 사회의 그것과는 양·빈도·질에서 뿐만 아니라 변화의 과정과 속도 역시 다를 수밖에 없는 것이며, 따라서 이는 단순히 지나간 시간이 아니며 삶의 이정표라고 할 수 있으며, 역사가들은 이를 역사적 변화 과정으로서 중요하게 여긴다.

한편 셋째의 '역사학적 시간'은, 역사가들이 역사를 제대로 인식하기 위해 설정한 각자 나름대로의 시간 구분으로 역사이해의 하나의 매개수단이 되는 시간관념으로서, 따라서 '상대적 시간'이라고 정의할 수 있다. 이와 같은 '역사학적 시간'은, 역사가마다 독특한 기준에 입각하여 잡다하고 다양한 사건들을 분류하고 범주를 설정함으로써, 과거의 시간을 구분하여 역사의 진행과정을 몇 개의 시대로 나누어 살피게 됨으로 해서, 역사학 자체에서는 동일한 사건에 대해서도 역사가에 따라서는 마땅히 상이한 해석이 가해지는 것으로 인정된다.

이 가운데 동일한 '연대기적인 시간' 속에는 많은 사건들이 동시에 여러 곳에서 일어나고, 또한 많은 사람들이 상이한 활동을 벌이므로 역사적 사실들이 혼돈상태에 있기 마련인데, 이런 역사적 사건들을 단순히 연대순에 따라 편성하는 연대기적年代記的 역사 역시 사건 상호간의 관계와 의미를 설명해주지는 못한다. 이러한 단순한 사건들을 선택하여 순서를 매기고 정리하여 의미를 부여함으로써, 역사가들은 '단순한 사실(혹은 사건)'을 바야흐로 '역사적 사실(혹은 사건)'로 승격시키게 된다. 또한 이와 같은 '역사적 시간'을 바탕으로 하여 역사가들은 과거의 시간을 어떠한 형식으로든 구분하여 역사의 진행 과정을 몇 개의 시대로 나누어 고찰함으로써 역사적 사실(혹은 사건)들에 체계를 부여하는 작업을 하게 되는데, 이것이 바로 '역사학적 시간'의 시대구분인 것이다.[5]

그런데 이러한 역사학에서의 시대구분은 하나의 개념의 틀이며, 편리하도록 '마음속에 정해놓은 범주'라 할 수 있고[6], '사고思考의 틀' 즉 '생각의 수단'이므로 해석에 따라 유동적일 수있는 것이며[7], 역사학 자체의 발달에 짝하여 자연히 여러 역사가들에 의해 다양한 시도들이 행해져 왔다는 점을 간과할 수는 없

---

5) 車河淳, 앞의 글, 1995, pp.27-31.
6) Geoffrey Barraclough, *History in a Changing World*, Basil Blackwell, Oxford, 1957, p.56; 前川貞次郎 · 兼岩正夫 共譯, 『轉換期の歷史』, 社會思想社, 1964, pp.92-93에 따르면, 中世라는 용어 자체가 다분히 人爲的이며 恣意的이며, 편의적인 지적 범주에 지나지 않을 뿐만 아니라 時代區分 자체도 인위적이지 결정적이지는 않은 본질적 제약이 있다고 하였다.
7) E.H.Carr, *What Is History?*, 1962, pp.51-53; 吉玄謨 譯, 『歷史란 무엇인가』, 探求堂, 1966, pp.54-55. 이에 보면 특히, "나의 목적은 歷史家의 연구가 자기가 그 속에서 일하고 있는 社會를 얼마나 정확하게 반영하는 것인가를 분명히 하자는 데에 있을 뿐입니다. 흐름 속에 있는 것은 事件만이 아닙니다. 歷史家 자신도 역시 그 속에 있는 것입니다. 여러분이 歷史 책을 집어들 때에는 表紙에 적혀 있는 著者名을 찾아본다는 것만으로서는 충분치 못합니다. 出版時日이나 執筆時日도 아울러 留意하여야 합니다. ― 경우에 따라서는 그 쪽이 더 도움이 될 수도 있으니까 말입니다. 만일 똑같은 강물 속에 사람은 두 번 다시는 들어설 수 없다는 哲學者의 말이 옳다면 한 歷史家가 두 책을 쓸 수 없다는 말도 똑같은 이치에서 진실일 것입니다."는 대목이 참조된다고 하겠다.

을 것이다. 특히 그리스도교 사관이 정립되면서 역사적 의식이 각성되어, 그리스도의 생애를 하나의 분수령으로 해서 인류의 역사를 2개의 큰 시대로 분류하기에 이르러, '앞을 내다보는 forward-looking' 곧 그리스도의 탄생을 준비하는 암흑의 시기와 '뒤를 돌아보는backward-looking' 즉 그것이 실현되는 광명의 시기로 나누는 2분법적 시대구분이 나왔던 것이다.[8]

그 뒤 르네상스 휴머니스트들의 발상으로부터 시작된, 로마 등의 고대古代와 자신들의 시대와의 사이에 '중세中世'라는 시대를 설정하여 서양 세계의 역사를 고대古代 · 중세中世 · 근대近代라는 3시기로 구분하는 3분법이 역사학계에서 가장 전통적으로 받아들여져 온 대표적인 시대구분이었다. 이는 그들이 스스로의 시대를 역사적으로 가장 커다란 의미가 있는 시대로 파악했기 때문이었는데, 이 3분법의 시대구분이 그 이후의 역사연구 및 서술에 상당한 실제적인 결과를 초래한 것은 사실이다.[9]

하지만 그렇다고 해서 이 3분법이 모든 나라의 역사에 적용되거나 유효한 것만은 아니라고 해서 지나치지 않다. 이 점은 다음과 같은 차하순車河淳의 지적에서도 여실히 잘 드러나 있다고 하겠다.

> (가)3분법은 그 역사적 유래를 고려할 때 동서양의 문화적 상이성이나 각 국가의 지역성을 따지지 않은 보편적 적용이 어렵다는 점이 판명되었다. 비록 3분법이 일반사의 대구분으로 아직도 부분적으로 활용되지만 그것은 커다란 테두리로서 다만 명칭상의 형식으로 남아 있을 뿐이다. 전통적인 3분법은 역사적 특성을 명확하게 부각시키지 못하기 때문에 실제 역사서술에서도 타당성을 상실했다고 보인다. 그렇다면 어떠한 대안이

---

8) R.G.Collingwood, *The Idea of History*, 1946, p.50; 李相鉉 譯, 『歷史學의 理想』, p.87. 車河淳, 위의 글, p.13 및 36 참조.
9) 車河淳, 위의 글, 1995, p.13.

있는가? 역사적 현실의 내면적 통일성을 적절히 파악하고 역사 발전의 단계마다 역사적 특성을 더 명확하게 표현하는 시대구분이 바람직하다.[10]

지금까지의 많은 서양사 연구 업적을 섭렵하고 내린 이러한 차하순車河淳의 정리를 보면, 3분법이 보편성을 상실하였을 뿐더러 각 나라의 역사적 특성을 부각시킬 수도 없으므로, 시대구분을 행하면서 이에 따르는 것이 더 이상 의미가 없음은 재론의 여지가 없을 것으로 보인다. 그보다는 역시 차하순車河淳의 생각과 같이, "역사 발전의 단계마다 역사적 특성을 더 명확하게 표현하는 시대구분이 바람직하다"고 하겠는데, 시대구분에 대한 이러한 시도는 현재의 범세계적인 경향이 아닌가 싶다. 물론 아직도 종래의 3분법을 금과옥조金科玉條마냥 여기는 경우도 적지 아니 있지만, 이는 결코 그 자체가 그야말로 전근대적이라는 비난을 후대의 역사가들로부터 면키는 거의 어렵다고 봐야 할 것 같다.

여기에서 같은 주제를 다루면서도 어떻게 시대구분의 문제를 얼마나 고려하여 서술하느냐에 따라 나타나는 차이를 극명하게 보여주는 구체적인 예를 들어 보겠다. 국내에 근자에 번역 소개된 저술 가운데, 인류의 생활에 있어 절대불가결의 음식 조미료이어서 생활필수품의 하나로 손꼽히는 소금의 역사에 관한 책들이 있는데, 프랑스의 Pierre Laszlo와 뉴질랜드의 Samuel Adshead가 저술한 소금의 역사에 관한 책들이 그것이다.

Pierre Laszlo는 『소금의 문화사』에서, 「제1장 유목민」·「제2장 권력 남용」·「제3장 염장鹽藏」·「제4장 생물학」·「제5장 수확」·「제6장 지식」·「제7장 신화」로 구분하여 서술하였다.[11]

---

10) 車河淳, 앞의 글, 1995, p.62.
11) Pierre Laszlo, *Chemins et savoirs du sel*, Hachette Litteratures, Paris, 1998; 피에르 라즐로, 김병욱 옮김, 『소금의 문화사』, 가람기획, 2001.

그가 역사적인 시대 구분을 하지 않은 채 다소 나열적으로 설명한 것은, 아마도 저자 자신이 화학자이지 역사학자가 아니라는 점도 크게 영향을 주었을 듯하다. 그렇기도 하겠지만, 그야말로 생활문화사生活文化史를 중시하는 현행 프랑스 역사학계의 조류에 발맞추어 대중적으로 소금의 문제를 다루다보니 생활문화 중심으로 엮었기 때문이 아니었을까 싶다.

한편 Samuel Adshead 역시 『소금과 문명』이란 저술에서, 소금과 관련된 인류의 역사를 정리하면서, 「1.원시시대」·「2.고대 문명의 시대」·「3.암흑 시대와 광명의 시대」·「4.중세 시대」·「5.공존의 시대」·「6.근대화의 두 얼굴」로 시기 구분을 하여 체계적으로 설명하였다.[12] 이 책의 각 장의 제목만을 얼핏 봐서는 전혀 알아차리기 어렵지만 구체적인 내용에 들어가 살피면 잘 드러나는데, 저자 자신이 중국사를 전공한 역사학자이므로 동양까지를 아우른 그야말로 소금의 세계사를 정리한 저술이다. 여기에서 그는, 원시―고대―중세―근대라는 일반적이며 전통적인 시대 구분을 견지하면서도, 고대와 중세 사이에는 「암흑 시대와 광명의 시대」 그리고 중세와 근대 사이에는 「공존의 시대」를 설정함으로써 많은 고민을 했음을 느낄 수 있을 정도이다. 그는 동양사를 전공한 역사학자로서 세계사를 소금을 중심으로 시대 구분함에 있어서 자신 나름의 연구 성과를 충분히 발휘하여 독창적인 면을 부각시키고 있다고 할 수 있는데, 종래의 3분법으로는 설명될 수 없는 동양의 역사 부분까지 체계화하기 위해 고심한 흔적을 역력히 살피고 있다고 하겠다.

지금까지 서양사만을 연구한 역사학자 혹은 동양사의 영역까지 연구한 역사학자 등이 시대구분을 어떻게 여기고 또 이를 어떤

---

12) Samuel Adshead, *Salt and Civilization*, 1992; S.A.M 애드세드, 박영준 옮김, 『소금과 문명』, 지호, 2001.

태도를 취하고 시도하고 있는지를 검토해보았다. 그러면 우리나라의 역사에 대해서는 지금 어떤 시대구분들이 논의되고 있는지를 살펴볼 차례가 되었다.

제3절 한국사에서의 '근대' 설정과 천주교의 평등 지향

1931년에 출간된 최남선崔南善의 『조선역사朝鮮歷史』이래로 현재까지 그간 한국사에서 행해졌던 시대구분을 개설서槪說書에 나타난 시대 구분을 중점적으로 개관한 뒤, 다음과 같이 언급한 이기동李基東의 지적을 일단은 주목할 필요가 있다. 그가 분석 대상으로 삼은 특정 시기에 간행된 개설서가 비록 어느 특정한 학자의 개인 작업이기는 하지만 무엇보다도 당시의 역사학적 관심을 대변한다고 할 수 있고, 또한 그것 역시 그 시대 역사의 산물이므로 이를 중심으로 한국사에서 시대구분이 어떻게 이루어졌는가를 구체적으로 살피는 것이 타당하다고 믿어지기 때문이다.

(나)지금까지 대다수의 개설서가 신간의 遠近에 따른 삼분법적인 시대구분에 만족해 왔다. 그러나 일정한 구분의 尺度 내지 기준을 제시하지 않은 채 편의적, 기계적으로 시대를 三分한

결과 왕조 중심으로 귀결되고마는 문제점을 노출한 것도 사실이다. 이는 시대구분 본래의 치열한 의미를 자각하지 못한 그 자체 타성화 현상이라고 할 수밖에 없다. 한편 그간 시대구분론에 있어서는 주로 사회경제적 측면을 기준으로 하여 전개되는 경향이 있었는데, 이것만이 시대구분의 유일한 기준이 될 수 없음은 너무나도 당연한 일이다. 특히 사적유물론에 입각한 시대구분론에 있어서는 60년 전이나 지금이나 변함없이 이론적 요청에 의해서 史實을 곡해하는 公式主義, 敎條主義가 만연해 있다. …(중략)… 무엇보다도 서구사회의 역사적 경험에서 우러나온 독특한 사회현상을 한국사에 무리하게 적용하여 짜 맞추려는 시도는 모름지기 청산 지양되어야 할 것으로 생각된다.
시대구분의 문제는 가장 총체적인 것이다. 그런 까닭으로 그것은 사회·경제적 요인 이외에도 국가형태라든가 정치 이데올로기, 인간의식의 변화 등이 폭넓게 검토될 필요가 있다. 이 같은 의미에서 현재 학계에서 사회적 지배세력의 변천과정을 기준으로 한 시대구분이 시도되고 또한 종교 신앙의 변화에 따른 시대구분이 유익하다는 제안이 나오고 있는 것은 그 자체 매우 바람직한 현상이라고 할 수 있다.[13]

이 글은, 사회경제적 측면을 중심하여 종래에 3분법 시대구분에 만족하거나 타성에 젖어온 유물사관唯物史觀의 공식주의公式主義와 교조주의敎條主義를 통박痛駁하고, 새로운 대안으로 어떤 시도가 있었는지를 종합적으로 살펴 제시하였다고 하겠다. 3분법의 문제점에 대한 지적은 종래에도 여러 차례의 종합적인 학술 토론에서도 있었으므로[14], 위의 글을 대표적인 글로 인용함으로써 이

13) 李基東,「韓國史 時代區分의 여러 類型과 問題點」, 車河淳·李基東 (외) 共著, 앞의 책, 1995, p.124.
14) 韓國經濟史學會 편,『韓國史時代區分論』, 乙酉文化社, 1970 및 國史編纂委員會 편,「韓國史 時代區分의 諸問題」,『國史館論叢』제50집, 1993 등 참조.

를 대신하고, 여기에서는 더 이상 거론치는 않고자 한다.

무엇보다도 강조하고픈 것은, 앞서 인용한바 차하순車河淳의 지적과 같이, '역사발전의 단계마다 역사적 특성을 더 명확하게 표현'하여 시대구분하기 위해서도, 방금의 이기동李基東의 말처럼 '시대구분의 문제는 가장 총체적인 것'이기도 하므로, 역사의 다양한 분야에 대한 폭넓은 검토가 요긴하다는 점이라 하겠다. 그러므로 기왕의 사회적 지배세력의 변천과정을 기준으로 한 시대구분 시도와 종교 신앙의 변화에 따른 시대구분 등을 모두 충분히 섭렵하여 새로운 시도 역시 가능하다고 여긴다. 또한 3분법을 그대로 취하건, 굳이 따르지 않던 간에 상관없이 근대를 어떤 시대로 볼 것인가 하는 논의 자체는 아직도 대단히 유용하다고 생각한다. 현재 우리가 살고 있는 현재 혹은 현대의 앞 시기로서, 우리와 가까운 시대이면서 우리의 현재 삶과 사상 등에 크게 방향을 잡아 준 시기로, 흔히 '근대'를 상정하고 또 그렇게 생각하기 때문이다.

이렇게 여기고 보면, 한국사에서의 근대성을 어떻게 볼 것인가를 중점적으로 다룬 다음의 글 역시 의미가 충분히 있다고 평가할 수 있을 듯하다.

> (다)근대성의 몇몇 특수한 요소들이 한국사에서 서구 근대화의 접촉 이전에 존재하고 있었을지 모른다는 가능성을 배제하지는 않는다. 그렇다고 하더라도 근대성의 대부분의 요소들이 서구 근대와의 접촉 이후에 형성된 것은 분명한 일이다. …(중략)…
> 정치적으로 볼 때 근대성이란 정치적 주체로서의 보편적 개인의 등장, 국제정치 차원에서 주체로서의 국민국가의 등장, 신분이라는 차별이 없는 민주주의적 평등성의 확보라는 이데올로기의 등장, 이 모든 것이 어우러져 정치상 근대성의 요소를 형성하는 것이라고 할 수 있을 것이다. …(중략)…
> 사실 문화적 측면에서의 근대성도 정치나 경제적 측면의 근대

성과 맞물려 있다. 한국에서 근대의 출발이나 서양 근대의 충격으로부터 시작된 것이며, 따라서 문화적인 면에서의 근대란 근대 서양문화에 대한 수용으로부터 시작되었음은 의심의 여지가 없다.15)

한국사에서의 근대성을 찾아보려고 시도하면서, 특수한 요소들을 정치·경제·문화 등의 여러 방면으로 나누어 조목조목 검토하여 의미를 더해 주었다고 보는데, 종합해 보면 이렇지 않나 싶다. 즉 한국사에서의 근대성 혹은 근대는 정치적인 면에서는, "정치적 주체로서의 보편적 개인의 등장, 국제정치 차원에서 주체로서의 국민국가의 등장, 신분이라는 차별이 없는 민주주의적 평등성의 확보라는 이데올로기의 등장"을 거론하였고, 문화적인 면에서는, "근대 서양문화에 대한 수용으로부터 시작"되었다고 하였다고 하겠다. 다만 권희영의 글에서는 이 '근대 서양문화'가 무엇인지 구체적으로 명쾌히 제시된 바는 전혀 없음이 아쉽다.

하지만 이러한 견해를 토대 삼아 한국사에서의 근대에 대해 한마디로 저자著者의 생각을 압축하여 제시하면, '근대 서양문화의 수용으로 시작된 다양한 신분 계층 각 개인의 신분적 평등성 지향'이라고 하고 싶다. 그리고 이럴 때의 '근대 서양문화'란 다름이 아닌 바로 천주교天主教 자체를 꼬집어 말한다고 밝혀두고자 한다. 따라서 저자著者는 한국사에서의 근대에 대해, 다시한번 명확히 정리하여 밝히면 '천주교의 수용으로 시작된 다양한 신분 계층 각 개인의 신분적 평등성의 지향'을 시대구분의 하나의 기준으로 제시하는 것이다.

저자著者가 이러한 견해를 지니게 된 저변에는, 기왕의 한국천주교회사韓國天主教會史 및 동학사東學史에 대한 연구 성과들을 섭

---

15) 권희영, 「한국사에서의 근대성의 출현」, 『한국사의 근대성 연구』, 백산서당, 2001, pp.68-69 및 pp.77-78.

렵하면서 지니게 된 지식과 그에 대한 견해가 깔려 있다고 하겠다. 뿐만 아니라 아래와 같은 이기백李基白의 우리 근대사에 대한 이해에서도 그 준거를 찾을 수 있겠다.

(라)우리의 근대사는 어떠한 관점에서 보아야 이를 올바로 이해할 수가 있는 것일까. 나는 다음과 같은 두 관점이 필요하다고 생각하고 있다.

그 첫째는 낡은 兩班社會의 신분 질서를 뜯어고쳐서 모든 민족 구성원이 평등의 원칙 아래 자유를 누리며 역사에 참여할 수 있는 사회를 건설해 나간다는 사회개혁의 의지가 어떻게 나타났는가를 살펴보는 것이다. 이 원칙은 우리의 역사를 사회 발전의 입장에서 살필 때는 기본적인 관점이 된다고 말할 수가 있다. 그러므로 이 기본적인 관점에서 벗어나서는 우리 근대사를 올바로 이해하기가 힘들다.

그리고 둘째는 이러한 내적인 정상적 역사 발전을 저해하는 밖으로부터의 힘에 대하여 어떻게 대응하였나 하는 점을 살피는 것이다. 우리의 개혁이 때로는 주위 열강과의 관련 속에서 진행되기도 하였는데, 거기에는 그들 열강의 침략적 목적이 숨어 있었던 것이다. 그러므로 개혁운동은 자주적인 입장에서 이루어져야만 했던 것이다. 이 둘째 관점은 실로 원칙적으로는 부수적인 것에 지나지 않지만, 만일 독립을 잃는다면 개혁은 결국 무의미한 것이 되고 말기 때문에, 근본적인 문제와 떨어져서 생각할 수 없는 것이라고 할 수가 있다.

나는 이 두 관점이 우리의 근대사를 이해하는 두 기둥이라고 믿고 있다. 우리의 희망적인 견지에서 말한다면 이 두 입장은 당연히 올바르게 결합하여서 우리의 근대사를 바람직스러운 방향으로 이끌어 갔어야 했던 것이다. 즉 침략을 배격하는 자주적인 입장에서 사회적인 개혁을 이룩했어야 옳았다. 그런데 실제로는 그렇지가 못하여 이 두 입장은 묘하게 얽히어 우리의 근대사가 복잡한 양상을 띠도록 만들었다.[16]

---

16) 李基白, 「우리 近代史를 보는 視覺」, 『동아일보』 1994년 1월 1일; 『硏史隨錄』, 一潮閣, 1994, pp.108-109.

그가 제시한 근대사의 두 기둥이란, 요컨대 첫째는 "낡은 양반사회兩班社會의 신분 질서를 뜯어고쳐서 모든 민족 구성원이 평등의 원칙 아래 자유를 누리며 역사에 참여할 수 있는 사회를 건설해 나간다는 사회개혁의 의지가 어떻게 나타났는가를 살펴보는 것" 즉 '개화'의 추구이며, 둘째는 "이러한 내적인 정상적 역사 발전을 저해하는 밖으로부터의 힘에 대하여 어떻게 대응하였나 하는 점을 살피는 것" 곧 '자주'의 확보였다는 것이다.

결국 내부적으로 벌어진 개혁운동의 지향점은 "낡은 양반사회의 신분 질서를 뜯어고쳐서 모든 민족 구성원이 평등의 원칙 아래 자유를 누리며 역사에 참여할 수 있는 사회를 건설"하는 것이었음을 표방하는 것이어서, 이것이 꼭 천주교天主教의 수용에서 비롯되었다고 밝히고 있는 것은 아니지만, 이를 의미하는 것으로 이해할 수 있다고 본다. 그의 대표적인 개설서『한국사신론韓國史新論』의 여러 판본에서 일관되게, 천주교의 전파에 대해 기술하면서 천주교의 평등사상平等思想를 거론하였는데, 이 부분을 직접 인용해 보이면 아래와 같다.

> (마)이들이 天主教에 이끌린 것은 우선 모든 人間을 한결같이 天主의 子女라는 平等思想에 공명한 때문이었음이 분명하다. 中人이나 常民들이 天主의 子女로서 兩班들과 동등한 자격으로 天主를 예배할 수 있었다는 것은 감격적인 일이었을 것이다. 이것은 婦女子들에 있어서도 마찬가지였다고 생각된다. 또 現實에 낙망한 그들에게 天國에 대한 설교는 그대로 복된 소식이었을 것이다. 來世信仰은 그들이 天主教에 귀의한 또 하나의 중요한 이유였을 것으로 믿어진다. 天主教의 兩班社會에 대한 批判이 더욱 심각해져 사는 경향을 엿보게 된다.[17]

---

17) 李基白, 『韓國史新論』改訂版, 一潮閣, 1976, p.308 및 新修版, 1990, p.328 그리고 한글판, 1999, p.281. 다만 初版, 1967, p.286의 서술에서는 平等思想을 거론하면서도 전후의 내용이 이와는 달리 되어 있음에 유

이 글에서 극명하게 비치듯이 당시의 조선 현실에서 신분평등을 지향한다는 것은 그야말로 '감격적'일 수밖에 없을 터이다. 그리고 이에 매료된 사람들이 이를 구현하기 위해 개혁을 추구하며, 목숨까지 서슴지 않고 내놓을 수 있는 분위기의 사회, 그것이야말로 한국사에서의 근대 사회의 전개이자 모습이었다고 해서 한치의 지나침도 없다고 하겠다.

의할 필요가 있다고 본다.

제4절 맺는 말

　지금까지의 얘기와 같이, 저자著者는 한국사에서의 근대에 대해, 다시 한 번 명확히 정리하여 밝히면 '천주교의 수용으로 시작된 다양한 신분 계층 각 개인의 신분적 평등성 지향'을 시대 구분의 하나의 기준으로 제시하는 바이다. 이는 한 개인의 학설일 수 있으므로, 얼마든지 타당성에 대한 논의가 있어야 마땅할 것이다.

　이에 대한 열려 있고 심도 있는 논의를 위해서도 현행 고등학교의 국사 교과서에 실려 있는 아래와 같은 기술 내용을 최우선적으로 새김질해야 할 것 같다. 교과서라고 해서 학문적으로는 크게 문제 삼을 게 없다고는 어느 누구도 말할 수 없을 뿐만 아니라, 현재 대한민국에서는 이른바 제7차 교육 과정의 하나로 채택된, 우리 역사에 관한 교육의 표준으로서 가장 영향력이 큰 개설서의 하나이기 때문이다.

(바) 「평등 의식의 확산」

19세기에 들어와 평등 의식이 확산되기 시작하면서 종래의 신분 제도에 서서히 변화가 나타났다. 여기에는 종교의 힘이 컸다. 처음에는 서학으로 전래되었던 천주교와 이어 등장한 동학, 그리고 개신교의 전파는 사회 변화에 많은 영향을 끼쳤다. 조선 후기에 전래되기 시작한 천주교는 19세기 중엽에 교세가 확장되어 평등 의식의 확산에 기여하였다. 초기에 신도의 중심을 이루었던 양반은 조상 제사 문제로 교회에서 멀어지고, 점차 중인과 평민의 입교가 증가하였다. 특히, 부녀자 신도가 많았다.[18]

이를 보면 분명, 19세기의 한국 사회에는 평등 의식이 확산되기 시작했고, 그러면서 종래의 신분 제도에도 변화가 나타났는데, 여기에 종교의 힘이 컸다고 했다. 그리고 그 종교 가운데서도 천주교가 기여하였다는 것이다. 이러한 서술이 말할 것도 없이, 앞서 제시한 바 있는 이기백李基白의 『한국사신론』의 내용을 기실은 확장한 것임에 틀림이 없을 것이다.

이렇듯이 이러한 내용을 학생들이 배우고 있는 교과서에서까지 이를 반영하고 있는 현실에 비추어 보더라도, 결코 한국 근대사의 하나의 특징으로서 '천주교의 수용으로 시작된 다양한 사회 계층의 각 개인의 신분적 평등성 지향'을 들어 마땅하다고 하겠다. 그래서 저자는, 이를 한국사에서의 '근대' 설정의 하나의 기준으로 삼을 수 있다고 본다.

---

18) 구덕회 (외), 「근현대의 사회변동」, 고등 학교 『국사』, 교육 인적 자원부, 2002, p.367.

제9장
천주교의 신앙 자유 획득과 선교 자유 확립

제1절 머리말

혹독한 박해 속에서도 간단없이 면면히 이어져온 천주교天主敎 신앙信仰이 비로소 국가적 탄압의 굴레를 벗어던지게 되었던 계기는 1886년 프랑스와 한국 사이에 체결된 「한불조약韓佛條約」 임은 두말할 나위가 없다. 그 내용 가운데 프랑스인이 어떠한 목적으로라도 조선 영토 전역을 여행할 수 있도록 규정하고, 또한 천주교의 윤리와 교리 등을 포함하여 학습學習하는 데에 상호 보조와 편의 제공이 명시되어 있었으므로 호의적으로 해석할 때 천주교 선교宣敎의 자유도 획득하게 되었다고 볼 수 있기 때문이다. 비록 「한불조약」 의 구체적인 문구에 이렇듯이 명시되었다고 하더라도, 과연 당시의 현실 속에서 그게 모두 가능했던 것일까? 이 점을 살펴보려는 게 이 머리말 다음의 두 번째 부분이다.

이후 1896년 당시 학부대신學部大臣 신기선申箕善이 『유학경위儒學經緯』 라는 책을 자비自費로 출판·보급하였는데, 그 내용에 그리스도교를 정면으로 비판하고 있는 대목이 있음을 이유로 천주교 측에서 문제를 제기하는 사건이 벌어졌다. 결국 그것을 기화로 신기선이 그 직책에서 물러나고 자진해서 문제의 그 책 전부를 회수함으로써 갈등이 해소되게 되었다. 이 사건의 발생과 수습 과정을 보게 되면, 그만큼 당시 사회에서 천주교의 영향력이 적지 않게 성장하였음을 알 수 있다. 이를 계기로 자신감을 얻은 천주교가 선교에 극력 매진함으로써 교세가 확장되면서 이른바 교안教案들이 심화되기에 이르렀는데, 신기선의 『유학경위』 출판·배포에 대해 천주교의 저항은 어떻게 제기되었으며, 천주교의 교세 확장이 교안의 심화에 어떤 영향을 끼치지는 않았는가? 이러한 사실들을 밝혀 보려는 게 이 글의 다음 세 번째 부분이다.

그리고 연이어 발생하여 교안이 심화되던 1899년 1월 평안북도平安北道 안변安邊에서 천주교를 인정치 않던 현지인들이 중심이 되어 프랑스 신부神父를 물리적으로 내쫓은, 그래서 천주교의 뮈텔 주교主教가 '중대한, 그러나 사실 같지 않은'이라 표현한 사건, 즉 이름하여 안변교안安邊教案이 발생하였다. 이 사건을 계기로 천주교를 대표한 뮈텔 주교와 내부內部 지방국장地方局長 정준시鄭駿時 사이에 천주교의 전교로 야기될 수 있는 문제들을 조정하기 위하여 이른바 「교민조약教民條約」이 체결이 시도되기에 이른다. 이 조약의 내용을 분석하면 그 특징은 무엇인가? 나아가서 이 조약이 당시 실제로 체결되었다고 보는 게 일반적인 경향인데, 이를 과연 그렇다고 볼 수 있는가? 하는 점 등등을 검토해 보려는 게 이 글의 다음 네 번째 부분이다.

한편 1901년에 제주도濟州道에서, 1886년 「한불조약」 체결 이후 최대이자 최악의 참사였다고 여겨지는 이른바 신축교안辛丑教案이 발생하게 되었고, 이를 수습하는 과정에서 7월에 「교민화의약정教民和議約定」이 맺어졌다. 그럼으로써 천주교 세력과 그에 대한 반대 세력 사이의 갈등이 해소되는 계기가 되었다고 보여진다. 이 「교민화의약정」의 구체적인 내용은 무엇이며, 그것의 체결로 말미암은 영향은 어떠하였을까? 이를 더듬어 보려는 게 이 글의 다섯 번째 부분이다.

하지만 이러한 「교민화의약정」이 1901년 제주도에서 체결되었음에도 불구하고, 그 전후 시기에도 해서지방海西地方에서는 여러 곳에서 장기간에 걸쳐서 뿐만이 아니라 개신교改新敎까지 개입되어 문제가 복잡하며 심각한 해서교안海西敎案이 전개되고 있었는데, 1903년에 이르러 가까스로 해결하고 나자 한국 정부의 요구로 천주교 측의 동의를 얻어 1904년 「교민범법단속조례敎民犯法團束條例」의 제정制定이 있게 된다. 천주교내에서는 지금도 이를 왕왕 「선교조약宣敎條約」이라고 부르는 데서 드러나듯이, 천주교의 선교에 이 조례의 체결이 어떤 영향을 끼치게 되는가? 하는 점을 살펴보려는 게 이 글의 여섯 번째 부분이다.

요컨대 이 글에서는1886년 「한불조약」의 체결 이후 한국의 천주교회 측이 정부 혹은 담당관·지방관 등과 맺은 일련의 조약·규약·조례 등등을 중점적으로 분석하려는 것이다. 그래서 이를 통해 당시의 역사 면면을 조망하려는 것이다.

제2절 1886년 「한불조약」 체결과 천주교 신앙 자유의 토대 구축

1882년 5월 조미수호통상조약朝美修好通商條約이 청淸나라의 적극적인 주선에 의해 체결되고 나자, 조선朝鮮에 대해 그렇지 않아도 외교 교섭에 크게 힘을 기울이고 있던 프랑스 역시 유사한 내용의 조약을 체결하여 조선에서의 영향력 증대를 꾀하고자 하였다. 하지만 외교적 상황이 여의치 못하였다. 같은 해 6월에 발발한 임오군란壬午軍亂을 거치고 또한 1884년의 갑신정변甲申政變을 겪으면서 청과 일본의 외교적 간섭이 심화되면서 조선의 내부 사정이 프랑스와의 조약 체결로까지 이를 수 없게 전개되고 있었던 것이다.

그러다가 1885년 4월에 중불조약中佛條約이 비로소 체결되고 또한 같은 달에 영국英國이 거문도巨文島를 점령하고 나서는 물러나려 하지 않는 상황이 벌어지게 되자, 프랑스는 조선과의 조약 체결을 서두르게 되어 4월 30일 주북경駐北京 프랑스공사公事 코

고르당(Cogordan)을 전권대신으로 파견하여 5월 11일과 12일 양일간에 협상을 전개하였다. 이후 청淸의 간섭 등으로 협상이 제대로 이루어지지 못하다가, 조선으로서는 조약 체결 과정에서 청淸이 배제된다는 사실 자체가 조선의 자주적인 입장을 대외적으로 밝히는 게 될 수 있다는 견지에서 독자적으로 프랑스와의 조약 체결에 적극 나서기에 이르렀다.[1]

조선으로서는 그랬기 때문에 독자적으로 프랑스와 조약을 체결한다는 것 자체를 중요하게 여김으로써, 구체적인 조약내용에 있어서조차도 가장 예민한 문제인 천주교天主敎 전교傳敎 허용許容 문제를 그 자유를 명시하지 않으면서도 암시하는 선에서 타협을 하게 되어, 우여곡절을 겪다가 1886년 6월 4일에 드디어 조약이 체결되었다.[2] 한문으로 표기한 문서의 공식 명칭은 「대조선법국조약大朝鮮法國條約」 이지만, 흔히 「한불조약韓佛條約」 이라 간편히 부르는데, 이 조약의 내용들 가운데 천주교의 신앙 자유 획득 문제와 관련하여 가장 직접적으로 논란거리가 되는 것은 다음의 2개 조목이다.

(1-가) 「大朝鮮法國條約」 제4관 6항
佛蘭西人들은 通商港과 通商都市의 周圍로 百里以內에 있는 地

---

1) 최동희, 「1880년대 조선의 문제와 구미열강과의 외교관계」, 한국정치외교사학회 편, 『한국외교사』 I, 집문당, 1993, pp.138-140.
2) 韓佛條約 조약 체결 이전의 조선과 프랑스와의 관계 및 체결 과정 그리고 이후의 변화에 대해서는 崔奭祐, 「韓佛條約 체결 이전의 양국 관계」, 『韓佛修交100年史』, 韓國史研究協議會, 1986; 『韓國 敎會史의 探究』 II, 韓國敎會史研究所, 1991. 崔奭祐, 「韓佛條約의 締結 過程」, 『韓佛外交史 1886-1986』, 평민사, 1987; 같은 책, 1991. 朴日根, 「韓佛條約 締結過程에 對한 研究」, 『한국정치외교사논총』 3, 한국정치외교사학회, 1986; 한국정치외교사학회 편, 『韓佛外交史』, 평민사, 1987 및 崔奭祐, 「韓佛條約의 체결과 그 후의 양국 관계」, 앞의 『韓佛修交100年史』, 1986; 앞의 책, 1991 참조.

帶에서 혹은 兩國의 關係當局이 共同決定한 어떤 範圍內에서는 自由롭게 通行할 수 있다.

佛蘭西人들은 또한 旅行券을 所持한다는 唯一한 條件下에서 朝鮮 領土의 全域을 갈 수 있으며 또 旅行할 수 있다. 但 內地에서 店鋪를 開設하거나 常設 營業所를 設置할 수는 없다. 佛蘭西人들은 朝鮮政府에 依하여 禁止된 書籍과 刊行物을 除外하고는 各種商品을 內地로 搬入 또는 販賣할 수 있으며 地方 産物을 購得할 수 있다.

旅行券은 領事에 依하여 交付되며 地方 當局의 署名 或은 捺印이 具備되어야 한다. 이 旅行券은 朝鮮 官吏가 要求할 때에는 반드시 提示하여야 한다. 그 旅行券이 正規의 것이면 所有者는 자유롭게 통행할 수 있으며 필요한 수송 기관을 자유롭게 이용할 수 있다. 旅行券이 없이 上記한 境界 以外로 여행하든지 혹은 內地에서 어떤 重罪 혹은 輕罪를 범한 불란서인은 체포하여 가장 가까이 있는 佛蘭西 領事에게 印度하여 處罰케 한다. 上記 規定한 境界 이외로 여행권이 없이 여행하는 자는 모두 最高 1個月의 禁錮 또는 「멕시코」 貨로 最高 百弗의 罰金에 處한다[3].

(1-나) 「대조선법국조약(大朝鮮法國條約)」 제9관 2항

朝鮮에서 學問을 硏究하기 爲하여 或은 語文, 科學, 法學 혹은 藝術을 敎授(敎誨)하기 爲하여 朝鮮으로 가게 되는 佛蘭西人들은 締約國이 切願하는 親善의 證據로서 언제든지 援助와 支援을 받아야 한다. 佛蘭西로 가는 朝鮮人들도 同一한 便宜를 享有한다[4].

---

3) 국한문 혼용의 번역은 『舊韓末條約彙纂』(下卷), 國會圖書館 立法調査局, 19 65, pp.91-92에 따랐다. 漢文과 佛語로 된 원문은 같은 책, pp.103-104와 「大朝鮮法國條約」 第四款 六項, 『프랑스외무부문서』 1, 국사편찬위원회, 20 02, p.314에 있다. 한문으로 된 원문은 다음과 같다.

離通商各處百里內者(朝鮮里) 或將來兩國所派官員 彼此議定界內法 民均可任便游歷 勿庸請領執照 惟法國人民亦准持照 前往朝鮮各處游歷 而不得在內地開設行棧及常用貿易鋪店 法國商民亦准 …(하략)…

4) 국한문 혼용의 번역은 『舊韓末條約彙纂』(下卷), 앞의 책, 1965, p.95에

「한불조약韓佛條約」의 전체 내용이 1884년에 조선과 영국 사이에 체결된 이른바「한영조약韓英條約」을 토대로 하여 작성된 것이었으므로, 이 제4관 6항과 제9관 2항 역시 거의 동일하지만 「한영조약」과는 다른 일면들이 깃들어 있었다. 제4관 6항의 경우「한영조약」에서는 영국인이 여권旅券을 소유하면 오락娛樂이나 상업商業을 목적으로 한국 내에서 여행할 수 있음을 규정함으로써, 오락이나 상업이 아닌 그밖에 다른 목적을 갖고는 여행할 수 없다는 배타적인 뜻을 가지고 있었다고 풀이되는데 비해,「한불조약」에서는 앞의 인용문에서 보듯이 '조선朝鮮 영토領土의 전역全域을 갈 수 있으며 또 여행旅行할 수 있다'고 규정하였을 뿐더러 '그 여행권旅行券이 정규正規의 것이면 소유자所有者는 자유롭게 통행할 수 있으며 필요한 수송 기관을 자유롭게 이용할 수 있다'고 하여 그밖에 다른 목적으로도 자유로이 여행할 수 있도록 수정되었던 것이다.

그리고 제9관 2항의 경우「한영조약」에서는 '양국민이 왕래하여 언어語言 · 문자文字 · 격치格致 · 율례律例 · 기예技藝 등을 학습學習하는데 상호相互 보조補助와 편의便宜가 제공提供될 것이다'라고 되어 있었는데, '학습'이란 말 다음에 '혹교회或敎誨'란 3자를 추가 삽입하여 수정하였는바, 이 '교회敎誨'란 매우 함축성이 있는 말로써 호의적好意的으로 해석될 때 천주교의 윤리倫理와 교리敎理도 여기에 포함시킬 수 있는 것이다.[5]

이러한「한불조약」의 체결로 말미암아 보기에 따라서는 마치

따랐다. 漢文과 佛語로 된 원문은 같은 책, p.110와 「大朝鮮法國條約」 第九款 二項, 같은 책, 국사편찬위원회, 2002, pp.318-319에 있다. 원문은 아래이다.

凡有法國民人前往朝鮮國 學習或敎誨語言文字格致律例技藝者 均得保護相助 以昭兩國敦篤友誼 至朝鮮國人前往法國亦照 此一律優待
5) 崔奭祐,「韓佛條約과 信敎自由」,『史學硏究』 제21호, 1969, pp.227-228;『韓國 敎會史의 探究』, 韓國敎會史硏究所, 1982. pp.204-205.

프랑스 태생의 천주교 신부들이 특권을 누리게 되고 선교宣敎의 자유도 구가함으로써 한국인들도 신앙信仰의 자유를 획득하게 되었던 것으로 비쳐질 소지는 충분히 있었다고 하겠다.[6] 하지만 실제상으로는 전혀 그렇다고 할 수 없는 상황이 전개되고 있었던 게 당시의 명백한 현실이었다.[7] 「한불조약」이 체결된 지 2년여가 되었음에도 불구하고 1888년 7월에 다다라서까지 프랑스정부에서 바라고 천주교회에서 원하던 바대로 역사의 물꼬가 터지고 있지는 못하였던 듯하다. 구체적인 일례—例로 7월 6일에 플랑시가 프랑스 외무장관에게 보고한 내용에 따르면, 교섭통상사무아문交涉通商事務衙門 독판督辦 조병식趙秉式이 그에 앞서 보낸 4월 22일자의 한 공문에서 천주교 신앙 자유의 획득과 관련하여 크게 문제가 되지 않을 수가 없는 언급이 있었다고 쓰고 있음을 들 수 있겠다. 그래서 플랑시 자신은 "우리 선교사들에게 적대적이며, 기독교에 대해 강렬한 증오를 담고 있는 내용을 보고 큰 충격을 받았다"고 적고 있을 정도였는데, 그것은 크게 보아 2가지 점에

---

6) 이러한 견해는 劉元東, 「近世韓佛關係의 史的考察—天主敎傳來 始末—」, 『淑大史論』 1, 1963. p.39에서 "佛蘭西人은 朝鮮國內에서 傳敎를 목적으로 學校 其他를 設置할 수 있었으니 이것은 佛蘭西의 지금까지의 행동의 特典이라 하겠으나 其他國은 이 特典이 없었다."고 하였음이나, 김현광, 「19세기말의 천주교와 개신교 선교정책이 종교획득에 미친 영향」, 『원리와 신학』 2, 1998, p.209에서 "한불조약 이후에도 천주교의 선교정책은 직접적이며 급진적이었다고 특징지을 수 있을 것이다. 천주교는 병원이나 학교사업 등 간접선교에 주력한 것이 아니라, 전에 하던 대로 직접선교에 주력하였고, 한불조약이 허용하는 권리를 최대한으로 사용하였다"고 하였음 등에서 잘 드러나고 있다..

7) 崔奭祐, 「韓佛條約과 信敎自由」, 앞의 책, 1982. p.207 및 李元淳, 「韓佛條約과 宗敎自由의 문제」, 『교회사연구』 제5집, 1987, p.84 참조. 특히 崔奭祐가 "西歐 그리스도敎 諸國의 共同 關心事인 그리스도敎 宣敎의 自由가 결국 失敗로 돌아간 것은 진정으로 그리스도敎의 自由를 원해 마지않은 이들에게는 매우 유감스러운 일이 아닐 수 없었다"고 하였음이 크게 참조된다고 하겠다.

서 그런 것이었다.[8]

첫째는 프랑스 신부들의 학교 및 교회 설립 의지에 전적으로 부정적인 면을 여실히 드러내고 있었다. 조병식은 공문의 내용 가운데 "프랑스 신부들이 그들이 눈여겨보았던 자리에 학교와 교회를 세울 의향을 갖고 있다는 것을 우리 정부는 알고 있습니다. 그런데 엄밀히 말해 조선과 프랑스 사이에서 최근에 맺은 조약의 항목 중에는 어떤 종류의 학교나 어떤 종류의 기독교도에 대한 언급도 없었습니다. 정부가 명령을 받았거나 조약에 언급되어 있는 것 외에는 어떤 새로운 종교나 어떤 교육기관이든 중지시킬 것이며, 왕국의 영토 내에서나 서울의 성안에서나 이런 종류의 기관이 세워지는 것을 허락할 수 없다"고 못 박고 있었던 것이다. 1886년 「한불조약」의 체결을 통해 한껏 성당 건립과 학교 설립의 의지를 고양시키고 있었던 당시 천주교회와 프랑스 정부로서는 청천벽력과도 같은 충격을 받지 않을 도리가 없었을 것이다.

이에 그치지 않고, 둘째는 천주교의 전교 자체에 대해서까지도 지극히 부정적인 태도를 여과가 없이 그대로 노출시키고 있었다. 조병식은 자신의 글 속에서 "더군다나 확실한 소식통에 의해서 프랑스 선교사들이, 조선인도 마찬가지로, 전하의 백성들을 기독교 교단에 끌어들이기 위해 유혹하고 권고했다는 것을 알았습니다. 우리는 이러한 유혹과 권고에 대해 끝을 내지 않을 수 없었습니다. 왜냐하면 아주 중대한 결과를 가져올 수 있기 때문입니다"고 밝히고 있었던 것이다. 이는 한마디로, 한불조약의 체결을 통해 그 제9관 2항 "조선朝鮮에서 학문學問을 연구硏究하기 위爲하여 혹或은 어문語文, 과학科學, 법학法學 혹은 예술藝術을 교수敎授(교회敎誨)하기 위爲하여"라는 대목을 설정함에 성공을 거둠으

---

8) 조병식이 보낸 공문의 내용과 플랑시의 반응은 「가톨릭에 관해 프랑스 공사와 조병식과 가진 대담 내용」, 한국근대사자료집성 12 『프랑스외무부문서』 2 조선 Ⅰ · 1888, 국사편찬위원회, 2003, p.36 참조

로써 비로소 천주교 선교의 자유를 획득하였다고 여기고 있었던 프랑스인들의 통념을 한 순간에 쓸어버리는 발언이라고 해도 지나치지 않을 것이었다.

그렇기 때문에 플랑시는 이러한 조병식의 공문 내용에 대해, 항의성 방문을 통하여 그와 직접 대화를 나누어 자신의 의구심을 털어내려고 시도하였다. 그리하여 조병식과 주고받은 대화의 내용이 플랑시가 본국에 제출한 활동 보고서에서 일부 전해지고 있는데, 그 가운데서 특히

> (2)콜랭 드 플랑시 - … 제 생각으로는, 모두를 화해시키기 위해, 가장 좋은 해결책은 각자의 취향에 맡기며, 그들에게 적합한 종교를 받아들이도록 자유롭게 놔두는 것입니다.
> 조병식 - 제 생각도 역시 그렇습니다. 그리고 당신은 몇 년 전부터 기독교인들은 좇기는 몸이 되지 않았음을 주목해야 합니다.
> 콜랭 드 플랑시 - 저도 그것을 인정합니다. 그리고 그것에 대해 제가 아주 만족해한다는 것을 말씀드립니다. 저는 언제나 그러기를 바랍니다. 그런데 당신 생각이 그러하시다면, 왜 제가 당신께 말씀드린 것 같은 그런 문서를 쓰셨습니까?
> 조병식 - 이것이 마지막이라는 것을 확신하셔도 됩니다. 당신은 더 이상 그런 것을 받지 않을 것입니다.[9]

라고 하였음이 주목된다. 결국에는 플랑시와 대화 끝에 조병식이 자신의 발언을 더 이상 고집하지 않겠음을 표명하자 프랑시는 매우 흡족하였던 듯하다. 그리하여 그는 "오늘 가졌던 대화중에, 종교적인 문제에 접근했었는데, 조선에서 박해의 시대는 아마도 끝났을 것이라고 생각할 수 있게 하는 어떤 확신을 얻었습니다.[10]"

---

9) 앞의 「가톨릭에 관해 프랑스 공사와 조병식과 가진 대담 내용」, 앞의 책, 2003, pp.36-37.
10) 앞의 「가톨릭에 관해 프랑스 공사와 조병식과 가진 대담 내용」, 같은

라고 적고 있을 정도였던 것이다. 그만큼 1886년 4월 「한불조약」의 체결로 해서 '박해의 시대'는 종언終焉을 고했다고 할 수 있을지언정, 아직 천주교 신앙 혹은 선교의 자유까지 획득했다고 하기에는 지난至難한 일이었음이 자명自明하다고 할 수 밖에 없겠다.11)

책, 2003, p.34.

11) 이러한 과정을 거쳐 비록 '박해의 시대'는 끝났다고 여겨도 무방한 상황이 되었을지라도, 여전히 해결되지 않는 문제가 그대로 잔존하고 있었는데 두드러진 것을 꼽자면 2가지를 들 수 있겠다. 그 하나는 1888년 11월의 천주교회의 성당 부지 매입과 성당 건축 토목 공사와 관련된 것이고, 또 다른 하나는 1889년 2월의 프랑스 신부의 여권 발급과 관련된 것이었다. 전자는 「한불조약」의 제9관 2항에서 '佛蘭西人들은 … 언제든지 援助와 支援을 받아야 한다'는 것과 관련이 깊음에도 불구하고, 원조와 지원은커녕 천주교회의 성당 부지 매입과 성당 건축 토목 공사가 조선 정부의 방관적이고 미온적인 태도 혹은 허가 방해 공작으로 인해 난관에 봉착하고 있었던 것이다. 후자는 「한불조약」의 제4관 6항의 규정을 통해 보장되게끔 되어 있었지만, 여권 소지자의 자유로운 조선 여행의 문제가 채 실현되고 있지 못했던 것이다.

제3절 1896년 학부대신 신기선의 『유학경위』 출판 · 보급과 이에 대한 천주교의 저항

이후 국가와의 팽팽한 긴장 관계가 지속되는 와중에서 1896년에 이르러 천주교회를 둘러싼 현안으로 대두한 것은 학부대신學部大臣 신기선申箕善이 『유학경위儒學經緯』라는 저술을 출판하여 보급하자 이에 대해 천주교 측에서 전면적으로 문제를 제기하면서 생겨난 사건이었다. 그것은 다름이 아니라 정부의 관료, 그것도 교육 정책을 담당하고 있던 학부대신이 저술하여 출판하고 보급한 이 책에 그리스도교에 대해 정면으로 비판하고 있는 내용이 담겨있기 때문이었다. 『유학경위』의 내용 가운데 그렇다고 하여, 특히 천주교에서 문제를 제기한 것은 다음과 같은 부분이다.

(3) 「學術」
근세에 서양인의 소위 耶蘇教라는 것은 속되고 촌스러우며 천박하고 망령되어 곧 夷狄 風俗의 천한 것일 뿐이어서 더불어

쟁론할 만하지 못하다. 야소교에서 그 소위 天堂·禍福의 설명
은 佛敎의 支流에 가깝고, 善을 권함으로써 사람들을 가르치는
것은 閭巷의 천한 風俗의 말에 지나지 않을 뿐이다. 天神을 禮
拜하고 父母를 제사지내지 않음은 때때로 하늘을 기만하고 人
倫을 어지럽히는 풍조이니 夷狄의 천한 풍속을 옳다고 여기는
것일 뿐이다. 본래 부족하여 異端의 조목으로 머물러 있을 뿐
이어서, 근일에 그 敎는 역시 적어지고 쇠퇴할 것이다. 그러나
중국 여러 나라의 밖 지구상의 歐羅(巴,유럽) 種子는 오히려 모
두 그 敎를 받들어 숭상하고 중국의 士民이 혹 물들은 자가 있
으니 또한 홀로 어찌할 것인가?[12]

신기선은 학술적인 면에서 보게 되면 서양인의 야소교耶蘇敎는
천한 것이어서 더불어 쟁론할 만하지 못하다고 전제한 후, 첫째,
천당天堂과 화복禍福의 설명은 불교佛敎에 가깝고 선善을 권하는
것은 여항閭巷의 천한 풍속에 지나지 않는다고 비판하였고, 둘째,
천신天神을 예배禮拜하고 부모父母를 제사지내지 않는 것은 하늘
을 기만하고 인륜人倫을 어지럽히는 것으로 이적夷狄의 천한 풍속
을 옳다고 여기는 것일 뿐이라고 몰아갔다. 그러면서 야소교는
본디 이단異端일 뿐이어서 근일에 세력이 적어져 쇠퇴할 것이라
고 예단하였다. 하지만 그러면서도, 한편으로는 우려를 깊이 금치
못하고 드러내고 있음을 알 수 있다. 즉 유럽 사람들이 모두 받
들고 있고 또한 중국의 사민士民들이 물들고 있으니, 이런 상황
속에서 조선만이 홀로 어찌할 것인가를 우려하고 있는 것이다.
그렇다고는 하지만 신기선 자신이 비록 이렇듯이 학문적으로는

---

12) 『申箕善全集』 參, 亞細亞文化社, 1981, pp.476-477. 원문은 다음이다.
  若近世西人之所謂耶蘇敎者 鄙俚淺妄 乃夷俗之陋者耳 不足與辨也 耶蘇之
  敎 其所謂天堂禍福之說 近於佛氏之支流 而所以勸善而敎人者 不過閭巷淺
  俗之談耳 禮拜天神不祀父母 種種誣天亂倫之風 自是夷狄之陋俗耳 本不足
  以處異端之目耳 近日則其敎亦少衰矣 然中州諸國之外 凡地球上歐邏種子
  尙皆尊尙其敎 而中國土民或有染之者 亦獨何哉

야소교를 맹렬히 비판하면서도 역사적 존재로서의 야소耶蘇 자체
는 인정하는 이중적인 인식을 지니고 있었다고 보인다. 신기선이
이러한 인식을 지녔다는 구체적인 증거는 뜻밖에도 그 자신의
『유학경위』 자체에서 찾아진다. 인용하면 아래이다.

> (4)「宇宙述贊」
> 생각하고 잠시 생각컨대 土耳其[터키]·英國.잉글랜드]·法國,프
> 랑스]·義[太利,이탈리아]·德國,독일], 이는 泰西[서양] 歐羅巴[유
> 럽]의 領[域]을 말하는 것이다(곧 세속에서 칭하기를 서양국의
> 땅이다).
> 구라파 대륙은 亞細亞의 서북쪽 萬여 里보다 멀리 있으니, 사
> 람들은 모두 長大하고 눈이 깊으며 콧마루가 높고 눈동자가 녹
> 색이며 곱슬머리이다. 말소리는 가늘어 새 같고 그 글은 개구
> 리와 같다. 그러나 옛날 羅馬國[로마국]이 있어, 漢나라 역사에
> 서는 칭하기를 大秦이라 하였으며 곧 중국과 통하지 않았다.
> 漢나라 때 耶蘇라는 자가 있어 세상을 구원하고 물질을 도와준
> 다고 칭하니 후세의 사람들이 그 敎를 받들어 숭상하였다. 羅
> 馬國이 망하자 드디어 러시아·영국·법국·덕국·의태리·奧
> 地利[오스트리아] 등의 나라가 되었다.[13]

이를 보면, 유럽 대륙에 대해 거론하다가 로마Roma에 관하여
언급하면서 이는 중국의 한漢나라 역사에서는 대진大秦이라 칭했
다고 설명하고, 곧이어 야소耶蘇를 지칭하여 설명하고 있음을 알
수 있다. 다름이 아니라 "야소라는 자가 있어 세상을 구원하고

---

13)『申箕善全集』參, 亞細亞文化社, 1981, pp.498-499. 원문은 다음과 같다.
　惟俄惟土英法義德　是曰泰西歐邏之域(即俗所稱西洋國之地)　歐羅巴洲在亞
　細亞之西北方可萬餘里　人皆長大深目高準綠睛卷毛　語音啁啾若禽鳥　其文如
　科斗　然古有羅馬國　漢史所稱大秦也　而未嘗通中國　漢時有耶蘇者　稱救世濟
　物　後人尊尙其敎　及羅馬亡而遂分爲俄英法德義奧等國

물질을 도와준다고 칭하니 후세의 사람들이 그 교를 받들어 숭상하였다"고 쓰고 있는 것이다. 이는 그야말로 일언반구 어떠한 비판도 없이, 예수의 존재와 그 가르침의 핵심 그리고 그 교敎 즉 야소교耶蘇敎를 후세의 사람들이 믿고 따랐다는 역사적 사실을 적고 있는 것이라 하지 않을 수가 없다. 그렇기 때문에 이 구절이 비록 내용상 간략하기는 하지만, 누가 보더라도 신기선이 예수의 존재와 그 가르침 및 기독교의 역사를 명명백백하게 인정하고 있었음을 드러내준다고 해석하게 될 것이다.

신기선이 이렇게 인식하고 있었으므로, 앞의 「학술」 부분에서도 야소교를 비판하면서도 예수 자체의 존재와 그 행적에 대한 비판은 전혀 없이 야소교의 교리에 대한 비판만을 하고 있었을 뿐이었으며, 또한 그렇기 때문에 신기선이 『유학경위』에서 비판한 것은 범칭凡稱 야소교 즉 기독교였지 그 가운데 천주교만 꼬집어 공격한 것은 결코 아니었다고 결론지을 수 있을 것이다. 정리하자면 신기선의 『유학경위』에 나타난 야소교 인식은 일부에서 지금까지 운위되어 오던 바와는 달리 부정적인 면만을 오롯이 드러내고 있었던 게 아니며, 야소교 전체에 대해 기본적으로 성리학의 입장에 서있던 그 자신으로서는 학문적으로는 비록 비판할지언정 예수의 존재와 가르침 그리고 그 역사적 사실은 인정하는, 다분히 이중적인 태도를 견지하고 있었다고 하겠다.

신기선의 이러한 천주교에 대한 인식을 담고 있었던 『유학경위』 간행과 배포에 대해 유독 프랑스 공사 플랑시(Plancy)가 나서서 문제 제기를 하고 시정을 요구하고 있었다. 플랑시 공사의 문제 제기는, 그렇기 때문에 상당히 의도적이었던 게 아닌가 여겨진다. 이러한 플랑시의 의도를 알아내기 위해 우선 플랑시 공사가 한국 정부의 外部에 제출한 문서의 전문을 제시해 보면 다음과 같다.

(5) 「새로 간행한 《유학경위》의 판본을 폐기하여 없애버리기를 요청하는 안건」

근래에 『유학경위』 한 책을 학부에서 간행했다고 들었습니다. 이 책은 학부대신이 저술했기 때문에, 게다가 학부 편집국장 및 중추원 참서관의 서문이 실려 있기 때문에, 제가 마침 책을 하나 얻어서 한 조목조목 차례로 자세하게 살펴보았습니다. 그 책의 가장 중요한 내용이 제41편 안에 있었습니다. 이 대목을 살펴보니, 구미 각국에서 받들어 믿는 종교를 저주하고 꾸짖었으며, 우방국 대신이 마땅히 사용할 만한 말이 전혀 아니었습니다. 게다가 이 책을 여기저기 배포했으며, 아울러 공립학교의 학생들에게 읽어 익히게 했습니다. 이런 행동은 양국 간의 지극한 우호관계를 맺고자 하는 저와 귀 대신의 노력을 무산시키고 훼손하는 것입니다.

지금 들은 바에 의하면 이 일로 인하여 학부대신이 이미 교체되었으며, 이 『유학경위』 원본을 모두 폐기하여 없앴다고 하는데, 그와 같이 처리했는지 그렇지 않는지를 번거롭더라도 귀 대신께서 공문을 보내 알려주시기를 바랍니다. 또한 바라건대 이미 간행된 모든 책들을 낱낱이 폐기해 없애버려야 한다는 저의 생각을 기꺼이 받아들여 주시면 좋겠습니다.[14]

이렇게 '책을 얻어서 한 조목조목 차례로 살펴보았다'고 하면서 야소교에 대해 비판적인 내용만 문제 삼았을 뿐이지 예수의 존재와 가르침 그리고 그 역사적 사실을 인정하는 대목을 전혀

---

14) 『舊韓國外交文書』 20 法案 2, 高麗大學校 亞細亞問題硏究所, 1969, p.308. 원문은 다음과 같다.

「新刊儒學經緯의 毁板要請事」

近聞有儒學經緯一書 自學部刊印 此由學部大臣著述 再由學部編輯局長及中樞院參書官著序文 本大臣遇得一本 逐條細閱 最其關重者在於第四十一篇之內 查此條呪罵歐美各國尊尙之敎 逈非友國大臣應用之詞 況此書布散 幷使公立學校生徒讀習 此擧破毁本大臣曁貴大臣欲結兩國相好之至誼 現聞因此事學部大臣已被遞革 此儒學經緯原本撤刪云 是否如此之處 煩請貴大臣示覆 且祈快許本大臣 以一一廢毁已印出諸本之意可也

거론치 않은 것과 일맥상통하는 것이라고 본다. 즉 프랑스 공사 플랑시가 전면에 나서서 외교적인 문서를 작성하여 제시한 것은, 정부에 대한 항의성 문제 제기를 통해 천주교의 입지를 확고히 하기 위한 의도였음을 드러내주는 것이라 하겠다. 그렇지 않고서는 고급 외교관인 플랑시로서는, 이미 학부대신이 교체되고 문제의 서적이 모두 폐기되었다는 사실을 들어 알고 있었다는 점 자체를 굳이 드러낼 필요까지는 없었으리라 여겨진다.

플랑시 자신도 벌써 들어서 알고 있었듯이 이미 신기선은 자신의 저서 『유학경위』 간행 및 배포에 대한 문제가 불거지자, 이에 대한 책임을 지고 국왕에게 사직소辭職疏를 제출하여 "정학正學이 황폐화되고 이단異端이 판을 치고 있는데도 미력이나마 보태어 막고 보호하지 못하였고, 심지어는 시의時宜에 어긋나고 물의物議를 거슬러 비방이 들끓게 만들었다"15)고 하면서 자진하여 학부대신學部大臣 직위에서 물러났고 그 책은 전부 폐기되었다. 그럼에도 불구하고 문제 제기를 공공연하게 한 것은 결국, 1896년에 있었던 학부대신 신기선의 『유학경위』 간행 및 배포 사건에 대해 천주교 측이 매우 예의주시하며 민감하게 반응하고, 이를 계기로 조선 정부의 유감 표명을 도출해냄으로써 궁극적으로는 신앙 및 선교의 자유 확립을 꾀하고자 하였다고 보인다.

따라서 이 사건을 통해 천주교 측으로서는 첫째, 신기선이 1898년에 재차 입각入閣하여 법부대신法部大臣이 되어 교안敎案을 처리함에 있어 천주교 측의 요청을 받아들이는 것과 같은 예에서 단적으로 드러나듯이, 정부 관리들이 천주교 측에 대해 비판꺼리를 제공하지 않으려고 조심스런 태도를 갖도록 경각심을 불러일으켰다는 점을 수확이라면 수확이라고 손꼽을 수도 있을 성싶다.

---

15) 『국역 승정원일기』 고종 33년(1896) 8월 24일(양력 9월 30일)에 게재되어 있는 그의 상서문.

그리고 둘째로는, 이 사건을 계기로 신앙 및 선교의 자유 획득에 있어서 천주교 측이 커다란 자신감을 지니게 되어 교세敎勢가 날로 확장되는 성과를 거두었다고 할 수 있겠다.

하지만 천주교내에 이러한 자신감이 넘쳐 오히려 교안이 심해지는 경향이 드러난다. 그러므로 1896년을 기점으로 나타나게 된 교안의 성격 변화에는 1896년 학부대신 신기선의『유학경위』간행 및 배포에 대해 플랑시 공사가 전면에 나서서 강력히 외교적인 문제를 제기할 정도로 천주교 측에서 예민한 대응을 보이며 또 신앙 및 선교의 자유를 얻어 내려고 한 게 커다란 영향을 끼친 것으로 생각된다. 그러므로 1896년 이후 한국천주교회사韓國天主敎會史에서 더욱 교안이 심화되는 경향이 나타나게 되는 결정적인 계기의 하나는, 요컨대 1896년에 있었던 학부대신 신기선의 『유학경위』간행 및 배포 사건에 대한 천주교의 전면적인 대응과 그 결과의 영향에 있었다고 할 수 있을 것 같다.[16]

---

16) 이상의 내용은 노용필,「'儒學經緯'에 나타난 申箕善의 天主敎 인식과 이에 대한 天主敎의 대응」,『한국사회와 천주교』, 흐름, 2007, pp. 336-368 및 pp.348-358; 이 책의 제5장 참조.

제4절 1899년 천주교의 입지 확보와 「교민 조약」 체결 문제

이후 1899년 1월에 들어서서 다음 달로 넘어가기도 전에 불거진 것은 안변安邊에서의 사건이었다. 이는 그 지역에서 천주교에 대해 반감이 심했던 소위 동심계원同心契員들이 힘을 합쳐 천주교의 각 공소公所를 습격하고 불라두Bouladoux(나형묵羅亨黙)신부를 평강平康으로 축출한 일로, 이 일을 일러 교회 내에서는 안변 교안安邊敎案이라고도 하는데 일반적으로 일컬을 때는 안변사건安邊事件이라 한다. 이 사건의 당사자이자 최대의 피해자라고 할 수 있는 불라두 신부가 뮈텔 주교에게 보낸 서한書翰에서, "근래에 안변에는 그 존재가 틀림없는 동심회同心會라 불리는 일종의 도당이 있었습니다. 저는 그것을 독립회獨立會의 재통합이라고 생각합니다. 이 무리는 관장을, 그리고 저와 모든 교우들을 쫓아내는 것을 목적으로 하고 있고, 또 공공연하게 그것을 말하고 다닙니다.[17]"고

---

17) 불라두, 「안변의 최근 교세와 동심회의 동향」, 한국교회사연구소 역편,

전하고 있음에서 그 전모의 일단이 잘 드러나고 있다 하겠다.

이 사건은 그렇지 않아도 위기감에 휩싸여 있던 당시 천주교의 처지로서는 대단히 충격적인 것으로, 뮈텔 주교는 '중대한, 그러나 사실 같지 않은' 일로 여겼음을 그 자신의 일기日記에서 적고 있다. 그러면서 1899년 1월 23일의 그것에서 "그저께 일본 신문이 일본 신문이 안변에서 온 편지라고 하며 불라두 신부에 대한 중대한, 그러나 사실 같지 않은 보도를 했다. 그날로 나는 그 신문사에 그 기자의 이름을 물으러 갔다. 그 사람을 알아내어 그날 안으로 내게 알려주겠다고 했다. 그러나 아무 소식이 없어서 나는 일본 영사를 찾아가 항의했다. 영사는 내 요구에 응할 수 있도록 힘쓰겠다고 했다. 그러나 마찬가지였고, 특히 그 시간 때문에 그곳에서 당황하고 있음을 알 수 있었다."[18]고 기록하고 있는 것이다.

당시 언론에 이 사건에 대해 대대적으로 보도가 되어 전국적으로 그 사실이 널리 알려지면서 파장이 커지자, 천주교회로서는 더더군다나 당혹감을 감출 길이 없어 그 진상을 면밀히 파악하려고 하였고, 그러자 정부로서도 아울러 결코 수수방관할 수만 없는 노릇이었던 모양이다. 그렇기 때문에 이후 거듭되는 지방에서의 지방민과 천주교인 사이의 충돌 사건에 대해 정부는 정부대로 일일이 정부 조직의 계통을 밟아 사실을 조회하였고, 천주교회는 사건 당사자인 신부의 보고문을 통해 정확한 진상 파악을 한 뒤 현실적으로 천주교의 입지를 확보해나갈 수 있는 방안을 강구하고자 하였던 듯하다.

이런 일이 거듭됨에 따라 정부 내에서는 어떤 직책보다도 점차 지방국장地方局長의 비중 있는 활동상이 두드러지게 되었던 것으

『함경도 선교사 서한집』 II 안변(내평) 본당 편(1887~1921), 함경도 천주교회사 간행사업회, 1995, p.127.
18) 『뮈텔 주교 일기』 II 1896-1900, 한국교회사연구소, 1999, p.360.

로 판단된다. 이는 같은 해 3월 6일의 『뮈텔 일기』에 따르면, 황해도 안악安岳지방에서 또 하나의 사건이 발생하자, 당시의 지방국장地方局長 정준시鄭駿時가 개입하여 정부와 천주교회 사이의 가교架橋 역할을 함으로써 해결점을 찾으려는 노력이 기울여지고 있었음에서 알아차릴 수 있다. 즉 뮈텔 주교가 당일의 일기에다가 "3명의 교우가 절도범으로 허위 고소되고, 또 빌렘 신부가 연루된 사건에 대해 안악安岳 군수가 내부內部 대신大臣에게 보낸 보고서의 사본을 받았다. 어제 나를 만나러 왔던 지방국장 정준시가 그 사본을 비공식적으로 내게 전했다. 나는 다행히도 빌렘(Wilhelm,홍석구洪錫九) 신부가 해주海州 감사監司에게 보낸 통첩通牒의 사본을 그에게 보낼 수 있었다. 그런데 이 통첩은 위의 보고서와는 정반대이다."라고 적어놓은 데에서 사실의 내막을 가감 없이 그대로 엿볼 수 있다고 생각한다.

빈발하는 사건의 진상을 상호 정확히 파악하고 적절히 대응하기 위해 천주교회 측과 정부 측이 서로의 문서를 상대방에게 제공해주어 정보를 공유하는 채널을 가동하고 있음을 이 기록을 통해 헤아릴 수 있겠는데, 천주교회의 수장首長인 뮈텔 주교는 자신이 사건의 장본인인 빌렘 신부로부터 직접 받은 문서들의 사본을 내부內部 소속의 지방국장 정준시에게 제공해 주고, 반면에 정준시는 정부 조직을 통해 보고된 문건을 비공식적으로 뮈텔 주교에게 전달함으로써 공조를 꾀하고 있었던 것이다. 이렇게 함으로써 결국에는 진상에 대한 파악이 훨씬 정확히 이루어질 수 있었던 것 같다. 앞에서 방금 인용한 바 있듯이, 뮈텔의 결론처럼 동일한 사건에 관해 안악군수가 내부 대신에게 제출한 보고서의 사본 내용과 빌렘 신부가 해주 감사에게 제출하였던 통첩通牒의 사본 내용이 '정반대'라고 하는 것도 이를 통해서 검증할 수 있었던 것이라 하겠다.

뮈텔 주교와 정준시 사이에 이루어진 이러한 공조의 결실은 바로 3일 뒤인 3월 9일 날짜로 작성된 「교민조약敎民條約」의 체결로 맺혀지는 듯하였다. 이 「교민조약」의 전문은 다른 곳에는 전혀 전해지는 바가 없고, 유일하게 한국교회사연구소韓國敎會史硏究所 소장所藏의 「뮈텔문서」 가운데에서만 필사본筆寫本이 아닌 원본原本이라고 여겨지는 게 있다. 다소 번잡한 듯도 하지만 자료를 올바로 제공하고 논의를 심화하기 위해 이것의 한글 번역과 원문을 아울러 제시하면 다음과 같다.

(6) 「敎民條約」
西敎가 東國에 들어온 것이 이미 백여 년이 되었는데, 그 사이에 뜨거나 가라앉고 드러나거나 숨기거나 하였다. 丙戌(1886년) 이전에는 나라의 禁法을 무릅쓰고 사사로이 서로 전하여 받아 入敎한 국민들 수가 퍽 많지 않았지만 서교를 널리 펴는 방법과 흔적이 심히 남을 꺼려 사사로이 금법을 범하여 화를 취한 자가 또한 하는 수 없이 많았다. 丁亥(1887년) 이후부터는 나라의 금법이 이미 풀려 교민도 점점 많아져서, 안으로는 漢城 五署에 밖으로는 지방 각 군의 사이사이마다 敎堂이 세우고 학교를 열어 그 교를 믿어들인 사람들이 丙戌(1886년)과 비교하면 다만 10배뿐이 아니었다. 대개 서교의 원류는 篤實하여 虛僞가 없으며 善을 좋아하고 義에 나아감인데, 대략 모두가 十戒 가운데 있다. 어찌 실과 터럭 사이일지라도 선하지 않고 의롭지 못한 일로써 가르치리오? 근래의 어리석고 고지식한 人民들이 혹이 敎의 本意를 깨우치지 못해 오늘 입교하고 明日에 領洗를 받으면, 스스로 말하기를 復讐와 嫌惡도 갚을 수 있으며 冤痛함과 抑鬱함을 펼 수 있으며, 非理도 저지를 수 있고 不法도 행할 수 있다고 하여, 往往 分數를 범하고 紀綱을 어지럽히는 일이 있다. 진실로 그 弊端을 窮究해보면 다만 政令의 害가 되고 人民의 不幸만이 아니라, 또한 서교에서도 취하지 않는 바이다. 의논하여 조약을 맺으니 다음과 같이 列擧한다.[19]

---

19) 「뮈텔문서」(M-Mutel, 한국교회사연구소 소장) 1899-9. 원문은 다음과

제1조 教民의 保護 및 懲戢 사건은 地方局長과 主教가 타협하고 협상하여 규약을 세울 것

제2조 傳教師는 行政에 干預하지 말며, 行政官은 전교사에 關涉하지 마라

제3조 教民 중 만약 犯法者가 있으면 어느 지방을 논하지 말고 해당 관리가 붙잡았을 때 해당 지방 神父는 庇護하거나 隱匿할 수 없으며, 해당 관청의 隸輩[衙前]들이 칭하기를 足償로써 하여 만약 討索하는 弊端이 있으면 그 해당 예배를 단호하고도 마땅하게 엄히 다스려 해당 비용을 하나하나 推尋하여 返還할 것

제4조 犯法한 教民은 지방관 재판 때부터 해당 지방 신부가 직접 참석하여 干預할 수 없으며, 해당 지방관은 決訟을 愛憎으로 할 수 없다

제5조 각 지방의 教民들이 神父의 지시 가르침을 藉托하여 平民을 捉去하지 못할 것

제6조 教民 가운데 만약 억울한 일이 있는데도 혹 地方官吏와 관계되어 스스로 말하지 못하는 사람이 있으면 地方局에 來訴할 것인 즉, 地方局長은 그 지방에 사실을 조사토록 하여 공정히 판결할 것

제7조 혹 教中에 관계된 大事件이 있어 地方官이 능히 擅便치

같다.

　敎民條約

　西敎之入于東者 已百有餘載 而間升沉顯晦 丙戌以前 則冒邦禁 而私相傳受入敎之民 數不夥多 廣敎之方跡甚諱 私犯禁取禍者 亦不爲不多 自丁亥以後 國禁已解 敎民浸多 內而漢城五署 外而地方各郡間間設堂開學 其受敎之人 較諸丙戌以前 則不啻十倍 大抵西敎之源流 篤實無僞 好善就義 略悉於十戒中矣 何嘗以絲毫間 不善不義之事敎之 挽近愚戇人民 或蒙昧是敎之本意 今日入敎明日領洗 則自謂讐嫌可雪 冤抑可伸 非理可爲 不法可行 往往有犯分亂紀之事 苟究其弊 則非徒政令之爲害 人民之不幸 亦復西敎之所不取 議立條約 開列于左

　이에 대한 한글 번역은 李元淳, 「韓佛條約과 宗敎自由의 문제」, 『교회사연구』 제5집, 1987, p.89 참조. 그리고 원본 사진은 노용필, 「천주교 신앙 자유 획득과 선교 자유 확립」, 『敎會史硏究』 30, 한국교회사연구소, 2008, pp.191-193에 있으므로 이를 참조하기 바란다.

못하면 地方局長에게 조목조목 보고할 것이며, 그 지방 神父
또한 거듭 主敎에게 보고한 즉, 主敎와 地方局長이 서로 사실
을 밝혀 상의하여 일을 결정할 것이요, 여기서도 擅便치 못하
면 地方局長은 大臣에게 아뢰고 主敎는 公使에게 보고하여 공
정함에 이르도록 할 것.

제8조 敎民이 만약 의외의 橫厄을 당하여 平民이 연고 없이 원
망을 받은 즉, 그 지방관은 특별히 庇護하여 越權함을 나타내
지 아니할 것

제9조 어떠한 허락 사항을 막론하고 約定이 이루어지기 이전에
관계된 것이라도 약정이 이루어진 날을 논하지 말고 시행할 것

光武 3년 3월 9일

南部地方局長 鄭駿時

主　　　敎 閔德孝[20]

이 「교민조약敎民條約」의 9개 조목에 걸친 세부 내용 중 가장

---

20) 앞의 문서와 곧 이어지는 원문은 다음과 같다.

　第一條 敎民保護及懲戢事件 地方局長與主敎 妥商立約事

　第二條 傳敎師毋得干預行政 行政官毋得關涉傳敎師

　第三條 敎民中若有犯法者 毋論何地方 該官吏執捉時 該地方神父不得庇護
隱匿 而該官隷輩 稱以足債 若有討索之弊 則該隷斷當嚴懲 該費這這推還事

　第四條 犯法敎民 自地方官裁判時 該地方神父 不得躬參干預 該地方官不得
愛憎決訟事

　第五條 各地方敎民等 藉托神父指敎 不得捉去平民事

　第六條 敎民中 若有抑冤事狀 戢關於地方官吏 不得自伸者 來訴于地方局
則地方局長指飭該郡 査實公決事

　第七條 或有關於敎中大件事 而地方官不能擅便 則主敎與地方局長互相知照
商確決處 而亦有不得擅便地方官 則稟于大臣主敎 則告于公使 以爲歸正事

　第八條 敎民若有意外橫罹事 爲平民無故見侮 則該地方官加意庇護 無戒越
視事

　第九條 毋論何許事項事關成約以前 則歸之勿論成約日 施行事

　　光武 三年 三月 九日

　　　內部地方局長 鄭駿時

　　　主　　　敎 閔德孝

두드러진 특징으로는, ―이것이 뮈텔 주교와 지방 국장 정준시 사이에 이루어진 공조의 결실로 현실화되었다는 측면에서 자연히 그럴 수밖에 없었다고 보이는데― 뮈텔과 정준시 사이의 타협을 대단히 강조하고 있었다는 점을 꼽을 수 있겠다. 제1조에서 '교민敎民의 보호保護 및 징즙懲戢 사건은 지방국장과 주교가 타협하고 협상하여 규약을 세울 것'이라 명시한 게 대표적이고, 게다가 제7조목에서 '주교와 지방국장이 서로 사실을 밝혀 상의하여 일을 결정할 것'이라 한 것 역시 그러하다. 그러다 보니 지방 국장의 비중을 높이 설정하려는 일면도 아울러 곁들여 지게 되었던 것 같다. 제6조목과 제7조목에서 각각 지방 국장이 사실을 조사토록 명시한다든가 지방 국장에게 조목조목 보고할 것을 규정한다든가 한 게 이를 웅변해준다고 하겠다.

한편 각 지방에 있는 신부들의 역할 축소와 각 지방관들의 폐단 및 월권 방지에 대해서도 몇몇 조목에 걸쳐 각별히 상정해 놓고 있음을 간파할 수 있다. 먼저 각 지방 신부들의 역할 축소에 대해서는 제3조목부터 제5조목까지에서 언급되고 있는데, 구체적으로는 지방 신부가 범법교민犯法敎民은 비호하거나 은닉해서는 안 된다고 하고(제3조목) 지방관 재판 때에 해당 지방 신부가 직접 참석하여 간예干預할 수 없다고 하며(제4조목) 또한 신부의 지시 가르침을 방자하게 청탁할 수 없도록 규정하고 있다(제5조목). 그리고 지방관의 폐단 및 월권 방지에 대해서는 부분적으로라도 지적하고 있는 게 제3·4·6·7·8조목 등 무려 5개 조목에 걸쳐 있다. 결국 「교민조약」의 9개 조목에 규정된 내용 자체를 분석해보면, 지방의 신부와 지방관들의 비중과 역할을 축소시키면서 종국에는 주교와 지방 국장의 타협을 강조함으로써, 천주교의 신앙 자유가 종래에 비해 국가적으로 보장되었으며 그만큼 천주교의 사회적 입지가 확보되게 되는 셈이었다고 할 수 있겠다.

하지만 크게 문제가 되지 않을 수가 없는 게, 이 「교민조약」

이 비록 필사본筆寫本이 아닌 원본原本이라고 판단되기는 하나, 그렇다고 해서 천주교의 뮈텔 주교와 내부內部의 지방국장地方局長 정준시鄭駿時 사이에 실제로 체결된 것 같지 않는다는 점이다. 대략 3가지쯤의 이유에서 이렇게 여겨지는데, 첫째는, 문서의 서지적書誌的인 검토 측면에서, 둘째는 문서의 내용적인 분석 측면에서, 셋째는 다른 자료와의 비교 측면에서 그렇지 않나 싶다.

첫째, 문서의 서지적인 검토 측면에서 한국교회사연구소韓國教會史研究所 소장所藏의 「교민조약教民條約」을 자세히 검토해보면, 무엇보다도 뮈텔 주교와 정준시 국장의 서명이 없다는 점이 지적되지 않을 수 없겠다. 실제로 이 조약이 조인調印이 되었다면 양자兩者의 서명이 필수적이었을 터인데, 전혀 흔적조차 없다. 또한 이 조약이 기재記載된 용지가 분명 내부內部의 인쇄지인 점 역시 간과해서는 안 될 것이다. 내부에서 마련해온 안案에 불과하지, 실제로 체결된 것은 아니지 싶다. 그러므로 이 「교민조약」 원본은 뮈텔과 정준시 사이에 정식으로 조인되어 효력을 지닌 게 아니었던 것으로 판단된다.

둘째, 이 「교민조약」을 내용적인 측면에서 분석해보면, 우선 과연 이게 '조약'이라고 할 수 있을까 싶은 의구심이 짙게 들게 되는데, 다름이 아니라 '조약'이란 용어가 사전적인 의미와 용례로 비추어볼 때 부적절하다고 생각되는 것이다. 모름지기 '조약'은 '국제법國際法 하에서 2개 이상의 국가 사이에 맺어진 계약 또는 서면약속을 의미'하며, '나라와 나라 사이에 맺은 법적 구속력을 가지는 약속'을 가리키는 것인즉[21], 최근 이에 대해 '정교조약政教條約Concordatum'적 성격을 띤 '교민조약'으로 성립된 것으로 파악하는 견해가 피력되었지만[22], 천주교를 대

21) 『브리태니커 사전』 등 사전들의 '조약' 항목 참조.
22) 李元淳,「韓末의 教案과 教民條約」,『韓國天主教會史研究(續)』, 한국교회사연구소, 2004, p.265. 한편으로 李元淳은 이와는 전혀 달리「朝鮮末

표하면 했지 프랑스 정부의 그것이 아닌 뮈텔 주교와, 내부內部의 지방국장인 정준시가 체결했다고 해서 이를 '조약'이라고 이름 붙인 것 자체가 대단히 국제적 관례에 어긋나서 적절치 못하다는 느낌이 든다.

아울러 그 내용에 있어서 다른 무엇보다도 제7조 중 '주교와 지방국장이 서로 사실을 밝혀 상의하여 일을 결정할 것이요, 여기서도 천편擅便치 못하면 지방국장은 대신大臣에게 아뢰고 주교는 공사公使에게 보고하여 공정함에 이르도록 할 것'이라는 대목이 서로의 격에 잘 어울리지 않는다고 판단된다. 주교와 지방국장을 마치 동격同格인 양 설정하고 있는 게 그렇고, 또한 지방국장地方局長은 내부內部 대신大臣의 지휘 감독을 받는 처지에 있으므로 그에게 아뢴다고 한 게 지극히 타당하겠으나 주교主教는 종교 지도자로서 결단코 공사公使에게 문자 그대로 보고해야 할 위치에 있지도 사실 그럴 수도 없는 상호 관계에 있는 터이므로 더욱 그렇다고 여겨진다. 이러한 내용상의 문제점들로 해서 뮈텔 주교는 정준시가 초안을 잡아 온 이 「교민조약」에 대해 별반 깊은 관심을 쏟지도 탐탁하게 여기지도 않았음이 분명한데, 이 점은 뮈텔 자신이 남긴 다음의 일기 기록에서 충분히 감지할 수 있다고 본다.

(7)3월 10일
鄭駿時가 또 찾아왔다. 그는 내부의 민사국장과 천주교 교구장 간에 체결할 조약 초안을 가지고 왔다. 요컨대 그 문서는 좋은 취지에서 작성된 것이긴 하지만, 내가 서명하는 것은 어려울

期社會의 '教案' 研究」, 『歷史教育』 15집, 1973; 『韓國天主教會史研究』, 한국교회사연구소, 1986, pp.232-233에서는 '1899년의 教民條約은 閔德孝 主教와 內部 地方局長 사이에 체결된 것이기에 條約이라고 부를 수 없는 約定書이다. 즉 조선왕국 내의 한 사회조직의 대표와 정부의 관계관 사이에 조약된 約定文書였던 것이다'라고 한 바가 있다.

것 같다. 왜냐하면 그 중 여러 조항은 불필요하고, 또 존재 가
치가 있는 조항들도 십중팔구 지방 당국에 의해 잘못 해석될
것이고, 따라서 피해야 할 장애들이 다시 일어날 것이기 때문
이다.[23]

뮈텔이 남긴 이 기록으로 보아 이 당시에「교민조약」이 체결
되지 않았던 게 분명하다고 단언하면 과연 억측에 지나지 않는
것일까. 또한 이를 통해 이 조약의 초안을 정준시가 마련해 왔다
는 사실도 명확히 드러난다. 그리고 뮈텔 주교가 이 초안에 대해
서 탐탁하지 않게 여긴 이유도 잘 적혀져 있다고 보이는데, 첫째
는 내용 가운데 불필요한 조항들이 있고, 둘째 지방 당국에 의해
십중팔구 잘못 해석될 소지가 많고, 셋째 이 조약이 체결된다손
치더라도 뮈텔 자신의 표현 그대로 그야말로 '피해야 할 장애들
이 다시 일어날 것이기 때문'이었다. 이러한 점들로 비추어「교
민조약」이 이때에 뮈텔과 정준시 사이에 실제로 체결되었다고는
결코 여겨지지 않는다고 하겠다.

그리고 셋째로는 다른 자료들과 견주어 비교해보더라도 이「교
민조약」이 당시에 체결되었다고는 생각되지 않는데, 다음의『독
립신문』기사와 비교해보면 이러한 생각이 타당하다는 것을 금방
알기 어렵지 않다.

(8)「특별약됴」
교 ᄒᆞᄂᆞᆫ 사ᄅᆞᆷ들이 그 세력을 빙ᄌᆞ ᄒᆞ야 힝픠ᄒᆞᄂᆞᆫ 일이 혹 잇
다ᄂᆞᆫ 고로 ᄂᆡ부 디방 국장 정준시씨가 종현 교당에 가셔 민쥬
교 덕효시로 더브러 특별히 약됴를 뎡 ᄒᆞ야 교인들이 혹 죄에
범 ᄒᆞ면 각기 쇼장 관원들이 잡아다 즁벌 훌터이니 ᄒᆡ 교 에
셔ᄂᆞᆫ 죠곰도 두호를 말나고 작뎡ᄒᆞᆫ다더라.[24]

23)『뮈텔 주교 일기』 II 1896-1900, 한국교회사연구소, 1999, p.370.
24)『독립신문』1899년 5월 22일 2면 잡보;『독립신문』5, 한국문화개발사,

이 기록에서 특히 주목해 좋을 것은, 내부內部의 지방국장地方局長 정준시鄭駿時가 종현鐘峴 교당敎堂(현재의 명동 성당)에 가서 민덕효 閔德孝 즉 뮈텔 주교主敎와 더불어 특별히 약조約條를 정하여 죄 지은 천주교인들을 처벌할 터이니, 해 교중에서는 조금도 두호斗護를 말라고 '작정한다더라'고 대목이다. 즉 이렇듯이 맨 마지막에 '작정한다더라'고 한 것은, 이 기사가 『독립신문』에 게재된 1899년 5월 22일까지도 이런 내용의 약조約條가 뮈텔 주교와 정준시 국장 사이에 채 체결되지 않았음을 드러내주는 것이라 보아서 옳겠다.

1976, p.450; 『독립신문』 4, LG상남언론재단, 1996, p.118.

제5절 1901년 제주도 「교민화의약정」 체결과 천주교 반대 세력과의 갈등 해소

1886년 「한불조약」의 체결 이후 각지에서 벌어진 수많은 교안教案 가운데서도 최대의 규모였고 최악의 참사로 기록되고 있는 것은 1901년 제주도濟州道에서 벌어진 이른바 신축교안辛丑教案이었다. 이는 흔히 '제주교안濟州教案' '신축교난辛丑教難' '이재수李在守의 난亂' 혹은 '제주민란濟州民亂'이라 불리기도 하는데, 당시 제주도 지역의 주민들이 천주교의 성직자聖職者 · 교인教人들과 이들을 제외한 도민道民으로 두 패로 갈라져 서로 조직을 갖추고 나름대로 무장을 한 뒤 거듭 각지에서 충돌하다가 제주성濟州城을 중심으로 공방전攻防戰을 벌이고, 제주성이 함락된 후 천주교 교인들이 수백 명 학살당한 사건이었다.[25]

---

25) 崔奭祐, 「한국 천주교회사와 辛丑教案」, 제주 선교 100주년 기념 심포지엄 발표문, 1997; 『韓國教會史의 探究』III, 한국교회사연구소, 2000, p.194 및 李元淳, 「李在守의 亂을 생각한다 ―辛丑教案의 의의―」, 『가톨릭신

이러한 사건이 일어나기 전, 천주교가 제주도에 유입된 것은 1899년부터로, 주로 화전민층, 일부의 향리층, 그리고 유배인들을 중심으로 보급됨으로써 향촌사회 내부의 기존 질서를 동요시켜나 갔고, 더욱이 제주도에 파견된 페네(Peynet,裵嘉祿裵嘉祿)·김원영 金元永 및 라크루(Lacrouts구마슬,具瑪瑟) 신부가 제주본당濟州本堂 및 한논성당을 설립하여 전교에 힘 기울여 신자가 증가하는 추세 였다. 이들 선교사의 치외법권治外法權과 지방관의 관권官權이 충 돌하면서 관권의 약화를 가져왔을 뿐만 아니라 그런 가운데 선교 사의 위세에 편승해서 세례 신자와 나아가 예비 신자들까지도 교 세教勢에 가탁假託할 지경으로 제주도의 천주교 세력이 더욱 강해 졌으며, 이에 따라 긴장이 고조되어 가다가 결국에는 신축년辛丑 年(1901) 2월에 오신낙吳信洛 사망死亡 사건이 터지고 천주교회 측과 이들을 제외한 제주 도민들 사이에 무력 충돌로 치닫게 되 었던 것이다.26)

당시 이 신축교안辛丑教案 소식이 서울에 전해지자 뮈텔 주교는 프랑스 공사 플랑시에게 이를 전하였고, 그는 5월 13일과 14일에 걸쳐 조선 외부外部에 선교사와 신자들에 대한 보호 요청을 하였다. 하지만 요구 사항이 제대로 이행되지 않자, 그는 중국에 머물고 있 던 프랑스 극동 함대에 군함 파견을 요청하였고, 그에 따라 파견된 프랑스 전함에 신임 제주도濟州道 목사牧使와 푸아넬(Poinel) 신부 등이 타고 5월 31일 제주에 입항한 뒤에야 해결의 실마리를 찾게 되었다. 당시 천주교회에서는 신축교안 자체를 '폭동'으로 인식하

문』, 1999;『韓國天主教會史研究(續)』, 한국교회사연구소, 2004, p.281.
26) 朴贊殖,「한말 제주지역의 천주교회와 '濟州教案'」,『한국 근현대사 연 구』4, 1996, pp.92-94 및 李元淳,「李在守의 亂을 생각한다 ─辛丑教案의 의의─」, 앞의 책, 2004, p.285. 이 밖에 朴贊殖,「濟州教案에 대한 一檢 討─소위 '三義士'의 활동을 중심으로─」,『濟州道研究』8, 1991와 朴贊 殖,「'房星七亂三'과 '李在守亂義'의 주도세력에 관한 새로운 자료」, 『耽羅文化』16, 1996 등도 크게 참조된다.

고 여기에 참여한 도민들을 '폭도'로 규정하였으며, 심지어 라크루 신부는 이들을 이끈 이재수李在守를 '학살자'로 규정하고 있었는데, 6월 11일 이재수 등이 체포됨으로써 현지의 소요가 차츰 평온해졌다.27) 이런 가운데 7월 2일에 이르러서 천주교인들과 그 외의 제주도 도민들 사이에 화의和議를 다지기 위한 약정約定이 체결되게 되는데, 그 전문은 다음과 같다.

(9)「教民和議約定」

大韓國政府가 友邦의 宜를 念ㅎ야 西教의 禁을 弛ㅎ고 外人을 保護ㅎ는되 島俗이 愚蠢ㅎ야 入教혼 者는 能히 分을 安ㅎ고 教를 守ㅎ지 못ㅎ야 藉勢ㅎ야 行臆을 ㅎ고 入教치 아닌 者 朝家의셔 外人을 保護ㅎ는 意를 念치 아니홀 教堂을 疾視ㅎ야 셔로 仇敵이 되야 今番의 灾禍를 釀成하야스니 싱각건되 平民과 教民이 다 갓치 大韓赤子라 同胞誼를 存ㅎ민 宜ㅎ거늘 一室之內의 干戈를 互尋ㅎ야 언덕의 붓는 불과 갓치 可히 救滅치 못ㅎ게스니 엇지 傷心치 아니ㅎ랴 玆에 大韓國察理使與濟州牧師 三邑長官이 大法國 傳教士와 會同ㅎ야 差約을 訂立ㅎ야 民으로 ㅎ야금 迷치 아니케ㅎ야 後 弊를 杜ㅎ니 訂혼 바 條款을 左에 開列

一. 西教는 朝家의셔 禁치 아니ㅎ는 빅라 民된 져 맛당의 朝家本意를 恪遵ㅎ야 可 히 妄毀치 못홀지니 만일 教를 毀ㅎ거ㄴ 入教한 ㅅ람을 凌蔑ㅎ는 者가 有ㅎ면 이는 決斷코 弊民이라 地方官이 隨規嚴禁홀 事

二. 入教與否 該民의 目願을 從할거시니 强入ㅎ미 不可혼지라, 從前 教徒가 洗洗이 教册을 勒授ㅎ는 弊가 有ㅎ니 맛당이 教堂으로서 隨規嚴禁ㅎ고 만일 勒授를 放혼 民이 告官ㅎ는 境遇의는 勒授教民을 自官으로 無碍이 懲治ㅎ고 教徒의 願入혼 者도 맛당이 그 人品과 行爲를 察ㅎ야 許入할 거시요 雜流를 濫受ㅎ야 後弊를 生케ㅎ미 不可할 事.

---

27) 崔奭祐, 「한국 천주교회사와 辛丑教案」, 앞의 책, 2000, pp.201-202.

三. 平民教民이 均是 大韓人民이요 民事刑事는 係是地方官의 權限이니 敎堂의셔 侵損을 得홈이 無할 事.

四. 敎民과 平民이 相訟ᄒ야 敎人이 抑鬱히 落訟홈을 傳敎師가 分明이 知한 경우에는 맛당이 地方官의긔 說明ᄒ야 各別이 査實ᄒ야 從公決處할 事.

五. 從前敎民이 敎堂의 一入ᄒ면 官長으로 더부러 相抗하고 儼然이 法司로 自處ᄒ야 平民을 推捉ᄒ야 刑囚를 任意로 ᄒ니 不公不法함이 此에 甚함미 無ᄒ지라 嗣後의 만일 이러흔 惡習이 有ᄒ거던 地方官이 捉致痛繩ᄒ고 敎堂의셔도 該敎民을 黜敎ᄒ야 袒護치 못할 事.

六. 從前 敎民이 人에 田土를 奪ᄒ고 人의 塚墓를 掘ᄒ고 人의 妻妾을 奪하며 虛債를 勒捧ᄒ고 雜稅를 濫收ᄒᄂ 許多弊端을 가히 勝言치 못ᄒ야 平民의 切骨之怨이 되얏스니 嗣後의 만일 이런 弊風이 更有ᄒ거든 地方官이 捉致痛繩ᄒ고 敎堂의셔도 該敎民을 黜敎ᄒ야 袒護치 못할 事.

七. 敎民이ᄂ 平民이나 有罪흔 者가 敎堂의 逃避ᄒ거던 該地方官이 一面으로 傳敎師의게 說明ᄒ고 一面으로 差使를 發ᄒ야 搜捉ᄒ되 敎堂이 該犯人을 容庇치 못할 事.

八. 地方官이 敎民을 査問事가 有ᄒ야 傳令으로 推捉ᄒ거ᄂ 혹 招待ᄒ라ᄒᄂ듸 該民이 敎에 入함을 藉恃하고 즉시 待令치 으니ᄒ거던 原罪外의 倍를 더ᄒ여 嚴勘할 事.

九. 立約後의 平民과 敎民이 宿釁을 棄ᄒ고 셔로 恤睦을 存홀지니 만일 或 異類로 指目ᄒ야 셔로 關涉지 안커ᄂ 或 前事를 挾憾ᄒ야 凌蔑을 ᄒ거든 地方官이 隨間嚴禁ᄒ야 各各 그 分을 守ᄒ고 生을 安ᄒ게 할 事.

十. 敎民의 被害흔 者가 數가 夥多흔지라 그 家屬이 分散流離ᄒ여 오히려 還集지 못ᄒ니 實로 可矜흔 일이라 맛당이 各其 洞으로 ᄒ여금 招諭安集ᄒ야 失所치 말게 ᄒ고 隨宜存恤ᄒ야 隣里의 厚誼를 敦케할 事.

十一. 今此訂約흔 後의 各村의 事理를 識ᄒᄂ 民은 스스로 約을 遵ᄒ야 違홈이 無ᄒ려니와 無知흔 小民은 文字를 不識ᄒ야 或 約을 違ᄒ고 和를 傷할 慮가 有ᄒ니 約文을 眞諺으로 翻謄

ᄒᆞ야 邑村의 揭付ᄒᆞ고 各該里綱으로 一一曉諭ᄒᆞ야 ᄒᆞ여금 條約을 故犯ᄒᆞ여 스스로 罪淚의 陷흠이 無케할 事.

十二. 此約文을 六件을 繕寫ᄒᆞ야 各官과 傳教師가 署名捺章ᄒᆞ야 一件은 外部의 上送ᄒᆞ고 四件은 一牧三郡의 留置ᄒᆞ고 一件은 敎堂의 留宜ᄒᆞ야 永久이 憑信흠을 昭할 事.

光武 五年 七月 二日

大韓國 各官官職 姓名 捺章

西曆 一千九百年 七月 二日

大法國 傳教師 姓名 捺章[28]

이 「교민화의약정教民和議約定」은 필사본筆寫本의 형태로 한국교회사연구소韓國教會史研究所 소장所藏의 「뮈텔문서」에만 오로지 전해지고 있는 것으로, 전문前文과 12개 조항으로 구성되어 있음을 알 수 있다. 이 문서에서는 명시되어 있지 않지만, 천주교를 대표하여 라크루 신부, 정부를 대신하여 찰리사察理使 황석연黃耆淵·제주濟州 목사牧使 이재호李在護 그리고 도민道民을 대표하여 제주濟州의 3읍邑 장관長官이 체결하여, 800여 명의 학살자를 낸 불행한 사건이 재발하지 않도록 하려 했던 것이다. 전문前文에서는 '대한국정부大韓國政府가 우방友邦의 의宜를 염念ᄒᆞ야 서교西敎의 금禁을 이弛ᄒᆞ고 외인外人을 보호保護ᄒᆞᄂᆞ되'라고 있음에서 드러나듯이 「한불조약」의 기본 정신을 이을 것임을 명시하는 동시에, '싱각건되 평민平民과 교민敎民이 다 갓치 대한적자大韓赤子라 동포의同胞誼를 존存ᄒᆞ믹 의宜ᄒᆞ거늘'이라 하여 천주교인 역시 일반 도민들과 마찬가지로 대한의 적자임을 천명하였다. 그리고 12개 조목에서는 제1조의 '서교西敎ᄂᆞ 조가朝家의셔 금禁치 아니ᄒᆞᄂᆞ 빅라 민民된 져 맛당의 조가본의朝家本意를 각준恪遵ᄒᆞ야'라는 대목에서 적시

<hr>

28) 「뮈텔문서」 (M-Mutel, 한국교회사연구소 소장) 1901; 제주 143. 이 문서의 원본 사진은 노용필, 「천주교 신앙 자유 획득과 선교 자유 확립」, 『敎會史研究』 30, 한국교회사연구소, 2008, pp.194-199에 있으므로 이를 참조하기 바란다.

한 바와 같이, 천주교를 인정하는 바탕 위에서 재발 방지에 대한 근본 대책을 마련한 것이어서 매우 상세한 사안까지 규정하고 있는 것이다.

이 약정約定이 제목에서 명시된 바처럼 교敎 · 민民의 갈등을 완전히 해소시켜 화의和議를 이루게 하지는 못했으나, 이에 따라 제주도의 지방관 및 토착 세력의 처지에서 볼 때는 천주교의 외국인 선교사 등이 치외법권治外法權을 한껏 누릴 수 없게 규정함으로 해서 자연히 관권官權 및 향권鄕權을 회복하기에 이르렀고, 반면에 천주교는 조가朝家 즉 조정朝廷에서 금하는 게 더 이상 아니므로 제주도 내에서는 천주교인을 반대세력들이 능멸하거나 박해하면 이제는 그들을 지방관이 징치懲治하도록 규정함으로써 천주교로서는 오히려 보호를 받을 수 있게끔 되었다.[29] 비록 이 「교민화의약정」이 제주도의 지방관 및 토착 세력들과 천주교 성직자 사이에 맺어진 것에 불과하여, 프랑스와 조선 사이에 외교적인 차원에서 맺어진 조약條約과는 차원이 달랐다는 한계는 분명한 것이었다. 그렇다고 할지라도 이 약정문은 효력이 미치는 지역이 불과 제주도에 한정된 것이기는 하지만 천주교 신자들이 신앙의 자유를 차츰 획득하고 인정받아 가는 과정을 낱낱이 전해주는 하나의 예로써 역사적인 의미가 적지 않다고 할 수 있겠다.

---

29) 李元淳,「韓佛條約과 宗敎自由의 문제」, 앞의 책, 1987, pp.90-92 및 崔奭祐,「한국 천주교회사와 辛丑敎案」, 앞의 책, 2000, pp.206-207.

제6절 1904년 「교민범법단속조례」 제정과 천주교 선교 자유의 확립

　신축교안辛丑敎案이 1901년 7월 「교민화의약정敎民和議約定」의 체결로 진정되고, 천주교 신자들이 신앙의 자유를 차츰 획득해가고 있었을지언정, 그것은 어디까지나 제주도 지역에 한정된 것에 불과하였다. 다름 아니라 특히 해서지방海西地方 즉 황해도黃海道에서는 여타 지역의 다른 교안敎案과 비교해 규모가 크고 기간이 긴 교안들이 이 시기를 전후하여 연이어 터지고 있었기 때문이다. 이렇게 여러 곳의 해서지방에서 장기간에 걸쳐 일어난 통칭通稱 해서교안海西敎案은, 더더군다나 개신교改新敎까지 개입되어 있어 문제 자체도 아주 심각하고 복잡하며 심각한 상황으로 전개되고 있었다.[30]

---

30) 崔奭祐, 「海西敎案의 硏究」, 『한글성서와 겨레문화』, 기독교문사, 1985; 『韓國 敎會史의 探究』 II, 韓國敎會史硏究所, 1991, p.413.

이러한 해서교안에 있어서 단초가 되어 이후 크게 영향을 크게 끼치게 되는 일련의 사건이, 1896년부터 1898년까지에 걸쳐 신천信川·해주海州·안악安岳 지방을 무대로 발생하였다. 사건의 중심에는 늘 새로이 천주교에 입교한 안태훈安泰勳(안중근安重根의 부父)과 이 지역의 초대 본당신부 빌렘(Wilhelm, 요셉, 한국명 홍석구洪錫九)이 있었다. 천주교의 교세 확장에 대해 제동을 걸려고 하는 각 지방의 군수郡守 및 황해도黃海道 감사監司에게 안태훈이 앞장서서 저항하면서 문제는 불거졌고, 결국 관리들이 그를 체포하여 가두자, 빌렘 신부가 나서서 이를 석방해주도록 요구하면서 사건은 점차 커지게 되었던 것이다. 그러다가 1900년대에 들어서서는 여타 지역으로 번지면서 교안이 확대일로를 걷게 되었는데, 구체적으로 열거하면 1900년의 옹진甕津사건, 1902년의 황주黃州·(재령載寧의) 신환포新換浦·(봉산鳳山의) 은파銀波사건, 1903년의 장연長淵·재령載寧사건 등이 그것이었다.[31]

이러한 일련의 서해교안에 대한 천주교의 입장과 정부 관리들의 견해 사이의 차이는 타협의 실마리가 찾아지는 것처럼 보이다가도 다시 원점으로 되돌아감을 몇 차례 거듭하였으며, 게다가 프랑스 공사公使 프랑시(de Plancy,갈림덕葛林德)의 외교적 개입은 더욱 문제가 꼬이게 하기도 하였다. 그러자 정부에서는 외부外部 교섭부장交涉局長 이응익李應翼을 1903년 1월에 해주·장연·신천군 사핵사査覈使로 임명하였다가 2월에는 해주사핵사海西査覈使로 직함을 바꾸어 파견하면서까지 진상을 파악하여 처리하려고 하였지만, 이후 빌렘 신부 등 관련자들에 대한 재판 회부를 기화로 천주교 측의 끊임없는 문제 제기로 더욱 복잡한 양상을 띠었

---

31) 이 사건들을 가장 확산된 시점을 기준으로 연도별로 정리하기는 했지만, 각각 사건의 발단은 그 이전인 경우도 있는데, 장연 사건과 같은 예가 그러하다. 이 사건에 대한 상세한 내용은, 崔奭祐,「海西敎案의 硏究」, 앞의 책『韓國 敎會史의 探究』II, 1991, pp.417-439 참조.

다. 그러다가 프랑시와 교체되어 1903년 10월에 부임한 프랑스 대리공사代理公使 퐁트네(de Fonteney, 풍도래馮道來)의 제안으로 새로운 전기를 맞이하기에 이른다. 그가 해서교안을 포함한 제주 등지의 모든 현안에 대해 신속한 해결을 요청하자, 정부에서도 이를 받아들여 재판을 진행 중인 평리원平理院에서 속히 법대로 판결하고 이를 매듭지을 것을 대답하였던 것이다. 결국 해서교안에 대한 평리원의 최종 판결문이 1903년 12월 21일자로 공포됨으로써 해서교안은 끝을 맺게 되었던 것이다.[32]

이렇게 하여 해서교안이 가까스로 해결되고 나서 6개월쯤밖에 지나지 않은 1904년 6월 3일에 이르러 대한제국의 외부대신外部大臣 이하영李夏榮은 프랑스 대리공사 퐁트네에게 보낸 글을 통해 프랑스인 선교사들이 지방에 선교를 하는데 우리나라의 불량한 무리들이 그야말로 (곧 제시할 인용문에서 드러나듯이) '범과작간犯科作奸함이 무소부지無所不至하고 종종사안種種事案이 층견첩출層見疊出한다'고 하면서 그 처리에 여러 가지 어려움이 생겨나므로 이를 근절시키기 위해 적절한 조치가 필요하다는 의중을 밝혔다. 다분히 해서교안의 처리 과정에서의 불만을 여전히 느끼고 있었던 데에서 비롯한 것으로 여겨지는데, 그러면서 이러한 조치는 천주교의 전교傳敎 활동을 억제하기 위한 게 결코 아니라 다만 앞으로 있을 수 있는 불상사를 미연에 방지하지 하기 위해서 「한불조약韓佛條約」의 취지에 벗어나지 않도록 마련한 것이라는 설명을 사전에 하고는 「교민범법단속의고敎民犯法團束擬稿」을 제시했다.

다만 당시의 이런 사실을 『제국신문帝國新聞』에서 소개하면서 표제表題를 「선교조약宣敎條約」[33]이라 한 점이 참고가 될 것이다.

---

32) 崔奭祐,「海西教案의 研究」, 앞의 책, 1991, pp.439-455.
33) 『帝國新聞』光武 8年 6月 6日의「宣教條約」
   이왕부터 말이 있던 법국 선교사에 관한 조약을 일간 법국공사와 외부대

즉 대한제국의 외부대신이 직접 프랑스 공사에게 이와 같이, 두 국가 사이에 이미 체결된 「한불조약」의 내용에 준하여 제안했으며 또한 새로이 체결된 것이므로 지금껏 연구자들이 그랬듯이 편의상 「선교조약宣教條約」이라 불러 무방할 수도 있다.[34) 하지만 이것이 우리 정부 측 원문에는 「교민범법단속조례教民犯法團束條例」로 되어 있었던 듯하며, 그리하여 『구한국외교문서舊韓國外交文書』 법안法案 가운데서도 제1929호의 제목을 다음에 제시하는 바대로 「범법교민犯法教民의 단속團束을 위爲한 조례작성건條例作成件」으로 표기하고 있음을 간과해서는 안 되리라 여겨진다. 따라서 「교민범법단속조례」를 이 문서의 정식 명칭으로 삼는 게 타

신이 체결하야 조인할 터인데 그 조약은 여달가지로 성립하얏는데,

일은, 법국선교사가 한국내지에서 선교하는데 대하야 인민을 억지로 권유치 못할 일

이난, 법국선교사가 한국내지에 있을 때에 토지와 가옥을 매입하고 또 건축할 일,

삼은, 법국선교사가 한국내지에 유람할 때에는 외부 호조장을 가지고 지방관의 보호를 받을 일

사난, 교인이 타인에게 송사를 당하거나 또 법률을 범할 때에는 한국관리가 심사하야 공평하게 판결하되 은휘치 못할 일,

오난, 교민이 법을 범하거나 또 타인에게 송사를 만나 관청에서 라치할 때의 법국 선교사에게 거접한 곳의 숨어있으면 한국관리가 라치하되 만홀이 드러가지 못할 일,

육은, 법국선교사는 한국의 민사와 형사의 소송에 간섭치 못하되 교무에 관하여 불복할 때에는 법국공사에게 공소하야 한국외부와 교섭할 일,

칠은, 교민이 교무를 자탁하고 스스로 불법한 행위를 행할 때에는 법국선교사가 엄중히 금지하되, 만일 중벌할 때에는 그 지방관리에게 공소하야 조률치판할 일,

팔은, 세쇄한 조목은 한국외부대신과 법국공사가 추후의 장정을 더 마련할 일이라고.

李元淳,「韓佛條約과 宗教自由의 문제」, 앞의 책, 1987, pp.92-93 참조.

34) 李元淳,「朝鮮末期社會의 '教案' 研究」, 앞의 책, 1986, p.233 등에서는 '宣教條約'이라 줄곧 표기하였는데, p.235에서는 '宣教條約=教民犯法團束條例'라고 하였다.

당한 게 아닌가 한다.[35]

(10)「犯法教民의 團束을 爲한 條例作成 件」
敬啓者 貴國宣教士在本國地方遊歷以來 我民蓋徒每倚進教爲護符
犯科作奸無所不至 種種事案層見疊出 雖迭經查辨 未悉隱情 恒多
謬轕 是不啻交涉之殷憂 抑非傳教之本意 亟應善籌良方 彼此遵守
永遠相安 本大臣向日奉晤 與有同意 爰酌現在情形 幷察將來憂慮
繕成條例 槪不外乎兩國已訂條約之旨 諒亦貴公使應無異見 尙望
照諒 須賜覆音 訂日畫押 以便佈知貴國教師泊我國地方各官遵照
毋違 寔合公允也 除將該擬稿一道送備查閱外 耑此函佈 仍頌泰安
　　　　　六月 三日　　　　　　　　　　　　　李夏榮 頓

　　附. 教民犯法團束擬稿
　一. 法國宣教師가 韓國內地에 遊歷호時에는 必히 外部護照를
帶往호되 地方官은 此에 對호야 妥爲保護홀 事
　一. 法國宣教師가 本教各儀을 隨意自行호되, 韓民中浮浪輩의
有意托教作弊者와 逃法附教者는 一切嚴拒홀 事
　一. 教民 中 本國人이 被人控告호거나 有犯法律홀 時에는 應
由本國官員으로 審査호되 公平判決호야 毋得偏庇케홀 事
　一. 教民 中 本國人이 犯法或被控호야 由官收拿홀 時에 法國
教師 寓所에 在逃호거던 韓國官役에게 立卽押交호되 韓國官役

─────────────

35) 이는 앞서 살핀 바와 같이 1899년의「教民條約」은 명칭이 '條約'일
지라도 체결 당사자가 天主教의 首長인 뮈텔 주교와 정부 당국자인 內部
의 地方局長 鄭駿時로 되어 있었을 뿐만 아니라 정작 그 체결의 실제 여
부조차 신용하기가 의심스러운 측면이 있는 것이었으므로 차치하더라도,
1901년의「教民和議約定」은 내용상 천주교인의 처지에서는 신앙의 자유
획득에 보탬이 되는 구체적인 규정들이 적지 않게 들어가 있으나 辛丑教
案을 解消해가는 과정에서 濟州道에서 지방관 및 토착 세력의 대표들과
천주교의 그 지방 본당 신부 사이에 맺어진 그야말로 '約定'이었다는
점과 뚜렷한 대비가 되는 것이라 하겠다. 그러므로 이를 종합 정리하여
1866년의「한불조약」, 1901년의「教民和議約定」그리고 1904년의「教民
犯法團束條例」라고 사용하는 게 옳을 것 같다.

이 毋得擅入홀 事

一. 法國宣敎師가 韓國民刑事訟에 切勿干預ᄒ되 敎事에 關ᄒ
야 不服ᄒ 處가 有ᄒ거든 法國公使에게 控訴ᄒ야 韓國外部와
交涉妥辦홀 事

一. 韓國官吏가 法國敎儀事案에 切勿干預ᄒ되 法國宣敎師가
不法行動이 有ᄒ 境遇에ᄂ 韓國外部에 報明ᄒ야 法國公使와 交
涉ᄒ야 召喚或懲辦홀 事

一. 敎民 中 本國人이 藉托敎勢ᄒ야 自行不法ᄒ거든 法國宣敎
師가 嚴行禁斷ᄒ되 懲罰홀 境遇에ᄂ 該地方官吏에게 交付ᄒ야
照律處斷케홀 事

一. 未悉細條ᄂ 韓國外部大臣과 法國公使가 追加商定홀 事36)

외부대신外部大臣 이하영李夏榮이 프랑스 대리공사代理公使 퐁트
네에게 제안한 이 조례條例의 초안은, 그로부터 3일 후인『제국신
문帝國新聞』에 보도된 바와 비교해 보면 약간의 차이가 나는 대
목이 있음을 알 수 있는데, 이렇게 차이가 나는 것은 혹 양국간
의 교섭에 의해 다소간에 조정이 이루어졌기 때문이 아닐까 싶기
도 하지만 잘 알 길이 없다. 또한 대한제국大韓帝國과 프랑스 정
부 사이에 정식으로 조인調印되었는지 아닌지도 사료史料의 부족
으로 사실을 판단할 수는 없다.37) 이미 이 해 2월에 러일전쟁이
개시되면서 일본군이 서울로 침입하여 각종 건물을 점유하고 군
사적 위세를 떨면서 위협하여 이른바「한일의정서韓日議定書」를
성립시킴으로써, 일본이 한국 내 '군사상 필요한 지점을 수용'
할 수 있게 되어 한국의 자주권 중 가장 중요한 일부를 강탈당한
상황이었으므로38), 한국 정부가 프랑스와 이런 문제를 둘러싼 깊

36)『舊韓國外交文書』제20권 法案 2, 高麗大學校 亞細亞問題硏究所, 1972,
　　pp.458-459.
37) 李元淳,「朝鮮末期社會의 '敎案'硏究」, 앞의 책, 1986, pp.234-235 참조.
38) 李愚振,「러·일전쟁과 한국문제」, 한국정치외교사학회 편,『한국외교사』
　　I, 집문당, 1993, p.345.

숙한 논의조차도 하기 어려운 상황이어서 더 이상 진전이 이루어지지 못하지 않았을까 추측할 따름이다.

그렇기는 할지라도 이 「교민범법단속조례教民犯法團束條例」에 드러난 바의 특징은 한편으로는 천주교 프랑스 선교사들의 활동을 일정하게 제약하는 내용을 담고 있으면서, 또 한편으로는 그들의 선교 자유를 인정하는 내용도 함께 포함하고 있었다는 점이라 생각된다. 前者는 제5조목에서 프랑스 선교사의 민·형사 소송에 대한 간섭을 불허한다든가, 제6조목에서 프랑스 선교사의 불법 행위 적발 때 外部를 통해 프랑스 공사와 교섭해서 소환 혹은 징벌할 수 있게 하겠다거나, 제7조목에서 교민教民들의 '자탁교세藉託教勢'와 '불법자행不法自行'을 프랑스 선교사의 엄행금단嚴行禁斷하되 징벌懲罰 때는 지방관을 통해 법률法律에 따라 하겠다는 것에서 노출되어 있다. 그리고 後者는 제1조목에서 프랑스 선교사에 대한 지방관의 신변 보호를 명시함은 물론 제2조와 제6조에서 프랑스 선교사의 교의教儀 즉 종교적宗教的 제의祭儀 곧 미사 집전 등을 인정한 것, 그리고 제4조에서 교민教民 범법자犯法者가 프랑스 선교사의 숙소에 머물더라도 한국 관리들이 함부로 들어가지 못하도록 규정한 것 등에서 명료히 드러나고 있다고 하겠다.

「교민범법단속조례」에 나타난 이러한 면면들을 종합하여 가장 공통되는 핵심을 적시한다면, 결국 대한제국의 법률에 입각하기만 하면 천주교 프랑스 선교사들의 자유로운 선교 활동을 보장하고 있다는 점이라 할 것이다. 바꾸어 말하자면 법률에 위배되지 않는 한 일상적인 천주교 측의 선교 자유는 아무런 제약 없이 명확히 확립되었음을 천명闡明하고 있는 것이라 하겠다. 그러므로 1904년의 이 「교민범법단속조례」는 그 제정制定의 제안자提案者인 외부대신 이하영이 프랑스 대리공사 퐁트네(Fonteney)에게 보낸 글에서 밝힌 바대로 기본적으로 천주교의 선교 활동을 억제하기 위한 게 결코 아니라 다만 앞으로 있을 수 있는 불상사를 미연에 방지하지 하기 위해서 「한불조약」의 취지에 벗어나지 않도록 마련한 것이었기에, 그만큼 천주교의 선교 자유 확립에 국가적으로 합법성을 띨 수 있게 해주었다는 데에 역사적 의미가 있다고 하겠다.

제7절 맺음말

지금까지 1886년 프랑스 정부와 한국 정부 사이의 「한불조약韓佛條約」, 1899년 천주교의 뮈텔 주교와 내부內部 지방국장地方局長 정준시鄭駿時 사이에 체결되었다는 「교민조약敎民條約」 문제, 1901년 제주도의 「교민화의약정敎民和議約定」, 1904년 「교민범법단속조례敎民犯法團束條例」 등의 분석을 중심으로 19세기말부터 20세초까지 한국 천주교회사의 여러 측면을 조망하여 보았다. 그럼으로써 각 조약의 체결 혹은 약정約定·조례條例 등의 제정制定이 지니는 역사적 의미가 무엇이었는가를 정리해보려고 했던 것이다. 그리하여 각각의 조약·약정 및 조례 등의 체결에 있어 한국 정부의 입장에서 볼 때와 천주교 측의 입장에서 볼 때 서로 상이하게 파악되는 점들이 있었음을 지적할 수 있지 않나 생각된다.

우선 한국 정부의 입장에 서서 보면, 1886년 「한불조약」의 체결을 통해 천주교 프랑스 선교사의 여행과 선교의 자유를 허용해 준 듯하면서도 실제로는 이를 전혀 그렇지 않게 운용하고 있었다. 그리고 이후 1899년 「교민조약」, 1901년 제주도의 「교민화의약정」, 1904년 「교민범법단속조례」 등을 통하여 중앙 정부에서건 지방관이건 지속적으로 천주교 세력에 대한 배려와 신앙 및 선교의 자유 보장 보다는 도리어 점차 천주교를 보호하고 문제 발생 때 화의를 다지기 위해서라는 명목만을 추구했을 뿐 범법 행위에 대한 처벌 규정만을 제정해나가고 있었던 것이다.

또한 천주교 측의 입장에서 보자면, 1886년 프랑스 정부와 한국 정부 사이의 「한불조약」이 체결되자 곧 모든 게 해결되어 신앙 및 선교의 자유가 모두 보장된 듯이 여겨졌지만, 실제로는 그렇지 못하여 제약을 받았던 것이다. 그리고 1899년의 「교민조약」, 1901년 제주도의 「교민화의약정」, 1904년 「교민범법단속조례」 등을 통해서 빈번하게 전개되었던 각 지방의 교안敎案들을 해결해 나가는 과정을 거쳐 가고 있었던 것이라 하겠다. 그럴 정도로 천주교회는 시간을 두고 여러 단계를 거쳐 신앙의 자유를 획득하고 선교의 자유를 확립할 수가 있는 길이 어렵사리 열렸던 것이라 하겠다.

한편 천주교회 측과 한국 정부 혹은 지방관과 맺은 게 조약條約에서 약정約定으로, 또 조례條例로 그 외교적 수준이 점차 격하格下되는 추세를 살필 수가 있는데, 이는 그만큼 천주교를 받아들이지 않은 한국민과 천주교 사이의 분쟁紛爭, 즉 교안敎案이 발생했을 때 한국 정부는 그 구체적인 사건들의 해결에 주안점을 두는 방안이 취해지고 있었음을 드러내주는 것으로, 천주교회에서는 이러한 한국 정부의 요구를 현실적으로 수용하면서 차츰 한국의 국내법에 적응해가면서 신앙의 자유를 획득하고 선교의 자유를 확립하는 과정을 걸어가고 있었음을 보여준다고 여겨진다.

끝으로 지금까지의 논의를 통해 파악하게 된, 1886년의 「한불조약」, 1899년의 「교민조약」, 1901년 제주도의 「교민화의약정」, 1904년의 「교민범법단속조례」 체결 및 제정 등을 중심으로

하여 천주교의 신앙 자유의 획득과 선교 자유의 확립 과정이 어떻게 전개되었는가에 대해 이해를 돕기 위해 표로 작성하여 제시해 보이면 다음과 같다.

〈표 1〉 19세기부터 20세기까지의 천주교 신앙 자유의 획득과
선교 자유의 확립 과정

時期	條約·約定·條例의 名稱	천주교 신앙 자유의 획득과 선교 자유의 확립 과정
1866년	韓佛條約	신앙 자유의 토대 구축
1899년	教民條約	(정식으로는 체결되지 않은 것으로 보임) 천주교의 입지 확보
1901년	教民和議約定	천주교 반대 세력과의 갈등 해소
1904년	教民犯法團束條例	선교 자유의 확립

제10장
조선 천주교 순교자현양회의 창립과 발전

제1절 머리말

기왕에 서술되어 전하는 한국천주교회사의 면면을 되짚어가면서 꼼꼼하게 읽노라면, 그 구체적인 내용에 있어서 서로 상충되거나 혹은 종래와는 전혀 다른 일면을 알게 되어, 어떤 게 진실일까를 제대로 알고 싶어져 여느 공부꺼리 보다도 우선적으로 집중하여 살피게 되는 경우가 종종 있다. 여기에서 검토해보려는 조선 천주교 순교자현양회朝鮮天主教殉教者顯揚會의 창립과 발전에 관한 것도 그 중의 하나로, 이 조선 천주교 순교자현양회는 후일 한국 순교자현양회韓國殉教者顯揚會로 탈바꿈하였다가, 현재의 천주교 서울대교구 한국 순교자현양회로 그 뿌리가 이어져 내려오고 있는데, 지금껏 조선 천주교 순교자현양회의 창립과 발전 그리고 이후의 변천에 관해 전적으로 다룬 논문이나 저서는 없는 실정에 있다. 그러면서도 일부의 글에서 이에 대해 상반되는 서술이 행해졌음으로 인하여, 이에 대한 이해에 혼란을 일으키게 하고 있으므로 이를 제대로 밝혀보려는 것이다.

조선 천주교 순교자현양회의 창립과 발전에 관한 서술 가운데 우선 주목되는 것은, 한국천주교회사 전반에 관해 서술하여 지금까지 대중적으로 널리 알려진 류홍렬柳洪烈 박사의 『증보 한국천주교회사增補 韓國天主敎會史』의 다음과 같은 한 대목이다.

(1)그리고 그해 9월 16일은 바로 한국인으로서 최초의 신부가 되어 전교하다가 순교한 김대건 신부의 순교 백주년 되는 기념 축일이었으므로, 그의 거룩한 순교정신을 드러내기 위하여 3일 간에 걸쳐 강연회, 음악회 등이 열리었다. 특히 이 날을 기틀로 하여 1935년에 만들어졌다가 그 후 일제의 탄압으로 활동을 못하고 있었던 한국 순교자현양회(韓國殉敎者顯揚會)가 다시 이루어져서, 이미 진리를 위하여 피를 흘린 1만여 명의 거룩한 순교자들의 공적을 드러내는 일에 손을 대게 되었다.[1]

한국인 최초의 신부 김대건 안드레아의 순교 백주년이 되던 1946년의 일들을 적으면서, "이 날을 기틀로 하여 1935년에 만들어졌다가 그 후 일제의 탄압으로 활동을 못하고 있었던 한국

---

[1] 류홍렬, 「해방 후 교회의 큰 발전」, 『증보 한국천주교회사』 하, 가톨릭출판사. 1962, p.447.
  한편 같은 이의 『간추린 한국천주교회 역사』, 성요셉출판사, 1983, p.155에서는 "서울 교구에서는 윤형중(尹亨重) 신부의 주관 하에 1946년 8월부터 일제 말기에 정간되었던 『경향잡지』를 속간하고, 김대건(金大建) 신부의 순교 1백주년 기념일인 그해 9월 16일에는 한국 순교자현양회(韓國殉敎者顯揚會)를 결성하여 교회사의 편찬, 순교지의 확보 등의 사업을 일으켰다. 그 결과 1949년 2월에는 필자가 지은 『조선천주교회사(朝鮮天主敎會史)』 상권이 출판되었다."라고 하여 이와는 약간 다르게 서술하였다. 그야말로 '간추린' 것이라서 애초부터 그렇겠지만, 이 글에서는 (앞서 보았듯이) 자신의 먼저 저서 『증보 한국천주교회사』 와는 달리 1939년의 조선 천주교 순교자 현양회의 발회와 관련해서 전혀 언급이 없다. 반면에, 앞의 책에서와는 전혀 달리 이글에서는 이러한 순교자 현양회의 결성 등이 윤형중 신부의 주관 하에 이루어졌다는 사실을 적고 있음은 특기할 만하다고 하겠다.

순교자현양회가 다시 이루어져서…"라고 언급하고 있는 것이다. 이를 보면, 1939년 9월 16일에 이미 한국 순교자현양회가 창설되었었지만, 일제의 탄압으로 활동을 못하고 되었었음을 헤아릴 수가 있다. 물론 (뒤에서 상론하게 되다시피) 1939년에 창설되었다가 다시 1946년에 이르러 다시 이루어진 것은 한국 순교자현양회가 아니라 명칭이 조선 천주교 순교자현양회이지만, 그렇다고는 하더라도 이 글에서 분명히 새길 수 있는 것은 당시에 '일제의 탄압으로' 활동을 하지 못하게 되었던 점이라 하겠다.

그런데 근자에 나온 다른 책에는 이와는 전혀 상반되게 적고 있는 게 있어 당혹스럽기 그지없다. 문규현(바오로, 1949. 01.01-1979. 05.03 사제 수품) 신부의 『민족과 함께 쓰는 한국천주교회사』 중 몇몇 대목이 그러한데, 좀 장황한 듯하지만 너무 줄여서 인용하면 혹 오해의 여지를 남길 수도 있지 않나 싶어 이해를 돕기 위해 가능한 한 적혀 있는 그대로를 옮겨 적어보면 다음과 같다.

(2)(가)황국신민화의 오명으로 얼룩진 순교자 현양운동」
1937년 말부터 시작되었던 순교자 현양운동은, 신사참배 문제와 뚜렷하게 대비되어 우리가 특별히 짚어보지 않으면 안 되는 주제입니다. 죽음을 두려워하지 않고 신앙의 진리와 믿음을 기꺼이 증거한 순교 선조들을 깊이 기리는 일은 살아 있는 이들의 의무요 기쁨입니다. 이런 일이 일제치하에서 전개되었다면 당연히 특별한 관심을 갖게 마련일 듯합니다. 혹여 민족운동 안에서 순교정신을 녹여내고자 했던, 그런 어떤 것은 아니었을까 하는 기대감 때문입니다.
1939년은 기해박해 100주년이 되는 해였습니다. 이 순교 백주년을 기념하기 위해 『경향잡지』는 1937년 말부터 순교비 건립의 필요성을 호소하기 시작합니다. …(중략)… 문제는, 이 순교비 건립운동에로 교우들을 불러일으키는 내용이 '속안의 생각'과는 달리 황국신민의 충정으로 가득 차있었다는 점입니다. 당

국과의 마찰을 미리부터 막아보자는 생각에서였는지는 모르겠습니다.[2]

(나)「순교정신으로 반공 투쟁에」

…(중략)… 돌아보건대 분명 일제 때도 순교 정신은 무척 강조되었습니다. 더욱이 개해박해 100주년이 되던 1939년은 '순교자 현양운동'으로 보내었기도 합니다. 일제 때의 '순교 정신'이란 노예 살이 하는 민족의 운명에 비추어 봤을 때 얼마나 기대에 찬 것이었겠습니까. 모르고 생각하자면, 그건 더 확인할 것도 없이 민족운동에의 과감한 투신을 의미하는 것일 게다고 단정 짓게 됩니다. 그러나 조금만 신경 써서 그 때의 순교 정신이란 무엇이었나를 살펴보면 차라리 역사를 묻어버리고 싶은 충동에 젖어들 정도로 부끄러운 과거였음을 알게 됩니다. 속내야 어찌 되었든 민족 앞에 보여준 교회의 순교 정신, 순교자 현양이란 일제에 철저히 충성하고 맹종하는 황국신민으로서의 치열한 자세를 의미했습니다. 일제에 무릎을 꿇고, 그와 타협하고 탄압을 피해가는 순교 정신이란 게 이미 순교 정신일 수 없었건만, 그 내건 구호조차 '총후국민의 본분'과 '종교보국'이었던 것입니다.[3]

혹은 "당국과의 마찰을 미리부터 막아보자는 생각에서였는지는 모르겠다[글 (가)]"혹은 "속내야 어찌 되었든[글 (나)]"이라 하면서도, "문제는, (1939년의) 이 순교비 건립 운동에로 교우들을 불러일으키는 내용이 '속 안의 생각'과는 달리 황국 신민의 충정으로 가득 차있었다는 점[글 (가)]"이며, "조금만 신경 써서 그 때의 순교 정신이란 무엇이었나를 살펴보면 차라리 역사를 묻어버리고 싶은 충동에 젖어들 정도로 부끄러운 과거였음을 알게 된[글 (나)]"다고 적고 있는 것이다. 기실 당시의 조선 천주교 순교자현양회에서 [글 (나)의 끝 부분에 적혀 있듯이] '총후국민

---

2) 문규현, 『민족과 함께 쓰는 한국천주교회사』, 빛두레, 1994, pp.226-227.
3) 문규현, 『민족과 함께 쓰는 한국천주교회사』II, 빛두레, 1994, pp.108-109.

의 본분'과 '종교보국'을 구호로 내건 경우도 있었던 것은 사실이므로[4] 어느 누구도 부인할 수 없는 노릇이고, 이러한 일제시대의 불미스런 점에 대해 이미 새로운 2000년을 맞으면서 공식적으로 한국 천주교회가 민족 앞에 사죄한 사실이 있어 두말할 나위가 없다.

그렇다고 하더라도 역사적으로 옥석을 분명히 가려 옳은 것은 그렇게, 그른 것 역시 그렇다고 적어두어야 하는 게 마땅할 것인데, 과연 조선 천주교 순교자현양회의 활동과 발전에 대해서는 어찌 보는 게 합당할 것인가? 이 점을 제대로 살피기 위해서는 최우선적으로 당시에 이를 직접 주관하고, 이와 관련된 수많은 기록을 당시 천주교회의 공식 기관지였던 『경향잡지』에 게재하였을 뿐만 아니라, 후일에 책 제목에까지 '순교자현양회'를 넣어 이와 관련된 사실들을 소상히 밝힌 윤형중(마태오, 1903. 4.29 -1979. 6.15, 1930. 10.26 사제 수품) 신부의 『복자수녀원과 순교자현양회와 나』라는 책을 상세히 분석함이 당연하리라 보는데, 저자가 이 책을 쓰게 된 계기를 다음과 같이 밝히고 있음을 특히 오늘날의 우리들이 되새김해 볼 필요가 있다고 느낀다.

(3)사람의 됨됨이, 관찰력과 판단력, 용기와 수완, 그리고 양심의 씀씀이……. 처음엔 털끝처럼 작은 것 같지만 그대로 뻗어 나가서는 천리의 격차를 낸다. 그래서 마침내 정국은 자꾸만 뒤틀려 나간다. 내가 펜을 들고 이 글을 쓸 때 어떤 것은 꽤 자세히 수록하게 된 동기가 여기에 있다.
가톨릭교회도 사람들의 모임인 이상, 이 원리에서 제외되지는 못한다. 이런 의미에서 내가 체험한 것 중 그럴듯한 것만을 추리고 추리어 실어 보자니, 이처럼 길어져 나의 회고록 비슷하게 되었다. 이 책이 일반 대중을 상대로 하지는 않는 한정판이

4) 『경향잡지』 1939년 9월호, pp.387-388; 뒤에 있는 주 11)의 인용문 참조.

졌고, 또 대부분은 지도적 위치에 있는 사람들 손에 들어가겠기에, 비교적 펜을 자유롭게 놀렸다.

50대 이상의 독자들 중 교회에 관심을 가졌던 분은 그동안 일이 그렇게 되었구나 하고 알아듣는바 많을 것이오, 젊은 세대의 독자들은 우물 안의 일들이요 아이들 장난 같은 것들을 왜 수록했는가 하고 무심히 지나쳐버리는 일들이 많을 것이다. 그렇다. 아이들 장난 같은 일들이 참 많다.

21세기로 넘어간다.

한국 가톨릭교회의 역사적 과정에 있어서 20세기 후반기는 가장 중요한 대목임을 알아보는 가톨릭 사학자들이 있을 것이다. 이들 중에는 이 책을 흥미롭게 파고드는 이들이 있을 것을 나는 지금 미리 내다 본다.

1971년 9월 26일 저자 아룀[5]

좀 길다싶게 인용한 것은 그래야만 저자의 집필 의도를 보다 분명히 캐낼 수 있다고 믿어졌기 때문이다. 적어도 3가지 점에서 이 서문을 주목해 봄 직하다고 생각한다.

첫째, 그야말로 "처음엔 털끝처럼 작은 것 같지만 그대로 뻗어나가서는 천리의 격차를 내"므로, "이 글을 쓸 때 어떤 것은 꽤 자세히 수록하게 된 동기가 여기에 있다"고 설파하고 있음이다. 보기에 따라서는 사소해 보이는 것일지라도 상세히 쓰겠다는 것을 분명히 하고 있는 것이다.

둘째, "길어져 회고록 비슷하게 되었"지만, "이 책이 일반 대중을 상대로 하지는 않는 한정판이겠고, 또 대부분은 지도적 위치에 있는 사람들 손에 들어가겠기에, 비교적 펜을 자유롭게 놀렸다"고 솔직담백하게 서술해 놓았음이다. 이를 통해 교회 내부의 속사정을 있는 그대로 드러낸 대목도 적지 않음을 느끼기에

---

5) 윤형중, 「머리말」, 『福者修女院과 殉教者顯揚會와 나』, 한국순교복자수녀회, 1972, pp.4-5.

전혀 부족하지 않다고 본다.

셋째, 끝 부분에서 "21세기로 넘어간다. 한국 가톨릭교회의 역사적 과정에 있어서 20세기 후반기는 가장 중요한 대목임을 알아보는 가톨릭 사학자들이 있을 것이다. 이들 중에는 이 책을 흥미롭게 파고드는 이들이 있을 것을 나는 지금 미리 내다 본다"고 예단하고 있음이다. 누구라도 이 책을 읽노라면, 훗날에 진상이 모두 제대로 밝혀지길 저자 자신이 간절히 발라고 있었음을 느끼게 될 것이다.

이러한 심경까지 토로해 놓은 저자의 집필 의도로 보아, 이 책에 담긴 내용들은 자신이 그토록 가장 중요하게 여긴 20세기 후반기의 역사가 제대로 규명되어 지기를 간절히 소망하는 데에서 있었던 그대로 서술된 것임을 인정해서 옳을 것으로 본다. 따라서 적어도 조선 천주교 순교자현양회 관련 기록으로서의 진실성을 판단함에 있어, 말할 것도 없이 『경향잡지』 등에 게재된 다른 기록들 그리고 그 자신의 유고집 『진실의 빛 속을』 과의 상호 대조가 빠져서는 아니 되겠지만, 그것이 충족되는 한에 있어서는 이 책에 적힌 내용들이 가장 상세하면서도 보다 분명한 기록이라 하지 않을 수 없겠다.

제2절 1939년 조선 천주교 순교자현양회의 발회와 좌절

1939년에 이르러, 1839년에 있었던 기해박해 백주년 기념으로 순교자현양을 위한 단체 결성이 추진되어 조선 천주교 순교자현양회가 입회되던 중 수포로 돌아갔음은 이미 언급한 바가 있다. 이제 그것의 자세한 경위를 살피고, 궁극적으로는 그것이 일제의 탄압으로 좌절된 것인지, 아니면 일부의 주장처럼 다만 황국신민의 충정으로 가득 차있었던 것인지 여부를 조망해 보아야 하겠다.

(1)조선 천주교 순교자현양회의 발회와 윤형중 신부의 역할

조선 천주교 순교자현양회의 발회는 구체적으로 어떤 배경에서 이루어졌으며, 그 과정에서 윤형중 신부는 어떠한 역할을 했던 것인가? 이를 살피기 위해서는 아래의 기록을 검토해볼 필요가 있다.

(4)1939년 봄이다. 이번 백주년에 순교자들을 현양하기 위한 무슨 회를 결성하는 것이 필요하다고 느꼈다. 그래서 그 해 5월 신부 피정 때 元주교께 그런 이야기를 하고 Colloquium(대화)시간을 한 번 얻어, 모든 신부들에게 취지 설명을 하고, 이런 일은 신부들의 협력 없이는 될 수 없으니 의향이 어떠냐고 문제를 내 놓았다. 신부들은 만장일치로 찬성함과 동시에 모든 것을 위임한다고 격려까지 해 주었다.
그래서 동지들을 모아「조선 천주교 순교자현양회」의 규정을 만들어 모든 교구장들과 신부들에게 초안을 보내어 의견을 물었고, 다시 회합하여 검토하고 수정한 끝에 순교자 현양회 규정을 만들어『경향잡지』(1939년 9월호)에 발표하였다.[6]

여기에서는 1939년 봄 신부들의 피정 때, 원형근元亨根,라리보 Larribeau 주교主敎의 허락을 득하고 난 후 취지 설명을 해서 신부들의 찬성으로 조선 천주교 순교자현양회를 결성하게 되었음을 서술하여 밝혀 놓았다. 하지만 그 과정에는 다른 교구의 주교들이 반대하여 적지 않은 진통이 있었던 듯하다.
이 글이 게재된 같은『경향잡지』1939년 9월호의 기록에 보면 "발회식 후부터는 본 회가 허락된 지방(경기도 · 충청남도 · 충청북도 · 전라남도 · 황해도) 동지들의 입회를 받아들이기로 하였으니…"라고 하였고, 특히 9월 8일자로 발기인회의 명의로 되어 있는「주의」사항 란에는, "다른 주교 각하들의 윤허하심이 내리는 대로 본 잡지에 발표하겠거니와 윤허할 때까지는 그 관리 지역(경상남도 · 경상북도 · 강원도 · 함경남도 · 함경북도 · 평안남도 · 평안북도 · 연길교구)에서 입회를 신청하는 것은 비록 개인적으로 할지라도 관리감목의 승낙이 없이는 일체 받지 않기로 되었으니

---

6) 윤형중, 앞의 책『福者修女院과 殉敎者顯揚會와 나』, p.14. 이 보다 상세한 경위에 대한 기록은 윤형중,「순교자 현양회」,『진실의 빛 속을』(유고집), 가톨릭출판사, 1989, pp.129-130에 적혀져 있음이 참고가 된다.

교회 어른들의 의향에는 털끝만치라도 어그러지지 않으려고 부득이 이런 태도를 취하게 된 우리의 순교적 심정을 이해하여 주기 바란다[7])"라고 적고 있을 정도였다.

이 보다 자세한 일련의 사정에 대해서는 윤형중 신부의 유고집 기록에 담겨 있는데, "취지문과 규칙서를 라틴어로 번역하여 인쇄하였다. 그것을 각 교구 주교들에게 보내어, 각기 그 교구 안에서도 인준하여 주기를 청하였다. 그 때 교구는 서울·대구·평양·전주·원산·연길 교구뿐이었다. 그런데 외국인 주교들은 모두 거부하는 회답을 보내왔다. 그 이유인즉 일반이 생활난에 허덕이고 있는 형편이므로 그런 회를 반포할 시기가 아니라는 것이었다. 그 이유를 그때도 나는 인정치 않았지만, 지금도 인정치 않는다[8])"고 기록해두고 있는 것이다. 그럼에도 불구하고 윤형중 신부는 조선 천주교 순교자현양회를 전국적인 조직을 갖추어야 한다는 생각을 관철시켜갔다. 이에 관련해서는 다음의 기록이 크게 참조가 된다.

(5)당시에는 (지금도 그런 의견이 없지 않지만) 여러 교구 연합회 형식을 취하는 것이 더 효력 있지 않겠느냐는 의견이 꽤 강력하였지만, 나는 1933년 주교회의에서 결의된 출판사업의 경험이 있는지라, 이것을 반대하여 순수한 동지들로만 구성되도록 주장하였다. …(중략)… 그러니까 순교자 현양회가 서울에서 창설은 되었지만, 엄격히 말하면 서울교구의 사업은 아니다. 고로 당시 元주교께서는 " …(중략)… 이런 회를 세울 생각은 우리가 먼저 한 것은 아니나, 우리 앞에 제출된 바를 즉석에서 인정하여 찬성하고 준허한다."고 설명하셨다.[9])

---

7) 『경향잡지』 1939년 9월호, pp.395-396.
8) 윤형중, 「순교자 현양회」, 앞의 책 『진실의 빛 속을』, pp. 131-132.
9) 윤형중, 『福者修女院과 殉敎者顯揚會와 나』, 한국순교복자수녀회, 1972, pp.14-15.

이를 통해 조선 천주교 순교자현양회가 교구 연합회의 성격을 띠게 되면, 일찍이 1933년의 출판 사업이 그러했음을 경험했듯이 사업을 추진해나감에 어려움을 겪게 될 것임을 깨달아 굳이 전국적인 단체로 결성하였다는 사실을 알 수 있다. 그래서 서울의 원라리보 주교의 인가를 얻어내 서울에 창설하였지만, 서울교구의 사업이 아님을 분명히 하고 있었으며, 또한 중앙위원의 선정에 있어서도 '순수한 동지들로만 구성되도록 주장'함으로써 자신과 뜻이 통하는 인사들로 엮었다는 점을 드러내고 있음을 알겠다.

이러한 우여곡절을 겪으면서도 의지를 굽히지 않고 끝내 규정까지 마련하여 [앞의 인용 기록 (4)에서 이미 보듯이] 『경향잡지』 1939년 9월호에 게재하였다는 사실이 확인되는데, 그 규정은 아래와 같다.

(6) 「조선 천주교 순교자현양회 규정」
제1장 총칙(總則)
제1조 본 회는 조선 천주교 순교자현양회라 칭함
제2조 본 회는 조선 천주교 순교자 현양과 존숭(尊崇)을 목적으로 하며 이로써 천주교 신앙의 강화(强化)와 홍포(弘布)를 기(期)함
　제3조 본 회의 주보는 「치명자의 모후」로 함
　제4조 본 회는 경성부 명치정 이정목 일번지 천주교회내에 치함
　…(중략)…
제38조 본 회의 경과와 사업 보고는 경향잡지로써 발표함
제39조 본 회의 규정은 각위 고문 주교와 교구장의 의향을 따라 중앙위원회에서 변경할 수 있음
　부칙(附則)
창립 당시 중앙위원은 발기인회에서 천거한 신부급 교우 중에서 주교의 승인한 자로 함
(제10조의 4와 제33조의 2는 본 규정을 먼저 열위 주교와 신

부쳐 드렸던바 적절히 지시하시는 분의 의견을 따라 그 후 추가한 것임) -끝-10)

우선 이러한 규정의 제2조에서 "조선 천주교 순교자 현양과 존숭尊崇을 목적으로 하며 이로써 천주교 신앙의 강화强化와 홍포弘布를 기期함"을 목적으로 삼고 있음을 명시하였음이 눈에 띈다. 이는 조선 천주교 순교자현양회의 성격을 명실 공히 잘 반영한 것이며, 아울러 이로써 이 회가 결코 '황국 신민의 충정으로 가득 찬'게 아니었음이 분명해진다고 하겠다.

또 한편으로는 경과와 사업 보고를 제38조에서 『경향잡지』로써 발표한다고 한 것은, 이 잡지를 윤형중 신부 자신이 맡고 있었으므로 그 자신의 주도로 모든 게 이루어질 것임을 명시한 것과 다름없었다고 보인다. 다른 한편으로는 규정 변경에 대해 마지막 제39조에서 중앙위원회에서 변경할 수 있다고 하면서 「부측副則」에서 창립 중앙위원은 '신부급 교우'로 하기로 했음을 명시한 것이 흥미롭다. 당시 발표된 중앙 위원 가운데 위원장으로 선임된 김윤근 요셉 신부 외에 이기준 토마스 신부, 노기남 바오로 신부, 윤형중 마태오 신부 등 4인의 신부 위원 외에 같은 수의 4인의 교우 위원이 선임되었음이 확인되는데, 조종국趙鍾國(말구, 종현청년회 회장), 장면張勉(요안, 동성상업학교 교장), 박병래朴秉來(요셉, 성모병원 원장), 박대영朴大英(벨나도, 약현청년회 회장) 등이 그들이다. 이들은 당시에 교우 가운데 명망가들로, 특히 당시에는 가장 큰 영향력이 있던 종현(현 명동성당)과 약현(현 중림동성당)의 청년회 회장들을 포함시킨 것은 순교자현양회의 추진력을 확보하기 위한 것으로 풀이된다.

이들과 더불어 출범 당시 중앙위원회에는 간사幹事 9인을 두었

10) 『경향잡지』 1939년 9월호, pp.397-402.

는데, 휘문중학교의 교유(敎諭,현재의 교사敎師)인 장발張勃(장면의 동생,루수)·정지용鄭芝鎔(방지거), 동성상업학교의 교유인 이동구李東九(분도)·한창우韓昌愚(분도)·류홍렬柳洪烈(노렌조), 화가 이순석李順石(바오로), 조각가 윤승욱尹承旭(루수), 성모병원 의사 최상선崔常善(말딩), 신문기자 최일준崔一俊(고스마) 등이 이들로[11], 전문직 분야에서 활동하던 교우들로 구성되었음을 알 수 있는데, 간사 9명을 모두 교우들로 채울 만큼 중앙위원회를 '신부급 교우', 즉 대표적인 평신도를 중심으로 운영하려 하였다고 분석할 수 있겠다. 그리고 이들은 모두 [앞의 기록 (5)에서 명시된 바대로] 윤형중 신부와 뜻을 같이 하던 '순수한 동지'들이었다고 해서 과언이 아닐 것이다.

한편 이들의 진용을 갖추고 조선 천주교 순교자현양회에서 추진하고자 했던 바는, 「조선 천주교 순교자현양회 발기인회의 성명」의 부제로 "가톨릭 신앙강화信仰强化는 우리 순교자로! 가톨릭 진리홍보眞理弘報는 우리 순교자로!"를 취하고 있음에도 여실히 드러나듯이 신앙의 강화와 가톨릭 진리의 홍보였음이 분명하며, 이를 위해 성명의 첫 대목에서, '1.우리 순교자를 극력 현양할 필요'라고 제목을 단 것도 그러한 데에 따른 것이었다고 보인다.

그 첫째 목적인 신앙의 강화를 위해, 내용의 첫 단락에서, "우리 조선들의 장엄한 순교백주년을 당하여 생각하면 우리가 지금 품고 있는 신앙이 우리 조선들의 신앙과 질적 내용으로는 아무런 분별도 있지 않음은 물론이나 그러나 그의 견고함에 있어서는 우리 조선들로부터 멀리 떨어져 있지나 않은가 하는 염려는 금할 수 없다"는 우려를 표명하고, "신덕의 광명을 잃지 않고 구령의 언덕에까지 안전히 도달하기 위하여는 우리 일반 가톨릭 대중의

---

11) 중앙위원 9인과 중앙위원회 간사 9인의 명단과 그들의 사회적 직함에 대해서는 『경향잡지』 1939년 9월호, pp.394-395 참조.

신앙을 더한층 강화시킬 필요가 있고 또 이 신앙 강화는 만대의
사표가 되는 우리 순교조선들을 효법함으로써 하는 것이 가장 적
절하다"고 강조하고 있는 것이다.

그리고 그 둘째 목적인 가톨릭 진리의 홍보를 위해, 그 둘째
단락에서, "눈을 들어 현금 우리 사회를 바라보면 아직도 별별
종교 유사단체가 발호하여 종교의 본직에 어긋나는 여러 가지 행
동을 감히 취함으로써 일반 미신자들의 정신을 혼미하게 하여 이
들로 하여금 종교의 그릇된 관념觀念을 갖게" 한다는 점을 지적
하고, "이들 앞에 우리 교회의 본질을 밝혀 불행한 그 영혼들에
게 일조의 광명을 보이기 위하여는 교리상 설명이나 변론으로써
만 할 것이 아니라 사실을 들어 깨우쳐야 하고 사실 중에는 과거
백년 이래 바로 이 땅에서 되었고 또 홀로 가톨릭만 가지고 있는
바 찬란한 순교 사실을 드는 것이 가장 적절하다고 인정한다"라
밝히고 있는 것이라 하겠다.[12] 요컨대 가톨릭 신앙의 강화와 진

---

12) 『경향잡지』 1939년 9월호, pp.386-387.
  다만 그 다음의 단락에 "이렇게 우리 순교조선들로서 우리의 신앙을 강
  화시키고 가톨릭의 진리를 선전하는 것은 자기와 타인의 구령상 교회의 발
  전상 크게 유익할 것은 물론이오 한 걸음 더 나아가 이것은 또한 훌륭한
  보국(報國)운동이 됨을 우리는 확신하는 바이니 현금 제국에서는 흥아대업
  을 목표로 하고 나아가는 비상시국에 처하여, 빛나는 성공을 볼 때까지 모
  든 국민에게 괴로움과 가난을 참아 받아가며(忍苦鍛鍊) 각자 자기 직무에
  충실하여 총후국민의 본분을 철저히 지키기를 극력으로 권고하고 장려하는
  이 때 우리는 진리, 정의, 의무를 위하여는 양심을 다하고 생명을 다하는
  「순교정신」을 체득하고 실행함보다 더 효력 있는 「종교보국」을 생각할
  수 없다."고 서술함으로써, 오늘날 비판의 여지가 생겼음을 지적하지 않
  을 수 없다. 문규현, 『민족과 함께 쓰는 한국천주교회사』, 빛두레, 1994,
  pp.226-227. 김정송, 「일제하 민족문제와 가톨릭교회의 위상」, 『교회사연
  구』 11, 1996, p.125. 윤선자, 『한국 가톨릭 문화 유산과 절두산 순교 기념
  관』, 절두산 순교 기념관, 1999, p.52.
  그렇다고는 할지라도 바로 문제가 되어 비판거리가 되었던 이런 구절들
  바로 그 뒤를 이어서, "비록 위에 말한 바가 시대에 적절하고 우리에게

리의 홍보를 위해서도 조선 천주교 순교자현양회의 결성을 꾀하게 되었다는 것이다.

당시에 이렇듯이 조선 천주교 순교자현양회가 결성을 꾀할 때, 이러한 일련의 일들이 윤형중 신부를 중심으로 하는 인사들의 활약으로 비록 성사되고는 있었지만, 그 무엇보다도 교회사적으로 의의가 있다고 여겨지는 것은, 순교자 현양이 무엇보다도 절실하다는 공감대가 당시 천주교회 내에서 이루어져 여기에서부터 분출된 것이라는 점이 아닐까 생각한다. 당시의 이런 사실에 대해서는 다음의 기록이 있다.

(7) 「무서운 정신」

결국은 일본세력권 내에서 그리스도교와 그의 신앙을 추방하려 드는 날이 장차 이를 것이오 그렇게 되면 박해·군난을 또 다시 만날 것은 빤하게 내다보이는 바로서 그 추세를 살핀 유지신부들은 그 대책으로 지금부터라도 생명을 용감히 버리는 「순교정신」으로써 교중 사상을 무장(武裝)시킬 필요를 느끼게 되고 유지 교우들 중에도 치명과 치명자에 대한 강론을 자주 들려주기를 청하는 자 종종 있었다.

그리하여 순교정신으로 무장할 필요가 있다는 이 점만 놓고 볼지라도 우리 순교자들을 현양할 필요가 있다 하여 1939년 순교 백주년 기회에 조선천주교순교자현양회를 세우려고 만반 준비를

필요하나 그러나 이것은 우리 순교조선들을 현양치 않고는 결코 실현될 수 없는 것이니, 우리 순교자들의 현양 정도를 따라 거기서 나오는 결과가 크기도 할 것이오 적기도 할 것은 필연한 귀결이다. 이에 우리는 일반 앞에 우리 순교조선들을 하늘까지 들어 높일 필요를 절실히 느끼나니 …" 라고 명시한 것을 오늘날 결코 가벼이 평가해서는 안 된다고 생각한다. 일제 당국자들이 주장하고 요구하는 바가 이루어지기 위해서도 우리 순교조선들을 현양치 않고는 안 되며, 문맥 그대로 "이에 우리는 일반 앞에 우리 순교조선들을 하늘까지 들어 높일 필요를 절실히 느끼"고 있다고 토로하고 있음을 있는 그대로 분명히 잘 읽어야 할 것으로 본다.

서서히 진행한 후 그 규정을 관할 경찰서에 보내어 집회 허가
를 청하였더니 경찰서에서는 그 규정을 다 읽어본 후 이런 행
사는 모두 종교적이오 따라서 치안을 방해할 염려는 조금도 없
는 좋은 것이라 하여 즉석에서 허락하기를 주저하지 않았다.13)

이 기록 중, 일제가 그리스도교를 추방하려는 날이 곧 오리라
는 위기감이 팽배해지면서, 그러면 또다시 박해와 군난을 만날
것이 명백한 추세에서 신부들 가운데서 그 대책으로 순교정신으
로 사상 무장할 필요를 느끼게 되었을 뿐더러, 일제의 야욕이 종
교 분야에서도 적나라하게 드러나고 있는 이런 상황 속에서 교우
들도 치명과 치명자에 대한 강론을 자주 들려주기를 청하는 경우
가 종종 있었다고 하는 대목에서, 당시 천주교회 내에서 순교자
현양에 대한 공감대가 폭넓게 확산되어 가고 있었음을 읽을 수
있겠다. 그리하여 순교 정신으로 무장하기 위해 순교자들을 현양
할 필요가 있어 조선 천주교 순교자현양회를 세우려 만반의 준비
를 하였고, 관할 경찰서에서는 집회 허가를 즉석에서 허락하기를
주저하지 않아 모든 일이 순조로이 다 성사되는 듯하였다.

(2)일제의 금지령에 의한 발회의 좌절
처음에는 전혀 문제가 없이 모든 게 잘 될 것 같았다. 하지만
끝내는 일제의 금지에 의해 발회 자체가 성사되지를 못하고 말았
다. 이 어간의 상세한 상황 반전에 대해서는 윤형중 신부는 아래
와 같이 술회해 두었다.

(8)모든 준비가 다 되어 당시(本町) 경찰서(지금 중부서)에 우
리가 이런 일을 하겠다고 현양회 규정서를 제출하였더니 좋다
는 허락이 왔다. 그래서 발회식을 9월 24일(1939년)에 열기로

13)「그 동안에 …(四)」, 『경향잡지』 1946년 11월호, pp.57-59.

「경향잡지」에 발표하였다. 그런데 동 22일 경찰서에서 그 발회식을 그만두라고 통지가 왔다. 그 이유를 물은즉 자기들도 잘 모르겠다하며 총독부 경무국의 지시라 한다. 경무국에 달려가 보았더니 경기도 경찰부로 가라는 것이었다. 경찰부의 말인즉 지금 대동전쟁중인데 국민의 정신통일이 필요하므로 정신을 분산시키는 그런 회를 허락할 수 없다는 기정방침이 서있다고 한다. 우리는 눈물을 머금고 그만둘 수밖에 없었다.

그런데 이것은 표면에 내세우는 이유에 불과하였다. 그 다음 다른 방면을 통하여 알아보았는데, 총독부 경무국에서는 왕명에 불복하고 자기들 신앙을 위하여 죽은 사람들을 현양한다는 그 현양회의 정신은 대일본제국 천황폐하의 명령에도 자기들 신앙에 맞지 않으면 죽을지언정 복종치 않겠다는 사상도 은연중 포함된 것이니 이것을 허락할 수 없다는 것이었다. 과연 하급 관리보다 고급 관리의 보는 안목이 다르다고 느꼈다.[14]

오늘날의 명동 성당 지역을 관할하던 당시 본정 경찰서(현재의 중부 경찰서)에 현양회 규정서를 처음 제출하였을 때는 좋다고 했다가는, 정작 9월 24일의 발회식을 이틀 앞둔 22일에 그만두라는 통지가 와서, 끝내 총독부 경무국까지 가서 확인할 결과 전쟁중인데 정신통일에 위배되는 그런 회를 허락할 수 없다는 방침에 따라 허락이 되지 않았음을 알게 되었다고 한다. 하지만 이는 표면적인 이유에 불과하고 내면적으로는, "왕명에 불복하고 자기들 신앙을 위하여 죽은 사람들을 현양한다는 그 현양회의 정신은 대일본제국 천황폐하의 명령에도 자기들 신앙에 맞지 않으면 죽을지언정 복종치 않겠다는 사상도 은연중 포함된 것이니 이것을 허락할 수 없다는 것"이 진정한 이유이더라는 것이다.[15]

---

14) 윤형중, 앞의 책 『福者修女院과 殉敎者顯揚會와 나』, pp.15-16. 이와 유사한 내용의 글은 「그 동안에 …(四)」, 『경향잡지』 1946년 11월호, pp.59-60 에서도 찾아진다.

15) 이와는 약간 다른 표현이 윤형중 신부의 유고집에서는 찾아진다. 『진실의

한마디로 설립의 근본적인 목적이 순교정신을 고양시킴을 통해 궁극적으로 신앙의 강화와 가톨릭 진리의 홍보에 두고 있음을 일제 총독부의 수뇌부가 간파한 나머지, 종내 조선 천주교 순교자현양회의 창립 자체를 결코 허용하지 않았던 것임을 알 수 있겠다. 준비를 다 마치고 조선 천주교 순교자현양회의의 창립을 바로 눈에 두었던 윤형중 신부로서는 필설로 다할 수 없을 만치 참으로 참담하였던 것 같다. 그래서 자신의 글에 당시의 상황에 대해 기술하면서, "발족 예정일이 돌아왔다. 사방에서 축전은 쏟아져 오는데, 우리는 종일 울면서 지냈다."고 하였던 것이라 하겠다.

빛 속을』, 가톨릭출판사, 1989, pp.132-133에 다음과 같은 구절이 있음이 그러하다.

"경찰 부장은 예모 있게 우리를 맞아들였다. 현양회 발족을 허락할 수 없는 이유는, 지금 대일본 제국이 전쟁 중에 있는데, 국민의 마음을 그런 것에로 분산시킬 수 없다는 것이었다. 우리는 순교자 전기나 연구하여 출판하는 것이 정신을 분산시키는 것이 될 수 없으며, 또 천주교 신자는 그리 많지 않은즉, 무슨 큰 영향이 있겠느냐고 반문하였다. 그는 대답한다. 그것은 당신네 견해고, 우리 견해는 그것과는 다르다. …(중략)… 경찰 부장은 완곡히 거부한다."

표면적인 이유는 다른 종교에서 신청하면 차별 대우를 할 수 없다는 것과 정신 분산을 예방하기 위한 것이지만, 실질적으로는 천주교 측에서 순교정신을 고양시켜 나가려는 것에 대해 일제가 미리 알아차리고 제동을 건 것에 불과함을 알기 어렵지 않다.

제3절 1946년 조선 천주교 순교자현양회의 창립과 승인

하늘의 뜻은 조선에 서광을 비추었고, 결국 해방이 되었다. 그리하여 해방 이후 처음으로 1946년 9월 16일 김대건 안드레아 신부의 유해를 모셔놓고 명동성당에서 10시부터 노기남 바오로 주교의 집전으로 장엄한 대미사가 집전되었다. 직후 복자유해 공경행렬이 시작되어 계성여자중학교 광장에 건설한 봉안대 위에 유해를 안치하였으며, 노 주교의 분향과 순교백주년 축사가 연이어 지고 나서, 드디어 조선 천주교 순교자현양회의 창립이 이루어졌다.16)

(1)조선 천주교 순교자현양회의 창립

---

16) 이러한 당일 행사의 상세한 내용은, 「김신부 순교 백주년 경축 상보」, 『경향잡지』 1946년 10월호, pp.31-38 참조. 당일 행사에 관한 사실은 이후도 동일하다.

현장에서 곧이어 이완성 요한 신부의 사회로 조선 천주교 순교자현양회의 역사적 발회식으로 들어갔는데, 먼저 윤형중 마태오 신부의 아래와 같이 마치 현장의 모습을 눈앞에 생생하게 그리는 듯한 서두로 시작되는 취지 설명이 있었다.

(9) 「조선 천주교 순교자현양회 창립 취지」
이제로부터 백주년 전 바로 오늘 9월 16일 지금쯤은 저 한강변 새남터에 오늘 여기처럼 무수한 군중이 모인 그 가운데 우리 복자 김 신부는 뭇 사람의 조소와 모욕을 한 몸에 받고 있는 일개 사형죄수로 얼굴에 회칠을 하고 두 귀에 화살이 꽂힌 그대로 히광이의 칼을 맞아 붉은 피를 뿜고 있을 때입니다.
우리 복자 김 신부를 전후하여 남녀노소 자그만치 일반 수천 명은 천주교를 신봉한다는 죄목 아닌 죄목으로 모두 다 이렇게 원통한 죽음을 당하고 이렇게 장렬한 순교를 하였습니다.
우리는 이들의 원통한 죽음을 이 나라 안에 공식으로 설원(雪冤)시키기 위하여도 이들을 현양할 필요가 있고, 또 이들의 장렬 무비한 순교를 높이 표창하기 위하여도 이들을 현양할 필요가 있고, 또 이들은 진실로 만고에 빛나는 영웅 열사 열녀이오 이 땅에 천주교의 기초를 세워놓은 우리의 조선(祖先) 우리의 위대한 요인이므로 이들을 현양할 필요가 있고, 또 천주를 위하고 교회를 위하여 백절불굴의 기백으로 흔연히 생명을 초개처럼 버리는 그 순교정신을 ― 일제시대 뿐 아니라 앞으로도 우리에게 언제나 필요한 그 순교정신을 이들로부터 우리가 상속받기 위하여도 이들을 현양할 필요가 있고, 또 무수한 순교자의 선혈로 증명된 가톨릭 진리의 태산 같은 권위를 일반 사회에 들어 보이기 위하여도 이들을 현양할 필요가 있습니다.[17]

이 취지서에서 각별히 정리하여 살필 바는 순교자현양의 필요성을 5가지로 들어 역설하고 있다는 점이라 생각한다. 첫째, 이들

---

17) 『경향잡지』 1946년 10월호, pp.34-35.

의 원통한 죽음을 나라 안에서 공식적으로 설원하기 위해서, 둘째, 이들의 장렬한 순교를 높이 표창하기 위해서, 셋째 이 땅에 천주교의 기초를 세워놓은 위대한 조선 곧 신앙 선조이므로, 넷째 우리에게 필요한 순교 정신을 상속받기 위해서, 그리고 다섯째 가톨릭 진리의 권위를 일반 사회에 보이기 위해서 라고 그 필요성을 조목조목 정리하여 제시하고 있는 것이다.

(2)조선 천주교 순교자현양회의 승인과 구성

취지서의 발표가 있고 나서 곧 이어 현양회의 규정이 경리를 맡은 정원진 루카 신부에 의해 봉독되고, 노기남 주교에 의해 다음과 같이 정식으로 현양회를 승인하는 절차는 물론 자신도 특별회원으로 입회함을 밝히는 동시에 중앙위원 선임에 대한 언급이 뒤따랐다.

(10)「승인서」
순교복자 안드레아 김대건 신부의 순교 백주년 기념일을 기하여 조선 천주교 순교자 현양회가 창립되는 것은 가장 의미 깊은 일이라
이에 본회 창립을 정식으로 승인하고 본 주교는 동회의 「특별회원」 으로 입회함
동회 위에 천주의 많은 강복이 있기를 축원하며 많은 교우들이 본회에 입회하여 본회 사업을 원조하며 많은 신익을 받기를 권고함
                      1946년 9월 16일   노주교(인)

조선 천주교 순교자 현양회 규정 제11조에 동회의 중앙위원을 선정하여 주기를 주교에게 청원하였으므로 이에 본 주교는 중앙위원을 이렇게 지정함 (신부위원 4인) 마두 윤신부 위원장, 누까 정신부 경리, 완성 이신부, 서기 금구 장신부 (교우위원 4

인) 말구 조종국, 요한 장면, 요셉 박병래, 벨라도 박대영

1946년 9월 16일　　노주교(인)[18]

노기남 바오로(1902.1.22-1984.6.25,1930.10.26 사제 수품) 주교가 조선 천주교 순교자현양회를 이렇게 승인하고 자신도 직접 특별회원으로 가입하면서 창립에 힘을 실어준 것은 그 자신이 윤형중 마태오(1903.4.29-1979.6.15,1930. 10.26 사제 수품) 신부와 사제 수품 동기 신부라는 점도 작용한 면이 있겠으나, 무엇보다도 크게 영향을 끼친 것은 이미 1939년에 조선 천주교 순교자현양회를 구성할 때부터 자신도 함께 '순수한 동지'로서 동참해 활동해왔다는 점에 있었다고 보여 진다.

한편 신부위원 4인 가운데 위원장 윤형중 마태오 신부 외에 경리 정원진鄭元鎭(루카,1900.10.14-1976.3.5,사제수품1926.5.23) 신부, 서기 이완성李完成(요한,1914.12.25-1954.9.7,사제수품1941.6.24) 신부 그리고 신학교 교장 장금구莊金龜(금구요한,1911.3.6-1997.7.11,사제 수품 1939.6.24) 신부 등으로[19], 이들의 구성을 위원장의 권한으로 윤형중 신부가 하였으므로, 그 자신과 지근한 관계였음에 거의 틀림이 없다. 더욱이 교우위원 4인 조종국 마태오, 장면 요한, 박병래 요셉, 박대영 베르나르도는 모두, 1939년 조선 천주교 순교자현양회 발회 당시의 중앙 위원에 선임되었던 그 인사 그대로였는데, 이들 역시 [앞의 기록 (5)에서 보듯이] 윤형중 신부의 표현 그대로 '순수한 동지들'이었던 터라 이때에도 또한 동참하게 되었던 것이라 풀이된다.

---

18) 『경향잡지』 1946년 10월호, pp.36-37.
19) 신부들의 생몰 연월일 및 사제 수품 날짜 등은 이기명 신부 엮음, 『한국인 가톨릭 사제 서품자』(II), 가톨릭대학교 사목연구소, 1999의 기록에 따른다.

제4절 윤형중 신부의 활약과 조선 천주교 순교자현양회의 발전

1946년에 있은 조선 천주교 순교자현양회의 창립이,[방금 살펴보았듯이] 기획과 추진 그리고 그 중앙 위원의 선임 등이 전반적인 전적으로 윤형중 신부의 활약으로 이룩된 것임은 재론의 여지가 없다. 특히 그가 조선 천주교 순교자현양회를 전국적인 조직으로 성립시키는 데에 초지일관으로 매진하여 성사시켰을 뿐더러 여러 행사를 성대하게 치르는 데에 앞장섰음을 무엇보다도 손꼽을 수 있겠다.

(1)윤형중 신부의 활약과 조선 천주교 순교자현양회의 전국적 조직 성립

1939년에 일제의 탄압으로 조선 천주교 순교자현양회 결성에 있어 한 차례 실패를 크게 맛본 윤형중 신부는, 1945년 해방이

되자 이를 전국적인 규모로 재차 조직하기 위해 보다 주도면밀한 사전 준비를 하였다. 돌이켜 보면 1939년 당시에 비록 일제의 탄압으로 말미암아 성사되지 못했었다고는 하지만, 천주교 내부적으로도 당시 경성교구와 전주교구의 주교만이 조선 천주교 순교자현양회 입회를 허락함으로써 서울과 경기도, 충청 남북도, 전라남도 그리고 황해도 지방에서만 개인이 입회가 가능했을 뿐, 여타 지역의 출신에게는 비록 개인 자격으로도 일체 입회를 허용할 수 없었던 쓰라린 경험이 있었는데[20], 이게 여기에 크게 작용하였던 것이 분명하다. 이러한 면면에 대해서는 아래의 기록들이 있다.

(11)(가)해방이 되었다. 1939년에 설계된 순교자 현양회는 1946년 9월 16일 성대한 의식으로 발족되었다. 역시 내가 중앙위원장으로 선출되어 인준을 받았다. 다른 교구 주교가 서울에 오면 서울 주교관에 유숙한다. 그럴 때마다 나는 순교자 현양회 미사 한 번 드려 주기를 청하였다. 주교로서 이것을 거절할 수는 없다. 그러면 그 일자를 경향잡지에 발표하여 나갔다. 이렇게 구렁이 담 넘어가는 식으로 순교자 현양회를 전국적인 것으로 만들어 버렸다. 1939년의 불유쾌한 기억이 있었기 때문이었다.[21]
    (나)나는 이런 체험이 있는지라, 그래서 1939년 순교자 현양회를 결성할 때, 그의 구성을 교구연합체 형식을 취할 것이 아니라, 동지들의 규합을 위주로 할 것이라고 주장하여 관철시켰던 것이다. 당시 총독부 경무국의 제지로 인하여 현양회가 발족은 못되었지만, 서울 교구와 전주 교구를 제외한 다른 교구 주교들의 태도는 어떠하였던지는 위에서 말한 바 있다.[22]

20) 『경향잡지』 1939년 9월호, pp.395-396의 〈주의〉 사항 참조.
21) 윤형중, 「순교자 현양회 발족」, 『진실의 빛 속을』(유고집), 가톨릭출판사, 1989, p.143.
22) 윤형중, 앞의 책 『福者修女院과 殉敎者顯揚會와 나』, p.271.

(다)이렇게 노주교의 입회를 따라서 元 주교도, 대구 주 교구
장, 전주 김 교구장도 입회하였고 그 후 초대 교황 사절 방 주
교도 입회하였다. 여기서 다시금 밝혀두거니와 엄격히 따지자면
현양회가 서울에서 이렇게 발회식을 가졌지만 그것이 서울 교
구의 사업은 아니었다.[23)]

　　윤형중 신부는 서울에서 만난 지방의 주교들에게 순교자 현양
회 미사 한 번 드려주기를 청하고 그 일자를 『경향잡지』에 발표
하는 식으로 해서, 본인의 표현으로는 '구렁이 담 넘어가는 식으
로[(가)]' 순교자현양회를 전국적인 것으로 만들었다. 이는 1939
년에 서울과 전주 교구를 제외하고는 다른 교구의 주교들이 모두
반대하여 동참하지 않았던 경험을 바탕으로 한 것이었으며[(나)],
그래서 결국에 서울과 대구 및 전주 교구의 주교들과 교황 사절
주교도 입회하고 참석하였다[(다)]. 그리하여 비록 서울에서 발회
식을 거행하기는 하였지만, 조선 천주교 순교자현양회는 1939년
에 이어 1946년에도 재차 전국적인 조직을 성립시키기에 이르렀
던 것이다.

　(2)조선 천주교 순교자현양회의 활동과 발전
　　조선 천주교 순교자현양회가 창립되면서 김대건 신부 순교 백
주년 기념행사들이 진행되어 빛을 발했다. 첫째 순교극의 상영을
꼽을 수 있는데, 서울 가톨릭학생회의 순교극 「순교자의 피」가
종현 대강당에서 9월 14일 낮, 15일의 낮과 밤, 그리고 16일 밤
도합 4차례 상영되었을 뿐만 아니라, 신학교에서도 김대건 신부
의 일생을 그린 순교극이 상영되었으며 교우들의 요청으로 한 번
더 상영되기도 하였다고 한다. 둘째 음악 대연주회가 9월 21일

---

23) 윤형중, 앞의 책『福者修女院과 殉敎者顯揚會와 나』, p.16.

국제극장에서 무대 뒷면에 십자가를 뚜렷이 세우고 개최되었는데, 낮과 밤 공연이 모두 초만원이 되어 임석 경관으로부터 입장이 제지를 당하도록 성황을 이루었다고 전한다. 그밖에 79위 복자 상본과 복자 김 신부 상본 그리고 복자 김 신부 패 등이 각기 제작되어 판매되었다.[24]

창립 당시의 이러한 행사 외에 지속적으로 행해진 조선 천주교 순교자현양회의 활동에는 어떤 것들이 있었는지에 관해서는 우선 아래의 기록이 참조가 된다.

> (12)현양회는 본격적 활동을 시작하였다. 박해 때의 유물을 수집하기에 착수하였다. 순교자들의 전기 출판을 준비하였다. 복자 안드레아 김대건 신부를 추모하는 가사를 시인 최민순 신부에게 부탁하고, 그 작곡을 음악가 이문근 신부에게 의뢰하여 성공하였다. 그것을 여러 천 장 인쇄하여, 희망하는 각처 교회에 무료로 배부하였다. 복자 안드레아 김대건 신부의 전기를 라틴 말로 편술하여 (고인이 된 요셉 이복영 신부가 썼다) 경본에 삽입케 하였다.[25]

이를 통해서 본격적인 활동을 시작하게 되면서 가장 최우선적이고 중점적으로 추진된 일은 박해 때의 유물 수집이었다. 그리고 다음으로는 순교자들의 전기 출판 준비였으며, 또 다음으로는 최민순 신부 작사, 이문근 신부 작곡으로 복자 안드레아 김대건 신부를 추모하는 성가를 만들어 교회 내에 배포한 일이었음을 알 수 있다.[26] 이와 더불어 김대건 신부의 전기를 이복영 신부로 하

---

24) 「백주년기념행사후보」, 『경향잡지』 1946년 10월호, pp.39-40.
25) 윤형중, 「순교자 현양회 발족」, 앞의 책 『진실의 빛 속을』, p.143.
26) 이 성가는 김대건 신부가 성인품에 오른 뒤 일부 개사되어 오늘날 『가톨릭성가』 287번 「성 안드레아 김대건 신부 노래」로 불려서 전해지고 있다.

여금 라틴어로 써서 경본에 삽입하는 일도 했음을 알 수 있다.

이러한 일들 가운데 무엇보다도 크게 비중 있게 추진되었던 것은, 말할 것도 없이 박해 때의 유물 수집이었으며, 순교지 확보였다. 이를 추진하면서 그만큼 조선 천주교 순교자현양회가 날로 발전하고 있었다고 하겠는데, 이와 관련해서는 다음의 기록에 대한 검토가 요긴하다.

(13)창립된 현양회는 곧 활동을 시작하였으니, 그 업적은 매번 「경향잡지」에 소개되어, 내가 1959년 6월 2일 경기도 안성군 미리내로 전근될 때까지 계속되었다. 대개는 군난 때의 유물, 즉 서적, 패, 묵주, 십자고상 등인데 매번 그 사진과 유래를 「경향잡지」에 발표했다.

현양회의 주선에 의하여 1949년 5월 7일자로 새남터 1천 3백 40여 평이 土第415호로 河川敷地占用허가를 얻게 되었다. 그때 새남터 부근은 황무지였다. 기차 승객을 상대로 하여 철로 연변에 연이은 터를 잡았다. 장차로는 서울의 명승지로 만들 계획이었다.

1956년 12월에는 1천 3백 60여 평의 절두산 봉우리를 81만 6천환으로 사들였으니, 이것은 서울교구에서 낸 것이 아니라, 역시 순교자 현양회에서 지불한 것이니 남한 각처(교구를 초월한) 회원들이 보낸 회비로 된 것, 다만 명의만은 서울교구 재단으로 할 수 밖에 없었던 것이다. 그대는 제2한강교가 부설되기 이전이오 그 부근은 무인지경이었다. 지금 신촌 로터리에서 좁은 길로 한참 찾아가야만 되었다. 그 당시 무슨 결정적 설계를 한 것은 아니지만, 이 자리도 선전 가치는 백퍼센트이다. 높이 1백 50여 미터 가량의 순교 기념탑을 세운다면 부근 일대를 제압하는 명물이 될 것이다.

그 동안 순교자 현양회는 사료, 기념물 수집에 진력하였으니, 그 때마다 「경향잡지」에 발표되었다.[27]

---

27) 윤형중, 앞의 책 『福者修女院과 殉教者顯揚會와 나』, pp.16-17.

가장 먼저 추진되었던 박해 때의 유물 즉 사료 및 기념물 수집에 대해서는, 이 글의 처음과 끝 부분을 통해 서적, 패 묵주, 십자고상 등이 모아졌으며, 매번 그 사진과 유래를『경향잡지』에 발표하여 명시하였음이 기억되어야 할 것이다.[28] 또한 새남터와 절두산 성지의 확보의 과정 및 비용 그리고 그 활용 방안들이 이미 계획되어 마련되고 있었음도 간과할 수 없는 사실이라 하겠다. 그만큼 순교 정신을 이어받기 위한 구체적인 사업들이 착착 조선 천주교 순교자현양회에 의해 진척되어 가고 있었던 것인데, 이를 앞장서서 추진하던 윤형중 신부가 느닷없이 1959년 6월 2일 경기도 미리내로 전근되면서 크게 변화를 겪기에 다다랐던 것이다.

---

28) 윤형중, 앞의 책『福者修女院과 殉敎者顯揚會와 나』, p.274에 보면, "내가 미리내로 낙향하여 갈 때 현양회에서 수집한 기념품을 전부 청파동 복자수녀원에 갖다 주어 의탁하였으니 그 이유는 이러하오. 그런 귀중품을 개인이 가지고 있다가 죽으면 다 없어지고 마는 것이오, 그렇다고 아무 단체에게나 맡길 수도 없는 것이오, 복자수녀원은 순교자 현양 사상이 골수에 박혀 있기 때문에 거기에 위탁했던 것인데, 그 후에 듣자하니 ○○○ 신부가 모두 그것을 가져 갔다 하니 중앙위원장으로 임명되어 그랬는지는 모르겠지만, 이번에 순교자 현양회가 다시 일어서면 그런 물품관리는 당연히 현양회에서 맡아야 되겠소. ○○○ 신부가 이후 절두산을 떠나게 되면, 지금은 중앙위원장도 아니니까, 그 물품을 가지고 갈 권리가 없으니 그리 아시오. 그 물품들의 품목은 내 손으로 수집한 것은 모두 경향잡지에 매번 발표되어 있소이다 ……"라는 기록이 있다.

제5절 맺는 말

천주교의 사제가 자신의 생전 기록을 있는 그대로 남기면서, 훗날의 역사가에게 제대로 평가를 내려주기를 바란 경우는 참으로 유래를 찾아보기 힘들 정도로 드물다고 하지 않을 수 없는데, 지금까지 살폈듯이 윤형중 신부의 경우가 그러했다. 역사가 스스로도 때로는 자신의 삶과 직접 관련된 사실들에 대해서는 낱낱이 고백하듯이 써서 스스로를 객관화시키는 경우가 열에 하나라도 있을까 말까하기 때문에, 그가 더욱 빛난다고 할 수 있을 것이다. 이런 의미에서 그의 유고집의 제목이 『진실의 빛 속을』이라 취해진 것은 참으로 잘 된 일이라 하겠다.

아직도 한국천주교회사는 역사가 아니라 신학이라고 공공연히 주장하는 경우가, 그것도 신앙 강좌가 아니라 학문적인 것을 논하는 세미나 중 눈앞에서 벌어지는 것을 체험하면서, 역사가 무엇인지를 온전히 느끼며 살았던 윤형중 신부가 일찍이 한국천주교회사에 뚜렷이 남긴 발자취를 더듬어 볼 수 있었다는 사실 자체가 은총이라고 생각했다. 그리고 직접 대면하여 숨길을 나누어 본 적은 결코 없지만, 그를 먼발치에서라도 바라보면서 처참하리 만치 암울했던 유신시대의 대한민국이라는 동일한 시공간 속에서 한 순간이라도 같이 살았던 적이 있다는 사실 자체만으로 위안이 되었었다고 말하고 싶다.

윤형중 신부는 책을 저술하여 순교자 현양에 관련하여 자신이 겪었던 모든 것을 고스란히 적어두고서도, 앞으로는 두 번 다시 이런 일이 생기지 않기를 바라는 듯, 독백과도 같이 다음에 보이는 서술을 쏟아 두었다. 물론 이런 그의 태도에 대해 지금도 불편함을 감출 수 없는 이들이 생존해 있는 게 사실이므로, 낱낱이 이를 규명하고자 하는 것은 결코 그 자신도 바라지는 않았으리라 여겨지는데, 여기서도 그러려는 것은 결단코 아니다.

(14)서울 교구도 그렇다. 1939년에 순교 기념탑을 세우는 것인데, 나도 모르게 그 돈으로 제천에 땅을 사둔 이가 누구냐?
해방 이후 1946년 현양회가 본격적으로 활동을 시작했고, 6·25 동란 때 중단되었다가 환도 이후 줄기차게 활동을 계속하여 왔다. 무슨 운동이든지 그 주동자가 있고 이 주동자를 제거하면 십상팔구 그 운동은 좌절되고 만다. 병인순교 백주년을 바라보며 순교기념관 건립 운동을 일으켜 그것이 한참 무르익어갈 때 그 주동자를 제거한 이가 누구냐? 현양회의 근본제도와 전통을 무시하고 함부로 아무나를 중앙위원장으로 임명한 이가 누구냐? 순교자 현양회는 경향잡지를 생명선으로 하고서 활약하여 왔었는데, 그 생명선을 끊어버린 이는 누구냐?
이것을 되살려 보려고 나를 경향잡지 편집국장이나 편집위원 중 하나로 끼어주기를 요청해 보았지만 끝끝내 허락지 않은 이는 누구냐?
서소문 밖 순화동 치명터에 순교 기념관을 세우기 위하여 24위 시복식 기회에 우선 그 기지를 차지하여 두자고 서둘러 보았지만 그런 협력을 애당초 거부한 이들은 누구냐?29)

그 자신의 저서들에서도 여기저기 켜켜이 이에 대한 사실들을 적어 두었으므로, 각각을 면밀히 검토해 들어가면서 읽으면 당시의 전후좌우 사정을 알아차리는 데에 어려움이 없다고 본다. 하지만 윤형중 신부 자신도 이렇듯이 문제의 하나하나를 열거 해두면서도, 공허하다는 감상을 지울 수가 없었던 모양이다. 아래와 같이 쓰면서 자신의 저서를 맺고 있음으로 해서 그러함을 느낄 수 있다.

> (15)나는 이제 두 손을 번쩍 들었다. 이 순교자 현양 문제에 있어서 나로서는 할 만한 것은 다해 보았다. 손닿는 것은 다해 보았다. 밤에 잠잘 때 꿈속에서도 이 운동을 다시 일으켜 보려고 얼마나 애를 썼더냐. 이런 훌륭한 사상운동의 확실한 설계를 왜 알아보지 못하느냐는 개탄의 잠꼬대를 얼마나 여러 번 하였더냐.
> 이다지도 내 편을 드는 여건은 하나도 없구나. 이 운동을 밀어주어야 할 요직들이 모두 이처럼 외면하고 말으니 이것은 필시 내게 덕이 부족한 탓이리라. 이후 내가 죽은 다음 이 설계의 확실성을 알아보고 일어서는 이들이 나올 것을 믿는 바이지만, 지금 나로서는 어찌할 도리가 없다. 늙고 병들어 은퇴한 나로서는 다시 더 하여볼 아무런 것도 남지 않았다. 나는 두 손을 번쩍 들었다. 이제부터는 도리어 이런 것을 단념하기 위해서 애를 많이 써야만 되겠다. …(중략)…
> 나는 두 손을 번쩍 들었다. 순교자 현양 문제를 단념하기 위해서는 나는 이제부터 꽤 많이 애를 써야만 되겠다. 나는 두 손을 번쩍 들었다.
> 毫釐之差, 千里之遙
> 털끝만한 차이가 천리의 격차를 내는구나!30)

---

29) 윤형중, 앞의 책 『福者修女院과 殉敎者顯揚會와 나』, pp.273-274.
30) 윤형중, 같은 책 『福者修女院과 殉敎者顯揚會와 나』, pp.276-278.

자신이 꿈속에서 조차도 애를 쓸 정도로 순교자 현양 문제에 있어서 할 만한 것은 다해 보았지만, 자신의 염원대로 이루어지지 못한 게 오로지 늙고 병들은 자신의 덕이 부족한 때문으로 돌리고 있다. 그리고서는 단념하기에 애를 많이 써야만 되겠다고 다짐하기에 이르렀던 것이다.

그는 사제로서는 전무후무하다고 평할 수 있을 정도로, 해방 이전과 이후를 통틀어 천주교의 교리를 사회적으로 널리 펴는 데에 앞장섰던 가장 대표적인 논객(論客)이었다. 그는, 1950년 말 지식인들 사이에 가장 정평이 나 있던 잡지 『사상계(사상계)』에 게재한 「할 말이 있다」는 글을 통해 천주교에 대해 공격하는 무교회주의자 함석헌(咸錫憲)에게, 「함석헌선생에게 할 말이 있다」는 등의 칼날 같은 글을 써서 하나하나 논박하며 항간(巷間)의 지가(紙價)를 높였기 때문에, 한국현대사에서 그에 대한 이런 평가는 지극히 온당하다고 할 수 있겠다.[31]

그만치 그는 논리가 정연하고 누구에게도 분명한 메시지를 전하는 스타일이었다고 하겠다. 또한 유신시대의 살얼음판 같은 시절 과단성 있게 전면에 나서서 비판을 서슴지 않던 그였다. 그렇기 때문에 교회내의 문제들에 대해서도 끝까지 자신의 생각을 펼치려면 얼마든지 펼칠 수 있는 그였다. 하지만 그는 사제였기에, 역설적으로 '두 손을 번쩍 들었다'고 선언하듯이 하고는 입을 다물고 붓을 꺾었으며, 단념하기에 애썼던 것이다.

그리고서는 그는 자신의 안구를 앞을 못 보는 이들을 위해 기꺼이 바침으로써, 한국 사회 전체에 커다란 반향(反響)을 불러일으키기도 하였다. 임종하면서 남긴 그의 아래와 같은 말은, 그렇기 때문에 당시에 이를 전해들은 천주교 신자이건 아니건 간에

---

31) 손세일 편, 『한국논쟁사』 I 역사·철학·종교 편, 청람출판사, 1976, pp.259 -325. 특히 p.261의 〈해설〉 참조.

많은 이들의 심금을 울렸던 것으로 전해진다.

　(16)내가 마음을 상하게 해준 이가 있다면, 진심으로 용서해 주
　십시오. 내가 용서해줄 이가 있다면 진심으로 용서합니다.[32]

　그럼으로써 윤형중 신부, 그는 자신이 조선 천주교 순교자현양
회를 결성하고 발전시키면서 평생토록 그토록 염원해왔던 '우리
순교자를 극력 현양(함으로써), 가톨릭 신앙의 강화와 가톨릭 진
리의 홍보'를 끝내 이루었으며, 오늘날에 이르러 천주교 교세가
날로 확장되도록 커다란 초석을 두고두고 다져주었다고 평가해
마땅하겠다.

---

32) 『가톨릭시보』 1979년 6월 24일자(제1160호) 제3면 기사 참조.

찾아보기

저자 노용필(盧鏞弼)

현재 전북대학교 인문한국(HK) 연구 조교수
가톨릭대학교 인간학연구소 연구교수,
덕성여자대학교 인문과학연구소 연구전임강사,
서강대 · 세종대 · 충북대 · 경남대 · 신구대 강사 역임

서강대학교 문과대학 사학과 및
동 대학원 석사 · 박사 졸업(문학박사, 한국사전공)

⟨저서 목록⟩
『한국고대사회사상사탐구』(한국사학, 2007)
『신라진흥왕순수비연구』(일조각, 1996)
『신라고려초정치사연구』(한국사학, 2007)
『최승로상서문연구』(공저, 일조각, 1993)
『조선시대 서울 사람들』(1 · 2) (공저, 어진이, 2001)
『한국천주교회사의 연구』(한국사학, 2008)
『'동학사'와 집강소 연구』(국학자료원, 2001)
『개화기 서울 사람들』(1 · 2) (공저, 어진이, 2004)
『개화기 지방 사람들』(1 · 2) (공저, 어진이, 2006)
『대한제국기 서울 사람들』(공저, 어진이, 2004)
『대한제국기 지방 사람들』(공저, 어진이, 2006)
『한국현대사담론』(한국사학, 2007)
『한국문화사의 이해』(공저, 신구문화사, 2006)
  외 다수.

韓國史學研究叢書 7

한국 근·현대 사회와 가톨릭

초판 1쇄 인쇄   2008년 10월 21일
초판 1쇄 발행   2008년 10월 29일

지은이 / 노용필
펴낸이 / 노용필

인쇄·제본 / 준프로세스

펴낸곳 / 韓國史學
등록번호 / 제300-2004-184호   일 자 / 2004년 11월 24일
주   소 / 서울시 종로구 익선동 34번지 비즈웰 911호
전   화 / 02·741·4575   팩 스 / 02·6263·4575
e-mail/people-in-korea@hanmail.net
우체국 계좌번호/ 010892-01-001421 / 예금주 어진이

  * 저자와의 협의 하에 인지는 생략합니다.
 ** 韓國史學은 한국사학의 발전에 기여할 전문서적을 만드는 곳으로,
    평생 오로지 한국사학의 올바른 기틀을 세우기 위해 사셨던
    李基白 선생님의 학덕을 기리고 이으려고
    펴낸이가 설립하였습니다.

ISBN   978-89-956753-7-3   93910

값: 25,000원